HUME
ET LA PHILOSOPHIE CONTEMPORAINE

DERNIÈRES PARUTIONS DANS LA MÊME COLLECTION

Autour de l'Esprit et le monde de John McDowell, sous la direction de A. LE GOFF et C. AL-SALEH, 2013, 302 pages

CHAUVIER (S.), *Dire "Je" – Essai sur la subjectivité*, 2001, 256 pages

– *Le sens du possible*, 2010, 272 pages

Croit-on comme on veut ? Histoire d'une controverse, sous la direction de L. JAFFRO, 2013, 248 pages

DEBAISE (D.), *Un empirisme spéculatif. Lecture de Procès et réalité de Whitehead*, 2006, 192 pages

Herbert Feigl. De la physique au mental, édité par B. ANDRIEU, 2006, 224 pages

GOODMAN (N.), *La structure de l'apparence*, traduction coordonnée par J.B. RAUZY, 2004, 352 pages

GANDON (S.), *Logique et langage. Études sur le premier Wittgenstein*, 2002, 272 pages

HALIMI (B.), *Le Nécessaire et l'universel. Analyse et critique de leur corrélation*, 2013, 256 pages

La philosophie en Pologne, 1918-1939, sous la direction de R. POUIVET et M. REBUSCHI, 2006, 256 pages

La philosophie naturelle de Robert Boyle, édité par M. DENNEHY et Ch. RAMOND, 2009, 416 pages

LE DU (M.), *La nature sociale de l'esprit. Wittgenstein, la psychologie et les sciences humaines*, 2004, 208 pages

LEMAIRE (S.), *Les désirs et les raisons. De la délibération à l'action*, 2008, 256 pages

LOTH (F.), *Le corps et l'esprit. Essai sur la causalité mentale*, 2013, 248 pages

MCDOWELL (J.), *L'esprit et le monde*, traduction de C. ALSALEH, 2007, 240 pages

PERRIN (D.), *Le flux et l'instant. Wittgenstein aux prises avec le mythe du présent*, 2007, 256 pages

Philosophie française et philosophie écossaise, 1750-1850, édité par E. AROSIO et M. MALHERBE, 2007, 224 pages

REID (T.), *Essais sur les pouvoirs actifs de l'homme (1788)*, traduction de G. Kervoas et E. LE JALLÉ, 2009, 398 pages

– *Recherches sur l'entendement humain d'après les principes du sens commun (1764)*, introduction, traduction et notes de M. MALHERBE, 2012, 264 pages

RYLE (G.), *L'itinéraire de Platon*, suivi de *En manière d'autobiographie*, traduction et note de J. FOLLON, préface de M. DIXSAUT, 2003, 256 pages

SÉGUY-DUCLOT (A.), *Recherches sur le langage*, 2011, 304 pages

SCHMITZ (F.), *Le Cercle de Vienne*, 2009, 432 pages

THOMAS-FOGIEL (I.), *Référence et autoréférence. Étude sur le thème de la mort en philosophie dans la pensée contemporaine*, 2005, 336 pages

VERNANT (D.), *Discours et vérité. Analyses pragmatique, dialogique et praxéologique de la véridicité*, 2009, 272 pages

WHITE (M.), *Une philosophie de la culture. Du point de vue pragmatiste*, traduction de G. Kervoas, 2006, 192 pages

WHITEHEAD (A.N.), *Modes de pensée*, traduction et notes de H. Vaillant, préface de G. Durand, 2004, 208 pages

ANALYSE ET PHILOSOPHIE
Fondateur : Michel MALHERBE Directeur : Laurent JAFFRO

HUME
ET LA PHILOSOPHIE CONTEMPORAINE

par
Éléonore LE JALLÉ

Ouvrage publié avec le concours
du Centre national du livre

PARIS
LIBRAIRIE PHILOSOPHIQUE J. VRIN
6 place de la Sorbonne, V[e]

2014

Imprimé en France

ISSN 1624-2459

ISBN 978-2-7116-2558-1

www.vrin.fr

ABRÉVIATIONS ET CONVENTIONS

Abstract :	*Abrégé du Traité de la nature humaine.*
EEH :	*Enquête sur l'entendement humain.*
EPM :	*Enquête sur les principes de la morale.*
Essais I :	*Essais moraux, politiques et littéraires*, 1 re partie.
Traité :	*Traité de la nature humaine.*

Lorsque je cite le *Traité de la nature humaine*, j'indique le livre, la partie, la section et le paragraphe concernés (ils permettent de se reporter à l'édition de D. F. et M. J. Norton) suivis de la page dans la traduction GF-Flammarion.

Lorsque je cite l'une des deux *Enquêtes*, j'indique le numéro de la section (ou de l'appendice) et celui du paragraphe (ils permettent de se reporter aux éditions de T. L. Beauchamp) suivis de la page dans la traduction choisie.

Les éditions citées figurent dans la bibliographie.

INTRODUCTION

Dans « L'art de l'essai », Hume s'est présenté comme l'ambassadeur du monde du savoir dans celui de la conversation :

> Je me considère comme une sorte de ministre résident ou d'ambassadeur envoyé par les provinces du savoir auprès des provinces de la conversation. Et je me ferai un devoir constant de favoriser un commerce fécond entre ces deux Etats qui dépendent si étroitement l'un de l'autre. Aux doctes, je ferai la chronique de tout ce qui se passe dans la compagniec; et j'essaierai d'importer au sein de la compagnie tous les avantages de mon pays natal que je trouve propres à son usage et à son plaisir [1].

Pour ma part, je considère Hume non seulement comme cet « ambassadeur » – ce qui signifie que sa philosophie ne perd jamais à mes yeux le contact avec l'expérience et la *common life* – mais également comme un *passeur*. Hume est en effet celui qui m'a fait tout naturellement passer du domaine de l'histoire de la philosophie et de la période moderne (mon pays natal) à celui de la philosophie anglo-saxonne contemporaine. Ce trajet, qui peut être aussi celui du lecteur, n'implique cependant pas à mes yeux de séjourner pour de bon dans la philosophie analytique en tournant définitivement le dos aux figures historiques. Ce à quoi n'invite pas particulièrement cette dernière lorsque qu'elle revendique certaines origines ou discute les arguments des grands auteurs de la tradition. Ce trajet naturel entre la philosophie de Hume et la philosophie contemporaine consiste plutôt à pratiquer, comme il le recommandait à propos du savoir et de la conversation, des allers-retours incessants (et mutuellement profitables) entre ces deux mondes.

Il s'agira ainsi de montrer dans ce livre à quel point les arguments de Hume sont vivants, et plutôt trois fois qu'une. Vivants de leur vie propre au sein de tel ouvrage humien ou de telle partie d'ouvrage, ou encore au

1. Hume, « L'art de l'essai », *Essais* I, p. 285.

sein du contexte historique et philosophique où ces œuvres s'inscrivent. Vivants également à travers les discussions contemporaines qu'ils suscitent, autrement dit à travers leur reviviscence car il y a incontestablement une actualité philosophique humienne aux XXe et XXIe siècles qui dépasse largement le commentaire de Hume et dont ce livre se veut un fidèle témoignage. Enfin, il arrivera parfois que je fasse « répondre » Hume à des arguments contemporains qui s'en réclament ou qui le discutent. Un retour à l'argumentation originale, éventuellement contextualisée, pourra m'y aider. Mais il m'arrivera aussi d'imaginer et de *construire* des réponses humiennes, participant ainsi aux débats contemporains qui en appellent à sa pensée, la mettent en cause ou la renouvellent.

Le titre de ce livre *Hume et la philosophie contemporaine* indique qu'il s'agira aussi d'un état des lieux. Celui que je propose ne pourra pourtant pas être exhaustif. D'une part, il y sera question pour l'essentiel de philosophie contemporaine de langue anglaise, et pour une bonne part analytique. D'autre part, tous les auteurs anglophones qui discutent Hume au XXe siècle et aujourd'hui, y compris d'une manière assez fournie, ne seront pas tous présents dans ce livre. J'espère néanmoins par certains choix gagner en précision argumentative ce que je perdrai en exhaustivité. En outre, le choix d'une confrontation resserrée entre Hume et tel auteur particulier au cours des chapitres qui vont suivre (Davidson, Parfit, Williams, Lewis ou Rawls) n'empêchera pas la présence à l'arrière plan d'une pléiade d'auteurs ou d'un ensemble de discussions vers lesquelles pointe le « dialogue » ou l'argumentation principale. J'espère enfin, et surtout, tendre vers un tableau représentatif des liens qui unissent la pensée de Hume aux discussions philosophiques de notre époque.

Pour cela, j'envisagerai la présence et les usages de Hume en philosophie contemporaine à partir d'une série de thèmes qui se trouvent être des thèmes majeurs de sa pensée et faire, en outre, l'objet d'une discussion importante, voire structurante, dans un champ philosophique contemporain, à savoir l'épistémologie, la philosophie de l'esprit, la psychologie morale et la méta-éthique, la philosophie de l'action, ou encore, les théories de la justice. Cette convergence naturelle entre thèmes humiens et débats contemporains constitue d'ailleurs un indice majeur de l'importance actuelle de la philosophie de Hume. Les thèmes examinés dans ce livre seront les suivants : la causalité et l'induction ; l'identité personnelle ; la motivation, l'action et la psychologie morale qui leur est liée ; la convention et la justice, impliquant elles aussi la morale. Comme on le voit, la morale humienne ne fera pas l'objet d'un chapitre particulier mais sera abordée par deux biais : d'une part, à travers la théorie humienne et néo-humienne de la motivation et, d'autre part, à travers l'analyse de la justice, en tant qu'objet d'approbation et d'obligation morales.

Expliquons ce choix particulier de ne pas avoir accordé de chapitre spécifique à la morale. En premier lieu, un examen complet des prolongements de la morale humienne en philosophie contemporaine mériterait en fait une étude à part entière, et une étude longue étant donné l'ampleur des débats qui peuvent la concerner. Ainsi, le débat cognitivisme/anti-cognitivisme (avec les variétés que ce dernier présente), la question des normes et des faits et celle de la naturalisation de la morale, ou encore « l'éthique de la vertu », sont au cœur de l'éthique contemporaine et tous font référence à la morale de Hume. Outre l'ampleur du champ d'étude auquel tout cela pourrait donner lieu, je me permettrais, en plus, d'émettre un soupçon quant à l'intérêt proprement argumentatif que ce passage en revue pourrait présenter. Il me semble en effet que les reprises ou discussions contemporaines de l'éthique humienne ont souvent comme caractéristique de présenter cette dernière, ou de s'intéresser à elle, par fragments. Ainsi, les auteurs contemporains insistent en général (avec faveur ou pour s'en détacher) *soit* sur le « spectateur judicieux » de Hume et la théorie du « point de vue général » qui lui correspond (avec trop souvent une assimilation avec celle d'Adam Smith), *soit* sur le « *is-ought* problem » posé par Hume (avec parfois une confusion avec le rejet du « sophisme naturaliste » chez Moore), *soit* sur les espèces de la vertu qu'il a déterminées, *soit* sur l'anti-cognitivisme (ou le cognitivisme) qu'il développe, *soit* sur la sympathie, etc. Or avec ce découpage, c'est l'unité de la compréhension humienne de la morale – où l'émotivisme est compatible avec une théorie du « point de vue » du « spectateur judicieux » et donc avec un accord moral, où les objets du sentiment moral (utilité ou agrément) correspondent à autant de catégories de vertus, où ces mêmes objets ne nous touchent que par sympathie, et où les devoirs naissent de penchants naturels ou bien d'intérêts réfléchis – qui me semble très souvent perdue aujourd'hui, avec les contresens que cela entraîne parfois. A moins que cette théorie complète s'avère, en bloc, et pour reprendre la métaphore du commerce entre les deux mondes évoquée ci-dessus, difficilement exportable…

Les héritages du naturalisme et de l'empirisme ou du scepticisme de Hume ne seront pas non plus thématisés pour eux-mêmes dans ce livre. Le lecteur pourra se reporter avec grand profit à un volume récent consacré aux « héritages contemporains » du naturalisme humien [1] et qui présente en outre l'avantage de lier naturalisme et scepticisme [2]. A propos de ce dernier, il ne me semble en fait pas évident que celui de Hume, dans son articulation à la philosophie comme science de la nature humaine d'une part, et à la vie courante d'autre part, ait de véritables héritiers. Sur ce point, je suis en tout cas en désaccord avec la perspective de Michael Williams dans *Unnatural Doubts* (1991). Selon ce dernier, certains « nouveaux Humiens » (Barry Stroud, Thomas Nagel, Peter Strawson et Stanley Cavell) auraient en commun de partager un « pessimisme épistémologique » quant à la possibilité de connaître le monde extérieur, pessimisme qu'il faut selon lui rapporter à la « conception humienne d'un conflit irréductible entre les certitudes superficielles de la vie quotidienne et la vérité profonde du scepticisme » [3]. Or cette caractérisation du scepticisme de Hume me paraît problématique. Il me semble en effet inexact de présenter l'articulation humienne du scepticisme et de la vie courante comme un « bi-perspectivisme », où nous en sommes réduits à « osciller entre deux vues incompatibles » : la vérité des conclusions sceptiques qui nous « frappe » à nos heures philosophiques et les croyances réalistes le reste du temps [4]. Au contraire, Hume recommande expressément de « conserver notre scepticisme dans tous les événements de la vie » [5]. L'alternance entre le scepticisme et la vie courante n'est donc pas dans son esprit une simple « oscillation », puisque l'adoption insouciante des « maximes générales du monde » se fait, chez le sceptique, *en connaissance de cause* – ce qui permet selon moi de caractériser ce rapport du sceptique à la vie ordinaire comme une *négligence éclairée* [6]. En outre, l'idée même de « doutes naturels » que Michael Williams prête à Hume, et ici entendue comme l'idée que le scepticisme serait le résultat naturel (voire intuitif) de la réflexion philosophique, ne me semble pas correspondre à ce que dit Hume. Car ce n'est pas « la moindre réflexion » qui produit chez Hume (et peut produire chez son

1. « Naturalisme(s). Héritages contemporains de Hume », *Revue de Métaphysique et de Morale*, 2003/2, n°38. Dans sa présentation, Sandra Laugier montre que Hume est à la source des deux principales formes du naturalisme contemporain, « l'épistémologie naturalisée » définie par Quine, et le naturalisme « social ou anthropologique », où l'accord et la convention trouvent une place.

2. Voir dans le même volume, Jocelyn Benoist, « Le naturalisme, avec ou sans le scepticisme ? Après Hume ».

3. M. Williams, *Unnatural Doubts*, Cambridge, B. Blackwell, 1991, p. 16.

4. *Ibid.*, p. 9-10.

5. *Traité*, 1.4.7.11, p. 363.

6. J'ai développé ce point dans *L'autorégulation chez Hume*, Paris, P.U.F., 2005, p. 156-169, et « Hume : un scepticisme insouciant », M. Cohen-Halimi, H. L'Heuillet (éd.), *Comment peut-on être sceptique ? Hommage à Didier Deleule*, Paris, Champion, 2010.

lecteur) le « doute sceptique » face à « l'illusion grossière » du système réaliste courant et à « l'absurdité » supplémentaire du système philosophique distinguant les objets et les perceptions. Ce doute provient au contraire « d'une réflexion *profonde et intense* sur ces sujets » et « augmente toujours *à mesure que nous poursuivons nos réflexions* » ; et s'il dérive « naturellement » de ces réflexions profondes, c'est comme toute « maladie » [1]. Pour Hume donc, et contrairement à ce qu'écrit Michael Williams, *il ne suffit pas* d'appartenir à « la partie de l'humanité qui réfléchit » [2] pour être sceptique. Et encore moins pour être un « sceptique véritable », « se [défiant] de ses doutes philosophiques » – donc cédant à son « inclination *pour les recherches philosophiques les plus élaborées* » – comme il doit se défier par ailleurs de « sa conviction philosophique », celle qui caractérise les philosophies dogmatiques [3]. C'est pourquoi, indépendamment même de l'intérêt indéniable de la stratégie réfutative de Michael Williams à l'égard de ceux qu'il appelle les « nouveaux Humiens », je me trouve en désaccord avec le caractère humien du « thème central » qui d'après lui les réunit, et qui surtout les unirait à Hume, à savoir le hiatus séparant « l'artificialité des théories philosophiques » et « la naturalité d'une défense du scepticisme ».

Quant aux liens particulièrement importants unissant l'empirisme humien et l'empirisme logique, ils constitueraient à eux seuls l'objet d'une étude longue et complexe. D'un côté en effet, la connexion unissant le positivisme logique à Hume ou Berkeley, via Russell, a été fortement mise en avant par Ayer dans *Language, Truth and Logic* (1936), puis dans l'introduction de son anthologie *Logical Positivism* (1959). A la suite de Ayer, les auteurs et commentateurs analytiques de Hume (H. H. Price, F. Zabeeh, A. Flew, J. Noxon, etc.) ont non seulement salué chez lui son empirisme radical mais ils lui ont encore prêté les trois anticipations suivantes, qui en font à leurs yeux un précurseur du positivisme logique : Hume aurait inventé la distinction des vérités analytiques et des vérités synthétiques, il aurait le premier formulé le « problème de l'induction » et il aurait posé avec son principe de l'antériorité des impressions sur les idées un véritable « critère de signification » [4]. Ce lien entre l'empirisme humien et l'empirisme logique s'est trouvé également souligné par Quine et par

1. *Traité*, 1.4.2.57, p. 303, je souligne.

2. M. Williams, *Unnatural Doubts*, *op. cit.*, p. 12.

3. *Traité*, 1.4.7.14-15, p. 367, je souligne.

4. *Cf.* H. H. Price, *Hume's Theory of the External World*, Oxford, Clarendon Press, 1940; F. Zabeeh, *Hume Precursor of Modern Empiricism : An Analysis of His Opinions on Meaning, Metaphysics, Logic, and Metaphysics* The Hague, Nijhoff, 1960; A. Flew, *Hume's Philosophy of Belief : A Study of His First Inquiry*, London, Routledge & Kegan Paul, 1961 ; J. Noxon, *Hume's Philosophical Development : A Study of His Methods*, Oxford, Clarendon Press, 1973.

Goodman qui plaçaient tous les deux l'*Aufbau* de Carnap dans la lignée de l'empirisme de Locke et de Hume [1]. Cependant, et d'un autre côté, cette présentation de Hume comme influence essentielle du positivisme logique, s'est vue plus récemment contredite par la mise en valeur d'autres connexions. Michael Friedman en particulier, en réaction à l'image popularisée par Ayer, a insisté sur les liens unissant certains membres du Cercle de Vienne, comme Carnap ou Schlick, aux néokantiens (en particulier Cassirer) et à Kant [2]. Enfin, à cette controverse touchant les racines empiristes ou kantiennes du positivisme logique s'ajoute le problème de la diversité des vues ou des influences propres à chacun des membres du Cercle de Vienne. Pour toutes ces raisons, et même si j'ai tenu à faire ces rappels importants, il m'aurait été difficile d'examiner ces liens entre l'empirisme humien et le positivisme logique dans le cadre de ce livre.

Sans consacrer d'analyse spécifique aux héritages du naturalisme, de l'empirisme ou du scepticisme de Hume, j'espère néanmoins montrer quel sens particulier *une science de la nature humaine empiriste et sceptique* permet d'accorder aux arguments humiens, et ce que cela implique quant à leur reprise ou, au contraire, leur transformation. Il apparaîtra en effet que certains auteurs ou débats contemporains se réfèrent à ces arguments en dehors de l'approche naturaliste, empiriste, sceptique, ou même mentaliste dont ils relèvent chez Hume. A ce propos, un geste à la fois méthodique et sceptique essentiel chez Hume, et sur lequel je reviendrai plusieurs fois dans ce livre, est sa volonté de s'en tenir au niveau même de ce qui *apparaît dans l'esprit*, à savoir, précisément, celui des *perceptions*. Et cela sans qu'il présuppose quoi que ce soit sur la nature de leurs causes, éventuellement physiologiques, ou pas. D'un côté, ce choix a assuré à sa philosophie une pérennité, puisqu'elle la rendue indépendante de la philosophie naturelle de son époque, et donc du dépassement de cette dernière. D'un autre côté cependant, et comme on le verra, les auteurs contemporains se réclamant de Hume mais adoptant par ailleurs une forme de physicalisme même minimal (le physicalisme « antécédent » chez John Perry, la « survenance » des caractéristiques mentales sur les caractéristiques physiques chez Davidson, ou encore la « survenance humienne » de David Lewis) sont

1. *Cf.* Quine, « Deux dogmes de l'empirisme » (1951) dans *Du point de vue logique : neuf essais logico-philosophiques*, trad. fr. S. Laugier (dir.), Paris, Vrin, 2003, p. 72 ; N. Goodman, « The Significance of *Der Logische Aufbau der Welt* », *in* P. Schilpp, *The Philosophy of Rudolf Carnap*, La Salle, Open Court, 1963, p. 558.

2. *Cf.* M. Friedman, *Reconsidering Logical Positivism*, Cambridge, Cambridge University Press, 1999 ; « Carnap and Quine : Twentieth-Century Echoes of Kant and Hume », *Philosophical Topics*, 34 (2006), n° 1 et 2, p. 35-58.

alors conduits à se détacher de lui sur ce point important; il en sera question au chapitre V.

Ayant ainsi précisé ce que ce livre mettra de côté et ce qu'il espère aborder plus indirectement, présentons plus en détails les grands thèmes qui vont en faire l'objet, avant d'insister sur *ce qui les relie*. Ces thèmes se répartissent en trois domaines correspondant respectivement (sans toutefois en épuiser les contenus) aux trois livres du *Traité de la nature humaine*.

Dans le domaine de l'entendement, la causalité et l'identité feront l'objet des deux premiers chapitres. Dans les deux cas, c'est un problème humien et sa résolution qui seront examinés, à savoir son analyse de l'inférence causale, puis celle de l'identité personnelle. Les reprises, les amendements ou les critiques contemporaines dont ces analyses ont fait l'objet seront étudiés à partir de plusieurs auteurs qui en retiennent – et qui nous permettront donc d'en éclairer – tel ou tel aspect. Ainsi, à travers Popper, Goodman et Reichenbach, j'étudierai au chapitre I différentes formulations et solutions à plusieurs problèmes de l'induction pouvant être repérés chez Hume. Se trouveront naturellement engagés dans cette discussion les thèmes de la causalité, de la probabilité, de l'habitude et de la croyance, mais aussi – et c'est un des exemples de connexion inter-thématique sur laquelle je souhaite attirer l'attention du lecteur – le rôle de l'induction *dans et pour l'action*. Le chapitre II consacré à l'identité personnelle nous fera aborder deux conceptions contemporaines de l'identité personnelle inspirées de la théorie humienne : la version « réductionniste » élaborée par Derek Parfit et la version « causaliste » proposée par John Perry. La discussion portera non seulement sur leur plus ou moins grande proximité avec la théorie de Hume, mais engagera d'une manière plus générale la fonction de la mémoire, des connexions mentales et de leurs degrés, ainsi que des passions et du souci de soi dans la production de l'identité.

Les trois chapitres suivants forment une seconde partie. Ils seront consacrés aux conceptions humienne et néo-humiennes de l'action et de la motivation, que j'aborderai en trois temps. Quels sont les motifs de l'action ?; en quel sens un agent a-t-il des raisons d'agir ? ; les raisons d'une action en sont-elles les causes ? Dans chaque cas, les défenseurs de la théorie humienne seront au premier plan : Michael Smith pour la théorie humienne de la motivation, Bernard Williams pour la conception « internaliste » des raisons de l'action et Donald Davidson pour une compréhension de ces raisons comme des causes. Les conceptions anti-humiennes seront également, et dans les trois cas, présentées, tout comme les conséquences controversées que la théorie humienne de la motivation et l'internalisme qui la caractérise produisent en morale. Le rapprochement de Hume et de Davidson nous permettra également de faire retour à la conception humienne de la causalité envisagée par un autre biais au chapitre I.

La troisième partie de ce livre portera sur la convention, la société et la justice. Le chapitre VI nous permettra de réfléchir à la conception proprement humienne de la convention à travers son analyse chez David Lewis, fortement référée à Hume. Comment définir une convention ? L'arbitraire est-il essentiel à cette définition ? Quel facteur (cognitif ou sentimental) permet d'en assurer la stabilité ? Telles sont les questions que j'aborderai en rapprochant la compréhension de la convention de Hume et de Lewis. Le septième et dernier chapitre, consacré à Hume et à Rawls prolongera cette première approche de la théorie humienne de la justice centrée sur l'idée de convention. J'y révèlerai d'importants points de rapprochement entre Hume et Rawls selon moi compatibles avec l'anti-utilitarisme et le kantisme de ce dernier. A travers cette confrontation, de nouveaux aspects de la théorie juridique de Hume seront envisagés, outre l'idée de convention dont il sera à nouveau question à travers sa compréhension rawlsienne. La coopération et l'ordre social, le choix des règles de la justice, les circonstances qui la font naître, son utilité, sa stabilité, son lien avec la propriété, son articulation avec les sentiments moraux, seront ainsi envisagés à travers la manière dont Rawls les a considérés et commentés chez Hume, et examinés pour son propre compte. Ces problèmes de philosophie politique nous feront en outre retrouver des questions de psychologie morale (les théories humienne et kantienne de la motivation discutées par Rawls, l'internalisme néo-humien accepté par ce dernier) précédemment examinées dans les chapitres III et IV.

Ainsi, à travers un parcours qui nous fera passer de l'épistémologie, à la philosophie de l'esprit, la psychologie morale, la philosophie de l'action, la logique de l'action collective et la philosophie politique contemporaines, se révéleront également des connexions entre ces différents champs. Ce réseau argumentatif unissant par exemple, la théorie de la causalité à celle de l'action, l'identité à la causalité et aux passions, la théorie de la motivation à celle de la justice à travers la morale, ou encore, l'induction à l'action, n'étonnera nullement le lecteur familier du *Traité de la nature humaine*, où l'entendement, les passions et la morale reposent sur les mêmes « principes ». Sa résurgence en philosophie contemporaine, dont les champs paraissent parfois plus cloisonnés, constitue un fait aussi exaltant qu'inattendu que ce livre s'attachera aussi à mettre en évidence. La réception contemporaine de Hume irait alors au-delà des grands thèmes, problèmes ou solutions repris ou discutés par les auteurs contemporains mais se caractériserait également par la résurgence du *réseau humien de ces thèmes et problèmes*.

Comme nous le verrons, la reprise de ce réseau se fait parfois en connaissance de cause, comme lorsque Davidson fait retour à la définition humienne de la causalité naturelle ou physique afin de montrer comment elle s'applique aussi à l'action ; ou lorsque Rawls entend se démarquer de la théorie humienne de la motivation pour expliquer d'une autre manière que Hume, mais en se mesurant à lui, comment le sens de la justice oblige. Dans ces cas, c'est la référence à Hume ou la discussion de ses positions qui semble appeler, de la part des contemporains, la reconstitution du réseau. Dans d'autres cas cependant, c'est moi qui aurai à le reconstituer en réponse aux auteurs contemporains, complétant ainsi la présentation ou la compréhension humienne des problèmes qu'ils discutent. Je montrerai par exemple qu'une justification pragmatique de l'induction comme celle que formule Reichenbach pourrait en appeler *in fine* à une théorie humienne de la motivation. J'indiquerai dans le même sens qu'une compréhension pleinement humienne de l'identité personnelle devrait articuler à son « réductionnisme » l'explication affective et passionnelle du souci de soi que Hume avait su développer. Je montrerai encore comment la conception humienne de la convention s'articule à sa théorie de la motivation. Ou bien je rappellerai dans quelle mesure, même selon Hume, le sens de l'obligation morale de la justice fait agir.

Au cœur de ce réseau thématique et argumentatif, la conception humienne de la motivation occupera une place centrale, comme elle en occupait déjà une dans le *Traité de la nature humaine*. C'est cette conception qui fait de la raison « l'esclave des passions ». Autrement dit, reformulée en termes contemporains, cette conception humienne de la motivation considère les motifs passionnels (désirs et autres pro-attitudes) comme les causes directes de l'action, tandis qu'elle envisage les croyances portant sur les objets de ces désirs ou sur les moyens de les satisfaire comme des causes seulement indirectes de l'action, présupposant l'existence des premières. Or, comme nous le verrons, cette théorie de la motivation s'avèrera être au cœur du réseau thématique de Hume comme de sa réception contemporaine. En effet, ni l'inférence causale, ni l'identité personnelle, ni la mise en place d'une convention, ni, par conséquent, celle des règles de la justice ni, enfin, l'obligation morale qui nous pousse à respecter ces dernières, ne peuvent être adéquatement expliquées sans que soit fait à un moment référence à cette conception humienne des motifs passionnels qui nous animent et nous font agir.

CHAPITRE PREMIER

CAUSALITÉ ET INDUCTION

C'est Karl Popper qui le premier, au chapitre I de *Logik des Forschung* (1 re éd. 1934), a attribué à Hume le « problème de l'induction », entendu comme « la question de savoir si les inférences inductives sont justifiées ou à quelles conditions elles le sont » [1]. Dans cet ouvrage, et auparavant dans un article préparatoire datant de 1933 [2], Popper prétendait l'avoir qualifié de « problème de Hume » « *à la suite de Kant* », un point sur lequel il est revenu ensuite (en 1970) pour s'attribuer finalement l'entière paternité de la désignation de ce problème comme « le problème de Hume ». Popper précisa alors que « Kant lui-même ne lui a jamais donné ce nom, contrairement à ce [qu'il] semblait dire » dans *La logique de la découverte scientifique* [3]. Dès lors et par la suite, Popper exprimera plusieurs fois le fait qu'« à [sa] connaissance [lui Popper] a été le premier à [l']appeler "le problème de Hume"; bien qu'évidemment d'autres aient pu le faire » (mais certainement pas Kant) [4].

En même temps que Popper désignait comme « le problème de Hume » non plus le « problème de la causalité » (sens qu'il avait chez Kant) mais « le problème logique de l'induction », à savoir, « le problème de savoir si nous avons le droit d'inférer les cas non observés à partir des cas observés, si nombreux soient-ils », Popper déterminait également la réponse que

1. K. Popper, *La logique de la découverte scientifique*, trad. fr. de l'édition anglaise de 1968, Paris, Payot, 1978, p. 23 et p. 30.

2. K. Popper, « Ein Kriterium der empirischen Charakters theoretischer Systeme », *Erkenntnis*, 3, 1933, p. 426 *sq*.

3. K. Popper, *La connaissance objective*, trad. fr. J.-J. Rosat, Paris, Aubier, 1991, p. 152.

4. *Ibid.*, n. 1, p 43.

Hume avait apporté à ce dernier problème comme une réponse clairement *négative* [1].

Enfin, et toujours dans *La logique de la découverte scientifique*, Popper découvrait chez Hume un autre problème de l'induction, différent du problème « logique » de la justification de l'induction, et qu'il qualifie de « psychologique ». Ce problème est celui de savoir « pourquoi la plupart des gens, et même les gens parfaitement rationnels, croient (...) à la validité de l'induction » [2], une question à laquelle Hume aurait répondu selon lui d'une manière tout aussi « psychologique », mais néanmoins insatisfaisante.

A ces deux problèmes « logique » et « psychologique » de l'induction repérés par Popper dans le texte de Hume, s'en ajoute un troisième, défini par Nelson Goodman dans *Fact, Fiction & Forecast* (1955) comme une « nouvelle énigme de l'induction », une énigme à laquelle ni Hume ni aucun de ses successeurs n'ont d'après lui correctement répondu. Ce « nouveau problème de l'induction » déterminé par Goodman est celui de la distinction « entre les inférences inductives valides et non valides ». Autrement dit, c'est la question de savoir sur *quelles* régularités passées « s'appuient les prédictions valides » [3].

C'est ce dernier problème de l'induction, et la manière dont il concerne Hume, que j'examinerai en premier lieu dans ce chapitre. Deux raisons expliquent mon choix d'examiner ce « nouveau problème » avant celui que Goodman appelle « l'ancien problème de l'induction », à savoir le « problème logique » défini par Popper.

D'une part, et d'un point de vue chronologique, Popper n'est pas seulement celui qui a, avant Goodman, repéré chez Hume un problème que Goodman aurait ensuite *dépassé* avec sa « nouvelle énigme ». Popper a en fait *répondu* à la tentative de Goodman en expliquant dans *La connaissance objective* (1972) que le problème de savoir *à quelles conditions* des inférences inductives peuvent être valides ne se pose pas si l'on tient compte de la réponse négative que l'on doit apporter avec Hume à la question de savoir *si* l'induction est justifiée [4]. De sorte que l'ordre dans lequel j'examinerai les positions de ces deux auteurs peut s'expliquer chronologiquement, en raison des réélaborations plus récentes que Popper apporta à son traitement du vieux « problème logique de l'induction » de

1. K. Popper, *La connaissance objective*, *op. cit.*, p. 157.

2. *Ibid.*, p. 162-163.

3. N. Goodman, *Faits, fictions et prédictions*, trad. fr. R. Houde, R. Larose revue par P. Jacob, Paris, Minuit, 1984, p. 94.

4. K. Popper, *La connaissance objective*, *op. cit.*, p. 163.

Hume, et aux conséquences qu'elles entraînent d'après lui sur le « nouveau problème de l'induction » que Goodman voulait lui substituer.

D'autre part, et cette fois du point de vue des contenus humiens auxquels Popper et Goodman font appel pour traiter leurs problèmes respectifs, ou montrer comment Hume les a (ou non) posés et résolus, c'est la discussion de Popper qui me paraît à la fois la plus proche de Hume et surtout celle qui engage le plus de contenus humiens ou de questions humiennes. La réfutation humienne du fondement logique de l'induction, mais aussi l'explication humienne de son fondement psychologique seront ainsi directement engagées par cette discussion concernant Hume et Popper. Et à travers elles, la causalité, la répétition, l'habitude, l'instinct, l'origine de l'idée de nécessité, la validité des explications empiriques, le rationalisme et le scepticisme, se trouveront également abordés. La discussion de Goodman nous entraînera au contraire, du moins en partie, au pays des paradoxes, et plus exactement au pays des émeraudes « *vleues* » et des « attributs non familiers », créant ainsi une distanciation importante (mais non sans intérêt technique) avec l'analyse de l'inférence causale chez Hume. En même temps, il sera aussi question de l'habitude que Goodman entend pour sa part lier à l'usage du *langage*, renouvelant ainsi en partie son acception humienne.

La troisième partie de ce chapitre, consacrée à Reichenbach, abordera une autre réponse au « problème logique » de l'induction, une réponse que Popper avait également repérée parmi les traitements contemporains de cette question. Reichenbach entend répondre au « problème logique » de l'induction de Hume en montrant, d'une part, que si la vérité du résultat d'une inférence ne peut être démontrée, sa probabilité objective peut l'être et, d'autre part, que le procédé même de l'induction correspond, de la part d'un agent, à la meilleure « mise » qu'il puisse faire pour prédire, ce qui en constitue la justification logique. Cette fois, ce sont les *liens* unissant l'induction à la probabilité d'un côté, et à l'action de l'autre – également essentiels chez Hume – que la discussion du « probabilisme inductif » de Reichenbach me conduira à examiner. En même temps, la manière dont Popper interprète la réponse négative humienne au problème logique de l'induction réapparaîtra dans cette discussion, puisque c'est en réitérant cette réponse négative que Popper pense pouvoir rejeter la tentative de Reichenbach de défendre, contre Hume, la possibilité d'une « connaissance probable ». De ce point de vue également, la position centrale que j'ai choisi d'accorder à Popper dans ce chapitre me semble se justifier.

LES PROBLÈMES DE L'INDUCTION (I) : HUME ET GOODMAN

Dans « La nouvelle énigme de l'induction », qui constitue la seconde d'une série de trois conférences prononcées par Nelson Goodman en 1953 autour des problèmes intrinsèquement liés des dispositions, de l'induction et de la projectibilité des hypothèses, ce dernier décrit l'évolution qui a fait passer du « vieux problème de l'induction » à la « nouvelle énigme de l'induction ». Il s'agit plus précisément de retracer le passage entre le « vieux » problème de la « justification de l'induction », le problème « de la définition de la confirmation » puis, enfin, la « nouvelle énigme de l'induction, qui pose plus particulièrement la question de la distinction entre les hypothèses projectibles et celles qui ne le sont pas » [1].

Hume se trouve cité et impliqué dans cette généalogie à trois niveaux : 1) Hume a *clairement posé* « le problème de la validité des jugements portés sur les événements futurs ou inconnus » [2] ; 2) il a *répondu correctement* à cette question en s'interrogeant « sur la façon dont sont effectués les jugements inductifs normalement acceptés » ; 3) sa réponse apparaît néanmoins « incomplète et peut-être pas entièrement exacte » dans la mesure où il n'a pas précisé sur *quelles* régularités passées « s'appuient les prédictions valides » [3]. De ce dernier point de vue, Hume partage avec ses successeurs l'important défaut aux yeux de Goodman de proposer une théorie de la confirmation sans déterminer *à quoi* elle s'applique. En somme, d'après Goodman, Hume a bien vu que « n'importe quoi peut se produire après n'importe quoi », mais il n'a pas poussé l'analyse jusqu'à montrer que n'importe quelle régularité peut confirmer n'importe quelle hypothèse. Un *quatrième point* peut être ajouté au diagnostic posé par Goodman sur l'approche humienne du problème de l'induction, relié cette fois à la troisième conférence de 1953 où Goodman expose sa propre solution à la « nouvelle énigme » qu'il a repérée. Goodman y précise en effet que la recherche d'une solution à ce problème implique une « réorientation de celui-ci ». Or la « description figurée » qu'il fait de cette réorientation implique explicitement un *renversement de l'approche de Hume* :

> Hume croyait que le mécanisme de projection est déclenché par les régularités dans ce que l'esprit observe, et que ces projections sont faites conformément à ces régularités. Son problème était alors de choisir lesquelles, parmi ces régularités, déclenchent le processus projectif. Nous considérons au contraire

1. N. Goodman, *Faits, fictions et prédictions*, *op. cit.*, p. 93 et 95.
2. *Ibid.*, p. 76.
3. *Ibid.*, p. 81 et 94.

> que l'esprit est en marche dès le départ, émettant des projections spontanées tous azimuts, puis corrigeant et canalisant peu à peu ses processus projectifs. Nous ne demandons pas comment les projections sont faites mais comment, puisqu'elles sont faites, elles sont différenciées et jugées valides ou non valides [1].

Ma discussion procédera de la manière suivante. Sans avancer l'idée beaucoup trop audacieuse selon laquelle Hume aurait proposé voici plus de deux cents ans une solution à la « nouvelle énigme de l'induction » repérée par Goodman, solution qui serait ainsi à mettre sur le même plan que la « théorie de la projection » proposée par ce dernier (cette thèse a été récemment avancée par Nathan Stemmer [2]), je voudrais au moins remettre partiellement en cause le diagnostic de Goodman sur deux points en fait intimement liés. Il s'agit, d'une part, du caractère « imprécis » de « l'approche descriptive » humienne supposée incapable d'expliciter quelles sont les régularités passées donnant lieu à des prédictions valides et, d'autre part, de l'idée corrélative selon laquelle Hume se serait contenté de dire « comment les projections sont faites » sans chercher à se demander « comment, puisqu'elles sont faites, elles sont différenciées et jugées ou non valides ». Mon intention est ici de rapprocher la perspective humienne du type d'approche proposé par Goodman en réponse à la « nouvelle énigme de l'induction » : il me semble en effet possible d'*accorder* à Hume le « nouveau regard sur le problème » que Goodman propose pour sa part de *substituer* à celui de Hume. En effet, la description humienne de « la manière dont l'esprit fonctionne », loin d'exclure, comme le pense Goodman, la différenciation des prédictions valides et invalides *au sein* des prédictions spontanées, cherche très précisément à saisir et à décrire cette différenciation. En d'autres termes, la « nouvelle approche » de Goodman n'est peut-être pas si nouvelle. Corrélativement, il me semble incorrect de rapprocher, comme le fait Nathan Stemmer, la solution de Hume des « solutions naturalistes » notamment proposées par Quine et Ullian à cette même « énigme » de Goodman, et en opposition à ce dernier. En effet, tout cela ne revient pas à dire que la solution de Hume préfigure la « théorie de la projection » de Goodman. Cette dernière apparaît, au contraire, radicalement « nouvelle », et cela, montrerai-je, pour trois raisons. D'abord, le conflit décrit par Hume entre les généralisations « accidentelles » produites par l'imagination et les généralisations « mieux établies » produites par

1. N. Goodman, *Faits, fictions et prédictions*, *op. cit.*, p. 98-99, trad. mod.
2. N. Stemmer, « Hume's solution of the Goodman paradox and the reliability riddle (Mill's Problem) », *Philosophical Studies* (2007), p. 137-159.

l'entendement est, malgré la nette distinction entre ces deux niveaux d'inférence, méthodologiquement très éloigné du conflit d'« implantation » des hypothèses concurrentes décrit par Goodman. Ensuite, l'implantation est selon Goodman tributaire du langage : la répétition passée des termes lui paraît ainsi « aussi importante » que celle des « phénomènes eux-mêmes » laquelle a seule retenu, comme il le précise, l'attention de Hume [1]. Enfin la théorie de la projectibilité de Goodman est fortement liée à une préoccupation originale à l'égard de prédicats non familiers. Insistons sur ce dernier point. L'exemple typique d'un tel prédicat est « *vleu* » (contraction de « vert » et de « bleu », traduisant l'adjectif anglais *grue*, forgé par Goodman) : ce prédicat s'applique « à toutes les choses examinées avant *t* pour peu qu'elles soient vertes, et à toutes les autres choses pour peu qu'elles soient bleues » [2]. Les observations répétées d'émeraudes vertes avant *t* confirment non seulement l'hypothèse générale « toutes les émeraudes sont vertes », et par suite la prédiction qu'elles seront vertes après *t*, mais encore l'hypothèse « toutes les émeraudes sont vleues », et finalement la prédiction qu'après *t*, les émeraudes observées seront vleues : c'est-à-dire bleues par définition. Une théorie incapable d'éliminer ce type de prédicats conduit ainsi au résultat « inacceptable » selon lequel « n'importe quoi confirme n'importe quoi ». Se découvre ainsi, selon Goodman, le véritable problème de Hume « *et de ses successeurs les plus récents* » [vraisemblablement Hempel], à savoir « une incapacité à identifier et à résoudre » le problème de la distinction entre « vert » et « vleu », autrement dit, « le problème de la distinction entre les hypothèses projectibles et celles qui ne le sont pas » [3]. C'est de ce point de vue que la théorie simplement descriptive de Hume, qui fait appel à la régularité et à l'habitude, ne permet pas de résoudre « le problème endémique de la projection ». Son « imprécision » tient donc essentiellement au fait qu'elle est incapable de préciser pourquoi la « régularité du vert » confirme la prédiction selon laquelle « la prochaine sera verte » tandis que la « régularité du vleu » ne confirme pas que « la prochaine émeraude sera vleue ».

Hume et l'ancien problème de l'induction

Goodman a plusieurs manières de désigner le « vieux problème de l'induction », dont il estime qu'il a été avant lui sinon « résolu », du moins « dissous ». Il le caractérise tour à tour comme « le problème de la validité

1. N. Goodman, *Faits, fictions et prédictions*, *op. cit.*, p. 106.
2. *Ibid.*, p. 88.
3. *Ibid.*, p. 94-95.

des jugements portés sur les événements futurs ou inconnus », « la question du lien entre les prédictions et l'expérience passée », la question de la « légitimité » des prédictions, le problème de la « justification de l'induction » ou encore « le "problème de Hume" » [1] avec cette précision qu'il place lui-même cette dernière expression entre guillemets, pour s'en désolidariser aussitôt. En effet, précise-t-il, si « nous en sommes (...) arrivés à parler du "problème de Hume" », c'est que nous croyons (à tort selon lui) « qu'il l'a proposé au titre d'une question sans réponse ». Goodman vise ici le « vieux reproche » (*the old complaint*) d'origine kantienne, selon lequel Hume ne se serait interrogé que sur « l'origine », la « source » des prédictions, sans se demander comment ces dernières « peuvent se justifier », ce qui revient d'après Goodman à penser soit que « le plus grand des philosophes modernes se serait complètement trompé sur son propre problème », soit qu'« il n'a jamais pris sa solution au sérieux, considérant le problème essentiel non résolu et même insoluble ». Goodman s'inscrit en faux contre ces deux idées : « je crois, écrit-il, que Hume avait bien compris la question centrale *et* qu'il considérait sa réponse comme passablement acceptable ».

Aussi Goodman s'attaque-t-il, pour commencer à l'idée selon laquelle le problème de la justification de l'induction serait, *en propre*, le « problème de Hume » au sens où il l'aurait « proposé comme une question sans réponse ». Plus précisément, Goodman considère comme « injuste » d'appeler « problème de Hume » celui de la justification de l'induction « *en tant que problème distinct de sa description* » [2]. Ce faisant, Goodman vise vraisemblablement une série d'auteurs qui vont de Kant à Popper (c'est du moins une lecture possible de *Logik des Forschung*) en passant par Russell. Il est vrai que Popper tiendra par la suite à différencier ce qu'il appelait, en 1934, « problème de Hume » – à savoir le « problème logique de l'induction » demandant « si nous avons le droit d'inférer les cas non observés à partir des cas observés, si nombreux soient-ils » – d'« un autre problème logique de l'induction que certains appellent "problème de l'induction de Hume" » et qui consiste à se demander « comment [on peut] montrer que les inférences inductives (...) sont valides ou peuvent être valides » [3]. Goodman n'est pas ici cité par Popper mais on reconnaît facilement dans la dernière formulation prêtée à « certain auteurs » le « vrai problème » de l'induction défini par Goodman, à savoir celui qui demande « d'établir une distinction entre les inférences inductives valides et non

1. N. Goodman, *Faits, fictions et prédictions*, *op. cit.*, p. 76-78, trad. mod.
2. *Ibid.*, p. 77, trad. mod.
3. K. Popper, *La connaissance objective*, *op. cit.*, p. 157-158.

valides ». Néanmoins, malgré cette différence de détermination, par Popper et par Goodman, de ce qui serait le *véritable problème de l'induction de Hume* (une question d'appréciation que j'examinerai en conclusion de ce chapitre), il reste que le « problème logique » repéré par Popper chez Hume, est bel et bien dissocié par lui de la *description* humienne de l'induction. D'après Popper en effet, et j'y reviendrai là encore, « Hume a démontré qu'il n'existe aucune solution positive » au « problème de savoir si nous avons le droit d'inférer les cas non observés à partir des cas observés ». De sorte que la description humienne du « mécanisme de l'association » forçant les hommes « à croire, par coutume ou par habitude, que ce qui s'est produit dans le passé se produira dans le futur » ne saurait constituer, aux yeux de Popper, qu'une « solution positive » à un autre problème, à savoir le « problème psychologique de l'induction ». Popper se montre donc ici parfaitement d'accord avec Russell, qu'il cite, pour dire que Hume n'aurait donné de solution positive qu'à ce dernier problème en affirmant que « nous faisons [des] inférences sur la base de la répétition ou de l'habitude » ; une réponse que Popper juge par ailleurs, comme je le montrerai, « fausse » car fondée sur une psychologie « primitive » qui ôte à la croyance toute rationalité [1].

Pour Goodman au contraire, la réponse positive fournie par Hume répond bel et bien à la question de savoir *comment* l'induction peut être *justifiée* : sa « description de la pratique inductive ordinaire » est « en fait » une manière de traiter « la question de la validité de l'induction » [2]. Ainsi donc, même si le « problème de Hume » défini par Goodman diffère du « problème de Hume » défini par Popper – comme ce dernier le souligne souvent et justement – toujours est-il que Popper n'envisage « la thèse [humienne] selon laquelle l'induction est liée à la *répétition* (et selon laquelle cette répétition est liée au renforcement des associations) » que comme une réponse au « problème *psychologique* de l'induction », et non pas au « problème *logique* de l'induction » [3]. A l'inverse, Goodman voit dans cette description humienne de l'inférence causale ordinaire une définition de l'inférence valide et, partant, une réponse à ce qui est, à ses yeux, le « vrai problème » de l'induction car « selon [Hume], une prédiction était valide dans la mesure où elle provenait d'une habitude et donc d'une régularité passée » [4]. De ce point de vue, Goodman a raison à mon avis de présenter comme une idée largement partagée – *y compris par Popper*,

1. K. Popper, *La connaissance objective*, *op. cit.*, p. 166-167.
2. N. Goodman, *Faits, fictions et prédictions*, *op. cit.*, p. 80, trad. mod.
3. K. Popper, *La connaissance objective*, *op. cit.*, p. 163.
4. N. Goodman, *Faits, fictions et prédictions*, *op. cit.*, p. 80-81.

préciserais-je pour ma part – l'idée selon laquelle la solution descriptive de Hume ne répondrait pas adéquatement au « problème de l'induction » pris dans une acception logique. Or c'est précisément à propos de cette soi-disant séparation des deux problèmes – logique et psychologique, normatif et descriptif – que, selon Goodman, « nous devons des excuses tardives à Hume » : en effet, d'après Goodman, « le problème de la justification de l'induction n'est pas totalement étranger à celui de la description ou de la définition de l'induction ».

Pour cette même raison, il faut selon Goodman reconnaître que Hume, non seulement, n'a pas proposé un problème (la justification de l'induction) sans le comprendre ou sans tenter de le résoudre, mais qu'il a, en réalité, contribué à sa manière à la « *dissolution du vieux problème* ». En effet, la « meilleure compréhension » que Goodman propose du problème de la justification de l'induction, autrement dit, la détermination du « véritable problème » (*genuine problem*) de la justification, procède d'une analyse dont il indique (ou parfois sous-entend) la parenté avec l'approche humienne.

Pour déterminer en quoi consiste la justification recherchée, Goodman commence par écarter l'idée selon laquelle justifier l'induction pourrait consister à « expliquer comment nous *savons* que certaines prédictions se réaliseront ». Cette idée est congédiée par une réponse simple : « nous n'en savons rien » [1]. Or cette réponse suppose un double point d'accord avec Hume qu'il avait déjà signalé auparavant, et selon lequel les prédictions ne sont *ni* des « comptes rendus de l'expérience » dans la mesure où elles portent « sur ce qui n'a pas encore été observé » (1), *ni* des « conséquences logiques de l'expérience » dans la mesure où « ce qui *s'est* produit n'impose aucune restriction logique sur ce qui *va* se produire » [2] (2). Ce que Goodman traduit par cette seconde proposition correspond au célèbre principe établi par Hume selon lequel « nous supposons, mais ne sommes jamais capables de prouver, qu'il doit forcément y avoir une ressemblance entre les objets dont nous avons eu l'expérience et ceux qui se trouvent au-delà de ce que nous pouvons découvrir » [3]. Plus précisément, la proposition (2) de Goodman rassemble deux principes qui, chez Hume, convergent vers cette célèbre conclusion. D'une part, le principe selon lequel « il ne peut y avoir d'arguments *démonstratifs* prouvant *que les cas dont nous n'avons pas eu d'expérience ressemblent à ceux dont nous avons eu l'expérience* » (un changement dans la nature est, en effet, concevable et donc « pas absolument

1. N. Goodman, *Faits, fictions et prédictions*, *op. cit.*, p. 78, trad. mod.
2. *Ibid.*, p. 76, trad. mod.
3. *Traité*, 1.3.6.11, p. 155.

impossible »)[1]. D'autre part, le principe selon lequel on ne peut pas non plus « prouver », par des « arguments probables » que « le futur sera conforme au passé », étant donné que « toutes nos conclusions expérimentales procèdent de [cette] supposition »[2]. Quant à la proposition (1) de Goodman, on peut la considérer comme l'équivalent d'un autre principe établi par Hume, selon lequel « l'*expérience* passée (…) ne donne d'information de façon *directe* et *certaine* [que] sur les objets précis et dans la période de temps précise qu'elle a pu embrasser », ce qui relance la question de savoir « pourquoi étendre cette expérience aux temps futurs et à d'autres objets »[3]. Enfin, selon Goodman, « il n'est guère plus utile », pour comprendre ce qu'est une inférence inductive justifiée, de déterminer le *degré de probabilité* des prédictions (3). Il est en effet parfaitement impossible de « connaître ou prouver *à l'avance* » que telle prédiction est « une prédiction probable », autrement dit, qu'elle est « mieux justifiée qu'une prédiction improbable » : on ne peut, en effet, « déterminer [à l'avance] la manière dont une prédiction [concernant un lancer de dé donné] est reliée aux répartitions statistiques effectives des lancers de dés *futurs* »[4]. Or sur ce point également – et bien que Goodman ne le fasse pas explicitement – il est permis de se réclamer de Hume. Hume s'appuyait pour sa part sur l'exemple d'un dé marqué d'un certain nombre de points sur quatre faces, et d'un autre nombre sur deux faces. Il montrait qu'il n'est évidemment pas possible, dans un tel cas « d'opposition de chances », de « déterminer avec *certitude* de quel côté l'événement aura lieu » : on ne peut « prouver avec certitude qu'un événement doit nécessairement avoir lieu du côté où se trouve le plus grand nombre de chances » (sans quoi les chances ne seraient pas égales). Et il ajoutait qu'il n'est pas non plus « important » – voilà qui anticipe la proposition (3) de Goodman – de pouvoir « affirmer *avec certitude* qu'il est *plus vraisemblable et plus probable* que ce sera du côté où se trouve un plus grand nombre de chances, plutôt que de celui où les chances sont moins nombreuses »[5]. Voici pourquoi la connaissance certaine du *degré de probabilité* d'un certain événement s'avère, à ses yeux, de peu de conséquence :

> La vraisemblance et la probabilité des chances consistent en un nombre supérieur de chances égales ; et, par suite, lorsque nous disons qu'il est vraisemblable que l'événement aura lieu du côté supérieur plutôt que du

1. *Traité*, 1.3.6.5, p. 152.
2. *EEH*, 4.19, p. 119.
3. *EEH*, 4.16, p. 115.
4. N. Goodman, *Faits, fictions et prédictions*, *op. cit.*, p. 78-79 (trad. mod.), je souligne.
5. *Traité*, 1.3.11.7- 8, p. 196, je souligne.

> côté inférieur, nous ne faisons rien de plus qu'affirmer que là ou se trouve un nombre supérieur de chances, il y en a effectivement un nombre supérieur, et là où se trouve un nombre inférieur de chances, il y en a un nombre inférieur, et ce sont des propositions identiques et dénuées d'importance. La question est de savoir par quels moyens un nombre supérieur de chances égales agit sur l'esprit et produit la croyance ou l'assentiment, *puisqu'il apparaît que ce n'est pas par des arguments tirés d'une démonstration, ni par des arguments établis par probabilité* [1].

A travers la proposition soulignée, Hume établit, dans les termes qui lui sont propres, la proposition à laquelle aboutira également Goodman : on ne peut pas « savoir » ou « prouver à l'avance » qu'une certaine prédiction est probable. Pour Hume, plus précisément, seule une « opération de la *fantaisie* » nous fait croire, plus fortement, à l'événement qui s'est présenté le plus souvent [2]. Même si ce point n'est pas directement repris par Goodman, il reste que ces deux auteurs sont d'accord pour dire qu'aucune « *connaissance* » ne rend compte de la différence entre prédictions probables (supposées « mieux justifiées ») et prédictions improbables.

Par ailleurs, un rapprochement peut être fait quant à la manière dont Hume et Goodman rendent positivement compte de ce qu'il faut entendre par « induction valide ». Ainsi, en exploitant l'idée d'un « ajustement mutuel entre les règles et les inférences acceptées » – ajustement qui s'applique non seulement à la validité des déductions mais également à celle des inductions – Goodman parvient à l'analyse suivante :

> Une inférence inductive est justifiée par sa conformité aux règles générales de l'induction, qui sont elles-mêmes justifiées par leur conformité à des inférences inductives reconnues. Les prédictions sont valides si elles se conforment aux canons de l'induction, qui sont valides parce qu'ils codifient la pratique inductive admise [3].

Or c'est justement pour avoir compris ce « cercle vertueux » que Hume doit, selon Goodman, être salué :

> On commence à entrevoir que la recherche d'une ligne de démarcation nette entre la justification de l'induction et la description de la pratique inductive ordinaire brouille le problème. Nous devons des excuses tardives à Hume. En traitant de la question portant sur la façon dont sont effectués les jugements inductifs normalement acceptés, il traitait en fait la question de la validité de l'induction.

1. *Traité*, 1.3.11.8, p. 196-197, je souligne
2. *Traité*, 1.3.12.22, p. 212.
3. N. Goodman, *Faits, fictions et prédictions*, *op. cit.*, p. 80.

Et Goodman y revient dans une note :

> [La doctrine de Hume] tente de dégager les circonstances dans lesquelles on fait des jugements inductifs qui sont considérés comme valides. Cela revient à énoncer les conditions nécessaires et suffisantes pour qu'une induction soit reconnue comme valide, donc à la définir. Le point que je soutiens ci-dessus est que le problème de la justification de l'induction n'est pas totalement étranger à celui de la description ou de la définition de l'induction [1].

Goodman considère donc que traiter, comme l'a fait Hume, « la façon dont sont effectués les jugements inductifs normalement acceptés » en réponse à la « question de la validité de l'induction » constitue une réponse parfaitement « conforme à la question », une affirmation sur laquelle je ne me prononcerai que dans la deuxième partie de ce chapitre, Popper soutenant une position exactement inverse.

Cette réponse de Hume lui semble néanmoins « incomplète et peut-être pas entièrement exacte ». Et c'est son « incomplétude » ou son « imprécision » que je voudrais pour ma part contester.

Pour parvenir à ce diagnostic, Goodman restitue la description humienne des inférences valides, et son manque, de la manière suivante :

> Selon [Hume], les régularités observées donnent naissance à des habitudes et à une attente, et les prédictions qui s'accordent avec ces observations sont normales et valides. Hume néglige le fait que toutes les régularités n'engendrent pas des habitudes, et que, par conséquent, toutes les prédictions fondées sur des régularités ne sont pas valides. (...) Il est donc inutile de dire que les prédictions valides sont celles qui s'appuient sur des régularités passées si nous ne pouvons préciser *quelles* sont ces régularités. Elles sont là où on les trouve, c'est-à-dire à peu près n'importe où : ni Hume ni ses successeurs n'ont su attaquer ou même poser ce problème [2].

Laissant pour l'instant de côté la question des prédicats non familiers comme « vleu », auxquels Goodman fait référence dans la partie de citation que je viens volontairement d'omettre, voyons d'abord s'il est vrai que Hume aurait avancé l'idée que « les prédictions valides sont celles qui s'appuient sur des régularités passées » sans « préciser quelles sont ces régularités ». Il apparaît au contraire que Hume a fait – ou du moins tenté de faire – l'un *et* l'autre. D'une part, en effet – et c'est la partie la plus connue de sa théorie de la causalité comme *théorie de la régularité* – Hume a établi le principe selon lequel « la conjonction constante de deux objets

1. N. Goodman, *Faits, fictions et prédictions*, *op. cit.*, p. 80 et n. 2, p. 81.
2. *Ibid.*, p. 94.

en détermine la causalité » [1]. Et, d'autre part, Hume s'attaque *également* au problème de la *détermination des régularités* propres aux inférences valides dans deux sections importantes du livre I du *Traité de la nature humaine*, portant respectivement sur les « probabilités non philosophiques » et sur les « règles par lesquelles juger des causes et des effets » (sections 1.3. 13 et 1.3. 15).

Ainsi, dans la section 1.3. 13, Hume différencie deux niveaux d'inférence : d'un côté, les généralisations excessives donnant lieu à des inférences abusives et « non philosophiques » et, de l'autre, les inférences conformes aux « opérations les plus générales et les plus authentiques de l'entendement » et impliquant une « condamnation » des premières [2]. Les préjugés sont selon Hume un exemple de « probabilités non philosophiques », autrement dit, pour prendre le vocabulaire de Goodman, d'inférences invalides. Hume en rend compte par l'emprise des « règles générales » sur le jugement, capables d'opérer « même en contradiction avec l'observation et l'expérience présentes » : ainsi, lorsqu'un Anglais entretient le préjugé selon lequel « un Français manque de profondeur », il inférera que tel Français est un « fat », même si sa conversation s'avère « très judicieuse » [3]. Hume remarque ensuite que se mêlent dans « presque toutes les sortes de causes » deux types de circonstances : les « circonstances essentielles », « absolument nécessaires à la production de l'effet » et les « circonstances superflues », « seulement associées par accident » à la cause efficace. Or *selon* que l'esprit se laisse guider par l'imagination ou par le jugement, c'est-à-dire par « la première influence des règles générales » (précédemment décrite avec le cas du préjugé), ou bien par « une seconde influence des règles générales » (développée ensuite dans la section sur les règles pour bien juger), il omet ou il tient compte, de cette distinction entre ces deux types de circonstances. *Et c'est là l'occasion pour Hume de décrire, et de différencier, les inférences invalides et les inférences valides*. Ainsi, explique-t-il, « quand apparaît un objet qui ressemble à une cause par des circonstances très notables, l'imagination nous porte naturellement à concevoir vivement l'effet habituel, bien que l'objet soit différent de cette cause par les circonstances les plus importantes et les plus efficaces ». « Mais quand nous examinons *de nouveau* cet acte de l'esprit et le comparons avec les opérations les plus générales et les plus authentiques de l'entendement, nous constatons qu'il est d'une nature irrégulière (...) cause pour laquelle

1. *Traité*, 1.3.15.1, p. 250.
2. *Traité*, 1.3.13.12, p. 224.
3. *Traité*, 1.3.13.7-9, p. 220-222.

nous le rejetons »[1]. L'originalité de cette analyse humienne est d'envisager cette « seconde influence des règles générales », qui est le propre des inférences les plus régulières de l'entendement, comme une « nouvelle orientation » d'un seul et même « principe de la nature humaine », à savoir ce mode de conformation aux règles générales qui prend spontanément la forme d'« une espèce de probabilité très peu philosophique », typique des préjugés et des inférences invalides. Mais il n'en reste pas moins que cette distinction entre les *deux orientations* de ce principe de la conformation aux règles générales permet à Hume d'affronter le problème dont Goodman déclare qu'il s'est abstenu de le traiter : la question de savoir *quelles sont* les régularités passées qui donnent lieu à des inférences valides et quelles sont celles qui conduisent à des inférences invalides. D'après Hume, les premières proviennent de la répétition des « circonstances essentielles » de la cause ; les secondes de la récurrence trompeuse de leurs seules « circonstances superflues ».

Or Hume précise en outre, dans la section 1.3.15 du *Traité de la nature humaine*, *comment* faire le départ entre ces régularités efficaces et ces régularités seulement accidentelles. Dans cette section, il énumère en effet comme il l'avait annoncé certaines règles qui « nous apprennent à distinguer les circonstances accidentelles des causes efficaces »[2]. Hume formule donc très explicitement ce que Goodman appellera de ses vœux, à savoir la détermination de « règles qui définissent la différence entre les inférences inductives valides et celles qui ne le sont pas »[3]. Assez étrangement, Goodman ne semble pas avoir remarqué le traitement qu'en fait Hume : il cite seulement « les canons de Mill » (qui, certes, ne sont pas sans rapport avec les « règles » de Hume[4]) et il ajoute rapidement qu'ils « ne se comparent tout de même pas aux règles aristotéliciennes du syllogisme, encore moins aux *Principia Mathematica* » (dont les règles de Hume sont pourtant fortement inspirées !). De sorte que Goodman estime que « c'est seulement depuis quelques années qu'on s'est attelé à ce qu'[il] appelle la tâche constructive d'une théorie de la confirmation », Goodman se concentrant alors sur les travaux de Hempel[5], avant de montrer que la meilleure définition de la confirmation à laquelle on pourrait parvenir, dans son sillage,

1. *Traité*, 1.3.13.12, p. 223-224, je souligne.
2. *Traité*, 1.3.13.11, p. 223.
3. N. Goodman, *Faits, fictions et prédictions*, *op. cit.*, p. 81.
4. Voir sur ce point C. J. Ducasse, « Critique of Hume's Conception of Causality », *Journal of Philosophy*, 63 (1966), n°6, p. 141-148, sec. 4.
5. *Cf.* C. G. Hempel, « A Purely Syntactical Definition of Confirmation », *Journal of Symbolic Logic*, 8, 1943, « Studies in the Logic of Confirmation (I.) », *Mind*, 54 (1945), n° 213.

s'appliquerait aussi bien – et c'est là pour Goodman un défaut irrémédiable – aux « prédicats aussi peu familiers que "vleu", ou même [aux] hypothèses accidentelles en général » [1]. On retrouve ainsi le fameux problème des prédicats non familiers sur lequel achoppent, d'après Goodman, tous les philosophes avant lui. Finalement, pense-t-il, ni la théorie de Hume, ni la meilleure définition de la confirmation à laquelle on puisse parvenir, ne permettent « d'établir une distinction entre les inférences inductives valides et non valides ». Une définition modifiée de la confirmation aboutit en effet au « résultat inacceptable » selon lequel « n'importe quoi confirme n'importe quoi » et ce résultat est fort proche de la « difficulté initiale » reconnue par Hume selon laquelle « n'importe quoi peut se produire après n'importe quoi » [2]. Quant à ce dernier, il n'a pas « reconnu » que les régularités « peuvent se trouver n'importe où » et il se heurte donc exactement au même problème.

Que la théorie de Hume ne permette pas de rejeter comme il convient les « prédicats indésirables » comme « *vleu* », pas plus que ne le peut la définition de la confirmation de Hempel modifiée, me semble exact. En revanche, il me paraît faux de dire, comme Goodman, que Hume « néglige (...) le fait que toutes les régularités [dans l'expérience] n'engendrent pas des habitudes [d'attente], et que, par conséquent, toutes les prédictions fondées sur des régularités ne sont pas valides ». Hume néglige d'autant moins ce point que la reconnaissance du fait que « n'importe quoi peut produire n'importe quoi » s'accompagne dans son esprit de cette seconde découverte et, partant, de la nécessité d'une *méthode* :

> N'importe quoi peut produire n'importe quoi. (...) Et cela ne paraîtra pas étrange, si nous comparons ces deux principes expliqués plus haut : *que la conjonction constante de deux objets en détermine la causalité et qu'à proprement parler, il n'y a pas d'objets contraires entre eux, à l'exception de l'existence et de la non-existence.* Quand les objets ne sont pas contraires, rien ne les empêche de présenter cette conjonction constante dont la relation de cause à effet dépend totalement.
> Donc, puisque tous les objets peuvent devenir causes ou effets les uns des autres, il peut être bon de fixer quelques règles générales *nous permettant de savoir dans quels cas ils le sont réellement* [3].

Rappelons ici que Hume a précédemment montré (section 1.3. 13 du *Traité*) que le mélange, dans la plupart des causes, de circonstances

1. N. Goodman, *Faits, fictions et prédictions*, *op. cit.*, p. 92-93.
2. *Ibid.*, p. 88 et 94.
3. *Traité*, 1.3.15.2, p. 250, je souligne la dernière expression.

« essentielles » et de circonstances « superflues » occasionne selon les esprits, ou selon les circonstances, des inférences valides ou invalides. D'après Hume lui-même, une « fréquente conjonction » entre un effet et une « circonstance particulière » peut donc engendrer aussi bien, pour prendre cette fois le vocabulaire de Goodman, une « hypothèse accidentelle ou non confirmable » qu'une hypothèse « nomologique ou confirmable » [1]. Ainsi, pour prendre l'exemple célèbre de l'homme suspendu dans une cage de fer, la « conjonction fréquente » d'une cause (la présence du vide) et d'un effet (la chute mortelle) peut donner lieu à une inférence fautive d'une idée à une autre, inférence liée à la puissance de l'imagination, et ce même si la cause habituellement efficace s'avère, dans le cas en question, parfaitement inefficace (elle est en effet « détruite » par la circonstance contraire qu'est la solidité du fer). Au contraire, le « sage », guidé par son « jugement » et les règles d'une juste inférence, s'attache à distinguer les « circonstances accidentelles » des « causes efficaces ». Il peut alors « condamner » les inférences imaginaires et « corriger cette tendance par une réflexion sur la nature de ces circonstances » [2]. Ou encore, dans d'autres cas, il peut conclure que lorsqu'« un effet peut être produit sans le concours d'une circonstance particulière (...) cette circonstance ne fait pas partie de la cause efficace, si fréquemment qu'elle lui soit associée » [3]. Force est donc de constater que Hume n'a nullement méconnu la difficulté signalée par Goodman, selon laquelle « les régularités sont là où on les trouve, et on peut les trouver n'importe où ».

Quant à la manière dont Hume l'a résolue, elle consiste notamment à énumérer huit règles permettant de déterminer les « circonstances essentielles » (nécessaires et suffisantes) qui, au sein des phénomènes « naturels » ou « moraux », forment la cause efficace. Si cette « logique » a pu sembler à Goodman trop peu élaborée (c'est en tout cas le jugement qu'il porte sur les canons – plus précis – de l'induction de Mill), il reste qu'elle a marqué une étape décisive dans le développement scientifique de la logique inductive. Et en même temps elle a réussi à présenter et à illustrer le principe « d'ajustement mutuel » évoqué plus haut, et valorisé par Goodman, entre les règles valides et les inférences justifiées. Hume remarque en effet, après l'énumération des huit règles, qu'une telle « logique » n'était peut-être « pas bien nécessaire », dans la mesure où « *les principes naturels de notre entendement auraient pu en tenir lieu* » [4]. Or cette observation ne

1. N. Goodman, *Faits, fictions et prédictions*, *op. cit.*, p. 93.
2. *Traité*, 1.3.13.9, p. 222.
3. *Traité*, 1.3.13.11, p. 223.
4. *Traité*, 1.3.15.11, p. 252, je souligne.

lui permet pas seulement, comme le souligne Goodman, de « traiter la question de la validité de l'induction » en s'interrogeant sur « la façon dont sont effectués les jugements inductifs normalement acceptés » [1]. Elle lui permet aussi, à mon avis, d'affronter la question de la démarcation entre énoncés nomologiques et énoncés accidentels, et de prendre en charge le fait que certaines régularités (accidentelles) ne sont pas « projectibles », tandis que d'autres (efficaces) le sont. En effet, les jugements « naturels » sur lesquels sont formés, d'après Hume, les règles de l'induction correspondent non pas à *toutes* les généralisations tirées de l'expérience passée (préjugés y compris), mais *seulement* aux « opérations les plus générales et les plus authentiques de l'entendement », aux « principes de raisonnement les plus établis » [2]. Pour prendre un exemple humien, le manque d'esprit de l'Irlandais, ou le manque de jugement du Français, ne sont pas *projectibles*, bien qu'il arrive que de tels prédicats soient abusivement projetés. Réciproquement, lorsqu'une cause est contigüe à l'effet dans l'espace et le temps, antérieure à lui, en constante conjonction avec lui, et qu'elle passe, en outre, le test d'expériences répétées, aptes à en « écarter tout le superflu » et à « rechercher si toutes les circonstances particulières de la première expérience lui étaient essentielles » [3], on peut la déterminer comme la cause réelle de l'effet. Telle est finalement la méthode proposée par Hume pour différencier hypothèses nomologiques et hypothèses accidentelles, autrement dit, en termes plus humiens, pour « choisir la bonne voie parmi toutes celles qui se présentent ». Seules une « extrême tension du jugement humain » et une « persévérance dans l'enquête » sont à même d'après lui, lorsque les causes sont complexes, de déterminer les inférences valides. De sorte que ce ne sont pas *simplement*, selon l'expression de Goodman, « les prédictions fondées sur des régularités passées » que Hume a déterminées comme valides.

La théorie de l'implantation de Goodman et le rôle de l'habitude

Dans le chapitre « Vers une théorie de la projection », qui fait suite à « La nouvelle énigme de l'induction », Goodman pose les jalons d'une « théorie de la projectibilité » qui apparaît comme une solution à l'énigme en question, c'est-à-dire, rappelons-le, la découverte d'un moyen de « distinguer entre les hypothèses projectibles et celles qui ne le sont pas ». Cette découverte implique d'après Goodman un « nouveau regard sur le problème » qui consiste à examiner quelles sont les hypothèses que l'esprit

1. N. Goodman, *Faits, fictions et prédictions*, *op. cit.*, p. 80.
2. *Traité*, 1.3.13.12, p. 224.
3. *Traité*, 1.3.15.11, p. 252-253.

projette réellement (les hypothèses « projetées ») afin de déterminer à partir d'elles quelles sont les hypothèses « projectibles ». Comme je l'indiquais plus haut, Goodman présente cette « réorientation » du regard sur le problème de deux manières, l'une conceptuelle et l'autre, plus « figurée » qui fait explicitement référence à Hume.

Conceptuellement d'abord, il s'agit pour Goodman d'aborder la question « de la validité des projections » comme un « problème typique de dispositions » : il convient, en l'occurrence, de « définir le prédicat dispositionnel "projectible" » à partir « du prédicat particulier "projeté" et de certains autres éléments d'information » [1]. Goodman fait ici référence à ce qu'il a montré dans un précédent chapitre, dans lequel il a défini les prédicats dispositionnels « aussi bien que les prédicats manifestes » comme « des étiquettes utilisées dans la classification d'objets *réels* » [2]. Il les avait alors distingués de la manière suivante : « l'application d'un [prédicat manifeste] consiste à dire que quelque chose de spécifique arrive effectivement à la chose en question, tandis qu'appliquer un prédicat dispositionnel consiste simplement à parler de ce qui peut arriver » [3]. Dans cette même conférence, Goodman a identifié le « problème général des dispositions » comme « un problème de projection » dans la mesure où « il s'agit de savoir comment, en partant d'un prédicat manifeste comme "brûle", nous pouvons effectivement l'étendre à un domaine plus vaste en définissant un prédicat corrélatif de type dispositionnel tel qu'"inflammable" qui s'applique à des choses qui brûlent et à d'autres, mais à aucune qui ne s'embrase pas au contact du feu » [4]. Enfin, Goodman a relevé le fait que ce problème des dispositions n'est qu'un aspect d'un problème plus vaste : « comment passer d'un ensemble donné de cas à un ensemble plus large ». De cet ensemble, le problème de l'induction (« comment passer de cas connus à des cas inconnus ou de cas passés à des cas futurs ») est un autre aspect. En somme, le « problème de la projection d'un ensemble quelconque de cas à un autre » s'avère être d'après Goodman le problème *générique* dont le « problème de l'induction » et le « problème des dispositions » sont les deux « *espèces* » [5].

Mais Goodman dispose d'une seconde manière de décrire le « nouveau regard » qu'il détermine sur le problème de la distinction entre projections valides et non valides. Comme le montre la citation que j'ai faite au début

1. N. Goodman, *Faits, fictions et prédictions*, *op. cit.*, p. 98, trad. mod.
2. *Ibid.*, p. 68.
3. *Ibid.*, p. 61.
4. *Ibid.*, p. 75.
5. *Ibid.*, p. 95.

de ce point sur Hume et Goodman, il s'agit pour ce dernier non pas de déterminer – comme le faisait Hume – comment les prédictions sont faites (à savoir, selon Hume, en conformité avec des régularités observées) mais plutôt de déterminer « comment, étant donné qu'elles sont faites, elles sont différenciées et jugées valides ou non valides ». Car d'après Goodman, c'est *dans de multiples directions* que l'esprit émet spontanément des projections, et c'est sur cette base que « peu à peu, [il] corrige et canalise son processus projectif ». Pour Hume au contraire – et même si Goodman néglige, comme on l'a vu, le processus de *correction* qu'il avait décrit entre *deux types* de généralisations inductives – ce n'est jamais que *conformément à des régularités* que « le mécanisme de projection [de l'esprit] se déclenche » [1].

Dès lors, c'est d'une manière toute différente que *l'expérience passée* se trouve mise à profit par Hume et par Goodman : le premier pour rendre compte des « inférences » ou « prévisions », le second pour rendre compte de la « projectibilité ». Ainsi, là où Hume expliquait *comment* les « *cas passés* » de constante conjonction entre telle espèce d'objets et telle autre se trouvent projetés sur des cas nouveaux qui leur « ressemblent », Goodman, en faisant un pas de plus, met l'accent sur l'importance de notre « connaissance des *prévisions antérieures* », de leurs « succès » et de leurs « échecs » [2], afin d'aboutir à une définition adéquate de la « projectibilité ».

Corrélativement, Hume et Goodman accordent une attention différente à la *répétition*, différence sur laquelle Goodman attire lui-même l'attention de son lecteur :

> Comme Hume nous invoquons ici les répétitions passées (*past recurrences*), en attachant toutefois autant d'importance aux répétitions des *termes* explicitement employés pour décrire les phénomènes observés qu'aux répétitions dans les *phénomènes* eux-mêmes [3].

Par l'expression « termes explicitement employés », Goodman désigne les « prédicats » qui se trouvent « habituellement » projetés en même temps que les hypothèses où ils interviennent. En effet, explique-t-il, comparer les « dossiers » des diverses projections émises par le passé revient à comparer l'« implantation » (*entrenchment*) des prédicats correspondant à ces hypothèses, autrement dit encore, le nombre d'« occasions » où ces prédicats se sont trouvés « réellement projetés » (plus précisément, où ont été projetés soit ces prédicats eux-mêmes, soit certains termes qui leurs

1. N. Goodman, *Faits, fictions et prédictions*, *op. cit.*, p. 98.
2. *Ibid.*, p. 97.
3. *Ibid.*, p. 106, je souligne.

sont coextensifs) [1]. Ainsi donc, « l'implantation dépend de l'usage du langage ». Or c'est ce même « usage du langage » qui permet de « *distinguer* les caractéristiques répétitives de l'expérience qui sous-tendent les projections valides de celles qui ne le font pas » : les premières « sont celles pour lesquelles nous avons adopté des prédicats que nous avons pris l'habitude de projeter ». De sorte que, tout en faisant explicitement référence à l'idée humienne de répétition et d'habitude, un double écart avec Hume caractérise l'idée d'« implantation » introduite par Goodman. D'une part, c'est à Kant que Goodman déclare emprunter l'idée selon laquelle « la validité d'une induction dépend non seulement de ce qui se manifeste (*what is presented*) mais aussi de son organisation » [2]. D'autre part, la découverte de l'« usage du langage » comme principe de cette organisation (d'inspiration vraisemblablement wittgensteinienne) est une solution qui, d'après Goodman, permet de déterminer *quelles sont* les « caractéristiques répétitives de l'expérience » au fondement des projections valides. Or comme on l'a vu, et même si j'ai pour ma part mis en cause cette assertion, c'est précisément cette détermination que Hume, d'après Goodman, n'a pas produite.

A propos de cette solution nouvelle apportée par Goodman, à savoir l'« usage [habituel] du langage », précisons que Hume n'a pas, en réalité, complètement ignoré le lien existant entre l'habitude et l'usage des mots : toute l'originalité de son traitement de la question des « idées abstraites » consiste justement à analyser ce lien. Voici en effet la solution qu'il offrait au « paradoxe » selon lequel « certaines idées sont particulières quant à leur nature, mais générales quant à leur représentation » :

> Une idée particulière devient générale en étant associée à un terme général, c'est-à-dire à un terme qui, par suite d'une conjonction coutumière, est en relation avec beaucoup d'autres idées particulières et les rappelle facilement à l'imagination [3].

La coutume est ainsi, d'après Hume, ce qui permet à des idées, toujours particulières par nature, d'« englober un nombre infini d'autres idées » [4]. En effet, grâce à l'association coutumière d'un même terme général à un grand nombre d'idées particulières, toute la collection de ces idées est *potentiellement* présente à l'esprit, bien qu'une seule idée individuelle soit *réellement* avivée par ce terme.

1. N. Goodman, *Faits, fictions et prédictions*, *op. cit.*, p. 104-105 et n. 6-7.
2. *Ibid.*, p. 106, trad. mod.
3. *Traité*, 1.1.7.11, p. 68.
4. *Traité*, 1.1.7.16, p. 70.

En outre, non seulement Hume n'ignorait pas qu'un seul mot peut raviver une habitude et, par son intermédiaire, tout un ensemble d'idées, mais encore son explication de l'inférence causale fait, elle aussi, référence à *l'habitude de nommer*, même si Hume ne va pas jusqu'à expliciter, et développer, comme Goodman, l'idée d'un emploi répété des prédicats projetés. Ainsi, premièrement, Hume relevait que l'on *nomme « causes »* et « *effets* » les espèces d'objets que l'on a vues constamment jointes dans l'expérience [1]. Et surtout, deuxièmement, Hume rapprochait, d'une part, la transition d'idées à l'œuvre dans l'inférence, entre l'impression d'un objet et l'idée de son concomitant habituel et, d'autre part, l'habitude qui fait passer, sans réflexion, du mot à l'idée :

> Il y a, en vérité, un principe d'union entre les idées que l'on peut, à première vue, estimer différent de chacun de ceux-là [= la ressemblance, la contiguïté et la causalité], mais dont on constatera, au fond, qu'il dépend de la même origine. (…) Ainsi, parce que telle idée particulière est ordinairement adjointe à tel mot particulier, il ne faut rien d'autre, pour produire l'idée correspondante, que l'audition de ce mot, et c'est à peine s'il sera possible à l'esprit, au prix de ses plus grands efforts, d'empêcher cette transition. (…) Mais, si je reconnais que c'est là un véritable principe d'association entre les idées, *j'affirme qu'il est exactement identique à celui qui associe les idées de cause et d'effet* (…) [2].

La phrase soulignée indique clairement que, d'après Hume, un seul et même principe – l'union *naturelle* des idées dans l'imagination – régit, d'une part, l'inférence entre les causes et les effets et, d'autre part, la transition du mot à l'idée correspondante. Mieux, cette dernière transition relève, d'après lui, de l'association des idées par causalité : autrement dit, *l'usage du langage est lui-même fondé sur l'induction*. C'est peut-être l'une des raisons pour lesquelles Hume n'a pas considéré, contrairement à ce que fera Goodman, que l'usage du langage pouvait être tenu comme un principe d'organisation de l'expérience et, partant, comme le fondement même de l'induction valide. Pour Hume, l'usage du langage relève, comme l'induction, de l'association des idées dans l'imagination, elle-même tributaire de la coutume. C'est donc *l'association coutumière des idées dans l'imagination* qui apparaît chez Hume comme le véritable *principe d'organisation* de l'inférence, aussi bien causale que simplement langagière.

Il n'en demeure pas moins que Hume n'a pas pris en compte l'adoption habituelle des « prédicats » à l'œuvre dans ce que Goodman appelle les

1. *Traité*, 1.3.6.2, p. 150.
2. *Traité*, 1.3.6.14-15, p. 156, je souligne.

« projections réelles ». Hume s'en est tenu, en fait, à l'habitude liée à l'usage des mots (lui-même rapporté à l'inférence causale), alors que Goodman se concentre, pour sa part, sur la fréquence des projections (elles-mêmes exprimées sous forme de prédicats). Or, d'après ce dernier, « l'implantation dépend de la fréquence des projections plutôt que de la seule fréquence de l'usage » [1], d'où une distinction apparemment paradoxale entre l'« implantation » et la « familiarité » d'un prédicat.

Enfin, il se trouve surtout que cette « implantation » des prédicats intervient chez Goodman, comme une solution capable d'écarter les hypothèses indésirables du type « toutes les émeraudes sont vleues » : une hypothèse qui présente, rappelons-le, l'inconvénient d'être aussi bien étayée, du point de vue de la régularité qui la fonde, que l'hypothèse concurrente « toutes les émeraudes sont vertes » et que, pour cette raison, « ni Hume ni ses successeurs » n'ont trouvé le moyen d'éliminer. Goodman exprime ainsi sous la forme d'une « règle générale » le principe de « résolution des conflits » entre « hypothèses universelles simples » dont on se demande si elles sont « projectibles à un certain moment » [2]. Cette règle est la suivante :

> Seules les hypothèses soutenues, inviolées et non exhaustivement parcourues sont projectibles. (…) Parmi ces hypothèses, nous dirons que *H* supplante *H'* si les deux sont en conflit, si *H* est la mieux implantée et si elle ne s'oppose pas à une autre hypothèse encore mieux implantée [3].

La première étape contenue dans cette règle opère un premier « filtrage » : seules sont projectibles des hypothèses également soutenues du point de vue des « instances » examinées, et pour lesquelles demeurent des cas indéterminés. La deuxième étape de cette règle permet quant à elle d'éliminer, parmi les hypothèses qui passent ce premier test, celles « qui ne sont pas de forme nomologique » (*unlawlike*), et qui sont, de ce fait, « improjectibles » (*unprojectible* [4]) : il s'agit des hypothèses telles que « toutes les émeraudes sont vleues ». C'est en ce point qu'intervient « la consignation des projections déjà émises » (*the record of past actual projections*), elle-même fonction, comme on l'a vu, du nombre d'« occasions »

1. N. Goodman, *Faits, fictions et prédictions*, *op. cit.*, p. 106, trad. mod.
2. *Ibid.*, p. 102.
3. *Ibid.*, p. 109.
4. Goodman distingue les hypothèses « improjectibles » (*un*projectible) des hypothèses « non-projectibles » (*non*-projectible) : les premières sont celles qui sont « supplantées » par des hypothèses conflictuelles, les secondes sont celles qui sont « en conflit avec une autre hypothèse et qu'aucune des deux ne l'emporte » (*ibid.*, p. 109, trad. mod.).

où furent effectivement projetés les prédicats correspondants [1]. D'après ce critère, « il est évident que "vert", par le nombre et l'antériorité, a la biographie la plus impressionnante. Nous dirons que le prédicat "vert" est beaucoup mieux *implanté* que "vleu" », de sorte qu'il est plus habituel. Après avoir développé des considérations supplémentaires sur les critères de renforcement du degré de projectibilité des hypothèses, Goodman peut alors conclure sur la différence essentielle qui, finalement, le sépare de Hume :

> Si j'ai raison, les racines de la validité inductive se trouvent dans notre façon d'utiliser le langage. Une prédiction valide, tout le monde est d'accord, est une prédiction qui s'accorde avec les régularités qu'on a pu observer dans le passé ; comment définir cet accord, voilà la difficulté. J'ai essayé de démontrer qu'il dépend de notre pratique linguistique. La démarcation entre les prédictions (les inductions ou les projections) valides et invalides dépend de la manière dont le monde est, et a été, décrit et anticipé par des mots [2].

Malgré cette nouvelle approche de la question, c'est, en même temps, sous la forme d'une réminiscence humienne – consciente, à mon avis – que Goodman présente, par une référence au primat de l'habitude, son critère de l'implantation.

> Pour ce qui a trait à notre réserve de prédicats éprouvés, mon opinion est que le jugement de projectibilité dérive de l'habitude de projeter, au lieu que l'habitude de projeter dérive du jugement de projectibilité. La raison pour laquelle seuls les prédicats valables bénéficient heureusement d'une solide implantation est justement que les prédicats bien implantés sont, de ce fait, devenus des prédicats valables [3].

C'est dire que ce « jugement de projectibilité » constitue en fait un retour réflexif sur la pratique habituelle qui, en le fondant, lui confère de plus en plus un pouvoir fondateur.

Mutatis mutandis, c'est à un renversement du même ordre que l'analyse humienne de la causalité en appelait :

> Ayant trouvé qu'après la découverte de la conjonction constante des deux objets, nous tirons toujours une inférence de l'un à l'autre, nous examinerons maintenant la nature de cette inférence et du passage de l'impression à l'idée. Peut-être apparaîtra-t-il finalement que la connexion nécessaire

1. N. Goodman, *Faits, fictions et prédictions*, *op. cit.*, p. 104-105.
2. *Ibid.*, p. 124-125, trad. mod.
3. *Ibid.*, p. 107, trad. mod.

dépend de l'inférence, au lieu que l'inférence dépende de la connexion nécessaire [1].

Hume s'était, en effet, proposé d'abandonner l'examen direct de la question « de la nature de la connexion nécessaire » pour « battre tous les lieux avoisinants » et voir si l'examen de « la nature de l'inférence » (dont l'habitude est la condition déterminante) ne le mettrait pas sur la voie [2]. S'attaquant, pour sa part, à la question de la « projectibilité », Goodman choisit de se concentrer sur les « projections réelles » et sur « l'habitude de projeter » pour découvrir, en ce domaine inexploré, la réponse au problème qu'il avait soulevé.

Or comme je l'ai remarqué dans l'introduction de ce chapitre, ce « nouveau problème » de l'induction introduit par Goodman doit lui-même être resitué au sein de plusieurs problèmes liés à la théorie humienne de la causalité et de l'inférence. Il revient à Popper non seulement d'en avoir repéré deux autres chez Hume (le « problème logique de l'induction » – que Goodman qualifie d'« ancien » – et le « problème psychologique de l'induction »). Mais il lui revient également d'avoir dénié l'existence du « nouveau problème » de Goodman en s'appuyant sur la réponse de Hume au « problème logique ».

LES PROBLÈMES DE L'INDUCTION (II) : HUME ET POPPER

Revenons donc sur la classification, par Popper, de ces différents problèmes. Un de ses textes datant de 1970, « Post-scriptum sur l'induction », permet de distinguer *quatre* problèmes de Hume en lien avec la causalité et l'induction : 1) la question du statut épistémologique de la causalité, problème que Kant a baptisé « le problème de Hume » dans les *Prolégomènes* [3] ; 2) le problème logique de l'induction, qualifié de « problème de Hume » par Popper dès 1933, une qualification dont il revendique la paternité après l'avoir par erreur attribuée à Kant ; 3) « un autre problème logique de

1. *Traité*, 1.3.6.3, p. 151.

2. *Traité*, 1.3.2.12, p. 137.

3. K. Popper, *La connaissance objective*, *op. cit.*, p. 153. Popper indique la référence à Kant et à son expression « Das Hume'sche Problem » : *Prolégomènes à toute métaphysique future*, trad. fr. L. Guillermit, 2 [e] éd, Paris, Vrin, 1993, p. 19 (AK IV, 260). Kant y définit « le problème de Hume » comme étant *la question de l'origine du concept de cause*, et il le distingue de la question « de savoir si le concept était exact, utile et indispensable à toute la connaissance de la nature », une chose « dont il n'était jamais venu à l'esprit [de Hume] de douter », contrairement à ce qu'affirmèrent Reid, Oswald, Beattie et Priestley (AK IV, 258-259 ; trad. cit., p. 17).

l'induction que certains [parmi lesquels Goodman] appellent "problème de l'induction de Hume" », problème demandant « comment [on peut] montrer que les inférences inductives sont valides ou peuvent être valides »; 4) « le problème psychologique de l'induction de Hume », à savoir « pourquoi la plupart des gens, et même les gens parfaitement rationnels, croient-ils à la validité de l'induction ? » [1]. Sur la base de ces distinctions, Popper considère a) que le problème (2) est plus profond que le problème (1) [2]; b) que Hume a su clairement poser, et résoudre par la négative, le problème (2), et cela « dans toute sa pureté » et indépendamment du problème (1) [3]; c) que le problème (3) n'existe pas, dans la mesure où il présuppose l'existence d'une solution positive au problème (2) alors que Hume y répond négativement [4]; et enfin, d) que Hume a offert au problème (4) une solution positive de type psychologique, qui diffère de la solution négative qu'il a voulu apporter au problème (2) [5]. Laissant pour l'instant de côté l'affirmation (c), je me concentrerai d'abord sur les deux principales thèses de Popper se rapportant respectivement au problème logique et au problème psychologique de l'induction, à savoir la thèse (b) – qui m'amènera elle-même à examiner (a) – et ensuite la thèse (d). En somme, d'après Popper, « Hume avait raison dans sa critique logique de la possibilité d'une induction valide » et « il avait tort (...) dans sa psychologie associationniste », le tort de croire « que nous agissons sur la base de l'habitude, et que l'habitude est le résultat de la pure répétition » [6].

Le problème logique de l'induction

La non-validité de l'induction

Je viens d'indiquer que Popper est celui qui, le premier, a choisi d'appeler « problème de Hume » non pas le « problème de la causalité » (sens qu'il avait chez Kant) mais « le problème logique de l'induction », c'est-à-dire « le problème de savoir si nous avons le droit d'inférer les cas non observés à partir des cas observés, si nombreux soient-ils » [7]. A cette question, Hume aurait répondu « non », étant donné que, comme l'explique Popper dans *La logique de la découverte scientifique*, son œuvre a « clairement montré »

1. K. Popper, *La connaissance objective*, *op. cit.*, p. 162-163.
2. *Ibid.*, p. 158-159.
3. *Ibid.*, p. 165-166.
4. *Ibid.*, p. 163.
5. *Ibid.*, p. 158.
6. *Ibid.*, p. 165.
7. *Ibid.*, p. 157.

que la tentative d'établir sur l'expérience un « principe d'induction » (c'est-à-dire, « un énoncé à l'aide duquel nous pourrions faire des inférences inductives dans une forme logique acceptable ») ne peut engendrer que des « incohérences inévitables » :

> Car le principe d'induction doit être lui-même un énoncé universel. Si nous tentons de considérer sa vérité comme connue par expérience, nous verrons resurgir des problèmes exactement semblables à ceux pour la solution desquels ce principe a été introduit. Pour le justifier, nous devrions pratiquer des inférences inductives et pour justifier ces dernières nous devrions assumer un principe inductif d'ordre supérieur et ainsi de suite. La tentative visant à fonder le principe d'induction sur l'expérience échoue donc puisque celle-ci doit conduire à une régression à l'infini [1].

A l'appui de cette affirmation, Popper cite plusieurs textes de Hume qui, à son sens, entendent montrer, d'une part, qu'un principe d'induction ne saurait être fondé sur l'expérience, *sans quoi on entrerait alors dans une « régression à l'infini »* et, d'autre part, qu'un principe d'induction modifié, selon lequel l'inférence inductive atteint seulement « un certain degré de probabilité », *conduit lui aussi à une telle régression*. Hume aurait ainsi, d'après Popper, fourni des arguments logiques contre le principe d'induction, qu'il soit considéré comme « vrai » ou comme « probable ».

En réalité, le propos de Hume n'était pas uniquement de montrer que la formule selon laquelle « les cas dont nous n'avons pas eu d'expérience ressemblent à ceux dont nous avons eu l'expérience » [2] (autrement dit, selon la terminologie de Popper, le « principe d'induction ») ne peut être justifiée par l'expérience, sauf à commettre une « pétition de principe » [3] (ou à entrer dans une régression à l'infini, selon la traduction de Popper). C'est l'un seulement de ses arguments. Et il est donc inexact de réduire à cet argument, comme le fait Popper, « la critique humienne de l'induction ». Cette critique était plus générale : elle consistait à montrer que ce « principe » n'est *ni* un argument démonstratif (car on peut penser le contraire sans contradiction) *ni* un argument probable (qui le suppose et ne peut donc pas le fonder). Bref, son propos était de montrer que *ce n'est pas du tout un argument*. Quant au probabilisme inductif, à savoir la thèse selon laquelle il existe des arguments inductifs probables, Hume, comme l'a bien montré Daniel Stove [4], ne l'a nullement réfuté et, ajouterais-je, ne le visait même

1. K. Popper, *La logique de la découverte scientifique*, *op. cit.*, p. 25.
2. *Traité*, 1.3.6.5, p. 152.
3. *EEH*, 4.21, p. 123.
4. D. Stove, « Hume, Probability and Induction », *The Philosophical Review*, 74 (1965), n°2, p. 160-177.

pas. En effet, lorsque Hume écrit dans *l'Abrégé* qu'il est impossible de « prouver par aucun argument probable que le futur doit être en conformité avec le passé » étant donné que « tous les arguments probables sont construits sur la supposition qu'existe cette conformité entre le futur et le passé »[1], c'est l'argument de la pétition de principe qu'il reformule. Par conséquent, et pour emprunter cette fois le vocabulaire de Popper, Hume entendait effectivement montrer que ce principe d'induction n'est pas « logiquement valide », mais il le faisait d'une manière différente de celle que lui prête Popper.

Cette précision étant donnée, intéressons-nous à présent à la pertinence que Popper accorde à « cet argument humien de la non-validité de l'induction ». En ce qui le concerne, le « complet accord » de Popper avec Hume est double : il porte à la fois sur la *détermination* du problème logique de l'induction, et sur la réponse négative qu'il convient de lui accorder. Néanmoins, ce double accord s'accompagne, de la part de Popper, d'un désaccord en ce qui concerne « le problème de la cause ». Et ce point est lui-même lié à la thèse notée (a) que j'énonçais plus haut, à savoir l'idée que « *le problème logique de l'induction de Hume est plus profond que son problème de la causalité* »[2]. Arrêtons-nous donc sur cette thèse avant d'examiner les deux points d'accord de Popper avec Hume que je viens d'indiquer, ainsi que l'approfondissement qu'ils ont occasionné chez le premier.

Le « problème de la cause » et l'idée de nécessité

Popper reconnaît que la théorie humienne de la causalité est « complexe », mais il est possible selon lui de l'évaluer à travers un aspect fondamental, à savoir l'idée selon laquelle « il n'existe aucun support sensible à l'idée de nécessité »[3]. Or c'est là pour Popper une solution négative complètement erronée, qui repose sur une théorie des idées (appelée par Popper la « théorie du seau » ou de « l'esprit-seau ») qui ne l'est pas moins. Cette « théorie de l'esprit-seau » n'est pas, selon Popper, propre à Hume : elle désigne plus généralement chez lui « la théorie de la connaissance du sens commun », laquelle est « très proche de l'empirisme de Locke, Berkeley et Hume »[4]. Cette théorie « est mieux connue sous le nom plus digne de théorie de l'esprit comme *tabula rasa* » car elle postule d'une manière générale « que *toute*

1. *Abstract*, § 14, p. 55.
2. K. Popper, *La connaissance objective*, *op. cit.*, p. 158.
3. *Ibid.*, p. 156.
4. *Ibid.*, p. 123.

connaissance consiste en une information reçue par l'intermédiaire de nos sens ; autrement dit, *par l'expérience* » [1]. C'est à cette théorie du « seau » que Popper adresse en premier lieu sa critique, tout en formulant une critique plus spécifique de sa version humienne : Hume a eu tort de penser que les impressions sont « en nous » et non « à l'extérieur » de nous ; l'« idéalisme » qu'il professe comme philosophe (même s'il est « réaliste » comme « homme du sens commun » [2]) doit être fermement rejeté au profit d'une position philosophique à la fois réaliste et dualiste. Il s'ensuit une deuxième critique de Hume, qui concerne cette fois l'application de la « théorie du seau » à l'idée de nécessité. Rechercher comme le fait Hume un « support sensible à l'idée de nécessité » est pour Popper de mauvaise méthode : « une recherche de ce genre repose à [ses] yeux sur une conception complètement erronée », à savoir l'idée que « notre connaissance est constituée par nos perceptions ou "impressions" qui "*entrent par les sens*" » [3], à la suite de quoi elles « s'accumulent et sont digérées » de manière à être « *en* nous » [4]. Enfin, et troisièmement, Popper montre, contre Hume, qu'il est parfaitement possible « d'expliquer en quoi consiste "le lien de nécessité causale" » : il s'agit de la « conjecture » (ou « lien conjectural ») unissant « par une nécessité logique » certaines « conditions initiales » (la cause) et un « événement prédit » (l'effet) [5]. Popper oppose ici à Hume le modèle déductif-nomologique en jeu dans l'explication causale des événements : « donner une explication causale d'un événement signifie déduire un énoncé le décrivant en utilisant comme prémisses de la déduction une ou plusieurs lois universelles et certains énoncés singuliers » [6]. Il s'avère ainsi, selon Popper, qu'une « conjecture » est un « lien de nécessité causale », que « nous utilisons constamment des régularités comme conjectures et [que] nous avons de bonnes raisons de préférer certaines conjectures à d'autres » [7]. Ceci permet de les classer et de les ordonner, en éliminant au fur et à mesure celles qui sont réfutées (ou falsifiées) dans une recherche indéfiniment ouverte.

1. K. Popper, *La connaissance objective*, *op. cit.*, p. 120-121.

2. *Ibid.*, p. 156-157. Popper considère que l'esprit de Hume est *scindé* entre le réalisme du sens commun, qu'il rejoint à chaque moment de « négligence » et d'« inattention », et sa théorie sceptique de la connaissance, qui le pousse à l'idéalisme : aussi Popper qualifie-t-il Hume de « schizophrène » (*ibid.*, p. 154). J'ai déjà indiqué dans l'Introduction de ce livre mon désaccord avec ce diagnostic.

3. *Ibid.*, p. 155.

4. *Ibid.*, p. 120-121.

5. *Ibid.*, p. 159.

6. K. Popper, *La logique de la découverte scientifique*, *op. cit.*, p. 58.

7. K. Popper, *La connaissance objective*, *op. cit.*, p. 159.

Je me concentrerai ici sur la deuxième critique de Popper, celle qui consiste à prêter à Hume une « solution négative » au problème de la causalité ou, plus exactement, au traitement de l'idée de nécessité. Cette solution ne me semble, en fait, nullement « négative » dans la mesure où Hume détermine bel et bien l'origine de cette idée : il s'agit selon lui de l'impression (interne) de détermination de l'esprit à passer de l'impression (ou de l'idée) d'un objet à l'idée de son concomitant habituel : « c'est donc cette impression, ou cette *détermination*, qui me donne l'idée de nécessité » [1]. C'est par conséquent à tort que Popper croit que Hume s'en tient, à propos de l'origine de l'idée de nécessité, à ce qu'il écrit dans la section 1.3. 2 du *Traité*, qu'il cite, là où Hume dit que la relation de connexion nécessaire, d'une part ne dépend pas des « *qualités connues* des objets » et, d'autre part, ne se trouve pas davantage dans les relations observables de « contiguïté » et de « succession » entre deux objets, puisqu'elles ne suffisent pas pour qualifier ces objets de « cause » et d'« effet » (« un objet peut être contigu et antérieur à un autre, sans qu'on le regarde comme sa cause » [2]). Contrairement à ce que laisse entendre Popper, ce n'est absolument pas là que s'inscrit la réponse définitive de Hume concernant l'origine de l'idée de nécessité : Hume reporte en fait son examen à la section 1.3. 14 du *Traité* (« De l'idée de connexion nécessaire »), dans laquelle il dévoile cette origine à savoir (et je cite cette fois *l'Enquête*) cette « impression » ou ce « sentiment » qu'est la « transition coutumière de l'imagination qui va d'un objet à celui qui l'accompagne ordinairement » [3]. Il n'y a là, d'ailleurs, aucun retournement de la part de Hume puisqu'il écrit dès la section 1.3. 2, sur laquelle se focalise Popper, que le simple examen des qualités sensibles des objets et des relations de contiguïté et de causalité *ne saurait permettre de conclure négativement* « que je possède là une idée [celle de connexion nécessaire] qui n'est précédée d'aucune impression semblable »; il s'agit, au contraire, pour lui, d'« examiner plus complètement la présente difficulté », ce qu'il sera en mesure de faire une fois explorées d'autres questions « dont l'examen nous offrira peut-être une suggestion » concernant la nature de la connexion nécessaire [4]. Popper a donc raison d'écrire que la théorie humienne de la causalité dépend essentiellement de sa théorie des idées. Mais il la résume imparfaitement en disant que pour Hume toute idée a pour origine une sensation externe alors qu'une idée a pour origine soit une « impression de sensation », *soit une « impression de*

1. *Traité*, 1.3.14.1, p. 231.
2. *Traité*, 1.3.2.11, p. 136.
3. *EEH*, 7.28, p. 207.
4. *Traité*, 1.3.2.12-13, p. 137.

réflexion » (*une* « *impression interne* ») ; et c'est justement ce dernier cas qui vaut pour l'idée de nécessité. En outre, Popper est tellement frappé par le « joyau logique » et « sans défaut » qu'est à ses yeux « la formulation et le traitement du problème de l'induction par Hume » [1] qu'il confond la réponse négative apportée par Hume à ce problème avec la réponse qu'il apporte au problème de l'origine de l'idée de nécessité. Popper écrit ainsi – à tort selon moi – que « l'argument humien de la non-validité de l'induction était, en même temps, le cœur de sa réfutation de l'existence d'un lien de causalité » [2], étant entendu que Popper désigne par ce « lien » « la connexion nécessaire entre cause et effet ». Certes, si Popper veut dire par là que Hume niait l'existence d'une connexion causale et nécessaire perceptible entre les objets, il a selon moi raison [3]. Mais pas s'il veut dire – et c'est pourtant bien ce qu'indique la discussion dont je viens de rendre compte à partir de la « théorie du seau » – que *l'idée* de nécessité serait selon Hume dépourvue de tout fondement.

On pourrait donc retourner contre Popper le reproche qu'il adresse pour sa part à Hume : celui d'avoir « confondu le problème de l'induction avec celui de la connexion nécessaire entre cause et effet » [4]. Plus exactement, je reprocherais à Popper d'avoir confondu le traitement humien du problème logique de l'induction et le traitement humien de l'origine de l'idée de nécessité. Cette confusion est certainement liée à une conception assez caricaturale, et assez étonnante de la part de Popper, de la théorie humienne de l'origine des idées, théorie trop rapidement assimilée à la « théorie du seau », purement sensualiste et typique du sens commun.

La « solution négative » (humienne) du problème logique de l'induction

Citons à nouveau Popper pour définir « le problème logique de l'induction » de Hume et sa « solution négative » :

> Le problème logique de Hume est le suivant :

1. K. Popper, *La connaissance objective*, *op. cit.*, p. 156-157.

2. *Ibid.*, p. 153.

3. C'est ici l'occasion d'indiquer mon désaccord avec les défenseurs du « New Hume » dans le « New Hume Debate » (G. Strawson dans *The Secret Connexion : Causation, Realism and David Hume*, Oxford, Clarendon Press, 1989, à Peter Kail), selon lesquels Hume serait un réaliste sceptique qui accorderait que l'on peut *penser* le pouvoir causal, et donc également « la possibilité d'une *ontologie* incluant un authentique pouvoir causal » (P. Kail, « How to understand Hume's realism ? », R. Read, K. A. Richman (eds), *The New Hume Debate*, Revised ed., New York, Routledge, 2007, p. 255, je souligne).

4. K. Popper, *La connaissance objective*, *op. cit.*, p. 165.

> H_L sommes-nous justifiés à raisonner à partir de cas (répétés) dont nous avons l'expérience sur d'autres cas (conclusions) dont nous n'avons pas l'expérience ?
> La réponse de Hume à H_L est : non, si grand que soit le nombre de répétitions. Hume a également montré que la situation logique restait *exactement la même* si dans H_L on insérait le mot « *probables* » après « conclusions », ou si on remplaçait les mots « sur d'autres cas » par « sur la *probabilité* d'autres cas » [1].

Popper salue Hume pour avoir déterminé ce problème et lui avoir donné une réponse négative. Il tient cependant à le reformuler « dans un registre de langage objectif, ou logique », conformément à l'« une de [ses] principales méthodes d'approche » qui consiste, « chaque fois que sont en jeu des problèmes *logiques* », « à traduire tous les termes subjectifs ou psychologiques (…) en termes *objectifs* » [2]. Cette reformulation est la suivante :

> L_1 peut-on justifier l'affirmation qu'une théorie explicative universelle est vraie par des « raisons empiriques » ; c'est-à-dire par le fait qu'on admet la vérité de certains énoncés expérimentaux, ou énoncés d'observation (dont on peut dire « qu'ils ont l'expérience pour base ») ?
> Ma réponse à ce problème est la même que celle de Hume : non, c'est impossible ; des énoncés expérimentaux vrais, quel qu'en soit le nombre, ne sauraient justifier l'affirmation qu'une théorie explicative universelle est vraie [3].

C'est ainsi que « la question centrale du problème logique de l'induction » devient, chez Popper, celle de « la validité (la vérité ou la fausseté) des lois universelles *relatives à certains énoncés expérimentaux "donnés"* ». Cette reformulation de H_L (problème logique de Hume) en L_1 se justifie d'après Popper, par trois raisons, dont la seconde me semble la plus convaincante : « notre méthode habituelle, quand nous raisonnons à partir de cas sur d'autres cas, c'est de nous appuyer sur des théories universelles ». Quant à la « réponse négative » de Popper à L_1, elle doit d'après lui se comprendre de la manière suivante : « il nous faut considérer *toutes les lois ou théories comme hypothétiques ou conjecturales* ; c'est-à-dire comme des suppositions » [4]. De cette manière, l'argument logique contre l'induction de Hume aboutit, *in fine*, et après reformulation, au « résultat purement logique » de Popper selon lequel « toutes nos théories restent des suppositions,

1. K. Popper, *La connaissance objective*, *op. cit.*, p. 43, trad. mod.
2. *Ibid.*, p. 45-46.
3. *Ibid.*, p. 47.
4. *Ibid.*, p. 49- 50.

des conjectures, des hypothèses »[1]. Néanmoins, Popper tient à appuyer ce résultat, tout comme la réponse négative de Hume au problème logique qu'il formulait, sur certaines « réalités très pratiques », comme celle-ci : la loi établie inductivement selon laquelle « le pain nourrit » « fut réfutée le jour où, en mangeant leur pain quotidien, des gens moururent d'ergotisme, comme cela est arrivé lors d'une circonstance catastrophique il n'y a pas si longtemps dans un village français »[2]. Etant donné que l'exemple du pain qui nourrit constitue, comme Popper le relève lui-même « un exemple favori de Hume », demandons-nous si Hume le considérait, à l'instar de Popper, comme une « simple hypothèse ».

En réalité, Hume faisait de la capacité du pain à nourrir une « preuve », c'est-à-dire, dans son vocabulaire, un « argument provenant de la relation de cause à effet et qui [est] entièrement exempt de doute et d'incertitude »[3]. L'introduction de la notion de « preuve » aux côtés de la « connaissance » (définie comme « l'assurance que fait naître une comparaison d'idées ») et de la « probabilité, ou raisonnement par conjecture », permettait à Hume de déterminer, à l'intérieur de la bipartition lockienne entre connaissance et probabilité, une catégorie d'arguments « tirés de la causalité » qui « peuvent être reçus *comme* des évidences d'un ordre supérieur »[4]. Au titre de ces « preuves », Hume donnait comme exemples trois cas que Popper décrit comme « les trois exemples types des inductivistes » et dont il s'attache à montrer que l'expérience les a réfutés, à savoir, le lever du soleil chaque jour, le fait que tous les hommes doivent mourir[5], et celui que le pain nourrit[6] – assez étrangement, Popper ne signale que le troisième exemple comme étant de Hume –. Pour Popper, il s'agit-là de trois cas de « lois établies » qui furent « en réalité réfutées » ; la première « par l'exemple de Pytheas de Marseille, le premier voyageur connu qui ait dépassé le cercle polaire » et qui « découvrit la mer gelée et le soleil de minuit » ; la seconde lorsqu'« on réalisa », avec l'exemple des bactéries, « que la matière vivante n'est pas de manière générale vouée au pourrissement et à la mort » ; et la troisième par le cas d'une épidémie d'ergotisme[7]. Aussi ces exemples servent-ils un double objectif chez Popper. D'une part, ils sont censés montrer que toutes les lois ou théories sont « hypothétiques ou conjecturales »,

1. K. Popper, *La connaissance objective*, *op. cit.*, p. 55.
2. *Ibid.*, p. 52.
3. *Traité*, 1.3.11.2, p. 194.
4. *Traité*, 1.3.11.2, p. 194, je souligne.
5. Pour ces deux premiers exemples, *cf. Traité*, 1.3.11.2, p. 193 ; *EEH*, 6, n. 10, p. 126.
6. *EEH*, 4.16, p. 115, 4.21, p. 120.
7. K. Popper, *La connaissance objective*, *op. cit.*, p. 50-51.

de manière à conforter la réponse négative que Hume a apportée au « problème logique de l'induction ». D'autre part, ils servent à montrer que cette réponse négative ne s'appuie pas uniquement sur des arguments logiques mais s'appuie également sur « des réalités très pratiques » [1].

Avant d'examiner cette double prétention, arrêtons-nous un instant sur ces trois exemples de réfutations afin de les confronter à la pensée de Hume. Quelles que soient les difficultés que ces exemples sont censés susciter chez les inductivistes visés par Popper, je crois qu'ils n'en auraient en fait posé aucun à Hume.

S'agissant du premier cas, Hume avait en effet finement distingué « les cas contraires » à l'expérience d'un observateur et « les cas qui n'y sont pas conformes ». Et c'est en prenant justement l'exemple des rivières gelées des climats froids (un phénomène difficile à croire pour un habitant des climats chauds) que Hume établissait cette distinction. Il écrivait à son propos : « un pareil événement peut donc être dit *extraordinaire* ; et il faut un témoignage plus que fort pour le rendre croyable à des gens vivant sous un climat chaud ; mais il n'est pas encore *miraculeux* ni contraire à l'expérience uniforme du cours de la nature *dans des cas où toutes les circonstances sont les mêmes* » [2]. On peut penser que, selon Hume, ce même raisonnement aurait pu être tenu à propos de l'absence de nuit (et donc de lever du soleil) au pôle : ce cas reviendrait en effet à « placer la nature dans une situation (...) totalement inconnue », ce qui constituerait, dès lors, « une nouvelle expérience dont la conséquence est toujours incertaine » [3]. S'y appliquerait alors, le principe selon lequel « *a priori*, n'importe quoi peut produire n'importe quoi » ; de sorte que le lever quotidien du soleil, habituel sous nos latitudes et jamais démenti, ne ferait pas règle en telles ou telles circonstances inconnues.

S'agissant du second exemple examiné par Popper, la « preuve » de Hume selon laquelle tous les hommes doivent mourir n'est nullement dérivée, comme l'est d'après Popper la proposition « tous les hommes sont mortels », de « la théorie aristotélicienne (...) selon laquelle toute créature engendrée est par essence vouée à mourir » [4]. A ce titre, les découvertes biologiques sur les cellules vivantes ne contrediraient pas directement la

1. K. Popper, *La connaissance objective*, *op. cit.*, p. 52.

2. *EEH*, 10.10, n. 22, p. 293, je souligne.

3. *EEH*, 10.10, n. 22, p. 291.

4. K. Popper, *La connaissance objective*, *op. cit.*, p. 51-52. Voir *ibid.*, p. 167, n. 1 où Popper fait certainement allusion à la théorie d'Aristote dans le *Traité du ciel* (livre I, chap. 10, 279b-20) : « il semble bien que tout ce qui est engendré est soumis à la corruption » (trad. fr. C. Dalimier, P. Pellegrin, Paris, GF-Flammarion, 2004, p. 153).

« preuve » énoncée par Hume, du moins au *niveau de description qui est le sien*. En effet, cette « preuve » porte sur « les hommes » et non pas sur la matière vivante dont ils sont composés. Or rappelons que pour Hume, le *soi* n'est qu'un « tas de perceptions », de sorte que la mort est elle-même à concevoir comme l'absence de toute perception :

> Si toutes mes perceptions étaient supprimées par la mort, si je ne pouvais plus penser, ni éprouver, ni voir, aimer ou haïr après la destruction de mon corps, je serais entièrement anéanti et je ne conçois pas du tout ce qu'il faudrait de plus pour faire de moi une parfaite non-entité [1].

On voit donc mal comment la survivance du corps à travers d'autres formes du vivant pourrait invalider en quoi que ce soit la « preuve » de Hume, dès lors qu'elle s'appuie sur une telle conception de ce qu'est la « personne ».

S'agissant enfin, du troisième exemple retenu par Popper, Hume aurait vraisemblablement considéré que l'épidémie d'ergotisme ne constituait pas tant une « réfutation » de la « preuve » selon laquelle le pain nourrit, qu'une illustration du principe d'interposition des *causes cachées* que Hume avait défini de la manière suivante :

> Les philosophes, observant que presque toutes les parties de la nature renferment une immense variété de ressorts et de principes, qui sont cachés en raison de leur extrême petitesse ou de leur éloignement, trouvent qu'il est au moins possible que la contrariété des événements ne provienne pas d'une contingence propre à la cause, mais de l'opération secrète de causes contraires [2].

C'est vraisemblablement à ce principe que Hume aurait rapporté, s'il en avait eu connaissance, le cas d'épidémie rapporté par Popper.

Ainsi, Hume, sans tenir le discours de Popper selon lequel « je sais, *en tant que théoricien* » que le soleil peut ne pas se lever quotidiennement, le vivant peut ne pas mourir, et le pain peut contenir un poison mortel [3], n'en avait pas moins développé un discours *philosophique* sur les « preuves » qui correspondent à « l'assurance du sens commun » (selon l'expression de Popper). Ce discours ne se réduit pas simplement à la mise en valeur de leur singulière « évidence ». Il rend également possible leur éventuelle relativisation, en cas de circonstances « nouvelles » comme la variation des phénomènes naturels sous d'autres latitudes, ou sous l'effet de « causes

1. *Traité*, 1.4.6.3, p. 343-344.
2. *Traité*, 1.3.12.5, p. 203.
3. K. Popper, *La connaissance objective*, *op. cit.*, p. 169, je souligne.

cachées ». Et il permet, à l'inverse, de les renforcer à travers de plus strictes définitions (c'est ainsi que la mortalité de l'homme en tant que « personne » peut être considérée comme certaine, indépendamment des découvertes qui concernent le vivant).

Demandons-nous à présent si Popper a raison de prêter à Hume l'idée selon laquelle « des exemples qui se répètent en nombre illimité » ne nous donnent aucune « assurance » :

> Mais ne pouvons-nous pas parvenir à une sorte d'assurance (*something like security*) ? Ne pouvons-nous pas parvenir à l'assurance grâce à l'induction, grâce à des exemples qui se répètent en nombre illimité ?
> La réponse est non. (C'est ce que disait Hume [1].)

Popper me semble ici négliger le fait que Hume a justement créé pour ce type d'exemples (se répétant « en nombre illimité ») une catégorie *distincte* du « raisonnement par conjecture », à savoir celle des « preuves », ces arguments expérimentaux exempts de doute et d'incertitude. C'est donc seulement Popper – et non pas Hume – qui ôte à ces cas l'espèce d'« assurance » par laquelle Hume les avait, au contraire, caractérisés. La pensée de Hume était en fait, sur ce point, plus nuancée que ne le laisse penser Popper : il maintenait *à la fois* que « nous n'avons [du fait que le soleil se lèvera demain ou que tous les hommes doivent mourir] d'autre assurance que celle que l'expérience nous procure » [2] *et que* l'évidence attachée à ces énoncés correspond à une « assurance sans faille » [3]. De cette manière, Hume entendait conjuguer une réponse négative à la question de la *justification* (rationnelle) de l'induction – réponse négative que Popper a parfaitement raison de lui attribuer – et une réponse positive à la question consistant à demander si l'induction par répétition est *fiable*, si elle produit une *assurance*. De ce point de vue d'ailleurs, Goodman n'avait pas tort selon moi de vouloir *relier*, contre Popper, le problème de la justification de l'induction et celui de sa description. Néanmoins, d'une part, et en accord avec Popper, je ne considère pas que la description en question constitue une réponse positive au problème logique de la justification de l'induction car même les « preuves » n'ont, d'après Hume, qu'une « évidence morale ». Et d'autre part, l'aspect descriptif que l'on peut selon moi relier à la question (mais non pas au problème logique) de la justification de l'induction ne correspond pas, comme le suppose Goodman, à toute la « description [humienne] de la pratique inductive ordinaire » fondée sur

1. K. Popper, *La connaissance objective*, *op. cit.*, p. 168.
2. *Traité*, 1.3.11.1, p. 193.
3. *Traité*, 1.3.12.2, p. 201.

la répétition et l'habitude. La description humienne attachée à cette question est plus précisément celle des *degrés* d'« assurance » correspondant à nos différents arguments expérimentaux, et dont certains atteignent « le plus haut degré de certitude » au sein de l'« évidence morale » [1]. Au contraire selon Popper, une réponse négative à la question de la justification implique nécessairement qu'une répétition illimitée ne procure aucune « assurance ». Et ce point s'explique par la stricte séparation qu'il veut maintenir entre le traitement du « problème logique de l'induction » et celui du « problème psychologique ». C'est ce dernier problème et cette séparation qu'il me faut maintenant examiner.

Le problème psychologique de l'induction

Popper est très critique tant à l'égard de la formulation humienne du « problème psychologique de l'induction » qu'à l'égard de la réponse que Hume lui a apporté.

Tel que le résume Popper, le « problème psychologique » de l'induction formulé par Hume – et implicitement distingué par lui du « problème logique » de l'induction – consistait à se demander pourquoi, en dépit du caractère injustifié (d'un point de vue logique) de l'induction, « tous les gens sensés s'attendent [néanmoins] à ce que les cas dont ils n'ont aucune expérience se conforment à ceux dont ils ont l'expérience, et pourquoi [*ils y croient*] ». D'après Popper, la réponse de Hume était la suivante : « à cause de “la coutume ou habitude”; c'est-à-dire parce que nous sommes conditionnés, par les *répétitions* et par le mécanisme de l'association d'idées; un mécanisme sans lequel, dit Hume, nous ne pourrions guère survivre » [2].

Cet énoncé humien du problème psychologique appelle d'après Popper une reformulation. Quant à la solution que Hume lui apportait, à savoir « l'idée d'induction par répétition », elle lui paraît carrément « due à une erreur », à « une sorte d'illusion d'optique ». « La formation d'une croyance par répétition », maintient fermement Popper, « est un mythe » [3].

Popper dispose de deux manières de mettre en évidence cette erreur selon lui considérable, l'une empirique et psychologique, l'autre purement logique.

C'est ainsi que, d'une part, il en appelle à une observation empirique des enfants mais aussi des adultes, observation qui atteste selon lui d'un

1. *EEH*, 10.3, p. 285.
2. K. Popper, *La connaissance objective*, *op. cit.*, p. 43-44.
3. *Ibid.*, p. 47 et 69.

puissant « besoin de régularité » inné, instinctif. Ce besoin pousserait l'homme à imposer à la nature des régularités, et à former des attentes de régularité, « en l'absence de, ou avant, toute répétition ». Autant dire alors, comme l'écrit nettement Popper dans un texte antérieur à *La logique de la découverte scientifique*, que la « théorie de l'habitude de Hume » est « erronée en psychologie » [1]. Popper s'en explique d'une manière plus détaillée dans *Conjectures et réfutations*, où il détermine trois catégories de « faits empiriques » allant « à l'encontre de la théorie de Hume » [2]. Enumérons-les à notre tour et demandons-nous s'ils y contreviennent effectivement.

Premièrement, Popper remarque que la répétition peut produire un conditionnement « physiologique » associé à des croyances et « anticipations inconscientes ». Elle est donc loin d'engendrer – comme, d'après lui, le suppose Hume – « l'attente consciente d'une succession analogue à une loi ou la croyance en une loi » [3]. Il me semble pour ma part qu'un tel fait ne saurait être allégué *contre* la théorie de l'habitude de Hume. Car Hume, d'une part, savait rendre compte de l'existence d'habitudes automatiques (voire de routines) produites par la répétition, sans invoquer à leur propos « l'anticipation consciente d'une succession » ; autrement dit, en termes humiens, sans convoquer le principe de « la transition coutumière des causes aux effets et des effets aux causes ». Ainsi, c'est la simple association habituelle entre un mot et un ensemble d'idées que Hume invoquait pour expliquer comment les hommes utilisent à bon escient, dans la réflexion ou la conversation, des termes généraux ; ou encore comment une personne peut se remémorer d'un coup un long poème si on lui en rappelle le début [4]. Et, d'autre part, Hume avait fortement mis en valeur l'opération « immédiate », « non-délibérée », et « irréfléchie » de la coutume, abordant ainsi, à sa manière, le caractère « inconscient » de certaines de nos anticipations, et l'absence d'« attention », soulignés par Popper. La « perfection de la coutume » lorsque celle-ci enclenche automatiquement la croyance en un effet, ou la promptitude avec laquelle « la fantaisie » façonne « en une seule vue » l'image de l'événement le plus probable, pointent ainsi, *en termes humiens*, vers ce caractère « superflu » de l'« adhésion consciente »

1. K. Popper, *Les deux problèmes fondamentaux de la théorie de la connaissance*, trad. fr. C. Bonnet, Paris, Hermann, 1999. Ce livre, publié pour la première fois en Allemagne en 1979, fut rédigé par Popper entre 1930 et 1933 : il s'agit de textes préparatoires à *La Logique de la découverte scientifique*.

2. K. Popper, *Conjectures et réfutations : la croissance du savoir scientifique*, trad. fr. M.-I. et M. B. de Launay, Paris, Payot, 1985, p. 76.

3. *Ibid.*, p. 74.

4. Cf. *Traité*, 1.1.7.13, p. 68.

qui constitue, selon Popper, « le résultat spécifique de la répétition »[1]. Et il en est de même pour la coutume à l'œuvre dans l'usage des termes généraux. En effet, la sélection d'idées particulières dont est capable la fantaisie lorsqu'il s'agit de réfléchir ou de converser sur un sujet donné est si peu délibérée et si peu consciente que Hume voit dans cette opération, appuyée sur la coutume, « une sorte de faculté magique de l'âme » proprement « inexplicable, en dépit des plus grands efforts de l'entendement humain »[2]. Revenons enfin sur l'association coutumière entre l'impression d'une cause et l'idée de son effet (ou inversement). Il s'avère en fait que la croyance que cette association suscite d'après Hume, n'a pas pour objet « une loi », comme le suppose Popper. Elle a pour objet l'effet (ou la cause) inféré. Ainsi, pour reprendre l'exemple de la pratique de la bicyclette choisi par Popper, la théorie humienne ne prétend pas expliquer la croyance *en une « loi » ou une « règle »* du type « nous éviterons la chute en tournant le guidon du côté où nous menaçons de tomber », une règle dont Popper a parfaitement raison de dire qu'une pratique suffisante finit par la rendre superflue[3]. Ce dont Hume veut, pour sa part, rendre compte, c'est de la croyance immédiate *en l'effet* – par exemple une chute – consécutif à une cause elle-même « semblable » à un objet déjà expérimenté dans le passé (par exemple un certain mouvement inconsidéré). Or cette anticipation apparaît, pour le coup, vitale et nécessaire, *et elle ne disparaît pas avec l'apprentissage* puisque, au contraire, la répétition la renforce. Ce qui se trouve donc, d'après Hume, « anticipé » (ou « cru »), c'est l'idée d'un « concomitant habituel », et non pas la « loi de couverture » du cas considéré. Par ailleurs, et pour annoncer un emprunt de Davidson à Hume sur lequel je reviendrai dans un prochain chapitre[4], il est utile de distinguer ici la supposition *qu'il existe* une telle loi de couverture, et une réelle *connaissance de la loi* en question. C'est donc plutôt la première affirmation qui semble être celle de Hume. Or cette idée est parfaitement compatible avec le fait, remarqué par Popper, qu'un agent soumis à l'habitude peut ne pas avoir « conscience » de la loi qui gouverne ses anticipations.

Le deuxième type de « faits empiriques » opposé à Hume par Popper concerne l'existence d'habitudes ou de coutumes « comme celle de la marche, de la parole ou de la prise de nourriture à certaines heures », coutumes ou habitudes qui se sont « *formées* avant que la répétition ait pu jouer un quelconque rôle ». D'après Popper, « on ne saurait affirmer que

1. K. Popper, *Conjectures et réfutations*, *op. cit.*, p. 74.
2. *Traité*, 1.1.7.15, p. 69.
3. K. Popper, *Conjectures et réfutations*, *op. cit.*, p. 74-75.
4. Cf. *infra*, chap. v, p. 185-186.

les pratiques en question sont le fruit de nombreuses répétitions » [1]. Popper paraît ici objecter à la théorie de Hume qu'il existe des habitudes *volontaires*. Sur ce point il me semble que Hume n'y aurait certainement vu aucune objection à sa théorie. Il aurait certainement précisé, pour commencer, qu'une conduite dite « volontaire » ne peut qu'être le produit nécessaire de certains motifs. Et il aurait ajouté, en outre, qu'un « genre de vie » volontaire ne peut être qualifié de « coutumier » que dans la mesure où il fait l'objet d'une « persévérance constante » (ou du moins si son adoption est « fréquente »). Ce cas tombe donc d'après Hume sous la même règle que la transition coutumière entre causes et effets, et s'accompagne par conséquent des mêmes degrés :

> L'expérience courante nous fait constater, dans nos actions tout comme dans nos raisonnements, que la persévérance constante dans un genre de vie produit une forte inclination et une forte tendance à le poursuivre dans l'avenir, bien qu'il y ait des habitudes dont le degré de force est inférieur, proportionnellement à l'infériorité des degrés de stabilité et d'uniformité qu'offre notre conduite [2].

Ajoutons que Hume considère de la même manière les habitudes engendrées par l'éducation, laquelle n'est d'après lui qu'une « cause artificielle » de répétition d'une idée dans l'esprit – là où c'est *naturellement* que l'expérience présente, quant à elle, une fréquente répétition [3]. Par conséquent, qu'il s'agisse des habitudes comportementales (individuelles ou nationales) ou qu'il s'agisse des opinions auxquelles notre éducation nous a accoutumés, la répétition – et, plus exactement, une répétition « *non-préméditée* » – leur est, d'après Hume, aussi essentielle qu'aux raisonnements de causalité :

> Car même si la coutume [prise ici au sens des mœurs] et l'éducation produisent la croyance par une répétition qui ne vient pas de l'expérience, cela demande cependant une longue période de temps, ainsi qu'une répétition très fréquente et *non-préméditée* [4].

Il s'avère donc, d'après Hume, que tous les « actes » ou « opérations » dont la répétition produit un penchant à les renouveler peuvent être dits *des effets de l'habitude*. Et peu importe au juste si cette répétition vient de l'expérience, de l'éducation, ou de choix individuels. Il est même, pour être plus précis, incorrect de prêter à Hume – comme le fait Popper –

1. K. Popper, *Conjectures et réfutations*, *op. cit.*, p. 75.
2. *Traité*, 1.3.12.6, p. 204.
3. *Traité*, 1.3.9.19, p. 185.
4. *Traité*, 1.3.12.23, p. 212-213, trad. mod.

l'affirmation selon laquelle *les habitudes sont le fruit de la répétition.* L'habitude est plutôt selon Hume le nom (bien connu) de la « cause » qui nous détermine à renouveler toutes les pratiques, ou toutes les associations d'idées, fréquemment répétées :

> En effet, toutes les fois que la répétition d'un acte ou d'une opération particulière produit une disposition à renouveler le même acte ou la même opération, sans qu'intervienne aucun raisonnement ni aucune démarche de l'entendement, nous disons toujours que cette disposition est l'effet de la *coutume*. En employant ce mot, nous ne prétendons pas avoir donné la raison ultime d'une telle diposition. Nous ne faisont que désigner un principe de la nature humaine qui est universellement admis et qui est bien connu par ses effets [1].

Le troisième et dernier type de « faits défavorables » avancés par Popper contre la théorie psychologique de Hume est l'existence d'« anticipations d'une succession d'événements » qui ne sont pas précédées « de multiples séquences longues et répétitives en amont dans le développement »[2]. Popper cite des observations sur le comportement des très jeunes animaux : des chiots à qui on avait fait flairer une seule fois une cigarette allumée se sauvaient précipitamment, par la suite, à la vue d'un semblable objet. De tels faits – ou leur équivalent chez les nourrissons – ne sauraient selon Popper être expliqués comme le fait Hume, à savoir en alléguant que si une expérience unique donne parfois lieu à anticipation, « sans attendre la répétition constante », il n'en reste pas moins que c'est de cette « répétition constante » que provient « la *première idée* de cette relation » [3]. Citons Hume plus longuement sur ce même point :

> Il est certain que, non seulement en philosophie, mais même dans la vie courante, nous pouvons atteindre la connaissance d'une cause particulière à l'aide d'une seule expérience, pourvu qu'elle soit faite avec jugement et après avoir soigneusement écarté toutes les circonstances étrangères et superflues. Or (…) puisqu'une habitude ne peut jamais s'acquérir à la suite d'un cas unique, on peut penser que la croyance ne saurait être tenue, en ce cas, pour un effet de la coutume. Mais cette difficulté s'évanouira si nous considérons que, même si nous sommes ici supposés n'avoir eu qu'une seule expérience d'un effet particulier, nous en avons cependant plusieurs millions qui nous convainquent du principe *que des objets semblables, placés dans des circonstances semblables, produiront toujours des effets semblables* (…)[4].

1. *EEH*, 5.5, p. 135.
2. K. Popper, *Conjectures et réfutations*, *op. cit.*, p. 75-76.
3. *Traité*, 1.3.15.6, p. 251, je souligne.
4. *Traité*, 1.3.8.14, p. 170-171.

Popper voit dans cette élucidation fournie par Hume une « explication prétendue » chargée « d'éliminer (...) les faits défavorables qui représentaient une menace pour sa théorie » ; une explication qui est plutôt « une tentative infructueuse puisque ces phénomènes se laissent observer chez les très jeunes animaux et les nourrissons dès que faire se peut » [1]. On retrouve ici l'idée popperienne, citée plus haut, du *caractère instinctif des attentes de régularité*. Précisons d'abord que l'explication de Hume par « l'habitude inductive », selon l'heureuse expression de Popper, ne prétend pas rendre compte des inductions irréfléchies des enfants et des animaux sur la simple base d'une expérience unique, mais de la manière dont les hommes réfléchis (que ce soit en philosophie ou dans la vie courante) raisonnent, eux, sur la base d'une expérience unique dont ils ont préalablement éliminé les « circonstances superflues ». Ce faisant, Hume cherchait également à rendre compte de la possibilité même de la méthode expérimentale à l'œuvre dans la science newtonienne comme dans la sienne propre : la science de la nature humaine. Popper néglige complètement cet aspect, et pour cause. Il préfère se concentrer – j'y reviendrai bientôt – sur l'antirationalisme *selon lui* engendré par la théorie humienne de l'habitude, et sur la menace qu'il fait peser sur la méthode scientifique elle-même. Il n'en reste pas moins que, dans « l'explication prétendue » fustigée par Popper, ce n'est pas des raisonnements communs aux animaux, aux jeunes enfants et au « vulgaire » dont Hume cherche à rendre compte, mais bien des généralisations tirées d'expériences uniques « *faites avec jugement* ». De fait, Hume considère, dans l'*Enquête sur l'entendement humain*, que les expérimentations de ce genre sont l'un des éléments permettant de saisir la « raison de la différence existant » non seulement « entre les hommes et les animaux » mais même « entre les entendements humains ». C'est dans ce contexte que cette même explication par l'habitude inductive (que Popper interprète comme une pirouette) est convoquée dans l'*Enquête*, et conclue comme suit :

> C'est par ce principe général d'habitude que nous sommes à même de regarder une unique expérience comme le fondement du raisonnement et d'attendre avec un certain degré de certitude un événement semblable, si l'expérience à été faite exactement et si n'interfère aucune circontance étrangère. On considérée donc comme un point de grande importance d'observer les conséquences des choses ; et comme un homme peut surpasser grandement un autre homme en attention, en mémoire et en observation, cela fera une très grande différence dans leur raisonnement [2].

1. K. Popper, *Conjectures et réfutations*, *op. cit.*, p. 75.
2. *EEH*, 9.5, n. 20, p. 275.

Le « phénomène rebelle » dont Hume voulait rendre compte est donc très différent de celui que Popper avance à l'encontre de sa théorie : il ne s'agissait nullement de rendre compte d'anticipations faites sur la base d'une « observation unique » à « caractère frappant », comme l'écrit Popper, mais d'expliquer comment des anticipations se constituent sur la base d'expériences soigneusement effectuées, ce qui implique « attention, mémoire, observation ». C'est-à-dire, comme Hume le précise ensuite, une attention aux circonstances complexes dont peut être éventuellement composée une cause, l'observation attentive d'une chaîne de conséquences, la séparation, au sein de la cause, des « circonstances essentielles » et des « circonstances superflues », etc. Cela n'empêche évidemment pas de se demander comment Hume aurait résolu la difficulté présentée par cet autre phénomène rebelle que Popper met pour sa part en avant, à savoir l'apparition de croyances et d'attentes chez de très jeunes individus, y compris sur la base d'*une seule* impression sensorielle. L'habitude inductive de ceux qui se sont « accoutumés à l'uniformité de la nature » ne saurait, c'est évident, en rendre compte – et Popper a raison sur ce point. Mais Hume aurait pu avancer une autre explication, explicitement incluse dans la section de l'*Enquête* consacrée à la raison des animaux et qui marquerait, pour le coup, un point d'accord (partiel) avec Popper :

> Bien que les animaux apprennent beaucoup de leurs connaissances de l'observation, ils en reçoivent beaucoup d'autres, dès le départ, de la main même de la nature, qui vont bien au-delà du degré de capacité dont ils font preuve dans les occasions ordinaires ; connaissances où ils ne font pas ou peu de progrès, tout instruits qu'ils soient par une longue pratique et une large expérience. C'est ce que nous appelons des *instincts* (...) [1].

Hume n'avait peut-être pas ici à l'esprit les cas invoqués par Popper, cas où une seule impression frappante engendre l'attente d'une succession analogue – il donne plutôt, un peu plus loin, l'exemple de l'incubation et du soin des petits, ces formes de capacités aussi précises et parfaites qu'innées. On pourrait néanmoins faire plusieurs remarques en faveur de la théorie de Hume. *Premièrement*, le « *schéma réactif* inné » et « l'attente innée » évoqués par Popper à propos des jeunes chiots ou (ailleurs) à propos des nourrissons dénotent selon lui une attente innée *plus fondamentale* qui est « la présomption de régularité », une attente dès lors antérieure à l'observation [2]. Mais pourquoi leur prêter, en sus, une telle forme de présomption ? Ne peut-on pas, plus simplement, expliquer la seconde fuite

1. *EEH*, 9.6, p. 277, je souligne.
2. K. Popper, *Conjectures et réfutations*, *op. cit.*, p. 80-81.

de l'animal, par ce même « schéma réactif » inné (lié au flair) qui explique la première ? *Deuxièmement*, si l'instinct pousse un jeune chiot à fuir tout objet ressemblant à une cigarette, sur la base d'une seule expérience, il n'en reste pas moins que seule une suite d'expériences peut ensuite lui apprendre à distinguer une cigarette d'un « papier blanc roulé » [1] qui, après tout, pourrait contenir du sucre ; et même à accourir ensuite à la vue d'un tel papier, pour peu qu'on lui ait présenté *d'une manière répétée* du sucre ainsi enveloppé. C'est précisément ce type d'amélioration de l'inférence par l'expérience que Hume, sans jamais nier l'existence d'« instincts et penchants naturels », voulait souligner : « l'ignorance et l'inexpérience des jeunes animaux se distinguent aisément de la ruse et de la sagacité des vieux » [2].

Troisièmement, l'existence d'instincts innés – que Popper étaye en s'appuyant notamment sur les travaux de David Katz et de Konrad Lorenz [3] – peut d'autant moins être objectée à ce que Popper appelle non sans dédain la psychologie « primitive » de Hume [4], que Hume concevait lui-même l'habitude comme un penchant instinctif à part entière, *commun* aux hommes et aux animaux :

> Le raisonnement expérimental lui-même, que nous partageons avec les bêtes et dont dépend toute la conduite de la vie, n'est rien qu'une espèce d'instinct ou de force mécanique qui agit en nous à notre insu et qui, dans ses principales opérations, n'est dirigée par aucune de ces relations ou comparaisons d'idées qui sont l'objet propre de nos facultés intellectuelles [5].

Comme je l'ai indiqué, Popper dispose d'une autre manière – « *purement logique* » [6] – de mettre à mal la théorie psychologique de Hume. Une analyse logique lui permet en effet de montrer que « la répétition présuppose la ressemblance », laquelle « présuppose un point de vue – une théorie ou une attente » [7] : ce n'est donc pas l'attente qui naît de la répétition mais la répétition qui présuppose une attente. Cet argument ruine donc « la

1. Dans le compte-rendu sur le comportement des jeunes chiots cité par Popper, il est dit que « quelques jours plus tard, ils réagissaient à la seule vue d'une cigarette *ou même d'un morceau de papier blanc roulé*, en se sauvant précipitamment et en éternuant » (*ibid.*, p. 75-76, je souligne).

2. *EEH*, 9.2, p. 271.

3. D. Katz, *Animals and Men : Studies in Comparative Psychology*, London, Longmans, Green, 1937. K. Lorenz, *Evolution and Modification of Behaviour*, London, 1966.

4. K. Popper, *La connaissance objective*, *op. cit.*, p. 166.

5. *EEH*, 9.6, p. 277-279.

6. K. Popper, *Conjectures et réfutations*, *op. cit.*, p. 76.

7. K. Popper, *La connaissance objective*, *op. cit.*, p. 69.

doctrine du primat temporel des répétitions » ; il ruine, autrement dit, la théorie de Hume [1].

Un tel argument, de la part de Popper, me paraît sophistique : ce dernier a en effet ajouté à la prémisse (en effet nécessaire) de *l'interprétation d'une situation* comme semblable à une autre situation (c'est-à-dire comme répétition d'une autre situation) une second prémisse qu'il ne démontre pas (et que Hume n'accorderait pas). Selon cette seconde prémisse, « la similitude-pour-nous est le produit d'une réaction impliquant » (*en plus* d'une interprétation) « *des anticipations ou des attentes* », une implication qui entraîne, dès lors, une régression à l'infini (ou plutôt, à mon avis, une pétition de principe) puisque *l'anticipation ou l'attente est cela-même qui est à expliquer*. Popper substitue ainsi à la reconnaissance/interprétation de la similitude/répétition une « *anticipation* de la similitude ». Il s'autorise cela par l'argument suivant : un « point de vue » est « *par exemple*, un système d'attentes, d'anticipations, de présuppositions ou d'intérêts » [2]. Sans rien dire du caractère vague et non-concluant de ce « par exemple », une telle équivalence entre « point de vue » d'un côté, « attente » ou « anticipation » de l'autre, resterait, selon moi, à montrer empiriquement ou à démontrer logiquement; ce que ne fait pas, à ma connaissance, Popper. En tout état de cause, le « point de vue » impliqué dans la saisie des ressemblances, et que Hume pourrait accorder, n'équivaut pas à une « anticipation ». Il s'agit plutôt de la « reconnaissance » d'un aspect pertinent, reconnaissance éventuellement guidée par l'intérêt de l'observateur, par ses qualités et son caractère, par sa mémoire, son attention, sa capacité à démêler, au sein d'une cause, les circonstances superflues et les circonstances efficaces, par l'étendue de son expérience, etc. ; ou encore par les « circonstances » de l'observation (par exemple l'urgence de l'action induite par l'identification de la situation).

Fort de cet argument de la régression à l'infini (à mon avis fallacieux dans le cas présent), Popper en conclut en tout cas que la psychologie de Hume a l'immense tort d'« entrer en contradiction avec la logique », ce qui n'est pas le cas de la psychologie que Popper défend, à savoir « la psychologie rationnelle de l'essai et de l'élimination de l'erreur » [3]. Une fois encore, c'est ici l'« irrationalisme » de Hume qui se trouve dénoncé par Popper. Il est donc temps maintenant d'évaluer cette qualification récurrente sous sa plume, ce que je ferai en me demandant s'il y a vraiment

1. K. Popper, *La logique de la découverte scientifique*, *op. cit.*, p. 430.
2. K. Popper, *Conjectures et réfutations*, *op. cit.*, p. 76-77, je souligne.
3. K. Popper, *La connaissance objective*, *op. cit.*, p. 166, n. 1.

lieu d'opposer à Hume, comme le fait Popper, un « scepticisme dynamique » qui lui serait parfaitement étranger.

Induction, scepticisme et raison

Lorsqu'il analyse les effets du scepticisme de Hume en matière d'induction, Popper s'appuie à plusieurs reprises sur des citations de Russell, notamment la suivante :

> La philosophie de Hume (…) représente la banqueroute du XVIII e siècle raisonnable. (…) Il est donc important de découvrir s'il y a une réponse à faire à Hume à l'intérieur du cadre d'une philosophie qui est, entièrement, ou dans sa plus grande partie, empirique. Sinon, il n'y a pas de différence intellectuelle entre la folie et la raison. L'aliéné qui croit qu'il est un œuf poché doit être condamné seulement sur le fait qu'il est une minorité (…). [Si l'on rejette le principe d'induction] toute tentative pour arriver à des lois scientifiques générales, en partant d'observations particulières, est fausse, et un empiriste ne pourra pas échapper au scepticisme de Hume [1].

Russell « met ainsi l'accent », résume Popper, « sur la contradiction entre la réponse de Hume à H_L [c'est-à-dire, au problème logique de l'induction tel que Hume l'a formulé] et *(a)* la rationalité, *(b)* l'empirisme et *(c)* la méthode scientifique ». Or non seulement Popper s'accorde avec Russell pour tirer ces conséquences de la position de Hume mais il prétend en outre, et pour sa part, y échapper car « il n'y a pas de contradiction, affirme-t-il, entre [sa] théorie de la non-induction et la rationalité, l'empirisme ou la méthode scientifique ». S'agissant des deux dernières contradictions, les attribuer à Hume constitue un diagnostic radicalement dévastateur si l'on en a en tête que sa science de la nature humaine s'efforçait d'expliquer, sur la seule base de l'expérience, les phénomènes de l'esprit « par les causes les plus simples et les moins nombreuses » [2], tentant ainsi d'introduire la « méthode expérimentale » propre aux sciences de la nature « dans les sujets moraux » [3]. Nous nous interrogerons sur ces deux contradictions dans le point suivant. Quant à la première contradiction, celle qui existerait entre la critique logique humienne de l'induction et la rationalité elle-même, elle paraît non moins fâcheuse. Hume envisageait en effet sa science de l'homme comme n'étant pas « inférieure en certitude (…) à toute autre

1. Russell, *Histoire de la philosophie occidentale*, trad. fr. H. Kerr, Paris, Gallimard, 1953, p. 684-685 ; cité par Popper dans *La connaissance objective*, p. 45.

2. *Traité*, Introduction, § 8, p. 35.

3. Rappelons le sous-titre du *Traité : A Treatise of Human Nature, being an Attempt to Introduce the Experimental Method of Reasoning into Moral Subjects*.

science relevant de la compréhension humaine »[1] et c'est par « la plus grande tension du jugement humain » qu'il comptait y parvenir. Une telle ambition semble aux antipodes d'une profession d'irrationalisme.

Qu'en est-il donc de cet « irrationalisme » de Hume, tel que Popper l'envisage à partir du problème de l'induction ? Selon ce dernier, l'irrationalisme est une conséquence de la « conclusion » de Hume, soutenue à propos de l'induction, selon laquelle « notre entendement est irrationnel »[2]. Il résulte, plus précisément, de la conclusion selon laquelle « la répétition, tout en dominant notre vie cognitive ou notre "entendement", n'a aucune espèce de pouvoir en tant qu'argument », de sorte que, finalement « notre "connaissance" ôte son masque et révèle sa nature : il s'agit non seulement d'une croyance, mais d'une croyance indéfendable d'un point de vue rationnel – d'*une foi irrationnelle* »[3]. Ailleurs, Popper considère ce résultat comme « non-voulu » et il en retrace l'origine de la manière suivante :

> L'irrationalisme a été la conséquence non-voulue de cette conviction de Hume que c'est bien l'induction baconienne qui préside à l'apprentissage, assortie d'une démonstration logique de l'impossibilité d'une justification rationnelle de l'induction. "Tant pis pour la justification rationnelle", telle est la conclusion que Hume a bien été contraint de formuler au bout du compte. Il a souscrit à cette conclusion irrationnelle avec l'intégrité caractéristique du vrai rationaliste, qui ne recule pas devant une conclusion déplaisante dès lors qu'elle lui semble inéluctable[4].

Evidemment, Popper ne prétend pas *résumer* ainsi le passage qui conduisit Hume de la formulation de « doutes sceptiques touchant les opérations de l'entendement » à la découverte d'une « solution sceptique à ces doutes », à savoir le principe de l'accoutumance[5]. Popper prétend plutôt *interpréter* ce passage et dévoiler aussi l'état d'esprit qui aurait été celui de Hume une fois découverte et formulée cette « solution sceptique ». Il me semble néanmoins utile de faire retour à cette découverte et à son contexte afin d'évaluer le bien-fondé du diagnostic de Popper. Car je crois au contraire qu'une telle découverte n'apparaît sous la plume de Hume ni comme une « conclusion déplaisante », ni surtout comme un motif d'irrationalisme.

1. *Traité*, Introduction, § 10, p. 37. Ce type de déclaration se retrouve dans la conclusion du livre I, une fois découvert le fondement irrationnel de l'induction.

2. K. Popper, *La connaissance objective*, *op. cit.*, p. 46.

3. *Ibid.*, p. 44.

4. K. Popper, *Conjectures et réfutations*, *op. cit.*, p. 298.

5. Je reprends ici les titres des sections 4 et 5 de l'*Enquête*.

Ainsi, une fois formulée dans l'*Enquête* la conclusion selon laquelle « toutes les inférences tirées de l'expérience sont (...) les effets de la coutume, et non du raisonnement », Hume salue dans ce « grand guide de la vie humaine » le principe non seulement de toute action, mais aussi « de la partie principale de la spéculation » [1]. Loin donc, de congédier le raisonnement une fois découverte son assise irrationnelle, il dénonce plutôt le caractère « superficiel » de la distinction courante entre « expérience » et « raison », en insistant sur le fait que la majeure partie des « arguments » scientifiques ou philosophiques ont pour point de départ l'expérience et l'observation, et reposent sur l'accoutumance. Hume souligne donc, d'une part, le fait que la nature a heureusement évité de confier l'opération de l'inférence « aux déductions trompeuses de notre raison, qui est lente dans ses opérations », accentuant ainsi le caractère irrationnel de cet « instinct » ou de cette « tendance mécanique » qu'est l'accoutumance [2]. Et il relève, d'autre part, les conséquences non moins heureuses d'un tel fait, à savoir non seulement « la subsistance de notre espèce » mais aussi – et c'est le point qui importe ici – *l'extension de « notre connaissance » au-delà « de notre mémoire et de nos sens »*. Telle est d'ailleurs la conclusion reprise dans la dernière section de l'*Enquête* (celle-là même qui traite du « problème de la démarcation » entre « sciences empiriques » et « systèmes métaphysiques » cher à Popper), d'après laquelle il apparaît, premièrement, que Hume n'a nullement congédié la raison démonstrative de la connaissance humaine, puisqu'il continue à faire reposer sur elle « les sciences de la quantité et du nombre » que sont l'algèbre et l'arithmétique et, deuxièmement, que les raisonnements sur les faits reposant sur l'habitude, n'en constituent pas moins « la plus grande part de la connaissance humaine » [3]. Une dernière formule de *l'Enquête* me semble particulièrement claire non seulement sur les *intentions* de Hume lorsqu'il proposait sa « solution sceptique », mais sur les *conséquences* que cette découverte, selon lui, entraînait sur le raisonnement :

> Bien que nous devions conclure, comme par exemple dans la précédente section, que dans tous les raisonnements d'expérience l'esprit fait un pas que ne soutient aucun argument ni aucune conduite de l'entendement, *il n'y a cependant pas le moindre danger que ces raisonnements, dont dépend presque toute la connaissance, soient jamais affectés par une telle découverte*. Si l'esprit n'est pas engagé par argument à faire ce pas, il faut qu'il y soit conduit par quelque autre principe d'un poids et d'une autorité égale ;

1. *EEH*, 5.5, p. 137, 5.6, p. 139-141.
2. *EEH*, 5.22, p. 161-163.
3. *EEH*, 12.27, p. 409, 12.29, p. 411.

> et ce principe fera sentir son influence tant que la nature humaine ne changera pas [1].

Hume est donc parfaitement clair sur le point suivant : sa découverte du fondement irrationnel de l'induction n'affecte en rien le raisonnement lui-même. « Tant pis pour la justification rationnelle », voilà une formule que Popper a bien raison de prêter à Hume ; mais cela n'impliquait en aucun cas, dans l'esprit de ce dernier, de congédier avec elle *le raisonnement lui-même*.

Mais il reste alors à montrer, conformément à la demande de Russell et de Popper, ce qui distingue alors la croyance d'un fou d'une proposition scientifique bien établie. Reconnaissons d'abord que Hume semble particulièrement prêter le flanc à cette objection puisqu'il rapproche explicitement, du point de vue de l'intensité des idées qui leur est commune, les croyances du fou et les croyances issues de l'inférence causale :

> Quand, par suite d'une fermentation extraordinaire du sang et des esprits, l'imagination acquiert une vivacité telle qu'elle désorganise tous ses pouvoirs et toutes ses facultés, il n'y a aucun moyen de distinguer la vérité de la fausseté : toute vague fiction ou toute idée confuse, ayant la même influence que les impressions de la mémoire ou les conclusions du jugement, est reçue au même titre qu'elles et agit sur les passions avec la même force. (...) Toutes les chimères du cerveau sont aussi vives et intenses que n'importe laquelle des inférences que nous honorions précédemment du nom de conclusions portant sur les faits, et elles le sont parfois autant que les impressions présentes des sens [2].

Hume va même plus loin que ce rapprochement puisque, dans la conclusion du livre I du *Traité*, il va jusqu'à qualifier sceptiquement de « folie » le fait *même* de croire ou de raisonner [3], ce qu'il peut se permettre puisqu'il a lui-même montré que l'assentiment à un argument, le mieux établi soit-il, n'est qu'une forte tendance à *croire*. Il n'y a plus alors qu'à en conclure, comme le fait Hume sans hésitation, que « l'entendement [est] fondé sur l'imagination, c'est-à-dire sur la vivacité de nos idées » [4].

Est-ce à dire alors, comme l'écrit Russell, que plus rien ne distingue la croyance du fou – issue d'une simple agitation des esprits – de la croyance de l'homme ordinaire – lorsqu'il croit à ce qu'il a inféré sur la base de l'expérience passée – ou de l'assentiment du philosophe lui-même, lorsqu'il

1. *EEH*, 5.2, p. 131-133, trad. mod., je souligne.
2. *Traité*, 1.3.10.9, p. 192.
3. Cf. *Traité*, 1.4.7.10, p. 363.
4. *Traité*, 1.4.7.3, p. 358.

« donne à une série d'arguments [sa] préférence sur une autre »[1] ? Il n'en est rien d'après Hume. Certes, toute opinion, lorsqu'elle porte sur les faits, est concevable : je peux ainsi comprendre clairement la proposition de celui qui avance que « *César mourut dans son lit* » ou que « *l'argent est plus fusible que le plomb* »[2]. D'autre part, et contrairement à l'homme de bon sens qui se prête aux fictions de la poésie, le fou n'est pas en mesure de distinguer, d'après son « sentiment », ou par une « réflexion sur les règles générales », la persuasion issue de l'expérience passée, et la chimère qui naît dans son cerveau : l'une et l'autre frappent aussi intensément son esprit. Pour autant, l'opinion du fou ne se distingue pas uniquement chez Hume, et comme le suppose Russell, par son caractère « minoritaire » ; autrement dit, en termes plus humiens, parce qu'elle rencontre plus d'« incrédulité » que de croyance. En réalité, ce caractère minoritaire de la croyance du fou est lui-même la conséquence du fait que son opinion, tout comme d'ailleurs les hypothèses fantaisistes de certains philosophes, ne résiste pas à l'examen critique. Dans le même esprit, Hume finit par définir les « décisions philosophiques » comme n'étant « rien que les réflexions de la vie commune, *rendues méthodiques et corrigées* »[3], posant ainsi une fois encore que l'inférence, bien que non fondée en raison, n'en est pas moins capable de la correction méthodique, que dans certains cas elle exige, à savoir sa conformation aux « règles par lesquelles juger des causes et des effets ».

Ce point me conduit à rejeter une autre affirmation de Popper qui concerne le scepticisme de Hume et, en même temps, la manière dont Popper prétend s'en distinguer. Ce dernier considère en effet que sa propre position peut être qualifiée de « scepticisme optimiste » et qu'il s'agirait donc d'une « position radicalement différente » de celle de Hume dans la mesure où 1) Popper croit « en la possibilité d'un développement illimité de la connaissance » tout en ne la tenant pas pour « certaine » ; 2) il développe un « examen critique rigoureux » qui, vu le sens originel de *scepsis* (« examen critique »), peut être aussi bien qualifié de « scepticisme dynamique » ; 3) il défend le réalisme du sens commun qui lui paraît, pour le coup, incritiquable[4]. Or autant cette troisième position est incontestablement anti-humienne, autant il est possible, comme nous venons de le voir, de prêter à Hume les thèses (1) et (2). L'alliance du doute et de l'examen critique rigoureux est même explicitement présente chez Hume, dont

1. *Traité*, 1.3.8.12, p. 168.
2. *Traité*, 1.3.7.3, p. 159.
3. *EEH*, 12.25, p. 407, je souligne.
4. K. Popper, *La connaissance objective*, *op. cit.*, p. 170.

l'espoir était d'« établir un système ou un ensemble d'opinions qui, s'il n'était vrai (car c'est peut-être trop espérer), pourrait au moins satisfaire l'esprit humain et supporter l'épreuve de l'examen le plus critique » [1]. Et en ce qui concerne, plus spécifiquement, le caractère « dynamique » de son scepticisme, on remarquera que Hume, contrairement à ce que croit Popper, partage avec ce dernier l'idée d'une croissance « *auto-correctrice* » de la connaissance [2], procédant par essais et élimination des erreurs (conjectures et réfutations), comme l'atteste le texte suivant :

> Dans tout jugement que nous pouvons former sur la probabilité comme sur la connaissance, il nous faut toujours corriger le premier jugement tiré de la nature de l'objet, par un autre jugement tiré de la nature de l'entendement. (…) Chez l'homme le plus intelligent et le plus expérimenté, [l'autorité de ses propres opinions] n'est jamais entière, puisqu'un tel homme est nécessairement conscient de nombreuses erreurs commises dans le passé et doit encore en redouter pour l'avenir. C'est ici que prend naissance une nouvelle espèce de probabilité, destinée à corriger, à régler la première et à en fixer la norme exacte et la juste proportion [3].

Il est évident que le contexte « probabiliste » qui caractérise ce texte ne conviendrait pas à Popper. Mais il montre en tout cas que, dans l'esprit de Hume, les « sciences démonstratives », aussi bien que les raisonnements expérimentaux et les sciences qui en relèvent, sont soumis à un processus dynamique de révision qui corrige non seulement les erreurs dues à la complexité des causes ou des questions, mais aussi les erreurs attribuables à notre faculté de juger. De cette manière, Hume parvient à penser la croissance dynamique et auto-correctrice de la connaissance sur le modèle de sa propre théorie de l'induction. Il la pense, plus exactement, sur le modèle, préalablement décrit dans le *Traité*, de « l'espèce » de raisonnement de probabilité « où il y a contrariété dans notre expérience et notre observation » [4]. Notre jugement lui-même peut ainsi être considéré, d'après Hume, comme « une sorte de cause » dont l'« inconstance » même, ou d'autres causes « opposées » et « cachées », peuvent prévenir « l'effet naturel », à savoir la vérité [5]. Hume dessine de cette manière, n'en déplaise à Popper, une forme de scepticisme inductif et probabiliste, *en même temps que dynamique*.

1. *Traité*, 1.4.7.14, p. 366.
2. K. Popper, *La connaissance objective*, *op. cit.*, p. 142.
3. *Traité*, 1.4.1.5, p. 263.
4. *Traité*, 1.3.12.3, p. 202.
5. *Traité*, 1.4.1.1, p. 261.

Les « règles par lesquelles juger des causes et des effets » (que Popper appelle pour sa part, avec J. S. Mill en tête, les « canons de l'induction ») s'inscrivent également, dans l'esprit de Hume, sous cette même perspective dynamique. L'application de ces règles relève même très exactement, pour ce dernier, d'un processus d'ajustement correctif. En effet, montre-t-il, les phénomènes naturels ou moraux sont si complexes – composés, comme on l'a vu, de « circonstances essentielles » et de « circonstances superflues » – que toute expérience à leur sujet doit être discutée « par de nouvelles expériences » afin de s'assurer que « toutes les circonstances particulières de la première expérience lui étaient essentielles » ; une même discussion vaut pour ces « nouvelles expériences », et ainsi de suite [1]. Se construit ainsi un processus de « choix » de « la bonne voie parmi toutes celles qui se présentent », processus qui n'est pas sans présenter d'affinité avec le « choix » entre « théories concurrentes » que thématise Popper. Ces règles de l'induction sont, en outre, censées déterminer « dans quels cas [les objets] sont *réellement* causes ou effets les uns des autres » [2] rendant ainsi possible (du moins le pensait Hume) une connaissance *objective*. D'après Hume enfin, ces mêmes règles de l'induction (auxquelles peuvent se substituer les « principes naturels de notre entendement ») devaient ainsi permettre, « en poursuivant nos expériences jusqu'au bout », une explication de « tous les effets par les causes les plus simples et les moins nombreuses » [3]. Or ce dernier point est fermement démenti par Popper qui considère pour sa part que « quelle que soit la méthode que nous utilisions, nos chances de découvrir les vraies régularités sont minces, et que nos théories contiennent de nombreuses erreurs contre lesquelles aucun mystérieux "canon de l'induction", qu'il soit ou non de base, ne saurait nous prémunir » [4].

Par cette dernière affirmation Popper refuse de créditer Hume (et, plus généralement, les « inductivistes ») d'une explication adéquate de la « possibilité de parvenir à des lois générales en partant d'observations particulières » [5]. Ce point nous conduit donc à la deuxième contradiction attribuée à Hume par Russell et par Popper : la réponse négative de Hume à H_L s'avère, d'après eux, incompatible avec cette dernière possibilité et, partant, avec l'empirisme lui-même. Popper, quant à lui, prétend y échapper grâce à une solution inédite du problème logique de l'induction.

1. *Traité*, 1.3.15.11, p. 252.
2. *Traité*, 1.3.15.2, p. 250, je souligne.
3. *Traité*, Introduction, § 8, p. 35.
4. K. Popper, *La connaissance objective*, *op. cit.*, p. 53.
5. *Ibid.*, p. 45.

L'induction et l'empirisme. La solution de Popper au « problème logique » de l'induction

Popper considère que si, chez Hume, la réponse négative apportée au problème logique de l'induction contredit l'empirisme, c'est qu'il n'a pas su comprendre « les *relations logiques* entre les théories scientifiques et les observations » [1]. C'est la raison pour laquelle il propose de procéder logiquement à une reformulation du problème énoncé par Hume. Plus précisément Popper s'attache à le *généraliser* comme suit, de manière à en dégager une réponse cette fois « *un peu plus positive* » [2] :

> L_2 peut on justifier par des "raisons empiriques" l'affirmation qu'une théorie explicative universelle est vraie ou l'affirmation qu'elle est fausse ; autrement dit, peut-on, par *le fait d'admettre la vérité de certains énoncés expérimentaux, justifier, soit l'affirmation qu'une théorie universelle est vraie, soit l'affirmation qu'elle est fausse ?*
> A ce problème, ma réponse est positive : oui, le fait d'admettre la vérité de certains énoncés expérimentaux nous autorise parfois à justifier l'affirmation qu'une théorie explicative universelle est fausse [3].

Popper fait ensuite remarquer (cette fois, à la suite de Hume) que la « situation de problème » qui caractérise le problème de l'induction est toujours celle « du choix entre plusieurs théories ». De sorte qu'il s'ensuit d'après lui une *troisième formulation* du problème logique de l'induction, formulation qui permettrait de lever pleinement la contradiction soulignée par Russell :

> L_3 peut-on justifier quelquefois par de telles "raisons empiriques" une préférence, eu égard à leur vérité ou à leur fausseté, en faveur de certaines des théories universelles concurrentes ?
> A la lumière de ma réponse à L_2, la réponse à L_3 devient évidente : oui, c'est parfois possible, si nous avons de la chance. Car il peut arriver que nos énoncés expérimentaux nous permettent de réfuter certaines des théories concurrentes – mais pas toutes ; et, puisque nous sommes à la recherche d'une théorie vraie, nous préférerons celles dont la fausseté n'a pas été établie.

Telle est, finalement, la solution du « problème logique de l'induction » à laquelle est parvenu Popper grâce à une reformulation « dans un registre de langage objectif, ou logique » du problème logique énoncé par Hume.

1. K. Popper, *La connaissance objective*, *op. cit.*, p. 46, je souligne.
2. *Ibid.*, p. 54, je souligne.
3. *Ibid.*, p. 47-49.

Cette même solution selon lui, d'une part, « garantit l'élimination de l'irrationalisme de Hume » [1] (irrationalisme que j'ai pour ma part dénié dans le point précédent) car la « *méthode de préférence* qui est le résultat de [la] solution [de Popper] à L_3 », méthode parfaitement rationnelle, peut être « transposée » en une méthode non moins rationnelle valable cette fois en psychologie, à savoir « la méthode bien connue d'essai et élimination de l'erreur » [2]. D'autre part – rappelons-le car c'est le point qui m'intéresse ici – Popper considère que sa solution à L_3 lui permet de saisir beaucoup mieux que ne l'a fait Hume « les relations logiques entre les théories scientifiques et les observations ».

Développons cette critique, qui me paraît pour le coup entièrement justifiée et qui inclut, en fait, deux reproches. D'abord, Popper considère que Hume a été la victime d'une certaine fascination devant « l'uniformité de la nature » qui l'a empêché de voir que sa propre solution négative au problème logique de l'induction impliquait en fait que *toutes les théories sont hypothétiques ou conjecturales* [3]. Ce point – certes essentiel à l'épistémologie de Popper – me semble indéniablement être absent de la pensée de Hume qui oppose d'ailleurs, comme Newton, les termes « hypothèses » et « conjectures » aux « principes les plus certains » que la science expérimentale (de l'homme ou de la nature) peut, d'après lui, découvrir [4]. A vrai dire, et comme le suggère Popper, une telle conséquence était sans doute difficile à tirer dans ce contexte newtonien, tandis que Popper avoue que c'est la « théorie de la gravitation d'Einstein » et le démenti qu'elle apportait à celle de Newton, qui le conduisit à considérer cette dernière comme « une “simple” hypothèse ou conjecture » [5], confirmant ainsi la réponse négative qu'à la suite de Hume, il apportait à L_1. Ensuite, Popper montre qu'un manque d'attention au « domaine de la *logique déductive* » a empêché Hume de comprendre « l'asymétrie existant entre la vérification et la falsification par l'expérience » [6], à savoir le fait que les expériences permettent de réfuter certaines théories universelles, mais ne permettent pas d'affirmer qu'une théorie universelle est vraie. Ici encore, il ne me semble pas possible de repérer chez Hume une anticipation de cette autre découverte essentielle de Popper.

1. K. Popper, *La connaissance objective*, *op. cit.*, p. 46.
2. *Ibid.*, p. 70 et 73.
3. K. Popper, *La connaissance objective*, *op. cit.*, p. 50.
4. *Traité*, Introduction, § 9, p. 36.
5. K. Popper, *La connaissance objective*, *op. cit.*, p. 50-51.
6. *Ibid.*, p. 54.

Concluons-donc fermement sur ce point. La première formulation du problème logique de l'induction revient à Hume mais sa résolution *logique*, après reformulation, appartient au seul Popper. C'est pourquoi je pense que ce dernier a parfaitement raison de récuser l'affirmation de Strawson selon laquelle Hume aurait résolu le problème de l'induction en affirmant que « la Nature nous force d'accepter les «canons de base» [de l'induction] »[1]. Selon moi, le fait que les règles pour juger des causes et des effets déterminées par Hume s'appuient, comme il le précise lui-même, sur les « principes naturels de notre entendement »[2], que ces règles ont rendu plus méthodiques, ne constitue nullement, et même pas dans l'esprit de Hume, une preuve du fait que nous serions logiquement justifiés à étendre nos observations expérimentales répétées aux cas dont nous n'avons pas eu l'expérience, ce qui constitue bien le « problème logique » de l'induction posé par Hume puis par Popper. Les règles pour bien juger ont une toute autre fonction chez Hume : celle de déterminer en quels cas certains objets « sont réellement causes ou effets l'un de l'autre » étant donné que *a priori*, « n'importe quoi peut produire n'importe quoi ». Autrement dit, ces règles permettent de déterminer, au sein des objets qui se présentent à nous dans l'expérience, lesquels sont effectivement des causes, lesquels sont des effets, et non pas des objets simplement reliés par accident. C'est pourquoi je précisais dans la première partie de ce chapitre que la détermination de ces règles permet à Hume d'affronter dans une certaine mesure le problème explicité par Goodman, à savoir celui de la détermination des inférences valides et invalides. Dès lors, et tout en accordant à Popper que Hume ne répond que « négativement » au problème logique de l'induction, il me semble néanmoins possible de répondre à l'objection de Popper déjà indiquée, et selon laquelle Hume, en établissant que l'induction ne peut se justifier logiquement, aurait par là-même rendu non pertinent le problème de la détermination des inférences valides posé par Goodman, et n'y aurait *a fortiori* pas répondu. Au contraire, en énonçant les règles permettant de déterminer quels objets sont « réellement » causes ou effets l'un de l'autre, Hume permettait également de déterminer quelles sont, parmi les inférences causales que nous faisons quotidiennement, celles qui sont valides et celles qui sont invalides. Or cette validité ne tient pas au fait qu'elles constitueraient d'une

1. P. F. Strawson, « On justifying induction », *Philosophical Studies*, 9, 1958, n° 1-2, p. 20-21, cité par Popper dans *La connaissance objective*, p. 52.

2. *Traité*, 1.3.15.11, p. 252.

manière certaine des lois de la nature faisant règle pour l'avenir. Cette validité tient au fait que ces inférences respectent un certain nombre de principes eux-mêmes « *tirés de l'expérience* » (et non pas valides *a priori*), parmi lesquels se trouve le principe de « l'uniformité de la nature », selon lequel « la même cause produit toujours le même effet, et le même effet ne naît jamais que de la même cause »[1].

Or si cette uniformité de la nature est selon Hume à la fois expérimentée et à chaque instant supposée, tout en se révélant impossible à établir par la raison (que ce soit par un argument démonstratif ou par un argument probabiliste), alors nos inférences ou nos théories expérimentales, les mieux formées soient-elles, demeurent conjecturales. C'est pourquoi Popper me semble avoir, en outre, clairement établi que Hume, avec la réponse négative qu'il apportait au problème logique de l'induction, posait un problème redoutable aux inductivistes et, partant, à son propre empirisme inductif.

Je souhaiterais néanmoins, en dépit de la validité de cette menace logique, défendre l'idée d'une sorte d'immunité propre à la science de la nature humaine développée par Hume. En effet, la confiance que Hume accordait – c'est là encore indéniable – à l'uniformité de la *nature humaine* ne me semble pas avoir été, pour le coup, aussi radicalement démentie, du moins sur le plan cognitif, passionnel et moral qui est le sien – avec peut-être une réserve sur sa théorie en partie européocentriste de la propriété – que les théories scientifiques dont Popper retrace l'histoire. De ce point de vue, aucune théorie sérieuse de la relativité *de la nature humaine* ne me paraît avoir renvoyé la science de l'homme de Hume au statut de « "simple" hypothèse ou conjecture », pour reprendre ici la formule que Popper applique à la théorie de Newton. C'est donc surtout, me semble-t-il, contre l'inductivisme *scientifique* (dont Hume se réclamait pourtant, sous la forme de la « méthode expérimentale » de Bacon et de Newton) que la *critique humienne* de l'induction (en la différenciant, comme le fait Popper, de l'explication positive de son fondement psychologique) se retourne le plus aisément.

Popper a donc raison : « Hume est resté un inductiviste ». Mais cette apparente contradiction n'atteint pas, je crois, sa science de la nature humaine.

1. *Traité*, 1.3.15.6, p. 251.

Induction et probabilité. Hume et Reichenbach

J'ai eu l'occasion de faire remarquer au cours de la discussion que je viens de consacrer à Popper que, d'après lui, la réponse négative de Hume au « problème logique » de l'induction frappait d'un égal impact la « connaissance » fondée sur l'induction d'une part, et le « probabilisme inductif » de l'autre. Citons donc à nouveau Popper sur ce double point, avant de nous concentrer sur le second :

> Le problème logique de Hume est le suivant :
> H_L sommes-nous justifiés à raisonner à partir de cas (répétés) dont nous avons l'expérience sur d'autres cas (conclusions) dont nous n'avons pas l'expérience ?
> La réponse de Hume à H_L est : non, si grand que soit le nombre de répétitions. Hume a également montré que la situation logique restait *exactement la même* si dans H_L on insérait le mot « *probables* » après « conclusions », ou si on remplaçait les mots « sur d'autres cas » par « sur la *probabilité* d'autres cas » [1].

Par cette dernière précision, Popper tient à englober dans la critique logique humienne de l'induction – comme dans sa propre critique – la logique inductive fondée sur « *logique de la probabilité* ». Et c'est particulièrement la forme développée par Reichenbach à partir de 1930 [2] qu'il vise (Keynes ou Von Mises sont également critiqués, mais moins frontalement) [3]. Cette critique de la part de Popper est en fait double. D'une part, il met en cause « la tentative (faite par Reichenbach) d'interpréter *la probabilité des hypothèses* en termes pris à la *théorie fréquentielle de la probabilité d'événements* » [4]. De cette manière Popper défend sa propre conception de la science et de la falsifiabilité des hypothèses : « je crois, écrit-il contre Reichenbach, que [la physique] utilise des hypothèses de probabilité tout juste comme d'autres hypothèses, à savoir comme des énoncés falsifiables » [5]. « Mon objectif, écrit encore Popper, était de prouver que *le degré de corroboration* [c'est-à-dire le degré de succès avec lequel une théorie passe les tests auxquels elle est soumise] *n'est pas une probabilité* ; c'est-à-dire qu'*il n'est pas l'une des interprétations possibles du calcul des probabilités* » [6]. En effet, explique Popper, ce degré de corroboration

1. K. Popper, *La connaissance objective*, *op. cit.*, p. 43, trad. mod.
2. H. Reichenbach, « Kausalität und Wahrscheinlichkeit », *Erkenntnis*, 1, 1930.
3. K. Popper, *La logique de la découverte scientifique*, *op. cit.*, p. 261 et n. 3.
4. *Ibid.*, n. (*1), p. 259.
5. *Ibid.*, p. 267.
6. *Ibid.*, app. *IX, p. 395.

« dépend principalement de la sévérité des tests et donc de la possibilité qu'a l'hypothèse d'être soumise à des tests [= de sa *falsifiabilité*] ». Or – et c'est là le « point crucial » que souligne ce dernier – « cette possibilité est équivalente à une forte *improbabilité* logique (absolue) ou à une faible *probabilité* logique (absolue) » [1]. On a donc ici affaire à une opposition frontale entre deux « logiques de la science » [2], une opposition qu'il n'est pas nécessaire de creuser dans le cadre de notre propos. D'autre part – et ce point, cette fois, implique Hume – Popper estime, comme l'indique également la citation faite au début de cette analyse, que les énoncés de probabilité tombent dans une « régression à l'infini » *du même ordre* que « la régression inductive » selon lui développée par Hume. Autrement dit, selon Popper, les positions probabilistes *ne parviennent pas à éviter* « l'argument de Hume » que j'ai plusieurs fois exposé dans le point précédent, à savoir celui de la régression à l'infini. En voici la raison :

> Que je suppose comme vrai qu'une proposition est vraie ou que je suppose comme (objectivement) probable qu'une proposition est probable n'a aucune influence sur le problème de l'induction. Ainsi, cette régression ne nous montre toujours que le même résultat évident : si l'on pouvait *savoir*, avec une probabilité précise, quelque chose nous disant si les lois de la nature [confirmées jusqu'à présent] vaudront encore demain, on pourrait alors précisément savoir plus que l'on ne sait. Nous ne pouvons pas savoir quelque chose de ce genre ; nous sommes bien sûr (pour autant que nous ayons pu l'observer jusqu'à présent) dans la nécessité d'y *croire*. Objectiver cette croyance est du rationalisme [dogmatique] [3].

C'est ainsi que, selon Popper, Hume opposerait, par avance, une double résistance à la tentative de Reichenbach : d'une part, son argument de la régression à l'infini lui serait fatal ; d'autre part, sa conception purement subjective de la croyance dans la probabilité interdirait de la confondre avec un « énoncé objectif de probabilité ». Or, premièrement, Reichenbach prétendait, lui, fournir une solution au problème logique de l'induction de Hume. Et il soutenait même, en prenant le contrepied exact de Popper, que « la critique de Hume n'a point démontré l'insolubilité de ce problème ; ce que Hume a montré c'est seulement que la *vérité* de la conclusion, dans l'inférence inductive, ne peut pas être démontrée » : sa *vérité*, souligne Reichenbach, et non pas, selon lui, sa *probabilité*. Et, deuxièmement,

1. *Ibid.*, n. (*3), p. 276.
2. *Ibid.*, p. 267.
3. K. Popper, *Les deux problèmes fondamentaux de la théorie de la connaissance*, *op. cit.*, p. 173.

Reichenbach veut défendre l'idée qu'il existe une connaissance probable, contre la conclusion humienne « que la probabilité est de nature subjective et s'applique à l'opinion, à la croyance » [1]. Reichenbach défend même, plus précisément, une conception de la probabilité à la fois objective et empirique [2]. C'est donc à cette position que je voudrais à présent m'intéresser, non seulement pour examiner la question de savoir si l'argumentation logique de Hume contre l'induction visait ou pas « l'induction probabiliste », mais surtout pour évaluer la résistance de la critique humienne à la « preuve justificative de l'induction » que construit Reichenbach.

A cette fin, examinons d'abord la manière dont Reichenbach expose la mise en doute, par Hume, de la validité de l'induction, évalue la solution que ce dernier y apportait, et découvre une nouvelle solution au problème.

La manière dont Reichenbach résume la réfutation humienne semble à première vue assez conforme au texte du *Traité* ou de l'*Enquête* puisque Reichenbach y repère deux arguments : d'une part, celui qui nie que l'inférence puisse se justifier *a priori* étant donné qu'elle ne comporte aucune « contrainte logique » (je peux toujours, dit Hume, concevoir le contraire d'un point de fait) et, d'autre part, la mise en évidence d'un cercle vicieux, interdisant toute « justification *a posteriori* » de l'inférence. Comme je l'ai dit plus haut, ces deux arguments retenus par Reichenbach constituent bien le *tout* de la réfutation humienne. Néanmoins, autant le premier argument de Hume est parfaitement restitué par lui, autant la manière dont il présente le « cercle vicieux » qui caractériserait la justification *a posteriori* ne me semble pas fidèle à ce qu'écrivait Hume. Voici en effet comment Reichenbach décrit ce cercle :

> D'où savons-nous que nous pouvons attendre la *confirmation* de l'inférence inductive avec plus de raison que sa *réfutation* par l'expérience suivante ? Il s'agit là, dit Hume, d'une justification *a posteriori* qu'on a substituée à la justification *a priori* reconnue comme impossible ; mais cette justification *a posteriori* renferme un cercle vicieux, parce qu'elle base la justification de l'inférence inductive sur une autre inférence inductive : on se confie à l'induction parce que l'induction nous a menés au succès bien des fois.

1. H. Reichenbach, *L'avènement de la philosophie scientifique*, trad. fr. G. Weill, Paris, Flammarion, 1955, p. 87.

2. C'est ce que montre Alexis Bienvenu dans *Un empirisme risqué : la philosophie des probabilités de H. Reichenbach*, thèse de doctorat soutenue à l'Université Paris I, 2007. L'auteur qualifie de « risqué » l'empirisme de Reichenbach, dans la mesure où ce dernier fait « reposer son empirisme sur des entités (les limites de fréquences) à jamais inobservables, pas même approximables (...) *Bref, l'empirisme et le fréquentisme semblent inconciliables* » (p. 23).

> Voilà la découverte originale, d'une portée extraordinaire, de Hume : (...) [la] justification du cas individuel est donnée dans le principe de l'induction, – la justification de ce principe donc, ne peut pas être donnée par la même méthode ; elle devrait présupposer une méthode différente de celle de la connaissance par expérience, de la connaissance *a posteriori* [1].

Citons à présent l'original humien. Hume vient de montrer que l'inférence par laquelle l'esprit passe du constat d'une conjonction constante passée à la « prévision » d'une semblable conjonction dans le futur ne correspond pas à « un argument démonstratif ou un raisonnement abstrait *a priori* », après quoi il écrit :

> Si donc nous étions amenés par des arguments à nous fier à l'expérience passée et à en faire la règle de nos jugements futurs, il faudrait, en vertu de notre division, que ces arguments soient simplement probables ou relatifs aux choses de fait et aux existences réelles. Mais qu'il n'y ait pas d'arguments de cette sorte, c'est ce qui doit apparaître, si du moins notre manière d'expliquer cette espèce de raisonnement est jugée solide et satisfaisante. Nous avons dit que tous les arguments portant sur l'existence sont fondés sur la relation de cause à effet, que notre connaissance de cette relation est entièrement dérivée de l'expérience et que toutes nos conclusions expérimentales procèdent de la supposition que le futur sera conforme au passé. Vouloir donc prouver cette dernière supposition par des arguments probables ou des arguments d'existence, c'est manifestement tomber dans un cercle et prendre pour admis le point qui est en question [2].

Contrairement à ce qu'écrit Reichenbach, Hume ne me semble pas s'interroger dans ce texte sur la justification du principe de l'induction, ni montrer que ce principe « général » ne peut se justifier de la même manière que les inférences inductives « particulières » puisque c'est lui qui, en fait, les justifie. Si tel était le cas, il me semble qu'on aurait d'ailleurs affaire plutôt à une régression à l'infini (du type de celle que repère Popper) qu'à un cercle vicieux. Et de fait, tout laisse à penser que Reichenbach substitue à l'argument du cercle de Hume l'argument de la régression à l'infini de Popper, argument que ce dernier nommait « régression inductive ». Or ce que montre Hume avec l'argument du « cercle » me semble très différent. Il s'interroge en fait sur la justification rationnelle de la supposition « que le futur ressemblera au passé », dont il a remarqué qu'elle est présente *dans toute inférence inductive (particulière)*. Il montre alors qu'une telle

1. H. Reichenbach, « Causalité et induction », *Bulletin de la société française de philosophie*, 37/4, Paris, A. Colin, 1937, p. 131.
2. *EEH*, 4.19, p. 117-119.

supposition ne peut être « prouvée » par un argument probable puisque tous les arguments probables sont fondés sur cette supposition (cercle vicieux). Ce qui suppose, évidemment, l'identification préalablement faite par lui entre un « argument probable » et une « conclusion expérimentale », c'est-à-dire un « raisonnement portant sur les faits » [1].

Il me semble, en outre, que si Reichenbach estime ainsi que l'argument du cercle ne tient que par manque d'« une méthode différente de celle de la connaissance par expérience, de la connaissance *a posteriori* », une fois exclue par Hume la méthode propre à la connaissance démonstrative (c'est-à-dire, en termes modernes, la logique stricte), c'est qu'il désire stratégiquement révéler l'existence d'une telle méthode de remplacement, *à savoir la logique des probabilités*. Or ce faisant, Reichenbach atténue à mon avis la portée de l'argument du cercle de Hume (pour mieux, croit-il, y échapper). Pour ce dernier en effet, la connaissance expérimentale repose précisément sur une telle logique, de sorte que cette dernière ne saurait, d'après lui, différer de la première, ni *a fortiori* la remplacer.

Montrons-le plus précisément. Selon Hume, les inférences causales soit sont « entièrement exemptes de doute et d'incertitude », ce qui est le cas après une « parfaite » conjonction constante ; ce sont alors des « preuves » mais ces dernières ont toujours été, au moins en droit, « insensiblement » précédées par des probabilités graduées [2]. Soit, lorsque la conjonction passée est insuffisante ou contradictoire, ou encore en cas de diminution de la « ressemblance » entre les cas passés et le cas soumis à examen, les inférences causales relèvent proprement du « raisonnement par conjecture » que Hume appelle « probabilité des causes », *et qu'il assortit d'une conception d'ordre mathématique, à savoir la « probabilité des chances »*. C'est dire que non seulement Hume n'était pas ignorant de la « solution intermédiaire » suggérée par Reichenbach selon laquelle « les prévisions ne sont que probables » ; c'est une thèse qu'il aurait pu, au contraire, adopter. Mais il n'était pas non plus sans connaître le « calcul des probabilités » dont Reichenbach prétend que s'il l'avait *étudié*, « il aurait pu être conduit à découvrir le caractère objectif de la probabilité » [3]. En outre, et surtout, Hume excluait positivement l'idée selon laquelle le fait que les prévisions sont probables puisse constituer une « solution », autrement dit une

1. Cf. *EEH*, 4.1-2, p. 95-97.
2. Cf. *Traité*, 1.3.12.2, p. 201-202.
3. H. Reichenbach, *L'avènement de la philosophie scientifique*, *op. cit.*, p. 86-87. Reichenbach néglige ici le fait que Hume a certainement eu connaissance de *l'Ars conjectandi* de Jacques Bernoulli (1713) et donc d'un calcul mathématique des probabilités fondé sur une conception subjective de ces dernières.

échappatoire, à l'argument du cercle. Au contraire, cet argument consiste précisément à dire que *puisque* l'inférence est un argument probable, la supposition incluse dans l'inférence (la conformité du futur et du passé) ne peut être soutenue par un autre argument probable. Quant au modèle mathématique des probabilités dont Hume pouvait disposer, il est exploité par lui pour renforcer l'idée selon laquelle l'inférence causale relève de la probabilité ; ce que présuppose précisément l'argument du cercle et, par conséquent, la critique logique de l'induction formulée par Hume.

Bref, la voie probabilitaire de Reichenbach ne constitue pas une « source de connaissance » ignorée de Hume et dont, par prudence, il aurait admis la possibilité. Elle correspond au contraire à la deuxième source de raisonnement dont il exclut, par l'argument du cercle, qu'elle puisse prouver que le cours de la nature ne changera pas, justifiant par là-même l'inférence inductive.

Étudions à présent la construction complète de la « solution » de Reichenbach pour voir si elle échappe mieux à la critique humienne de la justification de l'induction.

Reichenbach commence par énoncer pourquoi la solution qu'il propose se trouve selon lui à l'abri de cette critique :

> La critique de Hume n'a point démontré l'insolubilité [du problème de la justification de l'induction] ; ce que Hume a montré c'est seulement que la *vérité* de la conclusion, dans l'inférence inductive, ne peut pas être démontrée. Si nous renonçons tout à fait à la vérité, si nous abandonnons toute prétention à ce que nos énoncés empiriques soient vrais, il s'ouvre un chemin pour trouver la justification de l'inférence inductive, vainement cherchée par les aprioristes [1].

Reichenbach caractérise ensuite cette voie possible de justification de l'induction par deux traits essentiels, dont il juge que seule une « conception nouvelle de la science » (autrement dit une conception plus moderne que celle de la philosophie expérimentale de Bacon et de Newton dont Hume est tributaire) pouvait les faire découvrir. Il s'agit, d'une part, du remplacement de la vérité par la probabilité et, d'autre part, du remplacement corrélatif du « concept de prédiction vraie par celui de la mise la plus favorable ». Grâce à ces modifications, Reichenbach entend envisager à nouveaux frais « l'inférence inductive » et sa « justification », de manière à « échapper aux conséquences sceptiques de l'analyse de Hume ». On me permettra de découper *en trois étapes* la construction de cette solution, afin de les confronter successivement à la pensée humienne. En voici *la première* :

1. H. Reichenbach, « Causalité et induction », art. cit., p. 139.

> Hume n'a point montré l'impossibilité d'une justification de l'inférence inductive; une démonstration négative pareille présupposerait la démonstration d'une thèse positive concernant la non-légalité de la nature. Ce qu'il a établi, c'est seulement que nous ne pouvons pas démontrer la conclusion inductive *comme vraie*, c'est-à-dire que nous ne connaissons pas, à l'égard d'observations empiriques, des prémisses qui *impliquent nécessairement* la conclusion. Nous ne pouvons donc pas remplir dans l'inférence inductive les *conditions suffisantes* d'une prédiction vraie. Mais il nous est resté au moins la possibilité d'en remplir les *conditions nécessaires*. Nous pouvons peut-être démontrer que l'inférence inductive est un moyen d'arriver à un résultat vrai si un *pareil résultat est accessible* (...). Une justification pareille nous est, en effet, accessible; elle constitue la réponse à la question posée par Hume [1].

Dans cette première étape, Reichenbach énonce le principe de sa solution. Ce faisant, il avance contre Hume deux idées (fortement liées) qui me semblent l'une et l'autre discutables : l'une concerne le type de justification qui permettrait de répondre à la demande de Hume; l'autre concerne le type de justification que Hume serait (seulement) parvenu à exclure.

D'une part, en effet, Reichenbach considère que la justification de l'induction pourrait consister à « prouver » que cette dernière « est le meilleur moyen disponible » que nous ayons pour effectuer nos prédictions, c'est-à-dire, comme il l'a écrit précédemment, qu'elle n'est pas « vaine » [2]. C'est cette même idée qu'il traduit également en termes d'énonciation des « conditions nécessaires » (mais « non suffisantes ») d'une prédiction vraie, ou encore, en termes de « justification épistémologique » de l'induction. Or il apparaît clairement que Hume assignait à la « justification » un sens très différent : il entendait par là le fondement d'un certain principe (ici, celui de l'induction) dans la « raison » ou dans le « raisonnement », que ce dernier soit démonstratif ou probable. Corrélativement, Hume était parfaitement prêt à admettre que l'inférence causale, qui n'est jamais à ses yeux que probable (au sens de non-démonstrative), est *nécessaire* à nos jugements prédictifs et même, comme Reichenbach l'écrit ailleurs, qu'elle est appelée par la « nécessité d'*agir* » [3]. De sorte que, contrairement à ce que prétend Reichenbach, Hume n'a nullement avancé l'idée que l'inférence inductive n'atteindrait même pas « une certitude médiocre, mais suffisante

1. H. Reichenbach, « Causalité et induction », art. cit., p. 134.

2. Cette justification pratique de l'induction, construite au moyen de tautologies, a été acceptée et reprise par plusieurs auteurs : W. Kneale, W. Salmon et H. Feigl. Voir Bibliographie.

3. H. Reichenbach, « Causalité et induction », art. cit., p. 138-139. Hume faisait lui aussi ce lien dans l'Abrégé du *Traité* : des probabilités « dépendent entièrement la vie et l'action » (*Abstract*, § 4, p. 41).

pour la plupart de nos buts pratiques », une certitude dépourvue de toute *justification pratique*[1] *ou* « *pragmatique* »[2]. Telle n'est pas, remarquons-le, la forme de justification mise en cause par l'argument du cercle, lequel vise, certes, la justification *a posteriori* de l'induction (c'est-à-dire, sa justification par un argument probable), mais ne vise pas sa justification pratique. Il me semble donc assez vain d'opposer aux « doutes sceptiques » de Hume touchant le *fondement rationnel* de l'induction, le caractère « nécessaire » de cette pratique inductive d'ordre vital qu'il avait su mettre en évidence et parfaitement décrire, en même temps qu'il dégageait la « solution aux doutes » que l'habitude représente. Cette conception humienne de la pratique inductive, de sa nécessité, et de ses « succès » (pour reprendre ici un terme de Reichenbach), vaut d'ailleurs indépendamment du fait qu'il place l'habitude à son fondement. Elle est donc valable indépendamment d'une solution « psychologique » que Reichenbach trouve d'autre part déplorable, car sans rapport avec le problème épistémologique posé[3]. Mieux, alors que Reichenbach considère que la « philosophie sceptique » a mis un frein à la découverte d'une « justification pragmatique » de l'induction[4], Hume écrit explicitement qu'une insistance sur la pratique de l'induction (qu'il ne remet jamais en cause mais dont il recherche le fondement) ne saurait constituer une réponse à ses « doutes sceptiques ». Voici en effet en quels termes Hume précise, à la fois, le sens de sa démarche et le type de solution qu'il considère comme valable :

> Quelle logique, quelle démarche argumentative vous prémunit contre cette supposition [que le cours de la nature puisse changer] ? Ma pratique, dites-vous, réfute mes doutes. Mais vous vous méprenez sur l'objet de ma question. Comme agent, je n'ai rien à redire sur ce point ; mais comme philosophe, un philosophe qui n'est pas dépourvu de curiosité, je ne dis pas de scepticisme, je veux être instruit du fondement de cette inférence[5].

Enfin, il me semble que même une démonstration *purement logique* du caractère « nécessaire » (« pour nous ») de l'induction comme méthode prédictive – je reviendrai plus bas sur celle que propose Reichenbach – aurait sans doute, elle aussi, laissé Hume insatisfait. De fait, une telle démonstration ne consiste toujours pas à mettre en évidence le « fondement »

1. H. Reichenbach, « Causalité et induction », art. cit., p. 131.
2. H. Reichenbach, *The Theory of Probability*, Berkeley, University of California Press, 1949 (trad. angl. E. H. Hutten et M. Reichenbach de *Wahrscheinlichkeitslehre*, Leyde, A.W. Sijthoff, 1935), p. 481.
3. *Cf.* H. Reichenbach, « Causalité et induction », art. cit., p. 131-132.
4. H. Reichenbach, *The Theory of Probability*, *op. cit.*, p. 481.
5. *EEH*, 4.21, p. 123-125.

de l'inférence que Hume recherchait. Et établir logiquement que l'induction est le meilleur moyen dont nous disposions ne revient pas à montrer qu'une forme de logique est au fondement (et donc justifie) l'induction. Or tel est très précisément ce que Hume met en cause.

Ce point me conduit à la deuxième idée avancée par Reichenbach, celle qui concerne le type de justification de l'induction dont Hume aurait montré l'impossibilité. D'après Reichenbach, Hume se serait contenté d'établir l'impossibilité de parvenir à une « conclusion vraie » sur la base d'une inférence, et aurait construit cette thèse en montrant que l'« uniformité de la nature » (en tant que « prémisse suffisante » d'une telle conclusion vraie) ne peut être démontrée. Comme il le précise ensuite, Reichenbach voit alors dans cette « démonstration » humienne celle de « l'impossibilité d'une *justification ontologique* du principe de l'induction » et il propose, pour sa part, de démontrer l'existence d'une « *justification épistémologique* » de ce même principe [1]. Autrement dit, comme Reichenbach l'écrit ailleurs, Hume aurait rapporté nos « suppositions sur les phénomènes futurs » « aux possibilités de la structure du monde », sans percevoir que c'est « à *nos connaissances* de cette structure » qu'il convient de rapporter ces suppositions [2]. Une telle restriction de la perspective humienne, et de la portée de sa critique de l'induction, me semble injuste. Je voudrais montrer, au contraire, que c'est bel et bien d'une justification *épistémologique* du principe de l'induction que Hume entend montrer l'impossibilité et que c'est dans ce contexte, et avec cet objet en vue, qu'intervient le thème de « l'uniformité de la nature ».

Rappelons, en effet, que cette « uniformité » est conçue par Hume comme un présupposé présent dans toute inférence inductive. Ce présupposé ne pouvant être appuyé ni sur un argument démonstratif (on peut toujours concevoir le contraire de n'importe quel fait conforme à l'uniformité) ni sur un argument probable (qui repose sur ce présupposé et ne peut donc le prouver), Hume établit alors que l'inférence elle-même ne repose pas sur une « logique » ou sur une « démarche argumentative » [3]. Ainsi, ce que montre Hume en déniant la possibilité de démontrer « l'uniformité de la nature » n'est pas l'absence de garantie (ou de justification) ontologique de l'induction. Ses doutes portent bien plutôt sur notre possibilité de *connaître* le cours futur de la nature, mettant en cause, du même coup, la validité de l'inférence qui « suppose » (sans pouvoir la « prouver ») sa

1. H. Reichenbach, « Causalité et induction », art. cit., p. 140-141.

2. H. Reichenbach, « Les fondements logiques du calcul des probabilités », *Annales de l'Institut Henri Poincaré*, vol. 7, Paris, 1937, p. 337.

3. *EEH*, 4.21, p. 123.

ressemblance avec le passé. La critique de Hume me semble donc concerner avant tout les particularités de notre connaissance de la nature, et non pas, comme le prétend Reichenbach, ses seules propriétés. De fait, lorsque Hume évoque ces dernières, c'est toujours en vue d'élucider cette connaissance. Cela apparaît notamment à travers le texte suivant, qui, partant de remarques sur les « qualités sensibles » et les « forces secrètes » des corps aboutit, *in fine*, à une nouvelle formulation de l'argument du cercle et à une démonstration de l'absence de justification (c'est-à-dire l'absence de fondement rationnel) de l'induction :

> Quand un homme dit : *J'ai trouvé dans tous les cas passés telles et telles qualités sensibles jointes à telles forces secrètes* ; et quand il dit : *de semblables qualités sensibles seront toujours jointes à de semblables forces cachées*, on ne saurait l'accuser de tautologie, car ces propositions sont rien moins qu'identiques. Vous dites que l'une est une inférence tirée de l'autre. Mais vous devez convenir que l'inférence n'est pas intuitive, qu'elle n'est pas non plus démonstrative. De quelle nature est-elle donc ? Dire qu'elle est expérimentale, c'est dire ce qui est en question. Car toutes les inférences tirées de l'expérience supposent à leur fondement que le futur ressemblera au passé et que des forces semblables seront jointes à des qualités sensibles semblables [1].

D'après ce texte, Hume me semble si loin d'épargner la justification « épistémologique » de l'induction que c'est en insistant sur notre *naturelle ignorance* vis-à-vis des propriétés de la nature qu'il conclut à l'absence de justification rationnelle des prédictions que nous formulons à son propos.

Passons maintenant à une *deuxième étape* de la construction, par Reichenbach, d'une « réponse » à Hume, celle où il fait intervenir la notion de « mise la plus probable » (ou « mise la plus favorable »).

Pour l'introduire, Reichenbach choisit de décrire « la pénétration du concept de probabilité dans le concept de causalité » comme « une nouvelle étape dans la théorie de la connaissance », en se concentrant sur l'évolution de la « philosophie scientifique » et de la méthode de la science (en particulier de la physique) [2]. Or il me semble évident qu'une telle « pénétration » n'a strictement rien de nouveau si l'on se reporte à la pensée de Hume, chez qui une analyse de la « probabilité des causes » succède à celle de l'inférence causale. Reichenbach reconnaît d'ailleurs lui-même que « l'interprétation de la causalité comme équivalente à la généralité, clairement formulée par

1. *EEH*, 4.21, p. 123.
2. H. Reichenbach, « Causalité et induction », art. cit., p. 137.

David Hume, est aujourd'hui généralement acceptée par le savant » [1]. Et il admet surtout, implicitement, que le remplacement de « la certitude de la loi de la nature » par « une forte probabilité » [2] a en fait été autorisé par Hume, et finalement parachevé par l'introduction des considérations statistiques dans la physique moderne. Tout comme Hume, enfin, c'est sous l'égide de Leibniz que Reichenbach place sa « logique probabilitaire » et entreprend de remplir le manque signalé par ce dernier dans le *Discours préliminaire sur la Conformité de la Foi et de la Raison* [3].

Mieux vaut donc se concentrer sur le modèle du pari du joueur si l'on veut repérer l'apport de Reichenbach eu égard à Hume. C'est en effet à travers un tel modèle que ce dernier entend saisir notre attitude à l'égard des « propositions probabilitaires » que sont d'après lui, comme d'après Hume, les énoncés scientifiques et les prédictions courantes :

> Comme le paradigme des propositions de probabilité se trouve réalisé dans les jeux de hasard, nous trouverons le modèle logique de cette situation dans le comportement du joueur. Le joueur ne sait pas si sa supposition concernant le coup en perspective est *vraie* ; malgré cela, il *mise* sur sa supposition, et il exprime le degré de la probabilité dans la grandeur de sa *mise*. Dans la somme misée s'exprime le *poids* qu'il attache à sa supposition ; ce poids est déterminé par la probabilité. De la même façon nous avons à interpréter notre attitude devant des propositions probabilitaires. Nous prononçons une proposition qui n'est que probable, non pas dans le sens d'une affirmation, mais dans le sens d'une *mise* : nous *misons* sur notre supposition concernant l'avenir, et la probabilité détermine *le poids de notre mise*. La mise du joueur est le prototype des énoncés concernant des événements futurs [4].

Cette deuxième étape du raisonnement de Reichenbach, pas plus que le préambule qui la précède et qui concerne l'interpénétration de la causalité et de la probabilité, ne semble pas présenter de nouveauté radicale par rapport à la pensée de Hume. Pour ce dernier en effet l'étude de la « probabilité des chances » s'avère utile pour éclairer « la probabilité des causes » et, plus exactement, l'espèce de « probabilité des causes » correspondant à une expérience passée contradictoire. Que la probabilité détermine le poids de notre « attente » est même une thèse explicitement présente chez Hume, pour qui les « parties » composant, d'un côté, la « probabilité » d'un certain

1. H. Reichenbach, *L'avènement de la philosophie scientifique*, *op. cit.*, p. 138.
2. *Ibid.*, p. 141.
3. H. Reichenbach, « Les fondements logiques du calcul des probabilités », art. cit., p. 317-318. Hume fait allusion au texte de Leibniz dans l'Abrégé du *Traité* (§ 4, p. 41).
4. H. Reichenbach, « Causalité et induction », art. cit., p. 139.

événement et, de l'autre, la « possibilité » d'un événement contraire, « ne diffèrent qu'en nombre », autrement dit se combinent de manière à donner un « poids » supérieur à la conception qui l'emporte :

> On a observé que toutes les chances, prises isolément, sont absolument égales et que la seule circonstance qui puisse donner à un événement contingent la supériorité sur un autre, c'est un nombre supérieur de chances. D'une manière semblable, puisque l'incertitude des causes est découverte par l'expérience, qui nous présente le spectacle d'événements contraires, il est manifeste que, lorsque nous reportons le passé sur le futur, le connu sur l'inconnu, *chaque expérience passée a le même poids et que ce n'est qu'un nombre supérieur d'expériences qui peut faire pencher la balance d'un certain côté* [1].

Or une telle remarque, de la part de Hume, sert un raisonnement exactement opposé à celui que souhaite développer Reichenbach. Et cette différence est en partie due au fait que le « poids » est conçu par ce dernier comme « la valeur de prédiction d'un énoncé » (par opposition à sa « valeur de vérité » [2]) tandis qu'il désigne chez Hume un « nombre de chances ou d'expériences passées ». Par conséquent, alors que Reichenbach veut faire de la « mise la plus probable » une « fonction » justificatrice de l'induction, la description du poids des chances et de leur addition permet à Hume de *confirmer l'absence de fondement rationnel de l'induction*. De la précédente remarque en effet, Hume déduit, d'abord, que la croyance en un certain événement « est à considérer comme un effet composé, dont chaque partie résulte d'un nombre proportionnel de chances ou d'expériences », ensuite que la « force » ou la « vivacité » de cette croyance provient « du concours d'un nombre supérieur de représentations », une fois soustraite la force, plus faible, des représentations contraires et, enfin, que le « report du passé sur le futur » qui caractérise « cette espèce de raisonnement » ne saurait donc se fonder « uniquement sur une conclusion de l'entendement » [3]. En effet, sans une opération (automatique) de la fantaisie qui « s'y ajoute » et fait se fusionner les images concordantes afin qu'une seule conception demeure « avec la force qui subsiste après soustraction de la plus faible », l'esprit ne pourrait que répéter (volontairement) les expériences contradictoires accompagnées de leurs poids respectifs, sans pouvoir se fixer sur un objet déterminé. C'est ainsi que l'étude des « raisonnements conjecturaux ou

1. *Traité*, 1.3.12.15, p. 207-208, je souligne.

2. H. Reichenbach, *Experience and Prediction*, Chicago, London, The University of Chicago Press, 1938, p. 24 et 28.

3. Respectivement, *Traité*, 1.3.12.16, p. 208 ; 1.3.12.18-19, p. 209-210 ; 1.3.12.22, p. 212.

probables » permet à Hume de confirmer la thèse qu'il avait formulée à propos de nos inférences causales les plus certaines, thèse selon laquelle « *même après l'observation de la conjonction fréquente ou constante des objets, nous n'avons aucune raison de tirer une inférence quelconque à propos d'un objet autre que ceux dont nous avons eu l'expérience* » [1].

Quant au modèle de la « probabilité des chances » que Hume, comme Reichenbach, expose à travers les jeux de hasard (plus précisément, avec l'exemple d'un dé marqué par deux signes différents inscrits sur un nombre inégal de faces), il est lui aussi destiné à prouver « qu'un nombre supérieur de chances ne produit notre assentiment ni par *démonstration* ni par *probabilité* » [2]. Ce qui permet à Hume de construire à propos du « raisonnement conjectural » (c'est-à-dire du « raisonnement de probabilité » *au sens strict*) deux arguments analogues à ceux par lesquels il démontre l'absence de fondement rationnel de l'inférence inductive *en général*. D'une part, en effet, on ne peut démontrer « avec certitude qu'un événement doit nécessairement avoir lieu du côté ou se trouve le plus grand nombre de chances ». D'autre part, « affirmer avec certitude qu'il est plus vraisemblable et plus probable que [l'événement] aura lieu du côté ou se trouve un plus grand nombre de chances » est une pure *tautologie*, à laquelle se réduit finalement l'« argument de probabilité » qui semble y intervenir. Ce dernier n'explique en rien *pourquoi* nous croyons que l'événement sera conforme à ce nombre supérieur de chances. Autrement dit encore, *ce n'est pas sur la base d'un argument de probabilité qu'on infère que l'événement le plus probable adviendra*. C'est pourquoi chez Hume, contrairement à l'utilisation qu'en fait Reichenbach, la référence au « calcul des chances » ne montre nullement qu'une inférence véritable s'apparente à un tel calcul, là où il s'agit plus précisément, d'après Reichenbach, du calcul de la limite de fréquence d'une série infinie. Hume n'entre pas d'ailleurs dans le détail de ce type de calcul, ce qui ne signifie pas, en fait, qu'il méconnaisse la forme qu'il pouvait prendre à son époque. Il se concentre plutôt sur le simple fait que « la nature de la probabilité est de totaliser un plus grand nombre de vues ou de chances d'un côté » [3], d'où il conclut que l'assentiment à la plus grande probabilité (et l'inférence qui y conduit) est le produit de la *fantaisie*, qui assortit et réassortit événements et chances, et non celui du *raisonnement*.

Revenons à présent à la deuxième étape de l'argumentation de Reichenbach. Même si son insistance sur la probabilité et le modèle des

1. *Traité*, 1.3.12.20, p. 211.
2. *Traité*, 1.3.11.7-8, p. 196-197.
3. *Traité*, 2.3.9.12, p. 299.

« jeux de hasard » ne me semble pas permettre, telle quelle, de contrer l'argumentation de Hume qui avait su les exploiter à son profit, elle comporte cependant un point essentiel grâce auquel Reichenbach semble ouvrir une brèche dans cette argumentation. Il s'agit de l'interprétation de la « prédiction » elle-même (Hume aurait parlé de l'« attente » de l'événement futur) comme d'une « mise », laquelle se définit chez Reichenbach comme « une proposition que nous traitons comme vraie, quoique nous ne sachions pas si elle l'est » [1]. Reichenbach me semble ainsi prêter à l'induction une forme de justification rationnelle à laquelle Hume n'avait sans doute pas pensé, du moins pas là où il enquête directement sur l'inférence : celle du *choix rationnel de l'induction* comme « meilleure méthode » de prédiction. Néanmoins, il me semble possible de formuler à l'encontre de cette conception « maximisatrice » de l'induction (si l'on m'autorise cette expression que n'utilise pas Reichenbach) une objection d'inspiration humienne, mobilisant la théorie de la motivation que Hume développe au livre II du *Traité*, une théorie dont j'ai déjà indiqué l'importance dans mon Introduction et sur laquelle je reviendrai au chapitre 3. Cette théorie stipule en effet que, sans passion motivante, la connaissance des connexions causales entre objets ne présente pas d'intérêt pour nous :

> Lorsque nous prévoyons de souffrir d'un objet quelconque ou d'en tirer du plaisir, il s'ensuit une émotion d'aversion ou de propension et une inclination soit à éviter ce qui nous procurera ce malaise, soit à étreindre ce qui nous contentera. Il n'est pas moins clair que cette émotion ne s'en tient pas là ; (…) elle embrasse tout ce qui se trouve en connexion avec l'objet d'origine selon la relation de cause à effet. Le raisonnement intervient donc ici pour découvrir cette relation ; et en fonction de la variation de notre raisonnement, nos actions varient subséquemment. Mais il est évident, dans ce cas, que l'impulsion ne provient pas de la raison qui ne fait que la diriger. (…). La question de savoir lesquels, parmi les objets, sont causes et lesquels sont effets, ne saurait présenter le moindre intérêt si l'ensemble des causes et des effets nous était indifférent [2].

Ainsi en est-il de nos prévisions courantes. Ajoutons à cela que Hume, à un autre niveau, considère la « curiosité » ou « amour de la vérité » comme la passion qui motive toute recherche spéculative, une passion qu'il rapporte à deux causes complémentaires de plaisir : l'importance à nos yeux de la vérité recherchée et l'activité consistant à la découvrir. Et Hume de comparer à cet amour de la vérité la « passion du jeu », qu'il rapporte

1. H. Reichenbach, *L'avènement de la philosophie scientifique*, *op. cit.*, p. 206-207.
2. *Traité*, 2.3.3.3, p. 270.

à ces mêmes causes [1] C'est dire que selon lui toute mise, comme toute recherche spéculative ou scientifique, ou comme toute prévision courante, sont originellement motivées par une passion. En somme, pour reprendre ici le vocabulaire de Reichenbach, nous « misons », certes, sur nos inférences comme sur les prédictions les plus probables dont nous soyons capables (ce qui les justifie), mais nous ne le faisons, pourrait rétorquer un Humien (sinon Hume lui-même) que *parce que nos passions nous y poussent* et, particulièrement chez un philosophe digne de ce nom, la passion de la vérité. De sorte que, une fois encore, la justification ultime de notre comportement inductif échapperait à la raison. Elle reviendrait, *in fine*, aurait pu répondre Hume, à la passion. Or une telle réponse qui fait appel aux motifs ultimes de nos décisions ne me semble pas uniquement relever, comme l'écrit Reichenbach, d'une simple « question psychologique » parfaitement distincte de la « question logique » de la justification de l'induction, qui selon lui ne concernerait que le choix « des meilleurs moyens en vue de nos décisions » [2]. En effet, ce n'est nullement par une analyse psychologique que Hume parvient à la conclusion selon laquelle « la raison ne peut jamais, à elle seule, ni produire une action, ni susciter une volition » [3]. Au contraire, c'est par une analyse logique qu'il y parvient, en montrant que ni le raisonnement démonstratif, ni le raisonnement probable, ne peuvent susciter en nous une « perspective de plaisir ou de peine », ni par conséquent faire en sorte que certains objets « nous affectent ».

Pour finir, on peut repérer une *troisième étape* venant parachever le raisonnement par lequel Reichenbach entend démontrer, contre Hume, que l'induction est, en fait, susceptible d'une justification rationnelle. Il s'agit d'une « démonstration » construite « à l'aide de relations tautologiques seules », dont les trois « idées essentielles » et la conclusion qui s'ensuit sont les suivantes :

> D'abord, on montre que l'inférence inductive de la philosophie traditionnelle est un cas spécial d'une inférence plus générale concernant la constance d'une fréquence : si l'on a observé une fréquence de *p* pour 100 dans une série d'événements, on mise sur la constance approximative de cette fréquence. (…)
> Secondement, on montre que ce procédé, appliqué à plusieurs reprises avec la prolongation de la série observée, doit nous mener à une valeur

1. *Traité*, 2.3.10.9, p. 312.
2. H. Reichenbach, « On the Justification of Induction », *The Journal of Philosophy*, 37 (1940), n° 4, p. 102.
3. *Traité*, 2.3.3.4, p. 270.

> approximative de la limite de la fréquence si une pareille limite existe. C'est là une conséquence simple de la définition de la limite.
> Troisièmement, on montre que s'il est impossible de construire des séries avec une limite de la fréquence, la prévision du futur devient impossible. On se trouve placé devant l'alternative suivante : ou la prédiction est impossible, ou le principe de l'induction nous mène à des prédictions. (...)
> [Conclusion] Notre thèse peut être formulée : la possibilité de prédictions présuppose la possibilité d'une classification des événements telle que le procédé de l'induction répétée mène au succès. (...) On peut dire aussi : si des prédictions sont possibles, le procédé de l'induction est une condition suffisante pour les trouver [1].

Le cœur de cette longue démonstration – et son point le plus problématique – me semble être inclus dans la troisième idée essentielle qu'elle mobilise, à savoir l'idée qui fait passer de la possibilité de « prévisions » à l'existence, dans la nature, de « séries avec une limite de la fréquence ». D'après Reichenbach, cette implication « ne dérive pas d'une structure aprioriste de la raison » mais serait liée à la *définition même* du terme de « prévision » : « si nous essayons de trouver une définition de ce terme qui correspond, au moins à un certain degré, à la pratique de la langue, la définition – quelle que soit la détermination plus précise – doit entraîner le postulat de l'existence de certaines séries possédant une limite de la fréquence ». De sorte que la définition de la prévision enveloppe une définition statistique de la probabilité comme « limite d'une fréquence » et, plus fondamentalement encore, « l'existence d'une limite de fréquence dans les suites de la nature » [2]. Or, en ce point, la question revient : « comment savons-nous qu'il y a une limite à la fréquence » ? A cela, Reichenbach répond que « nous n'en avons aucune preuve, mais [que] nous savons ceci : *s'il y a une limite*, nous la trouverons par la méthode inductive » [3], ce qui revient à dire que « nous *misons* sur cette limite » [4]. La notion de « mise » – que j'ai exposée et discutée ci-dessus – est donc en fait présupposée par toute cette démonstration concernant « la limite de la fréquence » ; et, avec elle, l'idée fondamentale que la prévision de l'avenir est notre « but ». Ce lien apparaît clairement à travers l'illustration que donne Reichenbach de notre comportement inductif :

1. H. Reichenbach, « Causalité et induction », art. cit., p. 140-141. C'est moi qui ai inséré le mot « conclusion ».
2. *Ibid.*, p. 155.
3. H. Reichenbach, *L'avènement de la philosophie scientifique*, *op. cit.*, p. 211, je souligne.
4. H. Reichenbach, « Causalité et induction », art. cit., p. 155.

> Celui qui fait des inférences inductives peut être comparé à un pêcheur qui lance ses filets dans des parties inconnues de l'Océan. Il ne sait pas s'il attrapera des poissons mais il sait que, s'il veut en attraper, il faut qu'il lance son filet. Chaque prévision inductive est comme le lancer d'un filet dans l'océan des événements naturels. (…) La justification de l'induction, c'est que c'est le meilleur instrument qui nous soit connu et le meilleur moyen d'atteindre un certain but. *Ce but est la prévision de l'avenir ; le formuler comme la découverte de la limite de la fréquence n'est qu'une autre forme du même but*[1].

In fine, la « preuve justificative » de l'induction construite par Reichenbach revient donc à démontrer que l'induction « est une bonne mise ou même la meilleure mise possible »[2]. Et tout son raisonnement s'accompagne en fait d'une thèse, d'après lui « facile à démontrer » et qu'il énonce en ces termes : « si l'on veut réaliser des buts pratiques quelconques, il faut savoir prédire »[3]. En ce qui concerne l'induction scientifique, cette réponse est éventuellement suffisante, du moins si l'on considère comme Reichenbach que « le but de la science est de prévoir » et qu'il s'agit là d'un « fait sociologique ». Hume remarquerait cela dit que la curiosité est à son fondement. En ce qui concerne la justification des inductions courantes, la réponse de Reichenbach me semble insuffisante. Car la question revient à leur propos : pourquoi désirons-nous connaître l'avenir ? Ou, en d'autres termes, pourquoi misons-nous ? Comme je l'indiquais plus haut, c'est ici que la théorie humienne de la motivation (bien que Hume ne l'ait pas formulée dans ce but) pourrait constituer une nouvelle mise en cause du caractère *rationnel* de la justification ultime de l'induction, une mise en cause concentrée dans la célèbre formule : « la raison est et ne doit qu'être l'esclave des passions »[4]. Apparaissent alors de nouveaux « doutes sceptiques » qui pourraient être ainsi formulés à l'égard du fondement prétendument rationnel de nos prédictions concernant l'avenir. De sorte que, dans un esprit humien, une *explication* du comportement inductif par les passions pourrait s'avérer plus fondamentale que la *justification rationnelle* du choix de l'induction comme méthode de prédiction. Pour le dire autrement, il m'apparaît difficile de voir dans la défense pratique de l'induction proposée par Reichenbach une forme accomplie de justification rationnelle s'il s'avère, comme l'a montré Hume, que les causes premières des « prédictions » et des « mises » de la vie courante sont d'ordre passionnel.

1. H. Reichenbach, *L'avènement de la philosophie scientifique*, *op. cit.*, p. 211, je souligne.
2. *Ibid.*, p. 208.
3. H. Reichenbach, « Causalité et induction », art. cit., p. 159.
4. *Traité*, 2.3.3.4, p. 271.

De ce point de vue, il me semble que Popper a eu raison de se placer uniquement sur le terrain logique pour rechercher, grâce à des déplacements successifs de la question de Hume, une réponse purement logique au problème de l'induction. Ce faisant, Popper se prémunissait de toute objection provenant d'une théorie humienne de la motivation là où Reichenbach, me semble-t-il, peut y prêter le flanc.

Dans ce chapitre, j'ai été amenée à défendre avec Popper l'idée que Hume a formulé une réponse négative solidement argumentée au problème logique de la justification de l'induction. L'explication humienne du fondement habituel de l'induction ne constitue pas une réponse positive à ce problème et n'était pas destinée à le faire. C'est pourquoi dans l'*Enquête sur l'entendement humain*, la « solution » humienne aux « doutes sceptiques touchant les opérations de l'entendement », et concernant plus spécifiquement l'inférence causale, se présente elle-même comme une « solution *sceptique* ». Il s'agit en effet d'une solution qui *n'ôte rien* à la conclusion selon laquelle l'inférence causale « n'est soutenu[e] par aucune argumentation ou aucune démarche de l'entendement », une conclusion qu'elle confirme au contraire. Simplement, cette solution n'atteint en rien « les raisonnements de la vie courante » puisqu'elle les *fonde*, de sorte qu'elle se présente en même temps comme une *limite* aux doutes, qui ne sauraient être poussés « jusqu'à ruiner toute action en même temps que toute spéculation » [1]. Ainsi, la « solution » positive fournie par Hume ne me semble ni résoudre le problème logique qu'il a su poser, ni modifier la réponse négative qu'il lui a apportée, mais seulement *dissoudre* les doutes philosophiques liés à cette réponse négative. A la question de savoir si nous sommes fondés en raison à « attendre des effets semblables de causes qui sont, dans leur apparence, semblables » [2], Hume a répondu très nettement qu'aucune « *logique* », aucune « *démarche argumentative* » ne saurait justifier ce pas.

J'ai également montré dans ce chapitre que l'analyse humienne de l'inférence causale présente par ailleurs plusieurs éléments *descriptifs* permettant de répondre plus *positivement* à deux autres problèmes de l'induction, à savoir la question de son fondement psychologique d'une part, et celle de la démarcation entre inductions « valides » et « invalides » d'autre part. Ces problème respectivement repérés par Popper et Goodman m'ont semblé à la fois présents chez Hume et positivement résolus par lui. S'agissant du « problème psychologique », j'ai cherché à défendre, contre Popper, la réponse positive de Hume, en montrant qu'invoquer comme le

1. *EEH*, 5.2, p. 131.
2. *EEH*, 4.23, p. 127.

fait Popper l'instinct (plutôt que l'habitude) pour rendre compte des attentes de régularité se heurte à diverses objections qu'il est possible de formuler dans le cadre d'une psychologie humienne. Et, en ce qui concerne la question de la détermination des inférences valides qui constitue la « nouvelle énigme » de Goodman, j'ai montré que l'analyse humienne des « règles par lesquelles juger des causes et des effets » constituait une réponse (partielle) à ce problème, et qu'il ne fallait donc pas, comme le fait Goodman, restreindre la définition humienne de l'inférence valide à celle qui est fondée sur une *quelconque* régularité passée.

Néanmoins, l'énonciation de ces règles pour bien juger, elles-mêmes basées selon Hume sur les opérations naturelles de notre entendement, ne constitue pas selon moi une réponse au problème logique de l'induction ni une manière, comme le suppose Goodman, de « dissoudre » ce problème. Car une chose est de dire que l'attente d'un objet sur la base de sa constante conjonction avec un autre se justifie en raison. Autre chose est d'établir comment déterminer au sein des phénomènes naturels ou moraux quels sont les objets qui sont causes ou effets les uns des autres. Chez Hume, la négation de la première affirmation est compatible avec la possibilité de la seconde tentative. En effet, le principe essentiel de la détermination des causes et des effets et donc du partage entre inférences valides (correctes) et invalides (incorrectes) – à savoir le principe « *la même cause produit toujours le même effet, et le même effet ne naît jamais que de la même cause* » – est selon lui « *tiré de l'expérience* » [1]. Ce qui vient confirmer qu'il n'est nullement *tiré de la raison*. C'est pourquoi, le problème « ancien » de Popper et le problème « nouveau » de Goodman me semblent tous deux virtuellement présents dans la pensée de Hume. Mais c'est le premier, à savoir la question de la justification logique de l'induction, qui selon moi constitue, comme le pense Popper, le *véritable problème de l'induction de Hume* et en tout cas, le problème le plus fondamental. Et ni le principe psychologique et instinctif de l'habitude, ni l'existence d'une « logique » pour juger des causes et des effets, ni même la prise en compte d'inférences dotées de la plus haute « certitude morale », ne me semblent avoir constitué, dans l'esprit de Hume, des réponses à cette insistante question.

Je me suis enfin demandé si la réponse pragmatique *et logique* de Reichenbach, consistant à présenter l'induction comme une *condition nécessaire* au succès de nos prédictions, pourrait correspondre à un type d'argumentation qui répondrait à cette question de Hume. J'ai alors montré que si Hume n'a pas répondu par avance à la solution de Reichenbach, une

1. *Traité*, 1.3.15.6, p. 251, je souligne.

objection humienne pouvait néanmoins être adressée à ce dernier, consistant à mettre en doute la nature logique de la solution qu'il propose. En effet, si la justification de l'induction consiste dans le fait qu'elle est le meilleur moyen disponible pour prédire, et si la recherche du succès prédictif repose elle-même, comme le reconnaît Reichenbach, sur notre volonté d'accomplir nos buts pratiques, alors, *selon une perspective humienne*, ce sont nos passions qui justifient ultimement l'induction. Et cette justification-là n'a plus grand-chose de « logique ».

L'élucidation d'un problème épistémologique – celui du fondement de l'induction – m'a ainsi finalement amenée à introduire, en Humienne, la théorie de la motivation qui accompagne chez cet auteur toute compréhension de l'action. A cette théorie, je consacrerai un prochain chapitre. Réciproquement, j'aurai également l'occasion de montrer qu'une philosophie contemporaine de l'action d'inspiration humienne, celle de Davidson, convoque sous un autre angle que celui de l'induction la théorie humienne de la causalité que nous avons jusqu'ici essentiellement abordée à travers cette question. Ces trajets naturels entre la théorie de la causalité et celle de l'action constituent un premier exemple de la présence du réseau thématique humien dans les discussions contemporaines. Mais il convient, avant d'aborder l'action et sa motivation, et conformément à mon intention de suivre dans ce livre l'ordre des matières du *Traité*, de m'intéresser à un autre problème dont le traitement humien a reçu un très large écho dans la philosophie de l'esprit contemporaine, à savoir le problème de l'identité personnelle. Son traitement contemporain, mais également humien, me conduira là encore à envisager la dimension affective, et non pas seulement épistémologique, de ce problème, reconstituant ainsi un deuxième axe du réseau thématique humien, à savoir celui des arguments ayant trait à la question de l'identité.

CHAPITRE II

L'IDENTITÉ PERSONNELLE

Dans les discussions contemporaines portant sur l'identité personnelle, Hume est très souvent invoqué, et ce de plusieurs manières.

Parfois, il l'est pour décrire une position qui, en général, n'est pas au cœur de ces discussions, mais qui occupe néanmoins une place dans la cartographie des positions sur l'identité personnelle : il s'agit de la « théorie de l'absence de moi » (« "*no self*" theory »), généralement associée au nom de Hume, mais aussi à celui de Bouddha [1]. Sous cette appellation « *no self theory* », c'est la thèse humienne du moi comme fiction qui se trouve en fait visée avec en général, et nous y reviendrons, trop peu d'attention aux procédures imaginatives par lesquelles Hume en rend compte, ou encore, l'opinion que l'analyse humienne du moi comme fiction est « inadéquate » [2].

A Hume, les auteurs contemporains empruntent néanmoins certaines métaphores, comme la comparaison entre l'identité personnelle et celle d'une nation, largement exploitée par Derek Parfit [3]. Parfois encore, ils miment (ou démentent) le scepticisme et la solution naturaliste aux doutes que Hume développait – entre autres objets – à propos de l'identité personnelle [4].

1. Voir J. Elster, introduction à J. Elster (ed.), *The Multiple Self*, Cambridge, Cambridge University Press, 1986, p. 3, 28-30 ; S.-C. Kolm, *Le Bonheur-liberté : bouddhisme profond et modernité*, Paris, P.U.F., 1982, chap. 23 ; D. Parfit, *Reasons and Persons*, Oxford, Oxford University Press, 1987, p. 280-282 ; T. Penelhum, *Themes in Hume*, Oxford, Clarendon Press, 2000, p. 85-86.

2. D. Parfit, *Reasons and Persons*, *op. cit.*, p. 139.

3. *Ibid.*, p. 211, 277-278, 316, etc.

4. *Ibid.*, p. 279-283.

Plus fondamentalement, c'est à Hume que sont associés des thèmes qui précisément se situent au cœur des controverses contemporaines sur l'identité personnelle : ce que l'on appelle aujourd'hui « conception réductionniste » de l'identité, « continuité » et « connectivité » psychologiques, « indétermination » de l'identité personnelle, renvoie ainsi, d'une manière plus ou moins explicite selon les auteurs, à certaines idées ou expressions présentes dans l'original humien. Ainsi, la définition réductrice de l'esprit comme « tas », « faisceau », ou « suite »[1] de perceptions chez Hume trouve un écho dans la thèse réductionniste contemporaine selon laquelle le sujet des expériences n'est pas « une *entité existant séparément*, distincte d'un cerveau, d'un corps, et d'une série d'événements physiques et mentaux »[2], et un écho plus exact encore dans la thèse réductionniste qui fait du critère *psychologique*, plutôt que du critère *physique*, le pivot de cette continuité. Hume devient alors le tenant (avec d'autres, parmi lesquels, Locke) d'une conception proprement réductionniste (c'est-à-dire, d'une « *no further fact theory* ») à fondement psychologique (essentiellement mémoriel), au point que cette conception se voit parfois appelée « théorie du faisceau »[3]. De même, les relations de « ressemblance » et de « causalité » qui unissent, d'après Hume, les perceptions dont la « suite » forme l'esprit, apparaissent aujourd'hui comme de bons candidats pour rendre compte des liens unissant nos états mentaux successifs : David Lewis, par exemple, les adopte[4]. Et John Perry repère lui aussi chez Hume une « théorie causale de l'identité personnelle », bien qu'à ses yeux, trop peu élaborée. Enfin, la possible « diminution par degrés insensibles » que Hume observait, à propos de ces mêmes relations, se trouve réinvestie dans l'idée, notamment exprimée par Derek Parfit, selon laquelle et la « connectivité physique » et la « connectivité psychologique » peuvent être « affaire de degrés », cette dernière pouvant même parfois ne valoir « que dans une certaine mesure ou à un degré réduit »[5]. Parfit en tire pour sa part une conséquence – le caractère « indéterminé » de l'identité personnelle – dont il faudra se demander si, et de quel point de vue, Hume l'avait déjà en vue. De même, et en lien avec cette question des degrés d'existence de la relation de connectivité mentale, se pose aujourd'hui la question de « ce qui importe » dans la

1. Cf. *Traité*, 1.4.2.39, p. 291-292 ; 1.4.6.4, p. 344.

2. D. Parfit, *Reasons and Persons*, *op. cit.*, p. 223.

3. D. Parfit, « Les esprits divisés et la nature des personnes », dans E. Garcia, F. Nef (éd.), *Métaphysique contemporaine*, Paris, Vrin, 2007, p. 313.

4. D. Lewis, « Survival and Identity », *Philosophical Papers*, vol. I, Oxford, Oxford University Press, 1983, p. 55.

5. D. Parfit, *Reasons and Persons*, *op. cit.*, p. 276.

survie. Est-ce l'identité (qui vaut de un à un et n'admet pas de degrés) ou bien la connectivité mentale, dont les caractéristiques sont opposées : c'est un débat qui se joue à l'intérieur du camp réductionniste, entre Parfit, Lewis et Perry notamment, un débat dans lequel nous essaierons de déterminer en quel sens Hume y intervient, ou pourrait être appelé à y intervenir.

Un dernier débat met indirectement en scène la conception humienne de l'identité personnelle : c'est celui qui concerne les conséquences morales pouvant être tirées de la conception réductionniste de l'identité. De fait, comme le résume très justement Bernard Williams, « l'un des buts de Parfit est de faire plus directement correspondre nos conceptions morales au caractère scalaire [*i.e.* existant « par degrés »] des phénomènes qui sous-tendent l'identité personnelle » [1]. Or Hume se trouve justement impliqué dans cette inférence qui va d'une conception réductionniste et scalaire de l'identité personnelle aux questions morales (et politiques). Sidgwick avait, le premier, relevé un lien entre, d'un côté, l'identification humienne du moi avec la série de ses perceptions et, de l'autre, « le réquisit de bienveillance impartiale » propre à l'utilitarisme, autrement dit le fait que chaque partie de cette succession se soucie *autant* d'une *autre partie de la série* (son moi futur) que de *toute autre série* (qui constituerait autrui)[2]. C'est en reprenant cette affirmation à son compte que Parfit se propose de défendre, sur la base d'une conception de l'identité personnelle qui « sur certains points pertinents, suit celle de Hume », l'idée suggérée par Sidgwick selon laquelle « une telle conception permet d'argumenter contre la théorie de l'intérêt personnel »[3]. L'utilitarisme se trouve ainsi, selon Parfit, impliqué (et donc justifié) par la conception réductionniste (néo-humienne) de l'identité personnelle. Sans m'interroger ici directement sur l'éventuel utilitarisme de Hume dont il sera question au chapitre 7, je me demanderai surtout si le lien entre une conception réductionniste de l'identité, et une absence de souci particulier pour le moi futur (revendiqué par Parfit pour son propre compte) est présent ou pas dans la pensée de Hume. Je le ferai en examinant un aspect de cette pensée en général peu invoqué dans les discussions sur l'identité personnelle (hormis Terence Penelhum), à savoir la conception humienne du souci affectif de soi (comme de ses états futurs) et, plus largement, la conception propre à Hume de l'identité personnelle *produite par les passions*.

1. B. Williams, « Persons, character and morality », *in* A. Rorty (ed.), *The Identities of Persons*, Berkeley, University of California Press, 1976, p. 202.

2. H. Sidgwick, *The Methods of Ethics*, 7 e éd., London, Macmillan, 1907 (reprint Cambridge, Hackett Publishing Company, 1981), p. 418-419.

3. D. Parfit, *Reasons and Persons*, *op. cit.*, p. 139.

Qui est réductionniste ? Parfit, Locke et Hume

La conception réductionniste, ou « théorie du faisceau », dont on fait aujourd'hui de Hume un tenant est celle qui s'oppose à la conception rivale dite « théorie de l'ego » auxquels sont généralement associés, parmi les auteurs classiques, Descartes, Butler et Reid. Voici comment Derek Parfit décrit chacune d'elles :

> Selon la théorie de l'Ego l'existence continue d'une personne ne peut être expliquée que comme l'existence continue d'un Ego ou sujet d'expériences particulier. (...)
> La conception rivale est la Théorie du Faisceau. (...) Selon [cette théorie], ni l'unité de la conscience à un moment donné, ni l'unité d'une vie entière ne peut être expliquée en faisant référence à une personne. Il faut plutôt parler de longues séries d'états et d'événements mentaux différents – des pensées, des sensations, et ainsi de suite –, chaque série constituant ce que nous appelons une vie. Chaque série est unifiée par différents types de relations causales, telles que les relations qui lient des expériences et les souvenirs ultérieurs les concernant. Chaque série est donc comme un faisceau ou un fagot attaché par une ficelle [1].

L'attribution à Hume de cette « théorie du faisceau », que Parfit désigne parfois comme une « conception complexe », par différence avec la « conception simple » dite « théorie de l'ego » est incontestable. Et ce d'autant plus que c'est en termes humiens qu'elle se trouve ici décrite : série, relations causales, faisceau, appartiennent ainsi au vocabulaire de Hume.

Le problème qui se présente d'emblée concernerait plutôt l'inscription de Locke dans le premier ou le second courant, théorie du « sujet d'expériences » ou théorie du « faisceau ». De fait, les auteurs contemporains varient sur ce point : là où Parfit considère qu'il existe une « version réductionniste de la conception de Locke » [2], Wiggins par exemple considère que la théorie lockienne de l'identité est, comme celle de Descartes, une théorie « du sujet » et non une théorie de « l'absence de sujet » comme peut l'être, à ses yeux, celle de Hume [3]. Et surtout, le positionnement de Locke dans le camp de Descartes ou dans celui de Hume n'est pas sans intéresser la conception humienne de l'identité personnelle. En effet, comme je vais tenter de le montrer, c'est en s'opposant à Locke que Hume avait

1. D. Parfit, « Les esprits divisés et la nature des personnes », *op. cit.*, p. 313.
2. D. Parfit, *Reasons and Persons*, *op. cit.*, p. 307.
3. D. Wiggins, « Locke, Butler and the stream of consciousness : and men as a natural kind », *in* A. Rorty (ed.), *The Identities of Persons*, *op. cit.*, p. 140.

pour sa part développé la conception selon laquelle ce que chacun appelle lui-même *n'est pas* « quelque chose de simple et de continu » étant donné que chacun *n'est qu'*« un faisceau ou une collection de perceptions différentes, qui se succèdent »[1]. Hume a ainsi, pour sa part, vu en Locke le tenant de ce qu'on appellerait aujourd'hui une « *further fact theory* ». Or je crois que la négligence de ce diagnostic de Hume sur Locke pourrait expliquer un certain télescopage, chez Parfit, du réductionnisme qu'il prête à Locke et du réductionnisme – bien plus avéré à mes yeux – propre à Hume.

La critique humienne de Locke

Ce fait que Locke se trouve inclus, d'après Hume, parmi les « métaphysiciens » qui pensent trouver en eux « quelque chose de simple et de continu », *distinct* de la suite de leurs perceptions, est ce qui ressort clairement des expressions prêtées par Hume aux philosophes « qui imaginent » avoir en eux un tel principe. Ces expressions font en effet toutes précisément écho au texte lockien.

Ainsi, l'« intime conscience » de « ce que nous appelons notre moi (*our SELF*) », le « sentiment de son existence » et de sa « continuité dans l'existence » renvoient à des expressions présentes dans le chapitre de l'*Essai* « Identité et diversité », consacré à l'identité personnelle. On sait que la « conscience » y apparaît comme le critère de l'identité de la personne, et que l'expression « conscience de soi » (*self-consciousness*) s'y trouve[2]. En outre, la saisie, par la conscience, de « l'existence » du *soi* et de son « existence continue » est clairement affirmée dans ce même chapitre :

> Tout être intelligent sensible au bonheur ou au malheur doit reconnaître qu'il y a quelque chose qui est *soi-même* (...) ; que ce *soi* a existé plus d'un instant de façon continue, et qu'il peut donc exister encore des mois et des années comme il l'a fait, sans qu'aucune limite assurée ne puisse être mise à cette durée ; et peut-être le même *soi* existera grâce à la même conscience maintenue à l'avenir[3].

1. *Traité*, 1.4.6.3-4, p. 344.
2. J. Locke, *Essai sur l'entendement humain* (désormais *Essai*), 2.27.16, trad. fr. J.-M. Vienne, t. 1 (livres I et II), Paris, Vrin, 2001, p. 531. Sur le néologisme « *self-consciousness* », voir cette entrée dans le glossaire d'É. Balibar : *John Locke, Identité et différence. L'invention de la conscience*, présenté, traduit et commenté par É. Balibar, Paris, Seuil, 1998.
3. *Essai*, 2.27.25, p. 538.

De même, lorsque Hume évoque la « fixation sur le moi » due aux « sensations fortes » de « plaisir ou de peine », il fait écho à un autre chapitre de l'*Essai* de Locke, où ce dernier écrivait :

> Je pense, je raisonne, je ressens plaisir et douleur, l'une de ces choses peut-elle être plus assurée pour moi que ma propre existence (...) ? Car si je connais que j'éprouve de la douleur, c'est assuré, j'ai une perception aussi certaine de ma propre existence que de l'existence de la douleur que je ressens [1].

Enfin, lorsque Hume écrit que, pour ses adversaires, l'existence du *soi*, d'une part, possède une « évidence qui dépasse celle d'une démonstration » et, d'autre part, se passe si bien de « preuve supplémentaire » qu'« aucune preuve ne peut se tirer d'un fait dont on aurait une conscience aussi intime » [2], il indique clairement par là qu'à leurs yeux *un tel fait se passe de preuve ni ne peut en recevoir*. Or telle est précisément la position de Locke dans le paragraphe de l'*Essai* que je viens de citer. On y lit en effet que « *nous avons une connaissance intuitive de notre propre existence* », de sorte que cette dernière « *n'a pas besoin de preuve et (...) ne peut non plus en avoir* » [3].

Que certaines des expressions prêtées par Hume à ses adversaires se trouvent également chez Descartes est indéniable : de fait, le paragraphe 4.9. 3 de l'*Essai*, mis à profit par Hume, est proche, sur certains points, du texte cartésien. Mais il se trouve que *toutes* les expressions attribuées par Hume à ses adversaires sont présentes dans l'*Essai* de Locke, et que Hume les reprend avec un degré de précision tel qu'il ne saurait relever du hasard.

Dans le même sens, lorsque Hume montre qu'il « ne parvien[t] jamais à [se] saisir [lui]-même sans une perception et [qu'il] ne peu[t] jamais rien observer d'autre que la perception » [4], c'est à mon avis Locke qu'il vise. Hume veut bien accorder à Locke que nul ne peut « percevoir sans percevoir aussi qu'il perçoit » [5], ce que Hume entend pour sa part de la manière suivante : « puisque toutes les actions et toutes les sensations de l'esprit nous sont connues par la conscience, elles doivent nécessairement paraître en tous points ce qu'elles sont et être ce qu'elles paraissent » [6]. Néanmoins, ce caractère infaillible de la « conscience intime », posé par Locke, et reconnu par Hume, porte uniquement, d'après ce dernier, sur « les seuls

1. *Essai*, 4.9.3, trad. fr. J.-M. Vienne, t. 2, Paris, Vrin, 2006, p. 418.
2. *Traité*, 1.4.6.1, p. 342, trad. mod.
3. *Essai*, 4.9.3, p. 418 (c'est moi qui souligne la deuxième expression).
4. *Traité*, 1.4.6.3, p. 343.
5. *Essai*, 2.27.9, p. 522.
6. *Traité*, 1.4.2.7, p. 273.

êtres qui soient jamais présents à l'esprit », *à savoir les perceptions* [1]. L'*immunité à l'erreur* que Hume prête à la conscience concerne donc seulement la « nature » ou les « relations » des perceptions et non pas corrélativement, comme chez Locke, l'existence d'un *moi* « autre » que les perceptions et la continuité de son existence. C'est ainsi que, d'après Hume, « je ne parviens jamais, à aucun moment, à me saisir moi-même sans une perception et je ne peux jamais rien observer d'autre que la perception » [2]. Hume refuse ainsi, contre Locke, que la conscience infaillible accompagnant les perceptions (1) concernerait aussi l'existence comme *soi* d'un sujet percevant et (2) prouverait encore, comme l'écrit Locke, que le moi « demeurera le même *soi*, dans la limite des actes passés et à venir que peut couvrir la même conscience » [3]. Hume refuse donc pour finir la thèse lockienne selon laquelle la conscience est ce qui fait que « chacun est pour lui-même ce qu'il nomme *soi* » [4]. Hume nie, autrement dit et en revenant cette fois au vocabulaire par lequel il traduit cette thèse, que chacun puisse percevoir la « simplicité » et l'« identité » parfaites du *soi*, cette « identité » devant elle-même être entendue, d'une part, comme une « invariabilité » et, d'autre part, comme une « constance » (ou une « existence ininterrompue »).

Dans l'Appendice du *Traité*, Hume précise un peu mieux ses divergences et ses points d'accord (partiels) avec Locke. D'une part, Hume y insinue que la notion de *self* chez Locke ne vaut pas mieux que la notion de « substance » entendue comme un « quelque chose » qui diffère d'une collection de perceptions, une notion que Locke rejetait pourtant s'agissant de nos idées complexes de substances corporelles et de substances spirituelles. Ainsi, après avoir fait allusion à la position de Locke en évoquant, dans l'Appendice, « la question de la subsistance du soi lors d'un changement de substance » et en l'associant, conformément au texte lockien, à la distinction (anti-cartésienne) du *soi* et de la substance, Hume fait suivre cette référence à Locke de la phrase, puis du paragraphe, suivants :

> Pour ma part, je n'ai de notion ni de l'un [le soi], ni de l'autre [la substance], tant qu'ils sont conçus comme distincts des perceptions particulières.
> Les philosophes commencent à se faire au principe *que nous n'avons, de la substance extérieure, aucune idée qui soit distincte des idées des qualités particulières*. Cela doit préparer la voie à un principe semblable, relatif à

1. *Traité*, 1.4.2.47, p. 297.
2. *Traité*, 1.4.6.3, p. 343.
3. *Essai*, 2.27.10, p. 524.
4. *Essai*, 2.27.9, p. 522.

> l'esprit : *nous n'en avons aucune notion qui soit distincte des perceptions particulières* [1].

Aux yeux de Hume donc, Locke aurait fini, après avoir clarifié tant l'idée complexe de substance corporelle, que l'idée complexe d'esprit, par poser dans son examen de l'identité personnelle l'existence d'une notion (le *soi*) aussi introuvable d'après Hume que celle de substance. Locke s'avère ainsi pour Hume, sur la question de l'identité personnelle, le tenant d'une *further fact theory*.

D'autre part, Hume reconnaît dans l'Appendice que l'identité, en un sens, naît de la conscience : mais il l'entend en un sens différent de celui de Locke. Car loin de pouvoir « faire » l'identité, la conscience n'est capable, d'après Hume, que de la « révéler ». Ce sont les « relations d'idées » qui, en vérité, la « produisent ». De fait, Hume a déjà montré que cette saisie ou cette « découverte » de l'identité personnelle, par retour réflexif sur la suite des perceptions, diffère *d'une entière production de l'identité par la mémoire*, visant par là explicitement la position de Locke telle qu'elle est généralement comprise aujourd'hui [2], et telle que Butler avant Hume la comprenait. Ainsi, *premièrement*, Hume remarquait que lorsque la mémoire introduit, dans la suite des perceptions de l'esprit, « les images des perceptions passées », c'est en fait « la relation de ressemblance parmi les perceptions » qu'elle produit. Ce n'est donc que par l'intermédiaire de cette relation que la mémoire « contribue à créer » l'identité [3]. *Deuxièmement*, et s'agissant cette fois de la relation de causalité unissant nos différentes perceptions, Hume reconnaissait que la mémoire nous la « montre » : sans mémoire, nous n'aurions pas connaissance « de cet enchaînement de causes et d'effets qui constitue notre moi ou notre personne ». Néanmoins, cette notion de causalité reçue de la mémoire se trouve en fait étendue aux pensées et aux actions oubliées, que nous nous imputons aussi naturellement que celles dont nous avons le souvenir. De sorte que, du point de vue de la relation de causalité, « la mémoire *produit* moins l'identité personnelle

1. *Traité*, Appendice, § 18-19, p. 384.

2. *Cf.* H. P. Grice, « Personal identity » (1941), S. Shoemaker, « Personal Identity and Memory » (1959), A. Quinton, « The soul » (1962), *in* J. Perry (ed.), *Personal Identity*. Berkeley, University of California Press, 1975. P. Hamou a proposé une interprétation divergente, que je trouve parfaitement convaincante, selon laquelle Locke fonderait plutôt l'identité personnelle dans « le sentiment de l'unité du continuum des pensées conscientes », sentiment qui serait lui-même « une condition de l'expérience mémorielle » (« Identité personnelle et intermittences de la pensée », *Études sur Locke et la philosophie de l'esprit*, inédit d'Habilitation à diriger des recherches, Université Paris X, 2006, p. 99).

3. *Traité*, 1.4.6.18, p. 353.

qu'elle ne la *révèle* »[1]. Une fois encore, c'est donc la relation qui s'avère, selon Hume, productrice d'identité, *et la mémoire n'est pas seule, en l'espèce, à produire la relation de causalité*. En effet – et j'y reviendrai – les passions y contribuent.

Enfin, cette découverte par Hume du critère de l'identité dans la « relation des idées », et non pas seulement dans la conscience ou dans la mémoire, lui permet de conclure que nous sommes en réalité dépourvus d'un « critère exact » de l'identité :

> L'identité dépend de la relation des idées et ces relations produisent l'identité, au moyen de la transition aisée qu'elles permettent. Mais comme les relations et la facilité de la transition peuvent diminuer par degrés insensibles nous n'avons pas de critère exact pour trancher les disputes au sujet du moment où elles acquièrent ou perdent leur titre au nom d'identité[2].
> Dans la vie courante, il est évident que ces idées de moi et de personne ne sont jamais très fixées ni très déterminées[3].

Une telle affirmation, dont on va voir que Parfit la reprend à son compte, prend le contre-pied de la position de Locke, qui voyait dans la conscience un critère parfaitement *déterminant* de l'identité :

> Ainsi, le *soi* n'est pas déterminé par l'identité ou la différence de substance – ce dont il ne peut être sûr – mais seulement par l'identité de conscience[4].

Malgré toutes les différences que j'ai tenu, comme préalable, à faire ressortir entre Hume et Locke, Derek Parfit adopte pour sa part, dans *Reasons and Persons*, une lecture de la théorie de Locke qui lui accorde, à mon avis, des traits pré-humiens dans la mesure où (1) il la qualifie de « réductionniste », (2) il considère que c'est à elle que s'adressent certaines objections émanant du camp non-réductionniste (en l'occurrence celles de Reid) et qui, en réalité, visaient Hume, (3) il considère que les possibilités décrites par Locke d'une division du moi en plusieurs substances permettent de défendre une conception réductionniste de l'identité. Mon hypothèse est que ce télescopage de Hume et de Locke sous la plume de Parfit est lié à la théorie réductionniste de l'identité personnelle qu'il défend pour sa part, et dont je voudrais montrer qu'elle associe certains éléments empruntés à Locke et d'autres éléments – à mon avis plus importants – empruntés à Hume. Je serai ainsi amenée à préciser, plus que ne le fait Parfit, quels sont

1. *Traité*, 1.4.6.20, p. 354.
2. *Traité*, 1.4.6.21, p. 355.
3. *Traité*, 1.4.2.6, p. 272-273.
4. *Essai*, 2.27.23, p. 537.

les traits de sa propre conception qui, comme il l'écrit lui-même, sont issus de Hume.

Parfit et la « conception réductionniste » de l'identité

Dans *Reasons and Persons*, Parfit commence par faire de Locke le tenant d'un « critère psychologique » de l'identité. Il lui attribue, après d'autres, un critère mémoriel de l'identité – le critère de « mémoire des expériences » (*the experience-memory criterion*) – et il révise la conception de Locke de manière à ce que (1) elle surmonte l'objection de l'oubli, (2) elle étende la connexion psychologique unissant souvenirs et expériences passées à d'autres relations, comme celle de l'intention et de l'action qui en résulte, la continuité du caractère, des croyances, des désirs, etc. [1].

C'est ainsi que, d'une part, le principe de « continuité de la mémoire » sous la forme d'une « chaîne de souvenirs directs qui se chevauchent » permet à Parfit de rendre compte du fait que je peux être la même personne qu'il y a vingt ans sans avoir de « souvenir direct » de toutes mes actions et pensées d'alors. Une « continuité psychologique » doit ainsi selon lui s'ajouter à la « connectivité psychologique » directe repérée par Locke, afin de supporter la transitivité de l'identité. En effet, explique Parfit, même si je suis fortement et directement relié au « moi » d'hier, ce dernier au « moi » d'il y a deux jours, ce dernier au « moi » d'il y a trois jours, etc., je n'ai pourtant que quelques souvenirs des expériences que j'ai eues il y a vingt ans : je ne suis pas fortement relié au « moi » d'alors. En revanche, une continuité psychologique m'unit à ce « moi » passé : des chaînes de forte connectivité qui se chevauchent (*overlapping*) me raccordent à lui. Mieux, poursuit Parfit, il faut réviser le « critère psychologique » (*i.e.*, la position de Locke) de manière à ce que le concept de mémoire ne présuppose pas que nous nous souvenions uniquement de *nos propres* expériences passées, tombant ainsi sous le coup de l'objection de circularité de Butler [2], mais qu'il puisse s'étendre à des expériences appartenant à la vie d'autres personnes. La continuité psychologique doit être alors comprise comme le maintien de chaînes imbriquées de « quasi-souvenirs » (concept plus large que celui des « souvenirs ordinaires » puisqu'il inclut le souvenir apparent que j'aurais des expériences de quelqu'un d'autre [3]).

1. D. Parfit, *Reasons and Persons*, *op. cit.*, p. 205-206.
2. J. Butler, « Of Personal Identity », in *The Analogy of Religion*, reproduit dans J. Perry (ed.), *Personal Identity*, *op. cit.*, p. 100.
3. Voir l'introduction de J. Perry à *Personal Identity*, *op. cit.*, p. 16.

D'autre part, Parfit révise Locke en montrant que les « connexions directes » qui composent la « connectivité psychologique » ne sont pas uniquement mémorielles, mais de tous ordres : il y a une « connexion directe » entre une intention et le dernier acte dans lequel elle s'effectue et des « connexions directes » s'effectuent à chaque fois « qu'une croyance, ou un désir, ou n'importe quel trait psychologique, se maintient ».

Sur ces deux points, les révisions de Parfit sont très proches de celles de Grice ou de Quinton, qui se situent clairement dans le sillage de Locke. Il faut néanmoins remarquer que Parfit assortit sa révision de la conception lockienne d'une précision sur laquelle il va par la suite faire porter l'accent et dont l'inspiration est, en fait, humienne : « comme la connectivité est *affaire de degrés*, on ne peut définir précisément quelle quantité [de connexions psychologiques directes] suffit » pour supporter l'identité.

Puis Parfit définit ce qu'il entend par « conception réductionniste » et inclut sous cette appellation la définition de l'identité personnelle par le « critère psychologique », c'est-à-dire la conception de Locke révisée. D'après Parfit, une théorie de l'identité personnelle est « réductionniste » si elle pose les deux conditions suivantes (au moins la première, éventuellement la seconde) :

> 1) Le fait de l'identité d'une personne dans le temps consiste uniquement dans le maintien de certains faits plus particuliers.
> 2) Ces faits peuvent être décrits sans que l'on présuppose l'identité de cette personne, sans que l'on affirme explicitement que les expériences appartenant à la vie de cette personne ont été vécues par cette personne, et même sans que l'on affirme explicitement que cette personne existe. Ces faits peuvent être décrits d'une manière impersonnelle [1].

Au moyen de ces deux conditions, Parfit identifie le « réductionnisme » à une conception dans laquelle a) une personne n'est pas une « entité séparée » de son cerveau, de son corps et de ses expériences b) l'identité personnelle n'est pas elle non plus un « fait additionnel », mais « consiste uniquement dans la continuité physique et/ou psychologique ». Aussi Parfit considère-t-il, *a contrario*, comme « non-réductionnistes » les conceptions qui *soit* envisagent la personne comme une entité séparée (le moi cartésien comme « substance spirituelle » en est, écrit-il, la « version la plus connue ») *soit* envisagent l'identité personnelle comme un « fait additionnel » (une version que Parfit nomme « *conception du fait additionnel* »). Or l'attribution d'un tel « réductionnisme », et plus particulièrement d'une « no-further fact view », à la conception de Locke (même révisée) pose selon moi

1. D. Parfit, *Reasons and Persons*, *op. cit.*, p. 210.

problème. Elle est problématique pour trois raisons, que je voudrais à présent développer : 1) Locke considère-t-il vraiment, comme le veut Parfit, que l'identité soit *identique* à la continuité psychologique ? ; 2) pense-t-il que les faits psychologiques qui supportent l'identité « peuvent être décrits de manière impersonnelle » ? ; 3) est-il vrai que, pour Locke, comme c'est le cas pour Parfit, « l'identité *n'est pas* ce qui importe », mais que seules importent la continuité et la connectivité psychologiques ? Bref, Locke est-il réductionniste, au sens où l'entend Parfit ?

Considérons, *premièrement*, qu'il n'est pas du tout clair que, pour Locke, l'identité d'une personne dans le temps consiste « uniquement », comme l'écrit Parfit à propos du « critère psychologique », dans le maintien d'une « continuité psychologique », c'est-à-dire, dans le seul maintien de « chaînes imbriquées » de connexions directes, qui seraient elles-mêmes en nombre suffisant. En effet, autant il est vraisemblable que Locke concevait ce qu'il appelle « la même conscience continuée » comme de telles chaînes de « connexions psychologiques directes » (que l'une des révisions de Parfit consiste simplement à penser comme se chevauchant) ; autant la question se pose de savoir si, d'après Locke, l'identité de la personne *consiste* dans cette « conscience continuée » : dans cette continuité psychologique. Car tantôt Locke écrit que c'est « uniquement » dans la conscience que « consiste » l'identité personnelle [1], posant ainsi, semble-t-il, une équivalence entre identité de la personne et « conscience continuée », ou une réductibilité de la première à la seconde. Tantôt – et d'après moi le plus souvent – Locke considère que la conscience seule est ce qui « *fait* l'identité personnelle » [2], *ce qui* « unit en une même personne des existences et des actions très éloignées dans le temps » [3], *ce par quoi* chacun « s'approprie » pensées et actes passés ou à venir. En bref, Locke considère que la conscience est « *ce qui fait* le *soi* » [4]. L'identité de la personne ne semble pas alors, pour lui, « consister » dans le seul maintien d'une continuité psychologique mais correspondre plutôt à un *fait produit par ce maintien*. C'est à mon avis le cas lorsque Locke identifie la « conscience » à ces deux vecteurs d'appropriation que sont, d'une part, la mémoire et, d'autre part, le « souci du bonheur et du malheur ». Dans ces cas, me semble-t-il, la conscience

1. *Essai*, 2.27.9, p. 522.
2. *Essai*, 2.27 titre du § 10.
3. *Essai*, 2.27.16, p. 531.
4. *Essai*, 2.27.25, p. 538, trad. mod., je souligne.

« *fait* » l'identité un peu comme le travail *fait* la propriété [1], de sorte que la seconde n'est pas réductible à la première.

Allons plus loin. Selon Parfit, l'un des modes d'explication typiques d'une conception non-réductionniste de l'identité, et plus particulièrement de celle qui « affirme que nous sommes des entités existant séparément », consiste à expliquer l'unité psychologique par la « possession (*ownership*) des expériences » [2]. Parfit rejette pour sa part ce type d'explication et propose d'expliquer l'unité de la conscience dans l'instant et dans le cours d'une vie par une simple description des « expériences » de la personne et des « relations » entre ces expériences. Or, et même si Parfit n'attribue pas à Locke une telle explication par la « possession des expériences » (il le considère, je l'ai dit, comme un « réductionniste »), il se trouve que la thématique de la « possession », du « *mien* » (selon le double sens de *to own/own*) et de l'« appropriation », jouent en fait un rôle essentiel dans l'explication lockienne de l'identité. Certes, cette explication de l'identité par l'appropriation n'est pas aussi simpliste que celle que Parfit associe à ce qu'il appelle « l'explication de l'unité psychologique par la possession ». Cette dernière se contente en effet de répondre à la question demandant « ce qui unit les différentes expériences qui, prises ensemble, constituent une vie » par cette « simple » réponse : « toutes ces expériences sont les miennes ». Mais si la position de Locke est plus profonde dans la mesure où elle explique l'unité psychologique par la conscience, il reste que *cette dernière forme d'explication équivaut dans son esprit à une explication par l'appropriation*. C'est ainsi que, selon Locke, la manière dont chacun s'attribue, par la conscience, certaines « parties d'existence » consiste aussi bien à les « avouer » pour « siennes » (*own*), c'est-à-dire à se les « approprier » (*appropriate*). Citons à ce propos deux paragraphes importants du chapitre « Identité ou diversité », là où Locke retranscrit l'identité de la personne par la conscience (l'explication psychologique) en termes d'« appropriation par la conscience » des actes et pensées passés et à venir (l'explication par l'*ownership*) :

> Car pour être le même *soi*, peu importe si le *soi* actuel est constitué de la même substance ou d'autres : un acte accompli il y a mille ans, que je m'approprie aujourd'hui par cette conscience de soi (*appropriated to me now by this self-consciousness*), me concerne autant que ce que j'ai fait il y a un moment, et j'en suis au même titre responsable.

1. J'ai développé ce rapprochement dans « La propriété comme relation morale : Hume critique de Locke », dans B. Bachofen (éd.), *Le libéralisme au miroir du droit. L'État, la personne, la propriété*, Lyon, ENS Éditions, 2008, p. 81-84.

2. D. Parfit, *Reasons and Persons*, *op. cit.*, p. 214-216.

> Ce que la *conscience* de cette chose pensante présente peut accompagner, c'est cela et rien d'autre qui fait avec elle la même *personne* et un seul *soi* et qui s'attribue ainsi et s'approprie toutes les actions de cette chose, comme les siennes propres (dans les limites exactes de cette conscience) (*and owns all the actions of that thing, as its own, as far as that consciousness reaches, and no farther*). Tous ceux qui réfléchissent s'en apercevront [1].

Il apparaît ainsi que sont en fait présentes chez Locke *deux* explications que Parfit juge pour sa part incompatibles : un « critère psychologique » selon lui typique d'une conception réductionniste et une explication par l'*ownership* selon lui caractéristique d'une position anti-réductionniste. Cette coexistence rend à mon avis très problématique l'attribution à Locke du réductionnisme que Parfit appelle de ses vœux, réductionnisme qui exclut que nous puissions « croire que l'unité de la conscience d'une personne [à la fois dans l'instant et dans le temps] s'explique par la possession » [2].

Un *deuxième écart* sépare la position de Locke de la théorie réductionniste de Parfit. Il correspond à la seconde caractéristique du réductionnisme décrit par ce dernier et que j'indiquais plus haut, à savoir la possibilité d'une description *impersonnelle* des « faits particuliers » qui font *toute* l'identité d'une personne. Il s'avère qu'une telle description n'apparaît pas chez Locke, et pour cause : l'explication de l'identité personnelle par l'appropriation semble être, comme on l'a vu, peu compatible avec elle. Une telle description impersonnelle, en revanche, apparaît clairement chez Hume. Citons d'abord un passage de la section du *Traité* consacrée à l'identité personnelle dans lequel Hume propose une expérience de pensée *en troisième personne* ou même, plus exactement, *en l'absence de « personne »* :

> Supposons que nous puissions voir clairement dans le cœur d'un autre homme et observer la suite de perceptions qui constitue son esprit ou son principe pensant. Supposons encore qu'il conserve toujours en mémoire une part considérable de ses perceptions passées : il est évident que rien ne pourrait contribuer davantage à nous faire attribuer à cette succession une relation au milieu de toutes ses variations. (…) Sur ce point donc la mémoire non seulement *révèle* l'identité, mais aussi contribue à la *créer* en produisant la relation de ressemblance entre les perceptions. Il en va de même, que nous considérions nous-mêmes ou que nous considérions autrui [3].

1. *Essai*, 2.27.16-17, p. 531-532.
2. D. Parfit, *Reasons and Persons*, *op. cit.*, p. 216.
3. *Traité*, 1.4.6.18, p. 352-353, je souligne.

La fonction de ce passage chez Hume est de montrer que la ressemblance des perceptions (produite par la mémoire) contribue à créer le « processus ininterrompu de notre pensée » d'où provient notre idée de l'identité personnelle. Mais indépendamment de ce que Hume entend y montrer, un tel passage suppose implicitement l'idée que Parfit juge pour sa part essentielle au réductionnisme, à savoir l'idée selon laquelle la description complète de la série des événements mentaux propres à une personne (en s'en tenant ici au critère psychologique) constitue une description complète de ce qui existe, sans avoir à poser, *en plus*, que cette personne particulière existe. Cette dernière existence n'est, d'après Parfit, qu'une autre *description* de *ce qu'il y a*, c'est-à-dire les « faits particuliers » que sont, toujours d'après le critère psychologique, la connectivité et la continuité de ses états mentaux. Pour établir ce point, Parfit signale sa dette à l'égard de certaines remarques de Kripke, selon qui « les faits qui concernent les nations [ou les objets matériels] ne sont pas des faits distincts ou au-dessus des faits concernant les personnes [ou les constituants moléculaires des objets] » ; on peut en effet décrire complètement le monde en mentionnant tous les faits portant sur les personnes (ou les constituants moléculaires) sans mentionner, en outre, les faits qui concernent les nations (ou les tables) [1]. Parfit veut étendre ces remarques de Kripke non seulement aux nations et aux tables mais aussi aux personnes elles-mêmes. Et pour étayer cette idée, Parfit juge utile d'emprunter à Hume une analogie qu'il cite à plusieurs reprises : celle qui compare l'âme à une république ou à une communauté (*commonwealth*) :

> Je ne puis mieux comparer l'âme qu'à une république ou à un Etat (*commonwealth*) dont les divers membres sont unis par les liens réciproques du gouvernement et de la subordination et donnent naissance à d'autres personnes qui perpétuent la même république à travers le changement incessant de ses éléments [2].

Parfit entend cette comparaison de la manière suivante : « bien que les nations existent, une nation n'est pas une entité qui existe séparément, à part de ses citoyens et de son territoire » [3]. Or c'est précisément cette équivalence entre « autrui » ou « nous-mêmes » d'un côté et la suite reliée des perceptions changeantes de l'autre, que pose Hume dans l'extrait cité ci-dessus. Il s'avère donc possible d'interpréter cet extrait de la manière

1. *Cf.* S. Kripke, *La logique des noms propres*, trad. fr. P. Jacob, F. Recanati, Paris, Minuit, 1982, p. 38.

2. *Traité*, 1.4.6.19, p. 353.

3. D. Parfit, *Reasons and Persons*, *op. cit.*, p. 211.

suivante : une description (impersonnelle) de la suite des perceptions qui composent un esprit revient à décrire totalement ce qui est, c'est-à-dire, ici, ce qu'est une personne. Une forte proximité apparaît alors entre la conception humienne de l'identité personnelle et la conception réductionniste adoptée par Parfit.

Une *troisième différence* sépare, me semble-t-il, la conception de Locke du réductionnisme de Parfit et rapproche, corrélativement, ce dernier de Hume. Cet écart concerne l'idée, exprimée par Parfit, selon laquelle « l'identité personnelle n'est pas ce qui importe » puisque « ce qui importe fondamentalement est la relation R [celle de connectivité et/ou de continuité psychologique], avec n'importe quel type de cause »[1]. De ce point de vue, on peut douter que la conception lockienne de l'identité personnelle puisse passer le test d'une conception réductionniste. Ce test est en effet, d'après Parfit, le suivant : « si nous acceptons une conception réductionniste, nous devons croire que l'identité d'une certaine chose peut être *indéterminée*, et ce d'une manière qui n'a rien d'embarrassant (*in a quite unpuzzling way*) »[2]. Autrement dit encore, comme l'explique Parfit, une conception réductionniste de l'identité d'une chose (par exemple, celle d'un club) ou d'une personne, implique que la réponse à la question « est-ce le même club (ou la même personne) aujourd'hui qu'hier ? » ne soit ni positive ni négative dans la mesure où, pour un réductionniste, une telle question est « vide ». Ainsi, dans le cas du club, la seule chose qui importe est que ses membres continuent à se réunir selon les règles du club et de même, dans le cas de l'identité personnelle, seule importe la connectivité et/ou la continuité psychologique, et non pas le fait que la personne future à laquelle je suis reliée par ces connexions soit « moi ou quelqu'un d'autre ».

Pour étayer cette position en ce qui concerne les personnes, Parfit fait usage de certains « cas imaginaires » dont l'utilité, pour réfléchir à la question de l'identité, peut rappeler les « cas intrigants » de Locke. Parfit s'appuie notamment sur l'une des versions du cas du « télétransport », où j'imagine un duplicateur produisant, sur la planète où je veux me rendre, une réplique parfaite de mon cerveau, et où j'imagine, de surcroît, que ma vie est, pendant un certain temps, superposée à celle de ma réplique, puis que j'apprends que « je suis sur le point de mourir et que ma réplique vivra encore pendant quarante ans ». Si je suis réductionniste, si je pense, autrement dit, que ce qui compte est la relation R « avec n'importe quelle cause », cette perspective doit me sembler « à peu près aussi bonne que la survie

1. D. Parfit, *Reasons and Persons*, *op. cit.*, p. 217.
2. *Ibid.*, p. 213-215.

ordinaire » ; pour un anti-réductionniste en revanche, seule importe l'identité, de sorte que cette perspective est « à peu près aussi mauvaise que la mort ordinaire ». Parfit s'appuie également sur le cas du « spectre psychologique » : ce cas consiste à imaginer une opération qui remplace une proportion croissante des cellules de mon cerveau de manière à couvrir « tous les degrés possibles de connectivité psychologique » [1]. D'après Parfit, il est clair que dans les premiers cas (1ou 2 pour cent de cellules remplacées) et dans les derniers cas (98 ou 99 pour cent de cellules remplacées) la question « vais-je mourir ? » reçoit une réponse en « oui » (derniers cas) ou en « non » (premiers cas). En revanche, ajoute-t-il, dans l'ensemble des cas intermédiaires, une telle question devient « vide », ce que permet selon lui de comprendre une comparaison de l'esprit ou de la personne avec un tas de sable, de manière à lui appliquer le célèbre argument sorite. Ainsi, explique Parfit, tout comme nous acceptons, à propos d'un tas de sable, que dans certains cas il n'y ait pas à répondre à la question « est-ce toujours un tas ? » (« nous savons en effet que le concept de tas est vague et que ses frontières le sont aussi »), de même, dans les cas situés au milieu du spectre, dire que la personne résultante est ou n'est pas moi ne correspond qu'à « deux descriptions du même ensemble d'événements », à savoir uniquement, un certain degré de connectivité psychologique [2]. Dire c'est un tas/ou bien ce n'en est pas un, c'est moi/ou bien c'est une réplique, relève uniquement, d'après Parfit, d'un choix conventionnel et terminologique.

Ces cas imaginés par Parfit pour étayer sa défense de la conception réductionniste sont à mon avis, du point de vue de leur fonction, sans équivalent chez Locke. De fait, selon Parfit, les cas lockiens indiquent plutôt qu'« il pourrait exister une série d'entités psychologiquement continues » sans que « nous puissions être conscients du fait que ces entités ont été remplacées par d'autres ». De tels cas montrent, en somme, que « nous ne pouvons pas savoir que de telles entités continuent d'exister » [3] : ils prouvent, autrement dit, que nul ne peut avoir conscience d'être une entité continue, distincte de ses expériences, *une conclusion à laquelle Hume parvenait plus directement en disant que nul n'a conscience d'un tel fait*. En outre, l'argument de la « question vide » développé par Parfit (suis-je ou non identique à ma réplique sur Mars, ou à la personne qui résulte d'un progressif remplacement des cellules de mon cerveau ?), argument associé par lui à la *question des degrés* de connectivité

1. Formellement, il s'agit là du paradoxe ancien du vaisseau de Thésée. *Cf.* Plutarque, *Les Vies des hommes illustres*, Thésée, XXIII.

2. D. Parfit, *Reasons and Persons*, *op. cit.*, p. 232-233.

3. *Ibid.*, p. 223.

psychologique, trouve, *par ce dernier biais*, un antécédent chez Hume, alors qu'il n'en a pas chez Locke. Citons une nouvelle fois la proposition humienne qui s'approche le plus de la position de Parfit :

> L'identité dépend de la relation des idées et ces relations produisent l'identité, au moyen de la transition aisée qu'elles permettent. Mais comme les relations et la facilité de la transition peuvent diminuer par degrés insensibles nous n'avons pas de critère exact pour trancher les disputes au sujet du moment où elles acquièrent ou perdent leur titre au nom d'identité [1].

Chez Hume, ce fait que l'identité dépende de relations elles-mêmes susceptibles d'une diminution par degrés a pour conséquence « que ces idées de moi et de personne ne sont jamais très fixées ni très déterminées. Dès lors, d'après lui, « toutes les questions habiles et subtiles à propos de l'identité personnelle ne peuvent jamais être tranchées et doivent être regardées comme des difficultés grammaticales, plutôt que philosophiques ». Cette position concernant le caractère « indéterminé » de l'identité et, partant, le caractère « purement verbal » des disputes qui la concernent se retrouve chez Parfit. Ce dernier adopte en effet d'une part, une théorie de « l'indétermination de l'identité » fortement liée, comme c'est le cas chez Hume, au *caractère scalaire* de la connectivité psychologique, que le cas du « spectre psychologique » a pour but de prouver. Ce fait que la « connectivité psychologique » comporte des degrés est, d'après Parfit, évident dans un tel cas : mais il est tout aussi avéré « dans nos vies réelles », où l'on constate que les relations directes de mémoire, d'intention, de caractère, etc., « sont plus ou moins nombreuses et plus ou moins fortes » [2]. On pense ici à la phrase de Hume : « comme une même république particulière peut changer non seulement ses membres mais aussi ses lois et ses constitutions, une même personne peut changer de caractère et de disposition, aussi bien que d'impressions et d'idées, sans perdre son identité » [3].

Ainsi, autant le recours à Locke suffit à Parfit lorsqu'il veut illustrer certaines dimensions de sa théorie réductionniste de l'identité (critère psychologique révisé, utilité des puzzling cases) autant la référence à Hume (implicite ou explicite) devient plus pertinente pour en illustrer d'autres aspects (la possibilité d'une description impersonnelle des faits supportant la connectivité et la continuité psychologiques, le caractère scalaire de ces

1. *Traité*, 1.4.6.21, p. 355.
2. D. Parfit, « Lewis, Perry and what matters », *in* A. Rorty (ed.), *The Identities of Persons*, *op. cit.*, p. 98.
3. *Traité*, 1.4.6.19, p. 353-354.

dernières et l'indétermination de l'identité qui s'ensuit et, enfin, le fait que l'identité n'est pas ce qui importe). Ce sont là certainement les « points pertinents » que Parfit avait en tête.

Insistons plus particulièrement sur cette « indétermination » de l'identité personnelle relevée après Hume par Parfit. Et accentuons le rapprochement entre ces deux auteurs en examinant certaines critiques, et réponses aux critiques, que la thèse de *l'indétermination de l'identité* de Parfit a suscitées. Bernard Williams en particulier a reproché à Parfit de stipuler, d'un côté, le caractère indéterminé du fait que je sois ou non la personne qui résultera, par exemple, d'une opération consistant à échanger mon corps avec celui d'un autre (ou tout autre cas mettant en jeu la survie, comme le cas du télétransport de Parfit) et, de l'autre côté, la possibilité d'imaginer mes réactions affectives à propos de ce qu'il adviendra de ce corps [1]. C'est en effet ce type d'évaluation imaginaire qui permet à Parfit de conclure que seules importent la connectivité et la continuité psychologiques et non pas, comme le pense Bernard Williams, la continuité physique. Plus directement, et d'un point de vue purement logique, on peut reprocher à Parfit de supposer que *la relation d'identité* puisse être indéterminée, alors qu'on peut logiquement prouver le contraire [2]. Or contre ces deux types de critiques, Brian Garrett a pour sa part défendu la thèse de Parfit, *en précisant que l'indétermination dont il s'agit est en fait « linguistique et pas ontologique »* [3]. C'est sur ce point que je souhaite proposer pour ma part un rapprochement entre Hume et Parfit (ainsi défendu par Brian Garrett).

Selon Garrett, lorsqu'un réductionniste comme Parfit affirme que la réponse à la question de savoir si je suis ou non la personne résultant de l'opération consistant à remplacer progressivement les cellules de mon cerveau est « indéterminée » dans la zone intermédiaire du spectre, c'est-à-dire ne reçoit pas de réponse claire en « oui » ou « non », il ne considère pas que la source de cette indétermination serait la relation d'identité elle-même [4]. Car, de fait, cette dernière n'est jamais « indéterminée » ou « vague ». D'après Garrett, seuls peut l'être la « référence » des « termes singuliers » dont l'identité est en question et par conséquent certains

1. *Cf.* B. Williams, « The self and the future » (1970), *Problems of the Self : philosophical papers 1956-1972*, Cambridge, Cambridge University Press, 1973, p. 58-63.

2. *Cf.* G. Evans, « Can there be Vague Objects ? », *Analysis*, 38 (1978), n°4, p. 208. Cette célèbre preuve de G. Evans a reçu beaucoup de commentaires controversés portant non seulement sur sa validité mais aussi sur son objet.

3. B. Garrett, *Personal Identity and Self-Consciousness*, London, New York, Routledge, 1998, p. 82.

4. *Ibid.*, p. 72.

« *énoncés sur l'identité personnelle* » [1], ce qui explique l'impossibilité de répondre d'une manière déterminée à la question posée. Or sans que Hume fasse référence comme Garrett à « l'indétermination référentielle des termes singuliers », on peut à mon avis trouver chez lui une première référence à *l'indétermination des énoncés d'identité* qui le rapproche ainsi plus étroitement de Parfit.

En effet selon Hume, tout comme pour Garrett, ce n'est pas la relation d'identité qui est indéterminée et comporte des degrés. Seules en comportent d'après lui la « relation des idées » et la « facilité de transition entre ces idées » [2]. Or Hume ajoutait à cela que, par voie de conséquence, est également « indéterminé », c'est-à-dire « dépourvu de critère exact », le fait de savoir « quand » une suite reliée d'idées *peut être qualifiée ou non d'identique* (avec cette précision qu'elle ne l'est jamais selon lui *au sens strict* puisque seuls des objets « ininterrompus et invariables » sont « parfaitement identiques » [3]). Ainsi, écrit-il à propos de l'identité des personnes, « comme les relations et la facilité de transition peuvent diminuer par degrés insensibles, nous n'avons pas de critère exact pour trancher les disputes au sujet du moment où elles acquièrent ou perdent leur titre *au nom d'identité* », ce qui rend « *purement verbales* » les disputes à ce propos [4]. Or cette proposition touchant l'identité personnelle a été préparée par de précédentes considérations sur *l'attribution purement verbale car dénuée de critère exact* d'une identité aux objets. Ainsi, remarque Hume, on « *dira* » qu'un bruit « fréquemment interrompu et renouvelé » est « le même bruit ». Et lorsque l'ancienne église d'une paroisse a été remplacée par une église moderne sans matériau commun, leur « relation aux habitants de la paroisse » suffit à assurer une transition imaginative ininterrompue, « et pour cette raison, nous avons moins de scrupule *à les appeler les mêmes* » [5]. De la même façon, un changement « attendu » (même « considérable ») est ressenti moins fortement par l'imagination qu'un changement « inhabituel ou extraordinaire » (même s'il est « insignifiant »). Ce pourquoi le complet changement des parties d'une rivière en moins de vingt quatre heures ne nous empêche nullement de la considérer et de la déclarer comme la même « plusieurs siècles durant ». Ce qui ressort, me semble-t-il, de ces remarques, est non seulement le fait que la « continuité de la pensée » est une condition de l'attribution (erronée) d'une identité aux objets numériquement différents ou changeants.

1. B. Garrett, *Personal Identity and Self-Consciousness*, *op. cit.*, p. 81-82.
2. *Traité*, 1.4.6.21, p. 355.
3. *Traité*, 1.4.6.6, p. 345.
4. *Traité*, 1.4.6.21, p. 355, je souligne.
5. *Traité*, 1.4.6.13, p. 350, je souligne.

Mais c'est aussi le fait que nos énoncés concernant l'identité imputée aux objets sont, pour cette raison même, dépourvus de critère exact, et en ce sens indéterminés. Ainsi, un petit changement empêche dans un cas (où il n'est pas attendu) de parler d'identité alors que, dans d'autres cas, un changement total ou même la succession de deux objets n'ayant jamais coexisté nous y autorise. Or Hume nous demande explicitement de transposer ces remarques sur l'identité des objets (naturels ou artificiels) à l'identité des personnes. C'est pourquoi selon lui, puisque les relations de « ressemblance » et de « causalité » entre les perceptions de l'esprit sont susceptibles de diminuer par degrés (pensons au changement de caractère, ou à la perte de souvenirs), elles rendent à leur tour indéterminés (et indéterminables) les énoncés portant sur l'identité de ces perceptions, rendant tout aussi « indécidables » les questions sur l'identité personnelle.

Ainsi, Hume ne s'est pas contenté, d'une part, de considérer comme « impropre » l'attribution d'une identité à des objets ou à des perceptions distinctes et, d'autre part, de montrer que cette erreur d'attribution s'accompagne d'une fiction. Il a également montré que *les énoncés* par lesquels nous nous prononçons parfois (bien que toujours à tort si l'objet n'est pas « ininterrompu et invariable ») en faveur de l'identité d'un objet, et parfois « en faveur de [sa] destruction » [1], *sont indéterminés*. Tout comme sont dépourvus de tout « critère exact » les énoncés concernant l'identité des personnes. Sans aller, comme Parfit, jusqu'à qualifier ces énoncés d'identité de purement « conventionnels » – l'universalité et la naturalité des propriétés que Hume accorde à l'imagination ne l'ont évidemment pas conduit dans cette voie – et sans non plus évoquer l'indétermination référentielle, Hume avait donc, à sa manière, souligné l'indétermination des énoncés d'identité.

Reid et le réductionnisme humien

Je voudrais insister pour finir sur le fait que l'attribution de chacune des dimensions de la « conception réductionniste » de l'identité personnelle à Locke ou à Hume n'est pas toujours clairvoyante chez Parfit. J'ai déjà dit mes réticences à voir dans Locke un parfait tenant d'une théorie réductionniste de l'identité, en me basant sur l'interprétation même que Hume faisait de Locke. J'ajouterai ici une autre manifestation de ce qui me semble constituer, chez Parfit, un télescopage entre Locke et Hume. Il se trouve que Parfit fait de Reid un critique de la théorie réductionniste de Locke, mais en s'appuyant sur certaines citations de Reid qui, en vérité,

1. *Traité*, 1.4.6.14, p. 351.

visent très clairement Hume. Or autant Reid est un critique célèbre de la théorie mémorielle de l'identité développée par Locke, autant son insistance sur le caractère déterminé de l'identité des personnes s'avère être une réponse à Hume.

Parfit cite ainsi un passage de Reid qui, d'après lui, vise Locke ou, en tout cas « une version réductionniste de [sa] théorie » [1]. Ce passage est le suivant :

> L'identité que nous prêtons aux corps, qu'ils soient naturels ou artificiels, n'est pas une identité parfaite ; nous nommons cela identité par commodité de langage. Elle admet de grands changements dans ces corps, pourvus qu'ils soient graduels, quelquefois même un renouvellement total. Et les changements que nous regardons comme compatibles avec cette identité ne diffèrent pas en nature, mais seulement en nombre et en degré de ceux qui, pense-t-on, la détruisent. L'identité n'a donc pas de nature déterminée lorsqu'on l'applique aux corps et les questions portant sur l'identité d'un corps ne sont, très souvent, que des questions verbales. Mais l'identité, appliquée aux personnes, n'a rien d'équivoque ; elle n'admet pas le plus ou le moins. Elle est au fondement de tout droit, de toute obligation, de toute responsabilité ; et la notion en est fixe et précise [2].

Même si, ailleurs que dans ce passage, Reid s'oppose explicitement à la théorie lockienne de l'identité (c'est le cas, notamment, dans le chapitre 6 du même essai, intitulé « De l'identité personnelle selon Locke ») c'est Hume qu'il vise dans le passage cité. C'est Hume qui, à partir notamment des exemples du vaisseau et du chêne, repris par Reid juste avant notre citation, remarquait le « changement graduel » et éventuellement « total » qu'ils subissent, et expliquait que l'identité qu'on leur prête n'est due qu'à une « méprise », qu'il qualifiait en partie, comme le fait Reid, de « verbale ». C'est également Hume qui associait, comme Reid dans ce passage, les querelles verbales, le « plus et le moins », et l'absence de « critère exact » pour les trancher. Et c'est Hume, surtout, qui affirmait que cette ambiguïté et cette indétermination s'appliquent aussi bien à l'identité fictive des personnes qu'à celle des animaux et des végétaux, point sur lequel Reid entend marquer pour sa part son total désaccord. Parfit a donc raison de prêter à Reid la thèse non-réductionniste selon laquelle l'identité personnelle implique, contrairement à l'identité des corps, un « fait supplémentaire et profond » qui est « toujours déterminé et qui relève du tout ou rien » [3].

1. D. Parfit, *Reasons and Persons*, *op. cit.*, § 109, p. 323.

2. T. Reid, *Essays on the Intellectual Powers of Man*, III, 4, Edinburgh University Press, 2002, p. 266.

3. D. Parfit, *Reasons and Persons*, *op. cit.*, p. 323.

Mais il a tort de penser que cette position s'oppose à la théorie réductionniste *de Locke*. C'est à celle de Hume qu'elle s'adresse et il est, par ailleurs, plus que douteux que la thèse de Locke soit réductionniste.

Cette critique reidienne du réductionnisme *humien* en matière d'identité personnelle apparaît dans un autre passage de Reid, que Parfit présente, à tort, comme une critique du « critère psychologique » dont je rappelle qu'il le fait remonter à Locke. Ce passage de Reid à résonance cartésienne, cité par Parfit, est le suivant :

> Mon identité personnelle suppose donc l'existence continue de cette chose indivisible que j'appelle *moi*. Quoi que ce soit, c'est quelque chose qui pense, qui délibère, qui se résout, qui agit et qui souffre. Je ne suis pas une pensée, une action, un sentiment ; je suis ce qui pense, ce qui agit, ce qui souffre. Mes pensées, mes actions, mes sensations, changent à chaque moment ; leur existence est successive et non continue ; tandis que le *moi* ou le *je*, à qui elles appartiennent, est permanent, et conserve le même rapport avec toutes les pensées, toutes les actions, toutes les sensations successives, que j'appelle miennes [1].

Ce passage ne saurait viser Locke, dont Reid connaît la définition de la personne comme « être pensant et intelligent (…) qui peut se considérer soi-même comme soi-même, comme la même chose qui pense en différents temps et lieux » [2], une définition que Reid évoque dans un chapitre ultérieur de l'Essai III, et sur laquelle il s'accorde. Reid, en effet, réserve ses critiques non pas à cette définition lockienne de la personne, qu'il trouve « juste », mais à la thèse lockienne corrélative selon laquelle l'identité de la personne provient « uniquement » de la conscience [3]. Pour Reid, en effet, l'identité personnelle consiste bien plutôt, et plus simplement, dans l'existence continue de cet « être intelligent » qu'est – comme Locke l'avoue lui-même – la personne.

La définition anti-réductionniste de la personne proposée par Reid comme un être *autre* que ses perceptions, *autre* que ses actions, véritable *sujet* d'appartenance et *centre permanent* des relations à ses perceptions ne vise donc pas Locke. Elle vise Hume, dont Reid renverse exactement la conclusion, en partant de la même double hypothèse : 1) si le moi existe, il est supposé exister en demeurant le même « pendant toute la durée de notre vie » ; 2) les perceptions de l'esprit sont changeantes (« il n'y a pas,

1. T. Reid, *Essays on the Intellectual Powers of Man*, *op. cit.*, p. 266.
2. J. Locke, *Essai*, 2.27.9, p. 522.
3. Pour cette critique, voir T. Reid, *Essays on the Intellectual Powers of Man*, *op. cit.*, III, 6, p. 275.

écrivait Hume, d'impression constante et invariable »). Sur la base de ce double constat, Hume concluait pour sa part :

> De quelle manière [nos perceptions distinctes et changeantes] appartiennent-elles au moi et comment lui sont-elles reliées ? Pour moi, quand je pénètre le plus intimement dans ce que j'appelle *moi-même*, je tombe toujours sur une perception particulière ou sur une autre, de chaleur ou de froid, de lumière ou d'ombre, d'amour ou de haine, de douleur ou de plaisir. (...) Si un homme, après une réflexion sérieuse et dénuée de préjugés, pense qu'il a une notion différente de lui-même, je dois avouer que je ne peux plus discuter avec lui. Tout ce que je peux lui concéder, c'est qu'il peut tout autant que moi, avoir raison, et que nous différons essentiellement sur ce point [1].

En réaction à Hume, Reid se présente précisément comme cet homme à la conception différente, celui qui ne pense pas être une pensée ou une douleur, celui qui pense percevoir « quelque chose de simple et de continu qu'il appelle *lui-même* » [2]. Reid considère, autrement dit, que la « *further fact view* » (comme on dirait aujourd'hui) est la plus évidente, qu'elle est assortie d'une « croyance invincible » [3], tandis que la thèse réductionniste *de Hume* s'avère, à ses yeux, invraisemblable.

Le débat que Parfit attribue à Reid et à Locke est donc, en réalité, celui qui oppose Reid à Hume. Et c'est d'ailleurs d'une manière proche de Hume que Parfit écrit, contre les tenants de la « further fact view » dont Reid fait partie :

> Chacun de nous est-il conscient d'être un sujet persistant d'expériences, une entité existant séparément, distincte de son cerveau et de son corps ? Chacun est-il conscient, par exemple, d'être un Ego Cartésien ? Voilà un point que l'on ne saurait prouver. Je ne crois pas que *je* sois directement conscient d'être une telle entité. Et je suppose que je ne suis pas exceptionnel. Je crois que personne n'est directement conscient d'un tel fait [4].

Concluons ce premier point. Hume apparaît comme un meilleur représentant de cette conception réductionniste que Parfit a fini par construire, à force de réviser le « critère psychologique » repéré chez Locke, et surtout, en recourant à des arguments qu'on ne trouve pas chez ce dernier : la question des *degrés* de connectivité et de continuité, la comparaison de l'esprit avec une république, l'indétermination des énoncés d'identité. C'est

1. *Traité*, 1.4.6.3, p. 343.
2. *Traité*, 1.4.6.3, p. 344.
3. T. Reid, *Essays on the Intellectual Powers of Man*, *op. cit.*, III, 4, p. 265.
4. D. Parfit, *Reasons and Persons*, *op. cit.*, p. 223.

Hume qui, tout en adoptant, comme on l'a vu, la définition lockienne de la conscience en tant qu'une « perception réfléchie » de la « suite de perceptions » (*train of perceptions*) qui composent l'esprit, d'une part, *réduit le soi* à cette suite et, d'autre part, *réduit l'identité* aux « connexions » reliant les perceptions. Hume apparaît ainsi comme celui qui se rapproche le plus de la théorie réductionniste fondée sur le critère psychologique que retient Parfit, théorie selon laquelle, rappelons-le, d'une part, *une personne* n'est pas une entité existant séparément de l'occurrence de certains événements mentaux et, d'autre part, *l'identité d'une personne* n'est pas distincte de la continuité psychologique.

Tournons-nous à présent vers une autre théorie contemporaine de l'identité personnelle se réclamant de Hume, celle de John Perry, qui insiste sur le rôle de la causalité dans la constitution de cette identité, et évaluons la portée de cette reprise. Mais avant d'y venir, remarquons que l'on va avoir ici affaire à un effet paradoxal de la présence, en philosophie contemporaine, du réseau thématique humien. D'un côté, en effet, la prise en compte de la relation de causalité dans l'analyse de l'identité fait appel à une *connexion* humienne explicite. Mais d'un autre côté, et comme on va le voir, les compréhensions *respectives* de la causalité et de la relation d'identité dont il va être question avec Perry, ne sont pas quant à elles tributaires de Hume. Plus encore, elles s'opposent, par le réalisme qui les sous-tend, à l'analyse sceptique de Hume concernant tant la causalité que l'identité.

JOHN PERRY : UNE THÉORIE CAUSALE DE L'IDENTITÉ INSPIRÉE DE HUME ?

Dans son introduction au recueil de textes et d'articles *Personal Identity*, John Perry pose le diagnostic suivant sur la théorie humienne de l'identité personnelle :

> Je crois que Hume propose une théorie intéressante de l'identité personnelle, bien qu'elle soit seulement esquissée, à savoir une théorie *causale*, cachée sous la découverte révolutionnaire selon laquelle l'identité personnelle n'existe pas. Je voudrais ôter ce déguisement et dévoiler la théorie [1].

Perry commence ici par résumer assez fidèlement la théorie de Hume à travers les points suivants : 1) Hume donne une définition générale de

1. J. Perry, Introduction à *Personal Identity*, *op. cit.*, p. 26.

l'identité dans la section 1.4. 2 du *Traité*, il s'agit d'« une idée intermédiaire entre l'unité et le nombre » qui désigne « le *caractère invariable et ininterrompu* d'un objet quelconque à travers une variation supposée du temps, par laquelle l'esprit peut le suivre à différentes périodes de son existence, sans cesser jamais de le voir et sans être obligé de former l'idée de multiplicité ou de nombre » [1] ; 2) or, d'après Hume, aucune impression ne correspond à cette idée de l'identité, étant donné que les perceptions sont toujours interrompues et différentes, quoique ressemblantes ; 3) c'est donc par une méprise qu'une succession de perceptions reliées est « confondue » avec l'identité d'un même objet invariable [2]. Perry considère que cette analyse humienne de l'identité – appliquée ensuite à l'identité des personnes – est fausse en raison de l'exigence qu'elle pose au départ, et qui correspond en fait au réquisit empiriste selon lequel à toute idée, doit correspondre une impression dont elle est la copie. D'après Perry, une telle demande est inadéquate en ce qui concerne la relation d'identité, car rien « *dans les impressions* » que l'on peut avoir d'une personne ne saurait indiquer qu'il s'agit des impressions *de la même personne* : ainsi, en rapprochant l'impression que l'on avait d'une personne âgée de 15 ans et celle de cette même personne âgée de 60 ans, rien n'indique dans ces impressions qu'il ne s'agit pas de deux personnes différentes [3]. On notera qu'au passage, Perry substitue à la perception humienne (dont la collection, selon Hume, constitue l'esprit ou la personne) l'impression qu'un spectateur peut avoir d'une personne, et qui équivaut, dans son esprit, à la simple perception d'un événement *externe* [4]. Quoi qu'il en soit, Perry propose de substituer au principe d'analyse humien (à ses yeux inadéquat) un principe plus proche de la philosophie analytique contemporaine, principe selon lequel « analyser le concept d'identité personnelle revient à se demander ce que nous exigeons du monde pour que deux événements-de-personne (*person-events*) appartiennent à la même personne » [5]. Or d'après Perry, dès lors que l'on pose à Hume cette question pertinente qu'il « aurait dû se poser, mais ne s'est pas posée », la réponse qu'il fournit à sa propre question, question selon lui inadéquate, trouve une nouvelle intelligibilité : pour Perry, il s'avère en effet exact de dire que « des événements-de-personne appartiennent à la même personne s'ils sont liés par des relations

1. *Traité*, 1.4.2.29-30, p. 285-286.
2. *Traité*, 1.4.2.33-34, p. 287-288.
3. Introduction à J. Perry (ed.), *Personal Identity*, *op. cit.*, p. 29.
4. Voir à ce sujet l'analogie que propose Perry entre les événements qui composent un match de base-ball et les « événements appartenant à la même personne », *ibid.*, p. 10.
5. *Ibid.*, p. 29-30.

de causalité et de ressemblance ». En conséquence, la modification qu'il propose d'apporter à la théorie de Hume est la suivante : « nous pouvons, estime-t-il, trouver dans la théorie que donnait Hume à ce que nous avons en guise d'identité personnelle, une théorie sur ce qu'est l'identité personnelle ». Reste alors, pour Perry, à proposer une analyse plus poussée du rôle de la causalité dans cette constitution de l'identité personnelle, causalité que Hume a du moins eu « le mérite de mettre en valeur ».

En vérité, en plus du pas qui consiste à faire de l'explication humienne de la *fiction d'identité* le point de départ d'une explication de *l'identité réelle* [1], deux autres modifications d'importance me semblent en fait apportées par Perry.

D'une part, comme je l'ai déjà indiqué, la notion d'événement-de-personne (qu'il nomme ailleurs « étape-de-personne », *person-stage*) est substituée à celle de « perception ». Cette même catégorie ontologique se retrouve chez David Lewis. Dans son article « Survival and Identity », ce dernier commence en effet par dire, dans la lignée de Hume, que les liens de « similitude » et de « dépendance causale » constituant la « connectivité mentale » unissent des « états mentaux » [2], puis il écrit que cette relation de connectivité (comme celle de continuité) unit en fait « des étapes-de-personne (*person-stages*) plus ou moins momentanées, ou des tranches temporelles (*time-slices*) de personnes continues, ou encore des personnes à certains instants (*persons-at-times*) » [3]. Comme l'explique Lewis dans un post-scriptum à l'article « Survival and Identity », cette catégorie ontologique des « *person stages* » vient de Kripke. Et Lewis la définit pour sa part comme suit :

> Une étape-de-personne est un objet physique, au même titre qu'une personne. (...) Elle fait la plupart des choses que fait une personne : elle parle, marche, pense, a des croyances et des désirs, possède une taille, une forme et un lieu. Elle possède même une durée temporelle : mais une durée brève car elle ne dure pas longtemps. (...) Elle vient soudainement à l'existence et disparaît peu après tout aussi soudainement. Une étape ne peut donc pas faire tout ce qu'une personne peut faire, car elle ne peut faire ce que fait une personne sur une longue durée [4].

1. Même si Parfit critique lui aussi la théorie humienne du moi comme fiction, ce n'est pas le même pas qu'il effectue : il entend surtout approfondir le réductionnisme *effectivement présent* chez Hume, et en tirer toutes les conséquences.

2. D. Lewis, « Survival and Identity », *op. cit.*, p. 55.

3. *Ibid.*, p. 58.

4. D. Lewis, *Philosophical Papers*, vol. I, p. 76.

Bien que Perry n'explicite pas aussi précisément cette notion (ni la notion corrélative de personne définie par Lewis comme « agrégat maximal d'étapes-de-personne »), il considère parfois comme ce dernier que les étapes-de-personne existent, ont des noms, des propriétés, et sont capables d'agir. Ce faisant, il distancie fortement les « étapes-de-personne », entre lesquelles il repère une relation de causalité, des *perceptions* de Hume. Ces dernières, en effet, peuvent certes être synchrones au point que leur ensemble à un instant *t* peut être dénommé « état temporaire total » au sens de Grice, c'est-à-dire un « composé de toutes les expériences qu'une personne a à un moment donné » [1]. En revanche, les perceptions ne sauraient former en aucun cas, d'après Hume, une entité dont on puisse dire qu'elle « effectue » quoi que ce soit. Rappelons ici que Hume critique autant l'identité des perceptions dans le temps que la simplicité prêtée à la personne à un certain moment.

D'autre part, alors que, d'après Hume, les relations unissent non pas les perceptions elles-mêmes mais *les idées de nos différentes perceptions*, de manière à produire un « passage ininterrompu de notre pensée » confondu avec l'acte par lequel on considère un objet identique, ce sont, d'après Perry, les relations entre *étapes-de-personne* (et non entre leurs idées) qui s'avèrent pertinentes pour assigner ces étapes à la même personne. Et ce même point précisément se retrouve chez Lewis, pour qui existent des « liens de dépendance causale nomique » entre états mentaux successifs [2]. Or cette substitution a une immense portée : car la « découverte révolutionnaire » de Hume n'est pas uniquement, comme l'écrit Perry, que « l'identité n'existe pas », elle s'accompagne en plus de cette autre théorie révolutionnaire (Hume en tout cas la voyait comme telle) selon laquelle la causalité n'est pas une union réelle mais une union idéelle. Or, dans la section du *Traité* sur l'identité personnelle, cette découverte sur la causalité est rappelée par Hume en réponse à la question de savoir si « en nous prononçant quant à l'identité d'une personne, [nous observons] un lien réel entre ses perceptions ou [nous ressentons] seulement qu'il y en a un entre les idées que nous en formons ? ». C'est incontestablement cette dernière option qu'il retient dans sa réponse :

> Il nous serait facile de répondre à cette question si nous voulions bien nous rappeler ce qui a déjà été amplement prouvé, à savoir que l'entendement n'observe jamais une connexion réelle entre les objets et que même l'union de la cause et de l'effet, examinée strictement, se résout en une association

1. H. P. Grice, « Personal Identity », *op. cit.*, p. 86.
2. D. Lewis, « Survival and Identity », *op. cit.*, p. 55.

> coutumière d'idées. En effet, il s'ensuit évidemment que l'identité n'est pas quelque chose qui appartient réellement à ces différentes perceptions et les unit les unes aux autres, mais qu'elle est simplement une qualité que nous leur attribuons à cause de l'union de leurs idées dans l'imagination quand nous y réfléchissons. Or les seules qualités qui puissent unir les idées dans l'imagination sont les trois relations déjà mentionnées [à savoir la contiguïté, la ressemblance et la causalité] [1].

D'après cette réponse, il s'avère que la raison pour laquelle Hume pense qu'aucune identité ne saurait « unir réellement » les perceptions d'une personne est qu'aucune « connexion réelle » n'est jamais observable, et que l'union de la cause et de l'effet tombe sous cette même loi. Le scepticisme humien à l'égard de la causalité entendue comme une « connexion réelle » se trouve ainsi mobilisé pour aboutir à la conclusion selon laquelle « l'identité n'est pas quelque chose qui appartient réellement [aux] différentes perceptions ». De ce point de vue, le projet de donner une explication de l'identité *réelle* sur la base d'une causalité *réelle* entre événements(ou étapes)-de-personne n'est doublement pas humien.

Le fait qu'il s'agisse là du projet de Perry, apparaît pourtant implicitement dans le diagnostic que ce dernier fait du projet de Grice dont il reprend sinon la forme (Perry, on le verra, distingue sa démarche des projets de « construction logique » de la personne), du moins l'intention générale :

> Ce projet [consistant, comme chez Grice, à faire du soi une construction logique sur la base d'expériences temporaires], plus humien que lockéen, exige *une relation entre les expériences* qui se regrouperont dans des ensembles d'expériences « co-personnelles ». Même si Hume rejetait la théorie lockienne de la mémoire et bien que Locke lui-même ne défendait pas une théorie du faisceau, leurs deux doctrines semblent s'ajuster naturellement : nous utilisons la mémoire pour *maintenir ce faisceau* à travers le temps (*hold the bundle together through time*) [2].

Tournons-nous donc pour plus de précisions vers le développement propre de la « théorie causale » de l'identité de Perry.

En premier lieu, dans l'article « Personal Identity, Memory, and the Problem of Circularity » (1975), Perry montre que la relation en jeu dans notre concept de mémoire, lui-même au cœur de notre explication de l'identité personnelle, n'est pas une chose « connue directement » mais

1. *Traité*, 1.4.6.16, p. 351-352.

2. J. Perry, « Personal Identity and the Concept of a Person », *Identity, Personal Identity and the Self*, Indianapolis, Hackett Publishing Company, 2002, p. 121, je souligne.

plutôt l'objet d'une « inférence », au sens que ce mot a chez Russell [1]. D'après Perry, c'est donc par une « hypothèse explicative » qu'on postule l'occurrence d'un certain processus unissant une expérience passée, au souvenir actuel de cette expérience, éventuellement associé à telle autre expérience actuelle ; et c'est par une « inférence » du même ordre qu'on les assigne à une personne identique :

> Lorsque je dis que mon mal de dents de ce matin et mon mal de crâne de la nuit dernière appartiennent à la même personne, étant donné que ce mal de dents appartient au même “état temporaire total” que le souvenir de ce mal de crâne, j'affirme (...) qu'un certain processus dont j'ignore la nature, a conduit du mal de crâne à l'impression mémorielle, accompagnée du mal de dents, de ce matin. (...) L'occurrence de ce processus, et donc celle de la personne qui, à la fois, a eu mal au crâne et a mal aux dents, est en fait inférée, et ce n'est en aucun cas une chose connue directement [2].

De cette manière, d'après Perry, la « croyance » en « l'occurrence d'un processus qui explique le souvenir (*recollection*) » apparaît comme l'explication « la plus plausible de la fréquence de [ce phénomène] », tout comme est « inférée » l'existence de la personne qui possède ce souvenir et ces expériences. Il suffit ici que tous ceux « qui utilisent le concept de mémoire » croient *irrésistiblement* « que la mémoire implique un processus caractéristique », vraisemblablement une condition causale, sans posséder une croyance précise sur le « type de processus » impliqué, matériel ou pas [3]. Or ce type d'« inférence » non-démonstrative, relevant d'une « généralisation (...) au service de l'explication et de la prédiction » peut être appliqué, d'après Perry, à d'autres choses qu'à la mémoire, étant donné, par exemple, que nous nous attendons habituellement à trouver chez les personnes un certain « développement de leur caractère, une stabilité de leurs idéaux et de leurs valeurs, une influence de leurs intentions passées, etc. ». Il s'agirait, sur tous ces points, « d'élaborer d'abord des généralisations sur le comportement humain, sur le modèle de notre concept de souvenir,

1. *Cf.* Russell, « The Relation of sense-data to physics » (1914), in *Mysticism and logic*. Voir *Mysticisme et logique*, trad. fr. O. Massin dans D. Vernant (éd.), Paris, Vrin, 2007, chap. VIII. Au point 6 de cet article, Russell distinguait les « constructions logiques » et les « inférences ».

2. J. Perry, « Personal Identity, Memory, and the Problem of Circularity », *op. cit.*, p. 100.

3. J. Perry, « The Importance of Being Identical », *Identity, Personal Identity and the Self*, p. 94. Perry emprunte ici à Martin et Deutscher, qu'il cite, l'idée que le lien entre l'événement remémoré et l'événement de la remémoration est un lien causal (C. B. Martin et M. Deutscher, « Remembering », *Philosophical Review*, 75 (1966), n°2, p. 161-196). Mais on a vu qu'il insiste ailleurs sur la référence à Hume.

puis d'introduire *la relation* dont on croit qu'elle est à leur fondement, et qui est à la base de notre concept de personne » [1].

Avant de préciser en quoi consiste cette « relation » (et de la confronter à la relation de causalité humienne), précisons en quoi ce « projet » relève, dans l'esprit de Perry, d'une *théorie causale de l'identité*. Ce dernier s'en explique plus clairement ailleurs, après avoir résumé la « théorie causale de la mémoire » que je viens d'exposer, et dont il précise qu'elle a pour particularité de « faire du *moi* une entité inférée » :

> Le fait qu'actuellement mon souvenir apparent d'un certain événement passé se trouve au bout d'une chaîne causale d'un certain type qui part de cet événement n'est pas une chose que je peux percevoir directement; c'est quelque chose que je crois parce que cela correspond à la théorie du monde la plus simple dont je puisse disposer. En outre, une fois parvenus à ce point, il devient tentant d'adopter simplement une théorie *causale*. Dans une telle théorie, toutes les manières dont le passé d'une personne affecte normalement son futur sont prises en compte, et pas simplement la forme particulière discursive qu'est la mémoire (…) [2].

S'agissant de la mémoire d'abord, Perry fait valoir que la théorie qu'il en propose, non seulement suppose l'existence d'une « chaîne causale d'un certain type », mais implique la supposition de « contrefactuels causaux », à travers celle de « souvenirs possibles », tels ceux « que l'amnésique aurait s'il n'était pas tombé sur la tête ou ceux que l'homme endormi aurait s'il était éveillé », une notion déjà présente chez Grice. Or ce point confirme à ses yeux qu'il s'agit bien là d'une « théorie causale » impliquant une « relation causale » qu'il n'y a plus qu'à étendre, ensuite, à d'autres formes de relation entre les états passés et les états futurs d'un même homme [3].

S'agissant ensuite de la « relation » inférée qui « explique » les « généralisations » dont nous sommes capables, touchant la manière dont les hommes pensent et agissent, Perry la saisit de la manière suivante. Soit la « relation H » celle qui unit « les étapes d'un être humain singulier » (en entendant par « être humain » le simple « corps humain vivant ») conformément à une « théorie de l'homme [qui] nous indique *comment* les êtres humains sont supposés penser et agir » [4]. Soit la « relation P » celle qui désigne la « *relation d'unité* des personnes » : cette relation « unit deux étapes [de corps humain] si et seulement si, il existe une personne à laquelle

1. J. Perry, « The Importance of Being Identical », *op. cit.*, p. 101-102, je souligne.
2. *Ibid.*, p. 148.
3. *Ibid.*, p. 151.
4. *Ibid.*, p. 149-150, je souligne.

ces deux étapes appartiennent ». La relation P explique « *pourquoi* les êtres humains pensent et agissent [comme ils le font] », de manière à ce que « la nature des entités ou des processus impliqués dans [cette] relation puisse expliquer le genre d'événements impliqués dans la théorie de l'homme ».

C'est alors que Perry privilégie comme un « candidat prometteur » pour la relation P – qui doit selon lui vérifier trois conditions la reliant à la relation H – le fait, pour des « étapes d'homme » (*human stages*), de « partager le même cerveau » :

> Si ce qu'ont récemment affirmé sur le rôle du cerveau certains philosophes discutant de l'identité personnelle s'avère exact, la relation consistant à avoir le même cerveau est au moins un candidat prometteur pour la relation P. Car, dans les cas normaux, des étapes d'homme ne sont reliées par H (ne sont les étapes d'un même corps) que lorsqu'elles ont le même cerveau. Dans des cas anormaux, lorsque des étapes reliées par H n'ont pas le même cerveau (par exemple, Robinson et Brownson chez Shoemaker), la théorie de l'homme s'effondre (Brownson ne se souvient pas de ce que Robinson a attentivement observé). Et dans des cas anormaux où des étapes ont le même cerveau mais ne sont pas reliées par H (Brown et Brownson chez Shoemaker), on observe des relations que l'on trouve en général dans des étapes reliées par H (Brownson se souvient de ce que Brown a attentivement observé) [1].

Il apparaît donc que le « genre » de « chaîne causale » unissant les états passés d'un homme et ses états présents se révèle clairement, chez Perry, comme neurophysiologique. Il est vrai que la « théorie de l'homme » que Perry a en tête n'est pas étrangère à celle de Hume puisqu'il s'agit de la « psychologie commune » (*folk-psychology*) postulant que le complexe « croyance + désir » motive l'action [2] ; Hume précisant quant à lui que le désir la motive *directement*, la croyance seulement *indirectement* (on y reviendra au chapitre suivant). En revanche, la théorie causale de l'identité que propose Perry me semble tout de même s'éloigner de celle de Hume pour de multiples raisons. Les « étapes-de- personne », puis les « étapes d'homme », sont venues remplacer chez Perry les « perceptions » de Hume. La relation de causalité postulée par Perry est censée unir *réellement* ces

1. J. Perry, « The Importance of Being Identical », *op. cit.*, p. 150. Sur Brown, Robinson, et Brownson, voir S. Shoemaker, *Self-Knowledge and Self-Identity*, Ithaca, Cornell University Press, 1963, p. 23-24 : Brownson est l'homme qui survit, après une interversion accidentelle de deux cerveaux à la suite de deux opérations de M. Brown et M. Robinson : il a le corps de Robinson et le cerveau de Brown. C'est la raison pour laquelle Brownson est relié par H à Robinson, mais pas par P ; tandis que Brownson est relié à Brown par P, mais pas par H.

2. J. Perry, « Information, Action, and Persons », *Identity, Personal Identity, and the Self*, p. 167-168.

étapes, et non pas, seulement, comme chez Hume, leurs idées dans l'imagination. Perry considère « l'être humain » comme une « notion *purement biologique* » [1], tandis que l'ancrage de la théorie de l'identité personnelle de Hume dans la science de l'homme ne consiste pas avant tout à considérer ce dernier comme un être vivant, mais plutôt à en étudier l'imagination et, comme nous le verrons ensuite, les passions. Enfin, c'est « la nature du cerveau » et le fait « d'avoir le même cerveau » qui apparaissent à Perry comme les mieux à même de saisir la relation P dans son rapport avec la théorie de l'homme. Au contraire, la « théorie philosophique de l'esprit » *de Hume* entendait exclure de l'étude des perceptions et de leurs relations toutes les considérations qui prétendraient découvrir les « principes ultimes » de l'esprit, c'est-à-dire les « qualités *originelles* de la nature humaine » [2]. Et les considérations physiologiques sur la nature du cerveau relevaient, dans l'esprit de Hume, de ce genre banni de spéculations causales. Ainsi, après avoir proposé une explication des confusions entre idées reliées par une errance des « esprits animaux » dans les « traces contiguës » à celles qui mènent normalement à la « région du cerveau » où l'esprit les avait initialement envoyés, Hume précisait que cette explication n'impliquait pas de sa part une explication causale et physiologique *des relations d'idées elles-mêmes* et revendiquait même d'en avoir « négligé l'avantage au moment où [il expliquait] » ces relations [3]. Il renouvelait ainsi son plaidoyer en faveur d'une philosophie « qui prétend uniquement expliquer la nature et les causes de nos perceptions, c'est-à-dire de nos impressions et de nos idées » sans « pénétrer dans la nature des corps » (corps et cerveau humain y compris) ni tenter d'expliquer les causes secrètes de leurs opérations [4].

C'est dans ce même esprit que Hume mobilise les relations de ressemblance et de causalité entre idées de perceptions pour rendre compte de l'identité personnelle. Il fait en effet dépendre « les notions que nous avons de l'identité personnelle du progrès sans heurts et ininterrompu de la pensée le long d'une suite d'idées reliées » [5], sans jamais tenter de dévoiler les causes de ces relations. En outre, dans toute son explication, Hume rend compte de la confusion entre « suite reliée » et « identité » *non pas par la ressemblance des idées liées entre elles* (une relation qu'il estime, on l'a vu, « plausible » de rapporter à une confusion de traces cérébrales) mais par *une ressemblance de deux actes de l'esprit.* Il s'agit d'une part de l'acte

1. J. Perry, « The Importance of Being Identical », *op. cit.*, p. 148, je souligne.
2. *Traité*, Introduction, § 9, p. 35, 1.1.4.6, p. 56.
3. *Traité*, 1.2.5.20, p. 115-116, trad. mod.
4. *Traité*, 1.2.5.26, p. 119.
5. *Traité*, 1.4.6.16, p. 352.

par lequel l'esprit considère « une succession d'objets reliés » (soit ici « l'existence successive d'un esprit ou d'une personne pensante ») et, d'autre part, de l'acte « par lequel nous contemplons un objet unique et continu » [1]. Hume, rappelons-le, tenait donc bien à expliquer la fiction de l'identité personnelle d'une manière *philosophique* – d'une manière qui fait appel aux propriétés expérimentées de la pensée et de l'imagination plutôt qu'à des considérations *physiologiques* sur la nature du cerveau.

Concluons ce point. Puisque Perry a tenu à préciser que la théorie causale de l'identité qu'il a développée trouve une origine chez Hume, et puisque la référence à cet auteur est par ailleurs assez fournie chez Perry [2], il m'a semblé important d'en relever certaines distances avec l'original. La plus importante est certainement le fait que Hume considérait la relation de causalité comme une relation entre idées, distincte de l'observation d'un « lien réel », et donnant lieu à une attribution fictive d'identité, tandis que Perry la caractérise comme une relation « inférée » qu'il met au principe d'une identité personnelle n'ayant selon lui rien de fictif. Ainsi, selon Perry, « le moi » est une « entité inférée » [3] ayant le statut d'une « hypothèse explicative » [4] qui correspond elle-même à la plus simple théorie sur le monde et sur les faits humains dont nous disposions. Pour Hume en revanche, le moi est une « fiction » qui déguise à nos yeux la variation de nos perceptions. C'est un « quelque chose d'inconnu et de mystérieux qui relie les parties, en plus de la relation » [5]. En outre, il va sans dire qu'une meilleure connaissance de la « nature du cerveau humain » invoquée par Perry pour faire de l'identité du cerveau la meilleure hypothèse envisageable [6] n'aurait, aux yeux de Hume, certainement rien changé à son diagnostic. Une fois encore donc, la reprise par Perry d'une connexion humienne – celle qui unit l'identité à la causalité – s'accompagne de divergences essentielles quant à leurs explications séparées, et quant à la nature de ces explications.

Or il est un autre élément qui me semble caractériser en propre la compréhension humienne de la relation de causalité au cœur de son explication de la fiction de l'identité, et dont la prise en compte impliquerait une compréhension plus profonde du réseau argumentatif humien. C'est

1. *Traité*, 1.4.6.7, p. 347.

2. Perry est en particulier l'auteur d'un livre dont la forme s'inspire des *Dialogues sur la religion naturelle de* Hume : *A Dialogue on Personal Identity and Immortality*, Indianapolis, Hackett Publishing Company, 1978.

3. J. Perry, *Identity, Personal Identity and the Self*, *op. cit.*, p. 148.

4. *Ibid.*, p. 100.

5. *Traité*, 1.4.6.6, p. 346.

6. J. Perry, *Identity, Personal Identity and the Self*, *op. cit.*, p. 150.

le fait que la causalité unit également, selon Hume, nos « peines » et « plaisirs » présents, et ceux qui sont passés ou à venir, de sorte que « *notre identité relative aux passions* » vient d'après lui « corroborer » celle qui relève de notre imagination [1]. C'est ici l'occasion de réintroduire Parfit dans ce débat puisque ce dernier partage, avec Perry, l'idée qu'il n'est pas logiquement justifié de se soucier particulièrement de son moi futur, bien que ce souci corresponde à un « fait naturel ». Etant donné que cette dernière expression pourrait évoquer Hume, demandons-nous alors quelle était sa position sur cette même question.

IDENTITÉ ET SOUCI DE SOI

Dans *Reasons and Persons*, Parfit montre que la conception réductionniste, si elle est vraie, a pour conséquence une « position extrême » en ce qui concerne le rapport d'une personne à son moi futur, à savoir l'idée qu'elle n'aurait « pas de raison de s'en soucier particulièrement ». Ce faisant, Parfit rejoint une affirmation déjà posée par un certain nombre d'auteurs, qu'il cite et qui font partie aussi bien du camp adverse (celui des anti-réductionnistes) que de son propre camp. Pami ces derniers, Parfit cite en particulier Perry dans l'article « The Importance of Being Identical », dont il résume la position de la manière suivante : « j'ai une raison d'empêcher la douleur d'un parfait étranger. Et, à moins que cela ne contrevienne à l'accomplissement de mes projets actuels, j'ai exactement la même raison d'empêcher ma propre douleur future. Le fait que cette douleur soit la *mienne* ne me donne pas par lui-même une raison *supplémentaire* de l'empêcher » [2]. En outre, certains anti-réductionnistes ont, d'après Parfit, anticipé cette même conclusion qui constitue à leurs yeux une objection contre le réductionnisme. Parfit rappelle à ce propos une critique adressée par Butler à « la théorie réductionniste de Locke » dont une conséquence est que notre moi présent ne peut pas s'intéresser à ce qui lui arrivera demain (en réalité, cette critique vise non pas Locke mais Collins) [3]. Parfit cite également une critique de Sidgwick, adressée cette fois à Hume. La voici :

1. *Traité*, 1.4.6.19, p. 354, je souligne.
2. D. Parfit, *Reasons and Persons*, *op. cit.*, p. 307-308.
3. *Cf.* J. Butler, « Of Personal Identity », *op. cit.*, p. 99, 102. En fait, Butler vise ici des « successeurs » de Locke ayant affirmé que « plusieurs personnes, quel que soit leur nombre, peuvent être la même personne », accordant ainsi à l'identité de la personne un « sens purement fictif ». Il renvoie en note à « une réponse à la troisième défense par Clarke de sa lettre à M. Dodwell, 2d ed., p. 44, 56, etc. ». Il s'agit d'un texte de Collins, défendant Locke contre Clarke, et faisant partie de la correspondance Clarke-Collins (sur cette controverse entre

> A supposer que l'ego soit un simple système de phénomènes cohérents, que le « Je » permanent et identique ne soit pas un fait mais une fiction, comme Hume et ses successeurs l'affirment, pourquoi donc une certain partie de la série de sensations (*feelings*) auxquelles se réduit le moi se soucierait-elle d'une autre partie de la même série plutôt que de n'importe quelle autre série [1] ?

J'ai déjà montré en quel sens Parfit entend défendre, dans la troisième partie de *Reasons and Persons*, une conception réductionniste de l'identité personnelle qui « sur certains points pertinents suit celle de Hume ». Montrons à présent comment Parfit, en suivant la suggestion de Sidgwick, trouve dans la conception réductionniste héritée de Hume, « un argument contre la théorie de l'intérêt personnel » [2] (par la suite promu en argument en faveur de l'utilitarisme). Et demandons-nous s'il convient de prêter à Hume la paternité d'un tel argument. Cela revient à poser la question de savoir si Hume est, ou pas, un tenant de la « position extrême » que Parfit adopte pour sa part. La position réductionniste de Hume implique-t-elle, autrement dit, la négation d'un souci du *soi* futur ?

Avant de répondre à cette question, voyons comment Parfit justifie pour sa part l'adoption de cette « position extrême » sur la base de la conception réductionniste de l'identité qu'il défend.

En premier lieu, Parfit considère que la seule question pertinente à propos de la « position extrême » est celle de savoir si elle est justifiée, et non pas s'il est possible de l'adopter. Pour éclairer ce point, Parfit invoque, après Perry, une sélection naturelle du souci du moi futur, impossible à éradiquer même si l'on montre qu'un tel souci particulier n'a rien de justifiable. On remarquera que Parfit présente cet argument un peu dans le style des solutions naturalistes aux doutes dont Hume fait souvent état dans son *Traité* :

> Devons-nous accepter cette Position Extrême ? (...) Une question est de savoir de quelle manière, si nous devenons réductionnistes, cela affectera nos attitudes et nos émotions. Une autre est de savoir si, au cas où la conception réductionniste est vraie, ces attitudes et émotions seront justifiées ou pas. Comme je l'ai dit, lorsque je cesse de croire à la conception non-réductionniste, je me soucie moins de mon propre avenir. Mais je m'en soucie beaucoup plus néanmoins que je ne me soucie de l'avenir d'un simple étranger. (...) Le souci particulier de notre propre avenir serait

Clarke et Collins, voir R. Martin et J. Barresi (eds), *Naturalization of the Soul : Self and Personal Identity in the Eighteenth Century*, New York, Routledge, 2000, p. 33-37, 51-60.

1. H. Sidgwick, *The Methods of Ethics*, *op. cit.*, p. 418-419.
2. D. Parfit, *Reasons and Persons*, *op. cit.*, p. 139.

> néanmoins conservé par la sélection naturelle (...) Un tel souci demeurerait, comme fait naturel, même si nous décidions qu'il n'est pas justifié. En réfléchissant intensément à ces arguments, nous pourrions brièvement atténuer ce souci naturel. Mais il renaîtrait rapidement [1].

Cet argument évolutionniste se trouvait déjà chez Perry [2] qui, d'une manière encore différente de celle de Parfit, le rattachait lui aussi à Hume. Cela apparaît dans le passage suivant, où Perry cherche à remplir la « demande de Butler » (explication du souci du moi futur) à travers, notamment, une « déduction évolutionniste des faits à expliquer », avant de rattacher à l'habitude humienne cette naturelle identification de soi à soi, plutôt qu'aux autres :

> Si je n'étais pas motivé à nourrir ce corps en pensant à sa faim future, je pourrais mourir de faim. En ce sens, il n'est donc pas accidentel que nous soyons comme nous le sommes : ce n'est pas un hasard si la théorie de l'homme contient les principes d'identification qu'elle contient actuellement. Or ce point est également lié à notre concept de personne. (...) Mais lorsque nous passons du cas ordinaire à la supposition métaphysique, ce que nous pouvons expliquer et ce que nous pouvons justifier commencent à diverger. Supposons que je croie que non seulement mon article, mais tout ce que je ferai demain et pour le restant de mes jours, soit fait, et soit fait aussi bien et de la même manière, par quelqu'un d'autre que moi. Je veux néanmoins que ce soit moi, et non pas cet imposteur bénin, qui effectue tout cela. Ce fait de conserver, dans le cas métaphysique, les mêmes sortes de désirs qui sont raisonnables dans le cas ordinaire peut s'expliquer par l'habitude (...). A cette habitude, nous pouvons en outre en ajouter une autre : nous nous identifions habituellement à nos propres actes et pas à ceux des autres, aussi semblables qu'ils puissent nous paraître [3].

Ainsi, pour Parfit comme pour Perry, c'est « la nature » décrite dans les termes de Hume (la nature qui dissipe les doutes sceptiques, la nature comme habitude, la nature comme instinct vital), qui implante dans la personne l'injustifiable souci de son moi futur. Chez Perry, l'habitude vient même expliquer pourquoi notre désir naturel de survie persiste y compris lorsqu'on nous interroge sur des cas aussi extraordinaires que celui du télétransport de Parfit, ou de « l'imposteur bénin » qu'il décrit ; de sorte que dans ces cas, nous trouvons répugnante l'idée que nos actions et désirs pourraient être prolongés par ceux d'une réplique ou d'une autre personne.

1. D. Parfit, *Reasons and Persons*, *op. cit.*, p. 308.
2. L'article de J. Perry, « The Importance of Being Identical » est ainsi cité favorablement par Parfit (*ibid.*).
3. J. Perry, « The Importance of Being Identical », art. cit., p. 155 et 157.

Et nous jugeons (à tort selon lui) que lorsque la cause ordinaire de notre continuité psychologique est absente (à savoir la survie ordinaire), cette continuité (et l'identité qui en dérive) ne peut pas non plus avoir lieu. Ainsi donc, pour Perry, le fait d'avoir des « projets personnels » (*private projects*), c'est-à-dire, des projets futurs impliquant qu'ils soient réalisés *par moi* et non pas par un autre, peut s'expliquer « comme un résultat de l'habitude et des exigences de l'évolution », mais ne se justifie pas rationnellement [1]. D'où aussi le fait que l'importance de l'identité soit d'après lui seulement dérivée : elle « dérive » du fait qu'elle garantit d'autres relations, en particulier l'accomplissement futur de mes projets actuels [2].

Parfit et Perry s'expriment ici en termes humiens sans prêter explicitement à Hume la thèse selon laquelle la nature – comme solution aux doutes, comme instinct vital ou comme habitude – serait au fondement d'un souci particulier de notre moi futur, souci par ailleurs rationnellement injustifiable. Il se peut néanmoins qu'implicitement, ils prêtent à Hume une telle conception. Hume aboutirait ainsi, pour faire ici écho au premier chapitre du présent livre, à une explication positive et psychologique de l'identité personnelle, tout en ayant au préalable démontré son absence de justification logique. Aussi me permettrais-je de discuter brièvement cette éventuelle attribution, avant de continuer à exposer les arguments avancés par Parfit en faveur de la « position extrême », puis de me demander si Hume l'avait en tête, ou aurait pu la partager.

Pour Hume, il existe effectivement un souci de soi naturel, un souci qui n'a rien, en tout cas de fictif. Mais loin de le rapporter à l'habitude, aux propriétés de l'imagination (correspondant sous sa plume à l'un des sens du mot « nature ») qui empêchent les doutes de s'installer, ou, plus trivialement, à l'instinct vital, *c'est aux passions* que Hume rapporte ce souci. C'est ainsi que, dans la section du *Traité* consacrée à l'identité personnelle, Hume précise que l'explication qu'il en donne dans cette section (une explication du moi comme fiction dont nous avons vu en quel sens elle pouvait être qualifiée de « réductionniste ») concerne seulement l'identité « en tant qu'elle se rapporte à la pensée et à l'imagination ». Or l'identité personnelle doit également être comprise, ajoute-t-il, « en tant qu'elle s'attache à nos passions ou à *l'intérêt que nous prenons à nous-mêmes* » [3]. Il faut alors se reporter au livre II du *Traité* pour comprendre en quoi consiste un tel souci. L'explication de ce point est complexe et je

1. J. Perry, « The Importance of Being Identical », art. cit., p. 158.
2. *Ibid.*, p. 162.
3. *Traité*, 1.4.6.5, p. 345, je souligne.

serai amenée à la développer plus loin lorsque je me demanderai s'il est possible d'attribuer à Hume la « position extrême » dont parle Parfit. Deux séries de remarques me permettront de montrer, pour commencer, que *ce sont les passions et non pas l'instinct vital ou l'habitude* qui supportent, d'après Hume, le souci de soi.

Premièrement, lorsque Hume rend compte des passions « indirectes » d'orgueil et d'humilité, il explique que la « fixation » (ou « orientation ») de la pensée sur le moi dans l'orgueil est « naturelle » (au sens où c'est « la nature [qui] a attribué [cet objet] à la passion ») mais il indique, dans le même temps, qu'une telle fixation est un *effet* de l'orgueil (ou de l'humilité) :

> *D'abord*, je découvre qu'un instinct originel et naturel détermine l'objet spécifique de l'orgueil et de l'humilité ; et qu'il est absolument impossible, par la constitution primitive de l'esprit, que ces passions regardent jamais au-delà du moi ou de cette personne individuelle dont chacun de nous pénètre intimement les actions et les sentiments. C'est là que la vue finit toujours par s'arrêter *tant que nous sommes mus par l'une ou l'autre de ces passions* ; et nous ne pouvons jamais, *dans cet état d'esprit*, perdre de vue cet objet [1].

Les expressions soulignées indiquent clairement que c'est en fait l'émotion elle-même qui, tout naturellement, « ne manque jamais de produire » l'idée de moi. Comme Hume le précise clairement ensuite, c'est par un certain « dispositif de la nature » que, dans certaines circonstances, « les organes naturellement aptes à produire [l'émotion d'orgueil] » sont « mis en branle » ; mais c'est bien *la passion* qui, « une fois déclenchée, produit naturellement une certaine idée », nous inclinant en l'occurrence « à penser à nos propres qualités et à notre propre situation » [2].

Mais l'orgueil et l'humilité ne sont pas les seules passions capables de focaliser notre attention sur nous-mêmes, et contribuer ainsi à la production affective d'un souci de soi. C'est ainsi que, *deuxièmement*, Hume considère que *nos passions en général* nous donnent « un souci présent de nos peines et plaisirs passés ou à venir » [3], contribuant ainsi à relier par la causalité certaines de nos perceptions distantes. Ce point, simplement indiqué au livre I, est repris dans quelques textes du livre II. Ainsi, en ce qui concerne l'influence des plaisirs et des peines passés sur ceux du présent, Hume

1. *Traité*, 2.1.5.3, p. 121, je souligne.
2. *Traité*, 2.1.5.8, p. 124, § 6, p. 123.
3. *Traité*, 1.4.6.19, p. 354.

évoque l'existence d'une comparaison *intra-personnelle* des plaisirs et des peines, capable d'en inverser la valence :

> La perspective de souffrances passées est agréable, quand nous sommes contents de notre condition présente ; tout comme, de l'autre côté, nos plaisirs passés nous mettent mal à l'aise, quand rien présentement n'égale leur jouissance [1].

On a ici affaire à un souci paradoxal des affections passées, puisqu'elles produisent, comparées à celles du présent, et à supposer qu'elles en diffèrent, une sensation contraire à la sensation originale. D'autres cas de figure, plus courants, sont décrits par Hume dans une section du livre II où il étudie « l'influence de l'imagination sur les passions » et où il mesure les effets, sur ces dernières, « de la contiguïté et de l'éloignement dans l'espace et dans le temps ». Hume y montre que le souci affectif des objets passés ou à venir (pour nous en tenir à la proximité temporelle) est inversement proportionnel à leur éloignement, lequel influe d'abord « sur l'imagination » et, par suite, « sur la volonté et les passions » :

> Dès lors, il nous faut considérer ici deux sortes d'objets : ceux qui sont contigus et ceux qui sont éloignés. Les premiers, au moyen de leur relation avec nous-mêmes, se rapprochent d'une impression par leur force et leur vivacité ; les seconds, en raison de l'interruption dans notre manière de les concevoir, apparaissent sous un jour plus faible et moins parfait. Tel est leur effet sur l'imagination. Si mon raisonnement est juste, ces objets doivent avoir un effet proportionnel sur la volonté et les passions. (…) Conformément à cette hypothèse, nous découvrons, dans la vie commune, que les hommes, qui jouissent du présent et abandonnent les lointains aux bons soins du hasard et de la fortune, se soucient principalement des objets qui ne sont pas trop éloignés d'eux dans l'espace et dans le temps [2].

Un homme peut ainsi se réjouir aujourd'hui d'une satisfaction passée, ou s'affliger d'une peine passée, à supposer qu'elles ne soient pas trop éloignées dans le temps, tout comme il peut craindre présentement des accidents ou des peines à venir, ou se réjouir d'une fortune annoncée, pour autant qu'ils soient proches. Un homme peut encore désirer vivement un plaisir futur qui ressemblerait à une satisfaction passée encore vive dans sa mémoire [3]. Quant à la jouissance actuellement tirée de la possession des

1. *Traité*, 2.2.8.10, p. 225-226.
2. *Traité*, 2.3.7.3, p. 285-286.
3. *Traité*, 2.3.6.5, p. 283.

richesses ou du pouvoir, elle n'a pas d'autre source que l'anticipation imaginaire de plaisirs à venir[1].

Résumons ce point avant de revenir à Parfit et à la « position extrême » qu'il veut tirer de sa théorie réductionniste de l'identité. Hume, contrairement à ce que supposent pour leur propre compte et Parfit et Perry, n'a pas délégué à l'instinct vital ou à l'habitude la charge du souci de notre moi à venir. Ce sont les *passions* qui, dans son système, prennent essentiellement en charge le souci affectif des peines et plaisirs passés, présents et à venir. En précisant en outre que les passions qui corroborent l'identité imaginative sont elles-mêmes influencées par l'imagination, Hume ne commet cependant pas de cercle logique. Car c'est la relation de contiguïté, ou bien encore une présentation vive des idées, qui influencent les passions, tandis que c'est en contribuant à la relation de causalité entre perceptions que les passions participent à l'identité « relative à l'imagination ».

Parfit, on l'a vu, considère comme non problématique la question d'une possible adoption de la « position extrême », selon laquelle, rappelons-le, « nous n'avons aucune raison de nous soucier particulièrement de notre propre futur » : étant entendu que la nature se charge de préserver ou de faire renaître ce souci, dont l'importance est vitale, « ce souci particulier demeurerait comme un fait naturel même si nous décidions qu'il n'est pas justifié »[2]. Mais un tel fait, remarque Parfit, est « neutre » : « si une attitude reçoit une explication évolutionniste (...) ce fait ne confirme ni n'infirme l'affirmation selon laquelle cette attitude est justifiée ». Parfit peut alors tenter de montrer qu'un tel souci n'est en rien « justifié », ce qu'il fait en avançant successivement deux arguments.

Le premier de ces arguments contre la justification de ce souci particulier correspond à une « suggestion » qu'il trouve chez Sidgwick. Cette « suggestion » consiste à opposer au tenant de la prudence égoïste une « demande » dont il doit admettre la légitimité, étant donné que son propre rejet du réquisit utilitariste de bienveillance rationnelle s'appuie sur une « raison du même ordre ». Cette demande est la suivante : « pourquoi devrais-je sacrifier un plaisir présent pour obtenir un plaisir plus grand dans le futur? pourquoi devrais-je davantage me soucier de mes sentiments futurs que des sentiments des autres ? »[3]. En formulant cette demande, Sidgwick aurait en fait, d'après Parfit, fourni une « raison de penser que, d'après une conception réductionniste [de l'identité], nous n'avons pas de

1. Cf. *Traité*, 2.1.8.10, p. 154.

2. D. Parfit, *Reasons and Persons*, *op. cit.*, p. 308.

3. *Ibid.*, p. 139. *Cf.* H. Sidgwick, *The Methods of Ethics*, *op. cit.*, p. 418-419.

raison de nous soucier particulièrement de notre propre futur » [1]. Parfit remarque néanmoins, très justement, qu'une telle assertion « ne nous contraint » pas à accepter la « position extrême ». En effet, elle ne nous permet pas de *nier* que la « relation R » (qui désigne, rappelons-le la continuité et la connectivité psychologiques) à laquelle se réduit l'identité personnelle pour un réductionniste, nous donnerait une raison de nous soucier particulièrement de notre moi futur. Autrement dit, si l'on s'en tient à ce premier argument « à moitié suggéré » par Sidgwick, la position réductionniste pourrait très bien s'accommoder d'une position non pas « extrême » mais « modérée », tout aussi « défendable », et qui fonderait le souci particulier de son moi futur sur la seule relation R. Cette position « modérée » serait la suivante :

> Les extrémistes [*i.e.*, les défenseurs de la « positon extrême »] ont tort de supposer que seul le fait supplémentaire et profond [supposé par les anti-réductionnistes] justifie le souci particulier du moi futur. Il suffit de penser au souci particulier que nous avons de nos enfants ou de ceux que nous aimons. Etant donné la nature de la relation qui nous unit à nos enfants, ou à une personne aimée, nous pouvons affirmer avec plausibilité que nous avons des raisons de nous soucier particulièrement de ce qui leur arrivera. Et les relations qui justifient ce souci particulier diffèrent du fait supplémentaire et profond que serait l'identité personnelle. Or si ces relations justifient un souci particulier, on peut en dire autant de la relation R. On peut affirmer que cette relation nous donne une raison de nous soucier particulièrement de notre propre futur [2].

Pour nier la supposition incluse dans la « position modérée » ci-dessus décrite, et selon laquelle, même la relation R pourrait justifier un souci particulier de notre moi futur, Parfit est donc conduit à proposer un « meilleur argument » qui permette de trancher en faveur de la « position extrême ». Ce « meilleur argument » est le suivant :

> Le souci que j'ai de mon avenir peut correspondre au degré de connectivité qui relie mon moi présent à mon moi futur. La connectivité est l'une des deux relations qui me donnent une raison de me soucier particulièrement de mon avenir propre. Il peut être rationnel de moins m'en soucier lorsque l'une des raisons de ce souci vaut à un moindre degré. Puisque la connectivité va toujours en s'affaiblissant sur de longues périodes, je peux rationnellement me soucier moins de mon avenir lointain [3].

1. D. Parfit, *Reasons and Persons*, *op. cit.*, p. 312.
2. *Ibid.*, p. 311.
3. *Ibid.*, p. 313.

Parfit justifie cet argument de deux manières. D'une part, il est possible – et c'est un fait courant – de considérer « rationnellement » comme moins importantes certaines relations, lorsqu'elles ne fonctionnent qu'à un « degré réduit » : l'amitié, la complicité, la responsabilité, en sont d'après lui des exemples. « On peut défendre une croyance du même ordre à propos de la connectivité psychologique ». Et d'autre part, il est impossible de défendre rationnellement la négation d'une telle croyance :

> Supposons que j'aie à subir une journée pénible à la fois demain et dans quarante ans. Je suis fortement relié psychologiquement à moi-même demain. Cette connectivité est bien moindre entre moi aujourd'hui et moi dans quarante ans. Etant donné que la connectivité est l'une des deux raisons que j'ai de me soucier de mon futur, il ne peut être irrationnel de ma part de m'en soucier moins dans les cas où la connectivité est moindre [1].

C'est ainsi que la connectivité psychologique devient chez Parfit une « raison » du « souci » de soi (ici identifié à « ce qui importe »), et explique par là-même qu'il soit rationnel de ne pas se soucier particulièrement de son moi futur. Parfit précise, ce faisant, que le taux de dévaluation ici appliqué n'est pas ce taux de dévaluation temporelle dont il avait repéré chez Hume une description imparfaite dans la mesure où elle s'appliquerait « uniquement au futur immédiat » [2]. Il s'agit d'un « nouveau genre de dévaluation », qui concerne « non pas le temps lui-même (...) mais l'affaiblissement de l'une des deux relations qui importent fondamentalement » [3] : cette dévaluation s'avère, d'après lui, rationnelle. Par conséquent, il est également rationnel de ne pas se soucier particulièrement de son moi futur.

Il est temps de répondre maintenant à notre question initiale : Hume rejoint-il la « position extrême » de Parfit et adopte-t-il les arguments (en tout cas le « meilleur argument ») qui, chez ce dernier, la confortent ? En d'autres termes, il convient ici de se demander si le souci de soi est, d'après Hume, greffé sur la relation de connectivité psychologique, ce qui permettrait alors de lui attribuer l'idée selon laquelle un affaiblissement de ce souci dans le temps se justifie rationnellement. Pour montrer que tel n'est pas le cas, j'avancerai deux arguments.

1. D. Parfit, *Reasons and Persons*, *op. cit.*, p. 314-315.

2. *Ibid.*, p. 159. Parfit propose alors de lui substituer une « description plus exacte » (en fait inspirée des courbes de George Ainslie, qu'il cite en note ; n. 25, p. 513) selon laquelle « nous appliquons un *taux de dévaluation* à l'égard du temps, et nous dévaluons le futur *proche* à un taux *plus élevé* ». Je pense pour ma part que ce que dit Hume n'est en fait pas très éloigné de ce que dit Ainslie (voir *infra*, chap. III, p. 156).

3.D. Parfit, *Reasons and Persons*, *op. cit.*, p. 314.

Premièrement, le souci de soi *repose d'après Hume sur les passions*. Ce souci équivaut à « l'identité relative à nos passions », et cette dernière est, aux dires mêmes de Hume, une question « *distincte* » de l'identité « relative à l'imagination », de celle qui précisément repose sur la relation R (ou plus exactement sur la confusion fictive de cette relation avec l'identité). Ce sont donc en fait les différentes modalités (décrites plus haut) du souci actuel des peines et plaisirs passés ou à venir qui permettent de saisir ce que Hume entend par « l'intérêt que nous prenons à nous-mêmes ». Certes, tant l'identité relative à l'imagination que celle qui a trait aux passions reposent chez Hume sur une thèse réductionniste : de même que le « moi » présent *n'est rien d'autre* qu'un faisceau de perceptions, de même « l'intérêt que nous prenons à nous-mêmes » *se réduit* à un « souci présent de nos peines et plaisirs passés ou à venir » [1]. Mais, en même temps, c'est à partir des seules passions (marquées par l'imagination) que ce souci est expliqué. Mieux, l'influence réciproque des peines et plaisirs passés, présents et à venir, apparaît chez Hume comme l'une des modalités de la « relation de causalité » unissant les perceptions, loin que ce soit cette connectivité causale qui permette d'en rendre compte. Que « l'identité relative aux passions » vienne « corroborer » (et non s'appuyer sur) « l'identité relative à l'imagination », est indiqué par Hume après la célèbre et brillante comparaison (bien sûr prisée par Parfit) entre l'esprit et une république :

> Pour ce qui est de la causalité, nous pouvons observer que l'idée véritable de l'esprit humain est de le considérer comme un système de différentes perceptions et de différentes existences, qui sont liées ensemble par la relation de cause à effet et se produisent, se détruisent, s'influencent et se modifient les unes les autres. (...). A cet égard, je ne puis mieux comparer l'âme qu'à une république (...). Et comme une même république particulière peut changer non seulement ses membres mais aussi ses lois et ses constitutions, une même personne peut changer de caractère et de disposition, ainsi que d'impressions et d'idées, sans perdre son identité. Quelques changements qu'elle subisse, ses diverses parties sont toujours reliées par la relation de causalité. *Et de ce point de vue, notre identité relative aux passions sert à corroborer notre identité relative à l'imagination en faisant que nos perceptions éloignées s'influencent les unes les autres et en nous donnant un souci présent de nos peines et plaisirs passés ou à venir* [2].

1. *Traité*, 1.4.6.19, p. 354.
2. *Traité*, 1.4.6.19, p. 353-354, je souligne.

Il serait alors hors de propos de faire de l'absence de souci « particulier » pour le moi futur (« position extrême ») une conséquence de la thèse réductionniste de Hume en matière d'identité personnelle. Ce lien doit être à tout le moins réservé à la thèse réductionniste *de Parfit*. Hume, tout au contraire, considère comme parfaitement compatibles une définition réductionniste du *soi* et une pensée cohérente du souci affectif du *soi futur*, à condition bien sûr d'entendre ce dernier comme un ensemble de perceptions à venir, et non pas comme un fait « autre » que ces perceptions.

Deuxièmement, Hume s'intéresse de près, comme on l'a vu, à l'« influence de l'imagination sur les passions ». L'une des modalités de cette « influence » s'avère être le moindre impact sur la pensée, et donc le moindre souci présent, des peines et plaisirs éloignés dans le futur, comparés à ceux qui sont présents ou plus proches. On remarquera néanmoins que Hume n'en tire aucune conséquence sur le caractère justifié (ou pas), rationnel (ou pas), des variations de ce « souci ». C'est que Hume ne rapporte pas l'intérêt affectif pris au présent ou au futur à une relation objective (comme l'est celle de « connectivité » chez Parfit), relation dont l'affaiblissement « justifierait » les variations de cet intérêt. Il rapporte bien plutôt cet intérêt et ses variations aux efforts subjectifs, plus ou moins grands, que doit faire l'esprit pour atteindre les points plus ou moins éloignés dans l'avenir et auxquels correspond sa « situation future » :

> Il est clair que l'imagination ne peut jamais oublier complètement les points de l'espace et du temps où nous existons (...). Par conséquent, lorsque nous réfléchissons sur un objet situé loin de nous-mêmes, nous ne sommes pas seulement obligés de l'atteindre tout d'abord en traversant l'espace intermédiaire qui nous sépare de cet objet ; nous devons encore renouveler à chaque instant notre progression, ce qui nous rappelle constamment à la considération de nous-mêmes et de notre situation présente. On conçoit aisément que l'interruption de ce progrès (...) doit affaiblir l'idée de cet objet. *Moins* l'on fait de pas pour parvenir à l'objet, *plus libre* est la voie qui y mène, moins sensible est la diminution de vivacité ; mais comme on peut le constater : plus ou moins en fonction des degrés d'éloignement et de difficulté [1].

Dans ce passage, comme dans tous ceux qui l'encadrent, Hume est bien loin de vouloir comme Parfit justifier rationnellement une « absence de souci particulier » pour le moi futur, car cela reviendrait de sa part à passer, sans plus d'explication, de ce qui *est* et dont l'imagination rend compte, à ce qui *se justifie rationnellement*. Si donc Hume rend effectivement compte

1. *Traité*, 2.3.7.2, p. 285.

(par l'imagination) des variations du souci des plaisirs et des peines – selon qu'ils sont proches ou éloignés, soit dans le temps soit dans l'espace, que l'éloignement temporel soit passé ou futur – il ne trouve dans cette explication ni matière à critique, ni matière à justification rationnelles.

Ainsi, le fait que mes états passés, présents ou futurs, m'importent, et le font par degrés, tient selon Hume, à trois faits essentiels, dont on a l'expérience. Premièrement, la contiguïté temporelle étant l'une des *relations d'idées*, une conception présente ou proche dans le temps me touche plus vivement qu'une plus éloignée ; ce qui s'applique aux conceptions des peines ou des plaisirs passés ou à venir. Deuxièmement, *les passions* roulent sur le plaisir et la peine, de sorte que plaisirs et peines passés ou futurs peuvent m'affecter présentement à travers leurs idées. Troisièmement, les idées de nos plaisirs et peines passés, présents et à venir, se trouvent reliées par une relation de *causalité* qui contribue, comme on l'a vu, à la formation de la fiction d'identité, autrement dit, à la question de l'« identité relative à l'imagination ». Le souci de soi et ses variations se trouve ainsi fondé chez Hume *à la fois* sur les propriétés de l'imagination et sur celles des passions, tandis que, corrélativement le moi comme « fait supplémentaire » au tas des perceptions (dont les passions font partie) n'est finalement qu'une fiction.

J'ai montré dans ce chapitre que le réductionnisme de Hume était plus avéré que celui de Locke, bien que Parfit ait tendance à mettre ces deux auteurs sur le même plan, empruntant à Hume l'appellation « théorie du faisceau », mais parlant en même temps d'une « version réductionniste de la théorie de Locke ». Or, d'une part, j'ai rappelé que la critique humienne de la conception lockienne de l'identité personnelle consiste à lui reprocher le maintien d'un fait ou d'une entité supplémentaire – le moi, la personne – que Hume a identifié à une fiction. Et d'autre part, j'ai tenté d'expliciter plus que ne le fait Parfit les « points pertinents » que ce dernier emprunte à Hume. Il s'agit de la possibilité d'une description impersonnelle de la continuité et de la connectivité psychologique, de l'insistance sur le caractère scalaire de cette dernière, et de la découverte corrélative du caractère « purement verbal » des attributions d'identité. C'est donc Hume qui, à mon avis, fournit à Parfit ses arguments les plus radicaux pour soutenir la thèse selon laquelle l'identité n'est pas ce qui importe. Et la seule différence qui subsiste entre eux est finalement le fait que Hume ait déterminé comme une « fiction » (avec les effets de croyance que cela implique) le mystérieux « fait supplémentaire » qui sépare anti-réductionnistes et réductionnistes.

J'ai ensuite expliqué comment, de son côté, Perry a tiré parti d'un autre élément présent dans l'analyse humienne de l'identité personnelle, à savoir le rôle de la relation de causalité au sein de la connectivité psychologique (ou au sein du « système de perceptions reliées », pour citer Hume), une causalité qui s'étend, d'après Hume comme d'après Perry, *au-delà de la mémoire*. J'ai néanmoins ajouté que c'est une relation d'identité réelle et une entité réelle (le moi), quoique non directement observables, que postule Perry à travers l'idée d'une relation et d'un moi « inférés ». Au contraire, Hume avait vu dans cette entité, ou plutôt dans ce « quelque chose d'inconnu et de mystérieux » qu'on appelle « le moi », une pure fiction. De même, la relation d'identité « attribuée » à la suite des perceptions reliées s'avérait à ses yeux une supposition erronée. De même enfin, la connexion causale unissant les perceptions n'était en fait d'après lui qu'une connexion des idées dans l'imagination. Corrélativement, la « théorie de l'homme » dont Perry cherche à montrer qu'elle exige la supposition d'une relation d'identité réelle, se passe chez Hume de cette supposition, tout comme elle se garde plus généralement de considérer comme réelle la connexion causale. Mieux, le rejet de telles suppositions fait en fait partie de sa théorie de l'homme, que le scepticisme conduit donc bien au-delà de la « psychologie du sens commun » dont se contente Perry à propos de l'identité personnelle.

Malgré cette radicalité à la fois réductionniste et sceptique de la théorie humienne de l'identité personnelle, j'ai montré pour finir qu'elle permet de rendre compte du souci de soi, plus précisément de l'intérêt pris aux peines et aux plaisirs passés ou à venir, et plus particulièrement encore du souci accordé à ces derniers. Or lorsqu'il porte sur des états futurs, ce souci ne constitue pas simplement aux yeux de Hume, comme c'est le cas pour Parfit, un phénomène naturel qui assure la survie. Il s'agit selon lui d'un phénomène proprement passionnel constitutif de notre « identité relative aux passions ». Et il contribue en outre, par le truchement de la relation de causalité, à lier entre elles les affections dont l'éloignement temporel n'est pas trop important. Or avec cette dernière précision, c'est « l'influence de l'imagination sur les passions » qui intervient également dans cette explication du souci de nos affections passées ou à venir. De sorte que, d'un côté, les passions « corroborent » les liaisons idéelles entre perceptions tandis que, réciproquement, l'imagination « influence les passions » à travers la relation de contiguïté temporelle et ses degrés. Or toute cette explication ne mobilise ni ne suppose jamais la relation d'identité.

Finalement Hume, contrairement à Perry ou Parfit, n'est jamais conduit à se prononcer en faveur d'une justification rationnelle (dérivée) ou de l'absence de justification d'un tel souci de nos états futurs *puisque ce souci ne repose ni sur la relation d'identité (fictive) ni sur la connectivité psychologique à laquelle, au contraire, il contribue.* Aussi Hume explique-t-il l'existence de ce souci par les passions. Et il en mesure les degrés, selon l'éloignement temporel des affections à venir.

La théorie des passions que j'ai mobilisée dans ce chapitre pour rendre plus complètement compte de la conception de l'identité personnelle de Hume a donc principalement engagé 1) sa compréhension des « passions indirectes » que sont l'orgueil et l'humilité et qui ont le moi pour « objet » ; 2) la relation de causalité unissant selon lui, sous la forme d'idées, nos peines et nos plaisirs passés, présents et futurs, et enfin, 3) l'influence réciproque de l'imagination et des passions. De cette manière, j'ai tenu à approfondir l'exploration du réseau argumentatif humien autour de la question de l'identité au-delà de la connexion causalité-identité repérée par Perry, ou du lien pointé par Parfit entre le souci de soi et la dévaluation temporelle qui selon Hume s'y applique.

Or s'agissant de la philosophie humienne des passions, les points qui se trouvent aujourd'hui les plus discutés ne concernent en fait ni la théorie des passions indirectes, souvent jugée obsolète car pas assez nettement « intentionnelle » ou « propositionnelle », ni l'insistance sur le plaisir et la peine constitutifs de la passion – c'est au contraire une conception « cognitive » des émotions qui prévaut actuellement – ni non plus les relations (pourtant essentielles à mon avis) entre imagination et passions. C'est plutôt la théorie humienne de la motivation qui se trouve aujourd'hui au cœur de débats relevant à la fois de la philosophie de l'action et de la philosophie morale. C'est pourquoi le livre II du *Traité de la nature humaine* trouvera son principal écho dans le présent livre sous la forme des trois chapitres qui vont suivre, et qui mobilisent directement (pour ou contre la théorie humienne de la motivation ?, chapitre 3) ou plus indirectement (les « raisons » d'une action sont-elles toutes « internes » ?, chapitre 4 ; peut-on les considérer comme des « causes » ?, chapitre 5) cette célèbre théorie humienne des motifs de l'action.

CHAPITRE III

LA THÉORIE HUSMIENNE DE LA MOTIVATION

Lorsqu'il est question des motifs de l'action, la fameuse phrase de Hume est à peu près constamment citée, qui dit que la « raison est et ne doit qu'être l'esclave des passions » [1]. Corrélativement, la théorie humienne de la motivation, accordant aux désirs une force motivationnelle tandis que des croyances seules ne sont pas capables de nous motiver, sert souvent de référent qu'il s'agit de critiquer ou d'améliorer. De sorte que, de manière plus précise, le débat contemporain sur la motivation de l'action s'est cristallisé autour de l'existence controversée de croyances supposées capables de motiver directement l'action, à la façon des désirs ; il s'agit essentiellement des croyances morales. Les « Anti-Humiens » voient dans l'existence de ces « croyances désirantes » une preuve de la fausseté du cadre explicatif humien de la motivation. Les « Humiens » quant à eux s'efforcent de montrer que de telles croyances sont en fait toujours subordonnées à des désirs et ne remettent pas en question l'explication de la motivation fournie par Hume. Avant de reconstituer ce débat, et de montrer de quelle manière Hume y intervient ou pourrait y intervenir, je voudrais partir d'une présentation plus textuelle de la théorie de la motivation présente dans le *Traité de la nature humaine*. Cette présentation préalable me permettra, d'une part, d'indiquer précisément à quel titre interviennent selon Hume ces « jugements accompagnateurs » des passions que les auteurs contemporains appellent des « croyances » en un sens non spécifiquement humien. Elle me permettra, d'autre part, de vérifier que Hume adoptait effectivement la « théorie humienne de la motivation »

1. *Traité*, 2.3.3.4, p. 271.

déterminée par les contemporains, ce que certains commentateurs de Hume nient, en jouant précisément (quoique à tort à mon avis) sur la définition spécifique que Hume accordait à la « croyance » ou « opinion », à savoir « *une idée forte et vive provenant d'une impression présente qui lui est reliée* » [1] ou, plus généralement encore, « *une conception plus vive et plus intense d'une idée* » [2].

La motivation selon Hume

Présentons donc d'abord la manière dont Hume conçoit le rôle des désirs et des croyances dans l'action. Hume fait intervenir les croyances aux côtés des passions pour rendre compte de l'action. Il parle pour sa part de « jugements accompagnateurs de la passion » d'« opinions » ou de « suppositions ». Et il pense qu'ils interviennent soit positivement, soit négativement et, dans chaque cas, à deux titres. Un jugement intervient positivement, c'est-à-dire favorise une passion ou une action : 1) lorsque la raison informe une passion de l'existence d'un objet qui lui est adéquat ou 2) lorsque la raison indique à la passion des connexions causales propres à lui fournir les moyens de son exercice. Inversement un jugement intervient négativement, c'est-à-dire, est susceptible de prévenir une passion ou une action : 1) en indiquant à la passion que l'objet qu'elle convoite n'est pas adéquat (révélant ainsi une « fausse supposition » quant à l'existence de l'objet de la passion) ou 2) en lui indiquant que les moyens envisagés pour atteindre sa fin sont inadéquats. Donnons deux exemples de Hume : si l'on persuade quelqu'un que le fruit qu'il veut manger n'est pas, comme il le croit, bon, mais désagréable, le désir cesse; si on le persuade que les moyens envisagés pour atteindre ce fruit sont inappropriés, l'action projetée n'a pas lieu. Bref selon Hume certaines suppositions – vraies ou fausses et susceptibles de révision – « entrent dans nos raisonnements sur les actions » [3]. Etant donné que Hume considère par ailleurs que le bien ou le mal qui « considérés comme tels » sont l'objet du « désir » ou de l'« aversion » suscitent, lorsqu'ils sont « incertains », de « l'espoir » ou de la « crainte » [4], il me semble même qu'il y a en fait trois sortes de « jugements accompagnateurs de la passion », plutôt que deux sortes comme le dit Hume : 1) la supposition que l'objet de la passion « existe », autrement

1. *Traité*, 1.3.8.15, p. 171.
2. *Traité*, 1.3.10.3, p. 188.
3. *Traité*, 3.1.1.12, p. 54.
4. *Traité*, 2.3.9.6-7, p. 298.

dit, que tel objet contient la caractéristique de désirabilité recherchée par la passion, 2) la supposition concernant la plus ou moins grande probabilité de cette existence (une telle supposition intéresse les passions d'espoir ou de crainte), 3) la supposition que l'objet désiré s'obtient par tel moyen, c'est-à-dire par telle action.

Dans le même temps, Hume montre que ces jugements portant sur l'existence de l'objet désiré, ou sur les causes et les effets de ce même objet, ne font en fait que « servir » une impulsion qui vient d'ailleurs, à savoir, de la passion. C'est la thèse de la raison « esclave » ou de la raison instrumentale. Il faut *d'abord* que la perspective d'un plaisir cause une propension à l'égard d'un type d'objets pour que le jugement puisse ensuite indiquer à la passion si tel objet lui est adéquat ou quelle action permet de l'obtenir. « La question de savoir lesquels, parmi les objets, sont causes et lesquels sont effets, ne saurait présenter le moindre intérêt si l'ensemble des causes et des effets nous était indifférent »[1]. Autrement dit, « la raison ne peut jamais prévenir ou produire *immédiatement* une action en la contredisant ou en l'approuvant », ce qui sous-entend aussi, symétriquement, qu'elle le peut indirectement, obliquement : « une action peut être indirectement (*obliquely*) causée par un jugement, lorsque ce dernier accompagne (*concurs with*) une passion »[2]. L'action selon Hume possède donc des causes directes – les passions – et des causes indirectes – les jugements qui accompagnent les passions et qui n'influencent l'action qu'en se mettant à leur service.

Le fait que les adeptes contemporains de la théorie humienne de la motivation parlent de « croyances » là où Hume parle de « suppositions » ou de « jugements » accompagnateurs des désirs ne pose pas selon moi de problème. En effet, il s'agit bien dans les deux cas d'états cognitifs propositionnels portant sur les états du monde : « juger » ou « supposer », comme l'écrit Hume, *que* quelque chose existe qui est l'objet propre de la passion, ou bien *que* telle action est la cause appropriée pour obtenir l'objet recherché, est bien l'équivalent d'un *croire que*. Plus exactement, dans le cas des jugements sur la causalité, supposer que telle action permet d'obtenir l'objet de la passion peut parfaitement être transcrit dans cette formule contemporaine : « croire qu'en faisant Φ » on fera Ψ, étant supposé que l'agent désire faire Ψ (Φ et Ψ désignant des actions).

1. *Traité*, 2.3.3.3, p. 270.
2. *Traité*, 3.1.1, § 10, p. 52 (je souligne), § 12, p. 53.

Un problème plus épineux a pu conduire certains commentateurs à nier que Hume adopte la « théorie humienne [contemporaine] de la motivation »[1]. Cette difficulté tient au fait que, dans cette théorie, les passions sont « non–motivées », c'est-à-dire, non causées par une croyance antécédente. Comme on vient de le voir, ce point est vérifié chez Hume lorsqu'on désigne par « croyance » ce que Hume appelle « opinion » ou « jugement » quant à l'existence de l'objet de la passion ou quant aux relations causales où est pris cet objet. Cependant, Hume pourrait apparaître comme un « Anti-Humien » si l'on donne au mot « croyance » une acception plus strictement humienne, à savoir, si on lui fait désigner une certaine idée vive de plaisir et de peine, dont l'intensité est proche de celle d'une impression. Il s'avère en effet que Hume écrit explicitement qu'une telle idée vive est susceptible d'exciter nos passions, de sorte que Hume peut conclure à une « influence de la croyance sur les passions » :

> L'expérience nous révèle (...) que les idées des objets dont nous croyons qu'ils existent ou existeront, produisent à un degré moindre le même effet que les impressions immédiatement présentes aux sens et à la perception. L'effet de la croyance est donc d'élever une simple idée jusqu'à l'égalité avec nos impressions, et de lui conférer une influence similaire sur les passions[2].

Ce texte permet-il d'affirmer, comme le font certains commentateurs, que Hume n'adoptait pas une « théorie humienne de la motivation »? Je pense que non. Je crois même que ce texte s'avère en fait parfaitement compatible avec ce que Hume écrit, par ailleurs, sur l'influence seulement seconde des jugements accompagnateurs des passions. On peut remarquer en effet que la croyance influençant les passions dont il est question dans ce texte désigne « l'idée d'un objet dont on croit qu'il existe ou existera ». En outre, Hume explique au même endroit que cette idée consiste en une « idée de plaisir et de peine » : c'est donc l'image d'un bien ou d'un mal supposé existant qui, selon Hume, est susceptible d'exciter la passion. Du point de vue du contenu, on retrouve donc ici la première des deux influences du « jugement » sur la volonté, influence relevée plus haut, à savoir, *la supposition que l'objet de la passion « existe », autrement dit, que tel objet contient effectivement la caractéristique de désirabilité recherchée par la passion.* Est-ce à dire que la supposition en question (dont on voit désormais que Hume lui-même l'appelle *parfois* « croyance ») s'avère ici par elle-

1. *Cf.* I. Persson, « Hume – not a "Humean" about motivation », *History of Philosophy Quarterly*, 14 (1997), n°2, p. 189-206.
2. *Traité*, 1.3.10.3, p. 187.

même productrice de désir ? Non : car Hume précise que l'idée vive d'un certain type de plaisir ou de peine permet en fait d'exciter « une certain degré *de la passion qui lui est propre* (*its proper passion*) »[1], ce qui implique que, d'un point de vue constitutif, *la structure de la passion, une structure que l'on pourrait ici qualifier d'intentionnelle, est première par rapport à la croyance en l'existence de son objet.* « L'influence de la croyance sur la passion » est donc, en réalité, seconde, car elle implique toujours qu'une telle structure intentionnelle soit donnée. L'exposé humien « de l'influence de la croyance sur les passions » s'avère donc selon moi compatible avec la section du *Traité* consacrée aux « motifs qui influencent la volonté », section sur la base de laquelle s'est construite la « théorie humienne [contemporaine] de la motivation ».

HUMIENS ET *ANTI-HUMIENS*

C'est ainsi que, dans la littérature contemporaine, la théorie humienne de la motivation s'est finalement vue retranscrite de la manière suivante (je suis ici la formulation de Michael Smith) : R est la raison motivante pour un agent A de faire Φ si et seulement si il y a un Ψ tel que R consiste en un désir de A de faire Ψ et en une croyance que s'il fait Φ, il fera Ψ[2]. On reconnaîtra là également une formulation proche de la définition de la « raison primaire » de Davidson, bien que ce dernier ne déclare pas reprendre ou adapter la théorie humienne de la *motivation*, mais plutôt emprunter à Hume une conception du *caractère causal* des raisons d'agir : j'y reviendrai au chapitre 5.

Le débat contemporain opposant les « Humiens » et les « Anti-Humiens » sur la question de la motivation ne porte pas néanmoins sur la nature des raisons de l'action (raisons qui sont aussi des causes ou bien raisons qui ne sont pas des causes). C'est là un autre débat, à savoir le débat sur « les causes et les raisons » qui oppose Davidson aux Wittgensteiniens. Or, comme le précise Michael Smith, ces deux débats sont distincts. Aussi ce dernier, qui se présente comme « Humien » sur la question de la motivation, défend-il pour sa part une conception « simplement » téléologique de l'action qu'il distingue explicitement de la conception causale des raisons de l'action défendue par Davidson[3], quand bien même ce dernier se

1. *Traité*, 1.3.10.4, p. 188, je souligne.
2. M. Smith, *The Moral Problem*, Oxford, Cambridge, Blackwell, 1994, p. 92.
3. *Ibid.*, p. 103 et 140.

réclamerait de Hume en ce qui concerne la conception de la causalité. Ainsi, écrit Michael Smith, une explication de l'action par les raisons consiste à rendre la première intelligible en la présentant « dans les termes de la poursuite d'un but ». Une telle explication, ajoute-t-il, peut être causale ou non causale (à son avis, non causale) : il n'en reste pas moins que cette investigation sur la nature *de l'explication par les raisons* n'est pas ce qui oppose le « Humien » à « l'Anti-Humien ».

Le débat entre les « Humiens » (Michael Smith, David Lewis) et les « Anti-Humiens » (Nagel, McDowell, Platts, Dancy) [1], porte exclusivement sur le fait de savoir ce qui peut constituer un motif ultime pour agir. Ainsi, et comme le résume K. Setiya, la théorie humienne de la motivation désigne « la doctrine selon laquelle une croyance ne peut motiver une action sans l'aide d'un désir distinct lui-même non motivé » [2]. De sorte que le débat entre Humiens et Anti-Humiens tourne finalement autour de la question suivante : existe-t-il ou non des croyances qui soient directement motivantes, *des croyances « désirantes »* (*desiderative beliefs*, également appelées *besires*) *qui ne supposeraient pas préalablement un désir*. Les « Humiens » disent que ces croyances désirantes n'existent pas, les « Anti-Humiens » affirment que si. En outre, pour les Anti-Humiens, la suggestion selon laquelle certains désirs peuvent être des croyances offre comme « caractéristique attractive » sa capacité à « réfuter les explications émotivistes du discours moral » au profit d'explications cognitivistes [3]. On voit que le débat sur la nature de la motivation rencontre ici un troisième débat qui porte, cette fois, sur la nature même des jugements de moralité.

Ce lien entre la question de la nature de la motivation et celle de la nature des distinctions morales se trouvait d'ailleurs déjà chez Hume lui-même lorsqu'il reliait explicitement sa réfutation du rationalisme moral aux arguments qu'il avait avancés en faveur de l'inertie de la raison dans

1. Voir Bibliographie.

2. K. Setiya, « Hume on Practical reason », *Noûs*, 38 (2004), Supplement : Philosophical Perspectives, 18, *Ethics*, p. 371.

3. H. Price, « Defending Desire-as-Belief », *Mind*, 98 (1989), n° 389, p. 119. Il a néanmoins été soutenu par d'autres auteurs (N. Capaldi, D. Garrett, C. Pigden, D. Parfit dans *On What Matters* : voir Bibliographie) que Hume est en réalité cognitiviste. Je suis en désaccord avec cette attribution pour une raison déjà évoquée dans l'introduction de ce livre : la théorie humienne du spectateur judicieux n'implique pas qu'il existerait *dans les actes* des *propriétés morales* dépendant des réponses des spectateurs, mais se relie explicitement à l'émotivisme de Hume en expliquant « *pourquoi une action ou un sentiment, quand ils sont vus ou examinés d'une manière générale, procurent une certaine satisfaction ou un certain désagrément* ».

la motivation de l'action. Certes, « l'argument de la motivation » (ainsi nommé par Francis Snare [1]) est *chez Hume* le suivant :

1. La moralité produit/prévient les passions et les actions.
2. *Or* la raison seule ne peut produire/prévenir les passions et les actions car (entre autres raisons) une croyance ne peut motiver une action sans un désir qui l'accompagne.
3. *Donc* les conceptions morales ne proviennent pas de la raison seule, *i.e.* des idées, elles sont par conséquent fondées sur des impressions (car ce sont là les deux seules espèces de perceptions d'après Hume).

Tandis que l'argument contemporain « en faveur du non-cognitivisme [moral] » est plutôt le suivant :

1'. Un agent qui possède une conviction morale est en général enclin à agir conformément à cette conviction.
2'. *Or* aucune croyance ne peut nous motiver sans un désir antécédent (d'après la théorie humienne de la motivation)
3'. *Donc* les conceptions morales ne sont pas affaire de croyance mais de désir.

Ainsi, la conclusion que Hume tirait de son argument de la motivation n'est pas (3') mais (3), à savoir : les conceptions morales ne reposent pas sur des idées mais sur des impressions. Et sa seconde prémisse n'est pas (2') mais (2), à savoir la complète inertie de la raison (dont (2') est l'une des preuves). Malgré ces variations, cette reprise n'en constitue pas moins le signe d'une présence explicite, en éthique contemporaine, du réseau argumentatif humien.

Sans prétendre reconstituer l'intégralité des positions et des arguments que la question de la motivation engage du côté de l'éthique contemporaine – ce qui reviendrait peu ou prou, comme je l'ai expliqué dans l'introduction de ce livre, à faire un tableau de la méta-éthique contemporaine, là où le clivage cognitivisme/anti-cognitivisme joue un rôle central – j'aborderai en partie la question de la nature des dispositions morales (croyances ou désirs) dans le présent chapitre, étant donné que les croyances morales constituent selon les Anti-Humiens des croyances par elles-mêmes motivantes. Et il en sera à nouveau question dans le prochain chapitre consacré aux raisons « internes » ou « externes » de l'action. En effet, c'est par un rejet de l'internalisme humien en ce qui concerne les raisons « normatives » de

1. F. Snare, « The Argument from Motivation », *Mind*, 84 (1975), n° 333, p. 1.

l'action que certains auteurs, en particulier Michael Smith et Christine Korsgaard, ont défendu l'existence d'une rationalité pratique kantienne.

Concentrons-nous donc ici sur le débat portant sur la motivation, celui qui porte sur la possibilité ou non de « croyances désirantes », de croyances directement impulsives. Tout en tentant de restituer l'essentiel de ce débat contemporain, il s'agira ici d'y introduire Hume en deux temps. Premièrement, quels arguments a-t-il avancé pour distinguer les désirs des croyances et ces arguments étaient-ils destinés, comme c'est le cas chez le Humien contemporain, à montrer que les croyances ne motivent pas ? Deuxièmement, étant donné que Hume a bel et bien affirmé l'influence pratique sur les passions et les actions de certaines « opinions » morales, en quoi ces opinions peuvent-elles se distinguer des « croyances désirantes » mises en avant par les Anti-Humiens ?

POURQUOI LES CROYANCES NE MOTIVENT-ELLES PAS ?

Pour défendre l'idée selon laquelle quelque chose comme une croyance désirante est impossible, Michael Smith utilise essentiellement le thème de la « direction of fit », « direction d'ajustement », dont il précise qu'il l'emprunte à l'Anti-Humien Marc Platts se référant lui-même à l'ouvrage d'Anscombe, *Intention* (1957)[1]. Ce thème de la « direction of fit » se trouve également dans les ouvrages de John Searle, *Speech Acts* (1972) ou *Intentionality* (1983)[2], qui s'inscrivait pour sa part dans le sillage d'Austin. Et c'est finalement à ce dernier que reviendrait la paternité du thème de la « direction of fit », du moins dans son usage linguistique[3]. Désirs et croyances, explique Michael Smith, se caractérisent par une « direction d'ajustement » inverse eu égard aux états du monde : le désir vise l'adaptation du monde à lui, et il persiste lorsque cette adaptation monde-désir n'est pas le cas ; la croyance vise l'adaptation au monde, elle a une direction d'ajustement esprit-monde, et elle disparaît lorsque cette adaptation croyance-monde n'est pas le cas.

1. *Cf.* E. Anscombe, *L'intention*, § 32, trad. fr. M. Maurice, C. Michon, Paris, Gallimard, 2002, p. 106-108.

2. *Cf.* J. Searle, *L'intentionalité*, trad. fr. C. Pichevin, Paris, Minuit, 1985, p. 23.

3. C'est ce qu'indique L. Humberstone citant « l'étude d'Austin sur les actes de langage impliquant une prédication (1953) », L. Humberstone, « Direction of Fit », *Mind*, 101 (1992), n° 401, p. 60. *Cf.* J. L. Austin, « How to Talk. Some Simple Ways », *Proceedings of the Aristotelian Society*, 53 (1952-1953), p. 234.

Michael Smith tire de cette distinction deux conséquences, avant même de s'interroger sur la possibilité de croyances désirantes qui possèderaient les deux directions d'ajustement. Premièrement, avoir une raison motivante, autrement dit, avoir un but, a la même direction d'ajustement que le désir, de sorte qu'avoir un but, *ce n'est rien d'autre que désirer* (« having a goal just is desiring ») [1]. Deuxièmement, il est impossible qu'une croyance « ordinaire » motive et constitue une raison motivante d'agir, dans la mesure où avoir un but, c'est viser l'ajustement du monde au but, alors que croire consiste en un ajustement de l'esprit au monde. La croyance est donc inerte en termes de motivation, et Smith retrouve ici la conclusion que Hume appliquait à la raison.

Je voudrais montrer qu'en dépit d'une apparente ressemblance, c'est par une autre voie que celle de Hume que le Humien Michael Smith retrouve cette conclusion. Pour le voir, il faut se reporter au texte où Hume oppose le caractère non-représentatif de la passion et le caractère représentatif des jugements qui, dans l'action, accompagnent la passion. Cette thématique semble apparentée au problème de la « direction of fit » dans la mesure où elle consacre une différence entre désir et croyance. Cependant, deux différences importantes séparent le raisonnement de Hume et le raisonnement du Humien.

Premièrement, pour Hume, ce n'est pas en raison d'une différence d'ajustement eu égard aux états du monde que passion et jugement se distinguent, mais en raison du caractère non représentatif de la première, et représentatif du second. Pour le dire autrement, chez Hume, le monde n'est ni représenté ni visé dans le désir. De sorte que la différence du désir et de la croyance ne porte pas sur *l'orientation* de cette visée mais sur *l'existence* d'une quelconque visée.

Citons pour le montrer l'argument que le commentaire contemporain sur Hume désigne comme « l'argument de la représentation » [2] :

> Une passion est une existence originelle ou, si l'on veut, une modification originelle de l'existence ; elle ne contient aucune qualité représentative qui en fasse la copie d'une autre existence ou d'une autre modification (…). Il est donc impossible que la vérité et la raison puissent s'opposer à [une] passion ou que celle-ci puisse contredire celles-là, puisque cette contradiction

1. M. Smith, *The Moral Problem*, *op. cit.*, p. 116.

2. « The Representation Argument », discuté par exemple dans A. Baier, *A Progress of Sentiments : Reflections on Hume's Treatise*, Cambridge, Harvard University Press, 1991, p. 160.

> consiste dans le désaccord des idées, considérées comme des copies, avec les objets qu'elles représentent [1].

Ce texte indique clairement que si la passion s'avère non-représentative, c'est que, contrairement à l'idée, elle ne « copie » aucune autre existence, elle ne renvoie pas à autre chose qu'elle-même : comme l'indique Hume plus loin dans le *Traité*, c'est une réalité « complète en elle-même » [2]. Rappelons que chez Hume, le fait qu'une idée soit représentative ne veut pas dire qu'elle est la copie d'un état du monde, mais seulement qu'elle est la copie d'une *impression* : c'est en ce sens précis que l'idée renvoie à autre chose qu'elle, ce que ne fait pas la passion, cette existence originelle qui ne « copie » rien. C'est la raison pour laquelle Hume *rapproche*, dans l'argument de la représentation, l'« impression secondaire » qu'est la passion ou l'émotion, d'une « impression originale » comme la soif.

> Lorsque je suis en colère, je suis réellement sous l'emprise de la passion et, dans cette passion, je ne me réfère pas davantage à un autre objet que lorsque j'ai soif, suis malade, ou mesure plus de cinq pieds de haut [3].

Ce rapprochement peut être expliqué ainsi : s'il est vrai que la passion naît (directement ou non) d'une impression originale de plaisir ou de peine (raison pour laquelle Hume la qualifie ailleurs d'impression « secondaire » [4]), on ne saurait pourtant dire qu'elle représente ou « copie » cette dernière, comme le fait l'idée. A ce titre, la passion est bien, comme la sensation, une *existence originelle*.

En outre, l'argument de la représentation (dans la seconde version qu'en donne Hume au livre III) stipule que vérité ou fausseté peuvent bien s'appliquer aux « jugements » selon que ces derniers représentent ou non « des relations *réelles* entre les idées » ou bien « des existences et des faits *réels* » [5], mais pas aux passions, qui ne sont susceptibles ni du premier type d'accord, ni du second. Ni du premier car une passion n'implique aucune comparaison d'idées : elle est, en effet, une « réalité » originale. Ni du second car une passion n'engage aucune inférence sur les faits : une passion « n'implique aucune référence à d'autres passions ». Seuls donc peuvent être dits représentatifs (et partant, « vrais » ou « faux ») les jugements accompagnateurs de la passion, ceux-là même que la théorie contemporaine appelle « croyances ». Plus exactement, seuls sont susceptibles de vérité

1. *Traité*, 2.3.3.5, p. 271.
2. *Traité*, 3.1.1.9, p. 52.
3. *Traité*, 2.3.3.5, p. 271, trad. mod.
4. Cf. *Traité*, 2.1.1.2, p. 110 ; 2.3.9.1, p. 297.
5. *Traité*, 3.1.1.9, p. 52 (trad. mod).

et de fausseté les jugements factuels portant, comme on l'a vu, soit sur l'existence de l'« objet » de la passion, soit sur les relations causales où se trouve pris cet objet.

Ainsi, le désir est effectivement opposé par Hume à la croyance et la croyance renvoie bien aux états du monde. Seulement, le désir, lui, n'y renvoie pas du tout. De sorte que la différence croyance-désir n'est pas dans la *manière* de se rapporter aux états du monde : elle tient seulement au fait que le désir n'est, contrairement à la croyance, *en rien* représentatif des questions de fait et d'existence. De sorte que Michael Smith donne une présentation partiellement fausse de « l'image standard de la psychologie humaine (...) que nous devons à Hume » : car s'il est vrai que pour Hume « il y a deux principales sortes d'états psychologiques », les désirs et les croyances, et s'il est également vrai que les désirs ne sont pas selon lui « sujets à une quelconque critique rationnelle », ils ne désignent pas néanmoins des états « qui représentent la façon dont le monde doit être » [1].

Par voie de conséquence, une récente critique adressée à la thèse de la raison esclave me semble passer à côté de Hume. C'est celle de Charles Pigden qui consiste à faire référence à l'existence, dans notre psychologie, de « dispositions à acquérir des désirs » qui diffèrent de ces derniers dans la mesure où, contrairement à eux, ce ne sont pas des « attitudes propositionnelles » (du type désirer que P). Dépourvues de « contenu propositionnel », ces « dispositions » s'identifient à des « tendances » à acquérir des désirs qui, eux, en sont pourvus. Ainsi, explique Pigden, une disposition amoureuse ou une disposition à aimer le chocolat n'impliquent pas une proposition spécifique, mais une tendance à acquérir des désirs dans certaines circonstances : « si j'aime le chocolat, cela ne signifie pas que je désire obtenir une certaine quantité de cet aliment par jour (car mon goût pour le chocolat ne tient pas compte des moyennes). Cela veut dire que lorsque je vois et que je sens du chocolat j'ai tendance à acquérir un désir pour cet objet » [2]. Or, d'après Pigden, une croyance récemment acquise peut parfaitement constituer le stimulus qui active de telles dispositions, auquel cas Hume a tort de faire la déduction suivante, reconstituée par Pigden : « (1) des croyances synthétiques ne peuvent nous motiver si les causes et les effets auxquels on croit nous sont indifférents *donc* (2) des croyances synthétiques ne peuvent nous motiver que si elles indiquent le moyen de réaliser un désir préexistant » [3]. D'après Pigden, il peut au

1. M. Smith, *The Moral Problem*, *op. cit.* p. 7-8.

2. C. Pigden, « If Not Non-Cognitivism, Then What ? », *in* C. Pigden (ed.), *Hume on Motivation and Virtue*, Chippenham, Palgrave Macmillan, 2009, p. 92.

3. *Ibid.*, p. 91, je souligne.

contraire arriver qu'une « croyance synthétique » (par exemple, savoir qu'il y a de la bière dans le réfrigérateur, c'est-à-dire, savoir que si je m'y rends, j'y trouverai de la bière) fasse que j'acquière un désir de boire cette bière, étant donnée une certaine disposition à acquérir un désir de bière. Cette disposition à acquérir un désir est alors l'état motivationnel qui cause mon action, *or ce n'est pas un désir d'après la définition proposée (ce n'est pas une attitude « propositionnelle »)*.

Mais, peut-on rétorquer en revenant à une conception du désir ou plus exactement de la « passion » plus fidèle au texte de Hume, un désir n'est pas représentatif, il ne vise pas un « état de choses ». En revanche, il possède un « objet » qui peut être soit un objet particulier (ainsi la bienveillance, désir issu de l'amour, vise le bonheur d'une personne particulière [1]) soit une *espèce d'objets*. Et ces objets sont en outre *de nature à procurer du plaisir*. Dès lors, un désir de « *ce* fruit » peut bien entendu naître lorsque ce dernier « m'apparaît à distance » et qu'il me semble « plaisant et délicieux » [2]. Mais la croyance qui fait ici naître ce désir est la supposition du fait que cet objet me procurera du plaisir, ce qui implique, *structurellement*, que toute impression de plaisir fasse naître un désir. Est donc ici présupposé le fait que « l'esprit, *par un instinct originel* tend à s'unir au bien et à éviter le mal, quand bien même l'un et l'autre ne seraient conçus qu'en idée et considérés comme devant se produire dans un temps à venir » [3]. Et cette structure instinctive n'est pas une structure propositionnelle. En outre, selon Hume, un désir de fruit, c'est-à-dire *un goût pour les fruits*, éventuellement associé à une préférence pour les poires, peut parfaitement m'inciter à manger des melons faute de poires si l'on m'en présente [4]. C'est la raison pour laquelle, selon Hume, toute croyance indiquant l'existence d'un objet de l'espèce désirée (ou même celle d'un objet particulier plaisant) ou bien le moyen d'en obtenir un (ou d'obtenir cet objet particulier) présuppose toujours, pour m'inciter à agir, *un désir (ou une structure désirante) préexistant(e)*, c'est-à-dire soit un goût pour l'espèce d'objets en question soit, plus profondément encore, un « instinct originel » de l'esprit à s'unir aux objets qui procurent du plaisir.

Malgré cette différence entre la conception humienne des passions et la définition contemporaine des désirs comme des états propositionnels, l'interprétation contemporaine proposée par Michael Smith renouvelle l'opposition humienne du jugement et de la passion et retrouve la conclusion

1. Cf. *Traité*, 2.2.1.2, p. 173-174 ; 2.2.6.3, p. 215.
2. Cf. *Traité*, 3.1.1.12, p. 53.
3. *Traité*, 2.3.9.3, p. 297, je souligne.
4. Cf. *Traité*, 1.3.13.8, p. 221.

de Hume sur le caractère non impulsif du premier. Mais il reste à savoir d'où vient, chez Hume, cette conclusion, ce qui me conduit à relever une *seconde différence* entre l'argumentation de Hume et celle du Humien.

Dans une théorie humienne contemporaine de la motivation comme celle de Michael Smith, l'activité du désir, et l'inertie de la croyance, sont deux conséquences de leurs différentes « directions d'ajustement ». Or chez Hume, l'opposition faite entre désir et « jugement » (« opinion ») en termes de « représentation » et de « vérité » ne prouve pas directement, comme c'est le cas chez Smith, que la croyance ne motive pas. Cette opposition vient seulement « confirmer » l'affirmation selon laquelle la raison ne peut contredire une passion et, partant, déterminer la volonté et l'action. Or cette dernière affirmation est en fait *subordonnée* à la thèse selon laquelle « *la raison ne peut jamais être à elle seule un motif pour une action de la volonté* » [1], une thèse dont elle est la « conséquence nécessaire » [2]. Cette thèse première se prouve en fait par un seul argument déjà évoqué plus haut :

> Lorsque les objets eux-mêmes ne nous affectent pas, ils ne peuvent jamais gagner d'influence par leur connexion ; et il est évident que, comme la raison n'est rien d'autre que la découverte de cette connexion, ce ne peut être par son moyen que les objets sont susceptibles de nous affecter [3].

Si cet argument met effectivement en jeu une différence de nature entre passion (désir) et jugement (croyance), il ne s'agit pas d'une différence en termes de « représentation » : il s'agit, bien plutôt, d'une différence en termes d'« impulsion ». Ainsi, la raison essentielle pour laquelle Hume nie que la croyance puisse directement motiver l'action ne consiste ni à invoquer une direction d'ajustement au monde qui l'empêcherait de jouer le rôle de but, ni même un ajustement au monde inconnu du désir. L'argument de Hume consiste avant tout à dire que l'influence du jugement sur la volonté est *subordonnée* à l'affectation *directe* de la volonté par le désir.

EXISTE-T-IL DES CROYANCES MOTIVANTES ?

Passons à la dispute contemporaine entre Humiens et Anti-Humiens à propos de l'existence – ou pas – de croyances désirantes, c'est-à-dire, de croyances capables de motiver l'action. Comme l'indique le Humien

1. *Traité*, 2.3.3.1, p. 269, je souligne.
2. *Traité*, 2.3.3.4, p. 270.
3. *Traité*, 2.3.3.3, p. 270.

Michael Smith, une croyance désirante serait, par exemple, de la forme « il est juste de faire Φ ». D'après Smith, le débat entre Humiens et Anti-Humiens eu égard à ce type de croyances s'énonce ainsi. Alors que pour un Humien, il est toujours possible qu'un agent qui possède une telle croyance ne possède pas néanmoins le désir de faire Φ, pour un Anti-Humien, il est impossible que ces deux « états » soient séparés. Autrement dit, tandis que pour le Humien, « celui qui estime juste d'agir d'une certaine manière est motivé à agir ainsi *ceteris paribus* », au contraire, l'Anti-Humien considère que l'agent est motivé à agir *simpliciter* [1]. Pour donner raison au Humien quant à son interprétation du caractère pratique de la moralité, Michael Smith argue de la possibilité d'une déconnexion entre jugement moral et motivation, due à l'existence d'« irrationalités pratiques » : la faiblesse de la volonté ou les états dépressifs constituent des exemples d'une telle irrationalité [2]. Smith avance encore un autre argument en faveur du Humien, qui concerne cette fois la « psychologie de la personne vertueuse », et qui est destiné à contrer un argument précis avancé par l'Anti-Humien John McDowell. Selon McDowell, l'agent vertueux est celui qui conçoit d'une manière spéciale les situations auxquelles il est confronté, conception particulière qui dispose sa volonté à agir [3]. Or Smith, qui défend ici la position du Humien, montre qu'un agent vertueux n'est précisément tel que s'il possède certains désirs antérieurs : l'agent vertueux n'est en fait dans l'état cognitif dont parle McDowell que parce qu'il y est disposé par un désir : « une personne ne peut être comptée comme vertueuse que si elle possède certains désirs » [4]. Smith adopte ici en fait une « conception dispositionnelle » de la vertu (la vertu est une disposition à désirer sous certaines conditions adéquates) dont il s'explique plus clairement ailleurs : « si nous considérons les vertus comme des propriétés qui élisent certains désirs dans certaines conditions, on peut expliquer à la fois pourquoi les agents ont des croyances sur ce qui a une valeur, et pourquoi les agents tendent à désirer promouvoir ce qui a, croient-ils, une valeur, *sans supposer que c'est le fait d'avoir des croyances sur les valeurs qui implique le désir de promouvoir ce qui a, selon eux, une valeur* » [5]. C'est la raison pour laquelle Michael Smith considère que le cadre explicatif de la motivation

1. M. Smith, *The Moral Problem*, *op. cit.*, p. 120.

2. Sur ce premier argument, *ibid.*, p. 119-120, 123-124, 133-136.

3. J. McDowell, « Are Moral Requirements Hypothetical Imperatives ? », *Proceedings of the Aristotelian Society*, Supplementary Volumes, 52 (1978), p. 18.

4. M. Smith, *The Moral Problem*, *op. cit.*, p. 122.

5. M. Smith, « On Humeans, Anti-Humeans, and Motivation : A Reply to Pettit », *Mind*, 97 (1988), n°388, p. 593.

trouvé chez Hume, et selon lequel seuls les désirs constituent des raisons motivantes, suffit à rendre compte du fait que des croyances morales soient pratiques.

Dans toute cette argumentation, Hume n'est guère cité. Je voudrais maintenant montrer qu'il aurait pu l'être pour le plus grand avantage du Humien.

S'agissant de la thèse selon laquelle croyances et désirs sont des existences distinctes, Michael Smith se contente en effet d'affirmer qu'elle est au cœur de la « doctrine humienne » [1] sans s'en expliquer davantage. Ainsi, la théorie humienne de la motivation se trouve-t-elle présentée par Smith dans les termes suivants : « un agent est motivé à agir d'une certaine manière si et seulement s'il possède un désir approprié et une croyance portant sur les moyens, *étant entendu que cette croyance et ce désir sont, pour reprendre les termes de Hume, des existences distinctes* » [2]. Mais la question se pose : pourquoi le désir et la croyance sont-ils, d'un point de vue humien, des existences distinctes ? Sur ce point, Smith énonce non pas l'argument de Hume mais plutôt celui du Humien contemporain : « il est toujours au moins possible que des agents possédant un certain état psychologique de type croyance ne possèdent pas l'état psychologique de type désir correspondant, il est toujours possible que l'on puisse séparer les deux, du moins modalement » [3].

A l'évidence, on ne trouve pas cet argument tel quel chez Hume. On peut néanmoins trouver chez lui un argument qui va dans le même sens et qui a l'avantage de s'articuler, comme l'argument de Smith, au problème de la faiblesse de la volonté [4]. Ainsi, voulant étayer l'idée selon laquelle une préférence (autrement dit un désir) ne saurait être qualifiée de « déraisonnable », Hume affirme qu'il n'est pas déraisonnable pour un agent de *préférer* un moindre bien à un autre qu'il *sait* lui être supérieur : « un bien trivial peut, en raison de circonstances particulières, produire un désir supérieur à celui que suscite le contentement le plus considérable et le plus estimable » [5]. Or parmi ces « circonstances particulières » Hume compte la proximité dans le temps du bien inférieur auquel on accorde préférence, une circonstance dont certains auteurs contemporains considèrent qu'elle est justement essentielle pour rendre compte des cas de faiblesse

1. M. Smith, *The Moral Problem*, *op. cit*, p. 119.
2. *Ibid.*, p. 12, je souligne.
3. *Ibid.*, p. 119.
4. Pour un compte-rendu plus détaillé de la pensée de Hume sur la faiblesse de la volonté, voir R. Audi, *Practical Reasoning*, London, Routledge, 1989, p. 52-56.
5. *Traité*, 2.3.3.6, p. 272.

de la volonté. Ainsi Hume explique-t-il que les objets qui nous sont contigus, étant étroitement reliés à ces impressions vives et présentes qui constituent notre moi, exercent sur notre conception une plus grande influence que les objets éloignés. Partant, selon la distance spatio-temporelle qui nous en éloigne, les objets « doivent avoir un effet proportionnel sur la volonté et les passions » [1]. Dans le même sens, c'est par la « faiblesse » et « l'infirmité » de la nature humaine consistant à négliger les objets éloignés au profit des proches, que Hume rend compte du fait que « les hommes agissent si souvent en contradiction avec leur intérêt avéré » (par exemple la nécessité d'un inflexible respect des règles de justice) et lui préfèrent « n'importe quel profit insignifiant, mais présent » (par exemple, une immédiate infraction à la justice) [2]. Bref, Hume a montré que *l'approche temporelle* d'un plaisir tentant peut susciter l'apparition d'une passion violente en sa faveur, au détriment de la préférence calme et plus lointaine pour un objet qui lui est réellement supérieur. Or la dévaluation du futur (*time discouting*) associée à une inversion des préférences dans le temps sont deux circonstances aujourd'hui mises en avant dans certaines explications de la faiblesse de la volonté. George Ainslie [3] par exemple, que j'ai déjà eu l'occasion d'évoquer au chapitre 2 à propos de la dévaluation du futur dont fait état Parfit, considère que l'addiction (qu'il considère comme un cas de faiblesse de la volonté) s'explique par un « renversement des préférences » dans le temps. Lorsqu'on est à un moment très antérieur à l'instant où une personne doit choisir entre l'action de s'abstenir (A) et celle de boire (B), la personne préfère clairement l'option A. Mais plus on s'approche du moment où se présente l'occasion de boire, plus l'attraction envers B dépasse celle envers A. Ainsi, remarque Ainslie, avant de se rendre à une soirée où il sait qu'il y aura des boissons, l'agent croit fermement que les bénéfices à long terme de l'abstention sont plus importants que le plaisir à court-terme de la prise d'alcool. Mais lorsque l'heure de la soirée s'approche, l'agent change d'avis et décide de boire : il peut changer d'avis dans le taxi, et, à plus forte raison, il le fera lorsqu'on lui offrira un verre. Or Hume, comme Ainslie, pensait que (1) les hommes dévaluent le futur à un certain taux, (2) ils dévaluent

1. *Traité*, 2.3.7.3, p. 286.

2. *Traité*, 3.2.7.3, p. 144.

3. G. Ainslie « Specious reward : a behavioural theory of impulsiveness and impulse control », *Psychological Bulletin*, 82 (1975), p. 463-496 ; *Picoeconomics : The Strategic Interaction of Successive Motivational States Within the Person*, Cambridge, Cambridge University Press, 1992. La théorie de Ainslie est présentée dans J. Elster, *Strong feelings : Emotions, Addiction and Human Behavior*, MIT Press, 2000, p. 171 *sq*.

le futur immédiat à un taux plus grand : ce qui explique l'inversion de leurs décisions.

S'agissant à présent du caractère pratique de la moralité, dont on a vu que le Humien Michael Smith s'attachait à en rendre compte par une compréhension de la vertu comme disposition à avoir certains désirs dans certaines situations, comment se trouve-t-il expliqué chez Hume ? Ce dernier a défendu l'idée que le sens du devoir peut constituer une motivation suffisante pour que, par exemple, un père dépourvu d'affection pour son enfant agisse néanmoins pour le bien de celui-ci, ou qu'un homme naturellement dépourvu de gratitude accomplisse malgré cela les actes qui, normalement, en procèdent [1]. Par ailleurs, Hume considère que le sentiment d'obligation morale que nous éprouvons à l'égard du respect de la justice peut constituer un motif d'agir justement : si un homme a été « élevé sous une certaine discipline », écrit-il, « le sens du devoir ou de l'obligation » peut le pousser à rembourser l'argent d'un prêt à échéance [2]. Bref selon Hume, les *opinions morales* ont une influence pratique : « les hommes sont souvent gouvernés par leurs devoirs, sont détournés de certaines actions par l'opinion qu'elles sont injustes et sont poussés à d'autres par l'opinion qu'elles sont obligatoires » [3]. Et Hume voit justement dans cette influence pratique des opinions morales « sur les actions et les inclinations » la preuve que les distinctions morales ne relèvent pas de la raison ou des idées – inactives – mais proviennent des impressions. Il apparaît ainsi clairement que d'après Hume *les opinions morales influencent l'action* : Hume est à ce propos justement qualifié d'« internaliste » (moral), puisqu'il affirme que les gens agissent en général conformément à leurs conceptions morales [4]. Mais de quelle manière exercent-elles selon lui cette influence ? Les « opinions » morales dont parle Hume correspondent-elles aux croyances motivantes chères aux Anti-Humiens, à ces croyances qui motivent l'action indépendamment de tout désir ?

Notons d'abord que, selon Hume, les opinions morales peuvent influencer l'action à elles seules, *sans qu'aucun autre motif ne soit actuellement présent.* Il arrive en de certaines occasions, écrit-il, qu'une personne accomplisse « une action *uniquement par respect de son obligation morale* » [5]. Cela arrive, *premièrement*, dans le cas des vertus dites « naturelles », ces

1. Cf. *Traité*, 3.2.1.5, p. 76 ; 3.2.1.8 p. 77.
2. *Traité*, 3.2.1.9, p. 78.
3. *Traité*, 3.1.1.5, p. 51.
4. Sur ce point, les commentateurs (T. Nagel, R. Audi, M. Smith) s'accordent presque tous.
5. *Traité*, 3.2.1.8, p. 77, je souligne.

vertus dont l'obligation correspond à une inclination naturelle courante dans la nature humaine : la gratitude, l'affection parentale, la bienveillance, etc. Hume montre que, dans leur cas, l'existence d'un motif ou principe vertueux courant dans la nature humaine est toujours supposée, *en droit sinon en fait*, par l'obligation qui pousse à s'y conformer. Complétons en effet la citation que je viens de faire. « Bien qu'en certaines occasions, une personne puisse accomplir une action uniquement par respect de son obligation morale, cela suppose encore et malgré tout qu'il y a dans la nature humaine des principes distincts, qui sont susceptibles de produire l'action, rendue méritoire par leur beauté morale ». Le sens du devoir ne constitue donc un motif d'action *que parce qu'il existe un motif vertueux ordinaire rendant l'action qui en est le « signe » elle-même vertueuse*. Et voici comment Hume le montre : une prise en compte de la vertu ou du vice de l'action ne peut avoir lieu qu'à la condition que l'action soit « avant cela, vertueuse ». Or, sauf à tomber dans un cercle logique, cette dernière condition n'est remplie que si l'action en question se trouve en général produite par un motif *distinct de la considération de la vertu de l'action.* « Un motif vertueux doit donc précéder la reconnaissance de la vertu et il est impossible qu'ils soient la même chose » [1].

Qu'en est-il, *deuxièmement*, pour les vertus dites « artificielles », celles dont le « sens du devoir » ne procède pas directement du « cours naturel et ordinaire de nos passions », « mais résulte artificiellement, quoique nécessairement, de l'éducation et des conventions humaines » [2] ? Hume considère que le précédent argument du cercle peut s'appliquer à elles, mais avec une complication supplémentaire due au fait qu'aucune inclination instinctive, distincte du sens de leur obligation, ne nous y pousse. D'un côté, « nous n'avons *naturellement* aucun motif réel ou universel pour observer les lois de l'équité, sinon l'équité et le mérite mêmes de cette observance », de l'autre, « il n'y a pas d'action qui puisse être équitable ou méritoire si elle ne peut provenir d'un motif distinct » [3]. Le motif « séparé », « distinct du sens de la morale », qui pousse les hommes à la justice n'est donc pas instinctif et, corrélativement, « le sens de la justice et de l'injustice ne vient pas de la nature ». Néanmoins, ce motif vertueux, distinct du souci de la vertu, existe. De sorte qu'après avoir éliminé, dans la section 3.2. 1 du *Traité*, les motifs instinctifs et originels de la justice que pourraient être le souci de l'intérêt personnel dans ses « mouvements

1. *Traité*, 3.2.1.9, p. 78.
2. *Traité*, 3.2.1.17-18, p. 82.
3. *Traité*, 3.2.1.17, trad. mod., je souligne.

naturels »[1], le souci de l'intérêt public, l'introuvable amour de l'humanité, et la bienveillance privée, Hume peut préciser, dans la section suivante, que les hommes n'ont « *d'abord* été conduits [à s'imposer et à observer les règles de justice] que par l'intérêt »[2] assisté, en l'occurrence, de « la moindre réflexion »[3]. Le « sentiment de moralité » attaché aux actions justes, et que Hume explique par « notre sympathie avec les intérêts de la société »[4], n'est donc pas une obligation originelle : c'est une « nouvelle obligation [qui] concourt avec l'intérêt » pour nous y inciter[5]. Ainsi, et une fois encore, un « motif originel » proprement *passionnel* – l'intérêt personnel ou « amour du gain » – dûment assisté de la réflexion, s'avère précéder le sentiment (et, corrélativement, l'opinion) que tel acte est vertueux, tel autre vicieux.

Qu'il s'agisse donc des vertus naturelles ou des vertus artificielles, l'opinion de la moralité ou de l'immoralité d'une action peut constituer selon Hume une raison d'agir, mais il l'estime toujours subordonnée à l'existence de désirs, qui la précèdent ou l'accompagnent. Ainsi donc, d'une manière proche de celle de Michael Smith, Hume a défendu l'idée selon laquelle une croyance morale ne motive que parce qu'il existe un désir qui la précède et la conditionne. Simplement, à la différence de Michael Smith, Hume ne pense pas que la croyance en la rectitude morale d'une certaine action suppose toujours *de fait* un désir de cette action chez l'agent ; il pense plutôt qu'un tel désir est toujours supposé *en droit*, soit au titre de motif vertueux « courant dans la nature humaine », soit au titre de ce motif intéressé qui constitue la *première* obligation de la justice[6].

On voit donc ici que, chez Hume lui-même, l'existence de croyances pratiques est prise en compte et habilement intégrée au cadre explicatif de la motivation qu'il a fourni. En somme, l'existence d'opinions morales motivantes n'est un souci ni pour Hume, ni pour le Humien.

Un problème de taille se pose néanmoins en ce point. Nous venons de voir que, selon Hume, des opinions morales du type « il est obligatoire de faire X », « le devoir d'un père est de faire Y », « il est juste/injuste de faire Z », sont susceptibles de produire des actions. Toutes ces opinions nous

1. *Traité*, 3.2.1.10, p. 79.
2. *Traité*, 3.2.2.24, p. 100, je souligne.
3. *Traité*, 3.2.2.13, p. 93.
4. *Traité*, 3.2.2.24, p. 101.
5. *Traité*, 3.2.5.12, p. 129.
6. Mon interprétation se distingue de celle de V. Nurock pour qui un désir de moralité, de socialisation, de « bien faire » est présupposé dans le sens du devoir : un désir de fait, donc. Néanmoins, nos deux interprétations convergent vers la même conclusion. *Cf.* V. Nurock, *Sommes-nous naturellement moraux ?*, Paris, P.U.F., 2011, p. 246-247.

semblent être de la forme « il est moral d'agir de telle manière », autrement dit encore, « il est moralement requis que je fasse Φ ». Or la défense que produit Michael Smith de la théorie humienne de la motivation est en fait commandée par une clause restrictive selon laquelle cette théorie doit être uniquement entendue comme une théorie des « raisons motivantes », pas une théorie des « raisons normatives », et n'est acceptable qu'en tant qu'elle rend compte des premières, pas des secondes. Aussi Smith développe-t-il, dans le chapitre de *The Moral Problem* qui suit la défense de la « théorie humienne de la motivation », une « théorie anti-humienne des raisons normatives ». Pour comprendre ce changement de cap, précisons d'abord en quel sens Michael Smith entend la distinction des « raisons motivantes » et des « raisons normatives ». Il les définit de la manière suivante : « tandis que les raisons motivantes sont des états psychologiques, les raisons normatives sont des propositions dont la forme générale est : "il est désirable ou requis qu'un agent agisse de telle manière" » [1]. Or si l'on doit, selon Michael Smith, accepter la thèse humienne selon laquelle « les raisons motivantes sont constituées par des désirs et des croyances sur les moyens en vue d'une fin », une théorie humienne des « raisons normatives » lui semble, en revanche, inacceptable. La « rationalité de l'action » ne saurait en effet selon lui s'entendre uniquement comme une maximisation de la satisfaction des désirs, quel que soit leur contenu. Corrélativement, la conception « dispositionnelle » de la rectitude morale (*rightness*) qu'il adopte s'avère en fait fortement liée à l'idée de justification rationnelle des désirs, lesquels, contrairement à ce qu'écrivait Hume, peuvent donc être considérés « de manière critique » [2]. Ce que récuse donc Michael Smith s'avère être, en fait, et conjointement, le type d'« internalisme » adopté par Hume, et sa conception de la raison pratique comme simple raison « instrumentale » : il en sera question dans le prochain chapitre. Néanmoins, et sans anticiper sur cette analyse, remarquons ici que Hume fournit une analyse des raisons normatives, bien qu'elle ne corresponde pas à celle que Michael Smith appelle de ses vœux. Je viens de montrer en effet que, selon Hume, il est possible pour un agent qui *croit* que telle action est « *obligatoire* », d'accomplir l'action correspondant au désir qu'il devrait avoir s'il possédait le principe courant et vertueux dont il est dépourvu (la gratitude, l'affection parentale, par exemple). Par ailleurs, et toujours selon Hume, les hommes ne s'abstiennent de la propriété d'autrui et ne respectent

1. M. Smith, *The Moral Problem*, *op. cit.*, p. 96.

2. *Ibid.*, p. 181. *Cf.* M. Smith, « Dispositional Theories of Value », *Proceedings of the Aristotelian Society*, Supplementary Volumes, 63 (1989), p. 109-110.

leurs promesses que parce qu'ils pensent que de telles actions comportent une obligation morale [1], étant néanmoins entendu qu'ils n'y ont « *d'abord* [été] conduits que par l'intérêt » [2]. Hume affirmait donc à sa manière qu'un agent peut accomplir une action sous le seul effet d'une « raison normative » de type moral, c'est-à-dire, en termes plus humiens, en l'absence du désir correspondant, et sous le simple effet d'un « sens du devoir ». Or si l'on ajoute à cela que l'opinion du devoir (l'opinion qu'une chose doit être faite) *dérive*, selon Hume, de l'existence d'un désir *logiquement premier* produisant cette action, il apparaît alors que l'explication humienne de l'intervention des « raisons normatives » dans la production de l'action s'avère parfaitement compatible avec le cadre explicatif général qu'il a donné de la motivation de l'action.

Concluons ce chapitre, et renforçons nos conclusions en présentant une nouvelle objection adressée par Francis Snare à la théorie humienne de la motivation.

La théorie humienne contemporaine de la motivation avec la formalisation qui l'accompagne me semble une réécriture valide de l'explication humienne de la motivation. La substitution d'un argument proprement contemporain – celui de la « *direction of fit* » – à l'argument humien originel de l'absence de représentativité du désir s'explique ainsi : la conception humienne du désir comme désir d'un objet est devenue obsolète est s'est vue remplacée par une conception du désir de la forme « désirer que P », où P désigne un état du monde. En même temps, j'ai montré que cette substitution entraînait l'apparition d'une nouvelle objection signalant l'existence de « dispositions à acquérir des désirs », et que l'acquisition de nouvelles croyances peut déclencher. Selon moi, une telle objection ne porte pas contre la conception humienne du désir, plus dispositionnelle que propositionnelle, mais seulement contre celle du Humien contemporain. En outre, ces Humiens négligent à mon sens l'explication humienne du caractère pratique des opinions morales au profit d'arguments d'un autre ordre mais qui me semblent en fait plus exigeants et donc plus difficiles à faire admettre aux Anti-Humiens. Pour Hume il suffisait qu'un motif ordinaire rende en droit une action vertueuse pour que le sens du devoir nous y pousse ; pour le Humien Michael Smith la croyance morale en une valeur de l'action ne peut avoir lieu que si un état non cognitif (le désir de l'action) l'accompagne *de fait*.

Si cette interprétation est juste, la théorie de la motivation de Hume pourrait peut-être présenter un autre avantage sur celle du Humien.

1. Cf. *Traité*, 3.2.5.6, p. 124.
2. *Traité*, 3.2.2.24, p. 101, je souligne.

Précisons en effet, en suivant Francis Snare, que pour le Humien contemporain, tout argument pratique a pour point de départ un désir. Ou bien, lorsque ce n'est apparemment pas le cas – par exemple lorsque ce point de départ semble être le fait que j'ai promis, ou bien un certain état de fait concernant les besoins d'une personne qui m'est reliée (pensons à l'exemple précédent du père et de son enfant) – le Humien montrera que ces cas peuvent être redécrits de manière à ce qu'un désir figure dans la première prémisse de l'argument. Ainsi, comme l'explique Snare, un Humien contemporain prétendra qu'il ne peut exister de raisonnement pratique de la forme [1] :

i. J'ai promis [de faire] Ψ
ii. Faire Φ maintenant est la seule manière d'obtenir [de faire] Ψ
.
. [autres prémisses supplémentaire si besoin]
.
iii. J'ai une raison (justifiante) de faire Φ
.
. [prémisses supplémentaires]
.
iv. Je devrais (tout bien considéré) faire Φ

Aux yeux du Humien contemporain, seul existe un raisonnement pratique de la forme [2] :

i*. Je désire tenir mes promesses
i. J'ai promis [de faire] Ψ
ii. Faire Φ maintenant est la seule manière d'obtenir [de faire] Ψ
.
. [autres prémisses supplémentaire si besoin]
.
iii. J'ai une raison (justifiante) de faire Φ
.
. [prémisses supplémentaires]
.
iv. Je devrais (tout bien considéré) faire Φ

Selon Snare, le Humien contemporain peut même re-décrire (i*) en « désir de l'agent que son désir de tenir ses promesses demeure intact,

1. F. Snare, *Morals, Motivation and Convention*, Cambridge, Cambridge University Press, 1991, p. 97 et 100.
2. *Ibid.*, p. 109.

désir de se contraindre lui-même à tenir ses promesses si l'intérêt faiblit dans le futur, etc. », expliquant ainsi comment un agent peut *aujourd'hui* prévoir les défaillances *futures* de sa volonté [1]. Mais surtout, et toujours selon Snare, le Humien contemporain défend l'impossibilité du premier raisonnement pratique en affirmant que l'origine de la force motivationnelle qui conduit l'agent à faire Φ y est parfaitement « mystérieuse », ce qui n'est pas le cas, selon le Humien, dans le second raisonnement présenté ci-dessus et, plus généralement, dans tout raisonnement pratique dont la première prémisse pose que « j'ai *maintenant* le désir de [faire] Ψ » et dont la conclusion est que « je devrais (tout bien considéré) faire Φ ». Or Snare rétorque que le « mystère » n'est, en réalité, pas moins grand dans ce dernier cas que dans le premier. Quatre raisons montrent, selon lui, qu'il y a là un mystère équivalent : (1) la motivation incluse dans la première prémisse a pour objet de faire Ψ (et non Φ), (2) Ψ y est désiré comme fin (et non pas comme moyen, ce qui est le cas de Φ), (3) ces deux désirs peuvent également différer en termes de force et (4) en termes de direction [2]. Dès lors, la solution du Humien consistant à placer la motivation « à l'intérieur du raisonnement pratique » apparaît à Snare comme une solution « fausse ».

Snare se tourne alors vers une autre solution Humienne susceptible de rendre raison de la force motivationnelle qui pousse l'agent à faire Φ, sans placer cette force « à l'intérieur » de son raisonnement pratique. C'est la solution consistant à placer le désir requis dans l'« acceptation » même de ce raisonnement pratique (ou de sa conclusion, IV). Cette solution présente selon Snare un double avantage : d'une part, elle admet le premier raisonnement pratique cité ci-dessus et, plus généralement, tous les arguments pratiques qui n'incluent pas dans leurs prémisses un désir ; d'autre part, elle s'accorde avec le sentimentalisme de Hume, dans la mesure où un tel raisonnement pratique serait « plus senti que jugé ». Néanmoins, et toujours selon Snare, cette même solution présente l'inconvénient majeur de ne pouvoir servir de *preuve* de ce sentimentalisme, puisqu'elle le suppose : or tel est pourtant, comme j'ai eu l'occasion de le remarquer plusieurs fois dans ce chapitre, l'usage qu'a la théorie de la motivation tant chez Hume que chez les Humiens contemporains [3].

Revenons à présent à l'original et demandons-nous si la théorie de la motivation de Hume, en tant qu'elle rend compte, comme nous l'avons vu, de l'influence sur l'action des croyances morales, ne propose pas une

1. F. Snare, *Morals, Motivation and Convention*, *op. cit.*, 111-112.

2. *Ibid.*, p. 114-118.

3. Sur ces avantages et cet inconvénient relevés par Snare, voir *ibid.*, p. 104-105 et p. 143-144.

« version » susceptible de contourner ces deux types de difficultés (la circularité quand il s'agit pour cette théorie de rendre compte du sentimentalisme, l'erreur qu'il y aurait à placer la motivation à l'intérieur du raisonnement pratique). Cette « version » serait la suivante : pour Hume, le désir de tenir ses promesses ou le désir de pourvoir aux besoins de son enfant ne sont pas, rappelons-le, des motifs nécessairement présents chez l'agent lorsque ce dernier se trouve, *hic et nunc*, poussé à tenir ses promesses ou soigner son enfant ; il s'agit plutôt de conditions de possibilité (l'intérêt commun que les hommes ont à tenir leurs promesses, l'affection courante dans la nature humaine du père pour son enfant) qui expliquent néanmoins pourquoi le fait de promettre de faire Ψ me motive à faire Φ, ou pourquoi le fait que mon enfant a des besoins me motive à faire Φ pour y pourvoir. Ces conditions de possibilité s'avèrent donc, d'une certaine manière, *en dehors* du raisonnement pratique de l'agent, sans se trouver, pour autant, *dans l'acceptation* de ce raisonnement par l'agent. C'est une solution difficile à penser, car elle mobilise une vision de l'homme en général (et de ses dispositions) et de l'homme en société (ou en convention) et pas uniquement une conception de l'agent X en particulier, doté de désirs effectifs. Telle est pourtant, à mon sens, la contribution de la théorie de la nature humaine (et de son inventivité) fournie par Hume, à sa théorie de la motivation de l'agent.

Or une telle solution présente l'avantage de préserver l'« internalisme » des raisons de l'action, dont on a vu que le Humien Michael Smith le rejetait pour ce qui est des raisons normatives, et dont la défense la plus solide en philosophie contemporaine revient à Bernard Williams. C'est de cet internalisme des raisons qu'il va être question dans le prochain chapitre.

CHAPITRE IV

HUME INTERNALISTE

Il a déjà été question de l'« internalisme moral » du Humien, et de celui de Hume, dans le précédent chapitre, une position selon laquelle un agent possédant une certaine croyance morale est motivé à agir conformément à cette croyance, sauf irrationalité pratique [1]. Il s'agit là plus précisément, si l'on suit l'utile classification de Derek Parfit dans l'article « Reasons and motivation », de l'« internalisme de la croyance morale » qui est lui-même une espèce de « l'internalisme de la croyance », là où la croyance porte *sur nos raisons d'agir* [2]. Or cet internalisme doit lui-même être distingué de « l'internalisme *des raisons* » c'est-à-dire, plus précisément, des « raisons normatives » qu'a une personne d'agir. Cette dernière conception, précise Parfit qui suit ici Bernard Williams, consiste à poser que toute raison (normative) d'agir est « interne » au sens où, pour un agent, avoir une raison de faire quelque chose signifie *soit* qu'agir ainsi pourrait lui permettre de réaliser l'un de ses désirs actuels, *soit* qu'il serait motivé à agir ainsi s'il connaissait les faits pertinents et s'il délibérait rationnellement. Pour un « externaliste » (des raisons) au contraire, certaines de nos raisons d'agir ne sont pas internes mais externes, au sens où l'agent peut avoir de telles raisons quelle que soit sa motivation, y compris après une telle délibération rationnelle et informée [3].

C'est de cet « internalisme des raisons » (*internalism about reasons/ reasons internalism*), tel que l'a défini Bernard Williams, qu'il va être

1. Cf. *supra*, chap. III, p. 157.

2. *Cf.* D. Parfit, « Reasons and motivation », *Proceedings of the Aristotelian Society*, Supplementary Volumes, 71 (1997), p. 104-105.

3. *Ibid.* p. 100-101.

question dans le présent chapitre. Or ce dernier considère, comme il est couramment supposé que, « *l'internalisme remonte à Hume* » [1]. Pour apprécier cette attribution rétrospective et ses implications, je procéderai en deux temps. Premièrement, je présenterai la forme d'internalisme qui se réclame le plus ouvertement de la position humienne, à savoir, celle de Bernard Williams, et je montrerai pourquoi, à mon sens, il est possible d'accentuer encore ce rapprochement. Deuxièmement, je présenterai une critique conjointement adressée à Hume et à Williams et portant sur leur conception « sceptique » de la rationalité normative : cette critique émane principalement de deux auteurs, Christine Korsgaard et Michael Smith. Précisons ici d'emblée que, de la part de ce dernier, cette critique « anti-humienne » n'est pas « externaliste » : elle porte plutôt sur la forme d'internalisme adoptée par Hume et par Williams, en tant qu'elle présuppose un certain « scepticisme » quant à la capacité de la raison à modifier rationnellement nos désirs, ainsi qu'une conception « relativiste » des raisons normatives.

L'INTERNALISME DE HUME ET DE BERNARD WILLIAMS

Dans l'article « Internal and external reasons », Bernard Williams juge possible d'attribuer à Hume une interprétation « interne » de l'idée de raison d'agir. Selon cette interprétation, « A possède une raison de faire Φ » signifie que « A possède un désir dont la satisfaction implique de faire Φ » ou, plus exactement, « A possède un désir (D) dont A croit que sa satisfaction implique de faire Φ » [2]. Williams considère cependant que la « véritable conception de Hume est plus complexe » et propose, en conséquence, de baptiser ce modèle « modèle infra-humien ». Sur cette base, il suggère, sans plus faire référence à Hume, d'enrichir ce modèle qui a l'inconvénient à ses yeux de poser que n'importe quel désir de l'agent, y compris celui qui se fonde sur une fausse croyance, constitue pour cet agent une raison d'agir. En conséquence, Williams propose de compléter le « modèle infra-humien » de la manière suivante : pour que l'on puisse dire que « A a une raison de faire Φ », deux conditions doivent être remplies : (1) l'existence de D ne doit pas dépendre d'une fausse croyance ; (2) la croyance de A selon laquelle faire Φ permet de satisfaire D ne doit pas être

1. B. Williams, « Internal and external reasons », (1980) repr. in *Moral Luck*, Cambridge, Cambridge University Press, 1981, p. 102, je souligne.
2. *Ibid.*, p. 101-103.

fausse. Or, même si Williams ne le précise pas ici, ces deux conditions me semblent être implicitement présentes dans le texte de Hume lorsque ce dernier écrit qu'un jugement est susceptible de prévenir une passion ou une action : 1) en indiquant à la passion que l'objet qu'elle convoite n'est pas adéquat (« fausse supposition » quant à l'existence de l'objet de la passion) ou 2) en lui indiquant que les moyens envisagés pour atteindre la fin sont inadéquats.

Certes Hume n'a pas cherché à faire correspondre à ces deux cas d'erreurs « susceptibles d'entrer dans nos raisonnements sur les actions »[1] – les seuls cas possibles d'après lui – deux conditions nécessaires et suffisantes qui permettraient de parler de « *raison d'agir* ». En réalité, c'est plutôt à Hutcheson que revient la paternité de la thématique « raisons motivantes »/« raisons normatives » ou, plus précisément pour citer Hutcheson, celle des « raisons excitantes » et des « raisons justifiantes »[2]. En outre, la notion même de « raisons d'agir » ou de « raisons de l'action » paraît presque à l'opposé de l'intention de Hume dans les sections du *Traité* respectivement consacrées aux motifs de la volonté et à l'origine des distinctions morales. Rappelons en effet que cette intention est de montrer l'absence d'influence *originelle* de la raison sur la volonté et l'action et, partant, l'impossibilité que la raison soit la source des distinctions morales qui constituent, au contraire, un principe actif. Or, dans cette perspective, Hume se trouvait plutôt conduit à insister fortement sur *l'impropriété* des épithètes « raisonnable » ou « déraisonnable », « conforme » ou « contraire » à la raison, lorsqu'il s'agit de qualifier *strictement* des passions ou des actions. Néanmoins, en dépit de cet objectif général, Hume a cherché à rendre compte des « manières de parler » (« abusives », « non-philosophiques », « figurées ») par lesquelles les hommes qualifient de « déraisonnables » certains désirs et certaines actions. A cette occasion, il a bel et bien défini *deux sens* – et deux seulement – auxquels passions et actions *peuvent* être qualifiées de « déraisonnables » du fait de leur connexion avec des jugements « faux ou erronés »[3]. De sorte que, dans le cadre de l'exemple qui incite Williams à vouloir enrichir le modèle infra-humien, Hume aurait certainement considéré que l'action de celui qui boit un mélange de pétrole et de tonic

1. *Traité*, 3.1.1.12, p. 54.

2. *Cf.* F. Hutcheson, *Illustrations on the moral sense*, § 361. Depuis un article de W. K. Frankena, cette distinction de Hutcheson est souvent citée comme la première version d'une distinction entre « raisons motivantes » et « raisons normatives » (Frankena, « Obligation and Motivation in Recent Moral Philosophy », A. I. Melden (ed.), *Essays in Moral Philosophy*, Seattle, University of Washington Press, 1958, p. 44).

3. *Traité*, 2.3.3.7, p. 272-273 ; 3.1.1.11-12, p. 53.

en croyant avoir versé du gin peut être *dite* déraisonnable. En effet, selon lui, peut être appelée « déraisonnable » une passion qui s'accompagne d'une « supposition fausse » (ou « erreur de *fait* ») ; de même, « d'une manière figurée », peut être appelée « déraisonnable » l'action qui, par l'entremise de la passion, dérive d'une erreur de ce genre. En outre, Hume acceptait d'appeler, en ce même sens figuré, « conduite folle » (*foolish conduct*) l'action de celui qui fait une erreur en pensant qu'elle est le moyen de favoriser la fin qu'il se propose, ce qui correspond à la seconde condition énoncée par Williams. En conséquence, il me paraît en fait possible d'attribuer à Hume la conception du modèle infra-humien dont parle Williams, *enrichie des deux conditions que ce dernier repère*. Williams lui-même, dans un article ultérieur, affirme d'ailleurs l'origine humienne de son propos : « la conception internaliste est fidèle à ses origines humiennes dans la mesure où elle considère qu'une correction des erreurs de fait et de raisonnement » fait partie de la « *voie délibérative raisonnable* » (*sound deliberative route*) par laquelle un agent en vient à conclure qu'il devrait agir de telle manière [1].

La dernière expression que je viens de souligner indique clairement que, selon Williams, l'ajout de ces deux conditions de correction implique, plus largement, de relier les raisons de l'agent à sa « rationalité », c'est-à-dire, à sa capacité de « délibérer ». Pour Williams, en effet, « le processus de délibération peut ajouter de nouvelles actions pour lesquelles il y a de nouvelles raisons internes, de même qu'il peut ajouter de nouvelles raisons internes pour des actions données » ; de même, enfin, qu'il peut supprimer des raisons d'agir, des désirs, et des actions projetées [2]. Surgit alors, pour notre propos, et bien que la recherche d'un antécédent chez Hume ne fasse pas partie des objectifs de Williams, cette nouvelle question : est-il possible de prêter à Hume lui-même une conception du lien existant entre les « raisons (internes) d'agir », d'une part, et le processus de délibération et la rationalité de l'agent, d'autre part ? Sur ce point encore, et bien que Hume n'utilise quasiment pas le terme de « délibération » et lui préfère ceux de « réflexion » et de « résolution », il me semble que Hume envisage, comme le fait Williams, plusieurs modalités du lien unissant la réflexion aux désirs et aux actions. De sorte que la conception humienne du raisonnement pratique ne se réduit pas, en réalité, à la modalité unique propre au « modèle infra-humien » décrit par Williams, à savoir à la simple découverte par un

1. B. Williams, « Internal reasons and the obscurity of blame », (1989) repr. in *Making Sense of Humanity and other philosophical papers*, Cambridge, Cambridge University Press, 1995, p. 36.

2. B. Williams, « Internal and external reasons », *op. cit.*, p. 104.

agent d'une relation causale de moyen à fin existant entre telle action et tel désir donné (ou telle fin donnée). Une attention portée aux livres II et III du *Traité* montre en effet que sont présentes, chez Hume, certaines possibilités plus nombreuses de délibération, c'est-à-dire d'imagination inventive, que Williams énumère. Enumérons-les avec lui et montrons à chaque fois qu'il en existe un équivalent humien :

a) la recherche du moyen *le plus adéquat* (ou le plus plaisant, le plus économique, etc.) de satisfaire tel désir.

Bernard Williams en fait un exemple de « raisonnement pratique » et le distingue de la « simple découverte du fait qu'un certain comportement est le moyen causal d'une certaine fin », découverte à laquelle se réduit le modèle « infra-humien » [1]. Or ce processus pratique de sélection d'un moyen parmi d'autres moyens possibles se retrouve en fait chez Hume. Ainsi, à propos de la nécessité, pour les hommes, de remédier au problème de l'instabilité des biens extérieurs et aux « mouvements contradictoires » des passions que cette instabilité suscite, Hume écrit : « cela ne peut être fait *d'aucune autre manière* que par une *convention* souscrite par tous les membres de la société afin de conférer de la stabilité à la possession de ces biens extérieurs » [2]. En effet, ajoute Hume, cette abstention des possessions d'autrui constitue *le meilleur moyen* par lequel satisfaire « notre intérêt propre et celui de nos amis les plus proches ». Précisons néanmoins que Hume attribue cette invention « évidente » non pas à une longue délibération mais « à la moindre réflexion ».

b) la détermination de la manière dont les désirs de l'agent peuvent être combinés.

L'articulation de la première et de la seconde règle fondamentale de justice peut être rapprochée d'une telle combinaison. En effet, la règle de stabilité de la possession, elle-même spécifiée en stabilité de la possession actuelle, de la première possession, de la possession ancienne, de la possession acquise par accession ou par succession, peut s'avérer « souvent contraire aux besoins comme aux désirs des hommes » : la recherche d'une meilleure adaptation des possessions à ces besoins ou désirs explique alors l'invention d'une exception à cette règle de la stabilité, à savoir, l'institution de la règle du « transfert de propriété par consentement » [3]. *Se combinent ainsi* une satisfaction de l'amour du gain et de toutes les passions qu'il permet de servir, dont le moyen est la conformation à la première loi de

1. B. Williams, « Internal and external reasons », *op. cit.*, p. 104.
2. *Traité*, 3.2.2.9, p. 89-90, je souligne.
3. *Traité*, 3.2.4.1, p. 118-119.

nature, avec une meilleure satisfaction de certains désirs ou besoins plus spécifiques, dont le moyen propre s'avère être « la réciprocité du commerce et de l'échange ».

c) la détermination du désir auquel l'agent accorde le plus de poids en cas de conflit irréductible entre deux désirs.

Rappelons ici que selon Hume « les hommes répriment souvent une violente passion dans la poursuite de leurs intérêts et de leurs buts ; le malaise présent ne saurait donc seul les déterminer » [1]. Or « la réflexion et la résolution » favorisent à son avis la prévalence des désirs calmes envers un bien supérieur, sur les désirs violents envers un bien présent mais moindre [2]. Hume évoque également une pesée des utilités, et une délibération sur les raisons d'agir, à propos du choix entre obéissance civile et résistance : « nous devons toujours peser les avantages et les désavantages que nous tirons de l'autorité (...). La règle commune requiert la soumission, et ce n'est qu'en cas de tyrannie et d'oppression odieuses que l'exception peut intervenir » [3]. Enfin, Hume décrit, dans l'*Enquête sur les principes de la morale*, une « délibération morale » antérieure à certains choix, et qui a lieu par exemple en cas de conflit entre deux devoirs : « lorsqu'un homme vient à délibérer sur sa propre conduite (par exemple, s'il ferait mieux, dans une conjoncture particulière, de porter assistance à un frère ou à un bienfaiteur), il faut qu'il prenne en considération ces relations différentes, ainsi que toutes les circonstances et les situations propres aux personnes, afin de déterminer quel est le devoir ou l'obligation la plus forte » [4]. Telle est selon Hume la contribution de l'entendement, qui permet d'envisager tous les faits « du côté de l'objet et de l'action », à nos « décisions morales ». Après quoi, une fois ces faits déterminés, « l'esprit, contemplant le tout, sent une nouvelle impression d'affection ou de dégoût » qui l'incite proprement à agir du côté que le « cœur » (et non « le jugement ») approuve.

d) l'ajout (ou au contraire l'élimination) de raisons d'agir et d'actions, *à partir de l'ensemble actuel des motivations d'un agent*.

L'invention d'une nouvelle action propre à *mieux satisfaire* une « raison interne » donnée peut être une nouvelle fois illustrée par l'inventivité propre à l'amour du gain (ou de l'intérêt) telle que la décrit Hume : la modification de l'orientation de cette passion, écrit-il, « doit nécessairement intervenir à la moindre réflexion, puisqu'il est évident que la passion est beaucoup

1. *Traité*, 2.3.3.10, p. 274.
2. *Traité*, 2.3.8.13, p. 296.
3. *Traité*, 3.2.10.1, p. 168
4. *EPM*, app. 1, § 11-12, p. 144-145.

mieux satisfaite *quand on la contraint* que lorsqu'on la laisse libre »[1]. Quant à l'acquisition d'une nouvelle motivation, en voici un exemple chez Hume : le « souci de notre réputation » peut conduire « celui qui porte quelque attention à son personnage ou qui a l'intention de vivre en bons termes avec les autres hommes » à ne jamais transgresser les règles de justice, renforçant ainsi l'intérêt qu'il a à les respecter[2]. Comme je l'ai indiqué plus haut à propos du caractère *dit* « déraisonnable » de certaines passions ou actions, Hume décrit en outre deux cas d'élimination de désir ou d'action par une prise de conscience de la fausseté d'une croyance accompagnatrice : « Je puis désirer un fruit pour son goût excellent; mais si vous me persuadez de mon erreur, je cesse de le désirer. Je puis vouloir accomplir certaines actions afin d'obtenir un bien désiré ; mais comme ce vouloir est seulement subordonné et se fonde sur la supposition d'une causalité entre mes actes et l'effet recherché, dès que je m'aperçois de la fausseté de cette supposition, mes actions me deviennent nécessairement indifférentes »[3].

L'illustration de toutes ces possibilités chez Hume, dont « l'inventivité » de l'espèce humaine à l'œuvre dans l'institution des règles de justice fournit, notamment, plusieurs exemples, m'incite à trouver particulièrement « humienne » la conception mieux explicitée par Williams, et qui consiste à voir dans l'ensemble des motivations subjectives de l'agent non pas un ensemble « statistiquement donné », mais un ensemble sur lequel le processus de délibération (ou plutôt, chez Hume, la « réflexion ») peut avoir des effets.

En outre, Bernard Williams se montre également proche de Hume lorsqu'il distingue fermement le désir de l'agent de son « besoin », précisant ainsi qu'un agent peut n'éprouver aucun intérêt à rechercher ce dont il a objectivement besoin (préserver sa santé, par exemple). Comme Williams l'explique ailleurs, il se peut, en effet, que les « considérations prudentielles » ne fassent pas partie de « l'ensemble motivationnel » d'un agent[4]. La thèse de Williams, selon laquelle un tel agent n'a pas de raison (interne) d'agir en vue de son intérêt peut alors être rapprochée de celle de Hume, lorsque ce dernier écrit que « les hommes agissent souvent sciemment contre leur intérêt » et que « la vue du plus grand bien possible ne les influence donc pas toujours ». Williams rejoint également Hume lorsqu'il admet qu'une raison d'agir peut ainsi se distinguer de la poursuite de l'intérêt véritable,

1. *Traité*, 3.2.2.13, p. 93, je souligne.
2. *Traité*, 3.2.2.27, p. 102.
3. *Traité*, 2.3.3.7, p. 273.
4. B. Williams, « Internal reasons and the obscurity of blame », *op. cit.*, p. 37.

sans nécessairement reposer sur une fausse croyance, de sorte qu'une délibération de l'agent mettant en jeu l'ensemble de ses désirs, et exploitant les possibilités précédemment décrites, ne changerait rien, dans des cas de ce genre, à sa préférence [1]. Rappelons que, pour Hume aussi, l'agent qui préfère un moindre bien à son intérêt véritable ne succombe pas à une erreur de jugement (il peut être « pleinement convaincu que ce deuxième objet l'emporte sur le premier » [2]), de sorte que, toujours d'après Hume, ni « l'introspection », ni la « réflexion intérieure », ni « les conseils », ni la « méditation régulière » ni la « répétition de [sa] résolution » ne pourraient, dans un tel cas, corriger sa préférence [3]. Ainsi donc, de même que Williams considère qu'un agent peut « n'éprouver aucun intérêt à obtenir ce dont il a effectivement besoin » sans que la délibération puisse y remédier, de même Hume estimait possible de préférer « même en connaissance de cause, un moindre bien à mon plus grand bien », sans que la raison puisse, en rien, s'y « opposer » [4]. Hume en concluait, pour sa part, qu'une telle préférence ne saurait donc être *dite*, « *en aucun sens* », « *contraire à la raison* ».

C'est sur cette dernière affirmation que Williams semble, *dans un premier temps*, se détacher de Hume, admettant, au contraire, qu'il est possible d'énoncer qu'« il y a une raison pour A » de préférer son plus grand bien, *même en l'absence d'un motif approprié*. Ce genre d'énoncé est appelé par Williams « énoncé de raison externe » [5]. Néanmoins, l'admission de tels énoncés, qui provient, chez Williams, d'une simple attention au langage ordinaire, s'accompagne chez ce dernier d'une thèse dont il accorde la paternité à Hume : la thèse selon laquelle « tous les énoncés de raisons externes sont faux » ou, comme il l'écrit plus clairement ailleurs, la thèse selon laquelle « *il n'y a que des raisons internes de l'action* » [6].

Dans l'article « Internal and external reasons », Bernard Williams démontre cette thèse en quatre temps. Premièrement, le propre des énoncés de raisons externes est qu'ils sont supposés être vrais indépendamment des motivations de l'agent. Mais, deuxièmement, pour que l'énoncé d'une raison externe *explique* l'action intentionnelle d'un agent, il faut que l'agent

1. *Cf.* B. Williams, « Internal and external reasons », *op. cit.*, p. 105.
2. *Traité*, 3.2.7.2, p. 144.
3. *Traité*, 3.2.7.5, p. 146.
4. *Traité*, 2.3.3.6, p. 272.
5. B. Williams, « Internal and external reasons », *op. cit.*, p. 108-109.
6. B. Williams, « Internal reasons and the obscurity of blame », *op. cit.*, p. 35, je souligne.

croie que cette raison externe est pour lui une raison d'agir ainsi [1]. Troisièmement, croire qu'il y a pour lui une raison externe d'agir d'une certaine manière signifie que « s'il délibérait rationnellement, alors, *quelles que soient ses motivations de départ*, il en viendrait à être motivé à agir ainsi » [2]. Or, quatrièmement, Williams ne voit pas comment cette dernière condition manifestement contradictoire pourrait être remplie. A cette démonstration logique d'allure très contemporaine ne correspond évidemment aucun antécédent chez Hume. Néanmoins, et comme l'explique ensuite Williams, toute cette démonstration suppose en fait qu'on ne puisse « définir une notion de la rationalité dans laquelle une action peut être rationnelle pour A, *sans être en aucune manière relative à ses motivations existantes* » [3] (en supposant toujours que cet ensemble de motivations soit dynamique). Autrement dit, cette démonstration suppose qu'il n'y a pas d'autre voie délibérative possible que celle qui fait passer des *motivations existantes* d'un agent à un nouvel ensemble restreint ou étendu. Or on trouve bien une supposition du même ordre chez Hume, lorsqu'il affirme que « la raison, au sens strict et philosophique du mot, peut influencer notre conduite de deux manières seulement », à savoir, en « informant de l'existence d'une chose qui est l'objet propre » d'une certaine passion, ce qui a pour conséquence d'« exciter » (*excite*) ou de « susciter » (*prompt*) cette dernière, ou bien en découvrant la chaîne de causes et d'effets propre à nous révéler « un moyen de satisfaire » une passion donnée, ce qui détermine une manière d'« orienter » cette dernière [4]. Dès lors, de même que l'exclusion, par Williams, d'une forme de rationalité différente des processus délibératifs capables d'étendre ou de restreindre l'ensemble des motivations d'un agent, fait conclure à cet auteur que « les seules raisons qui vaillent lorsqu'il s'agit d'action sont les raisons internes » [5], de même, chez Hume, la réduction de l'influence de la raison sur les passions au simple « service » de l'information de ces dernières, l'amenait à conclure que les seules raisons capables d'influencer l'action sont les « jugements » qui *« accompagnent » les motivations existantes de l'agent*.

C'est la raison pour laquelle l'internalisme de Hume, comme celui de Williams, peuvent sembler profondément liés à leur scepticisme en matière de changement rationnel des désirs. Pour étayer cette idée, je voudrais rapprocher ici deux critiques conjointement adressées à Hume et à Williams :

1. B. Williams, « Internal and external reasons », *op. cit.*, p. 107.
2. *Ibid.*, p. 109, je souligne.
3. *Ibid.*, p. 112, je souligne.
4. *Traité*, 3.1.1.12, p. 53 ; 3.1.1.16, p. 57.
5. B. Williams, « Internal and external reasons », *op. cit.*, p. 111.

celle de Chritine Korsgaard et celle de Michael Smith. Ces deux auteurs en effet, dont il faut d'emblée relever qu'ils se réclament pour leur part de Kant, ont reproché à Hume et à Williams leur « scepticisme à l'égard de la raison pratique ».

« Scepticisme » en matière de raison pratique et « relativisme » des raisons

Dans l'article « Skepticism about Practical Reason », Christine Korsgaard repère dans l'œuvre de Hume la « formulation classique d'un scepticisme à l'égard de la raison pratique » dans la mesure où Hume, d'une part, n'accorde aucun sens à l'idée de rationalité (ou d'irrationalité) des désirs et, d'autre part, limite l'intervention de la raison dans l'action au discernement des moyens en vue de fins données [1]. Selon Korsgaard, une telle conception non seulement exclut que la raison puisse déterminer des fins mais elle exclut encore qu'elle puisse les « ranger » ou les « sélectionner ». Or cette limitation et cette exclusion, précise Korsgaard, dérivent de deux arguments *d'ordre différent*. D'un côté, elles semblent provenir de « la conception qu'a Hume du contenu possible des principes de la raison qui portent sur l'action ». De sorte que le « scepticisme de Hume en matière de motivation (*i.e.* son scepticisme quant à la portée de la raison en tant que motif) dépendrait entièrement de son scepticisme en matière de contenu (*i.e.* son scepticisme sur ce que la raison peut *dire* en matière de choix et d'action) » [2]. D'un autre côté, lorsqu'il limite les formes de raison pratique, Hume fournit un argument qui concerne la motivation rationnelle elle-même, en montrant que cette dernière « doit nécessairement provenir d'une source non rationnelle, telle que la passion ». Or la force de ce dernier argument, indique Korsgaard, est indépendante du premier. Mieux, montre-t-elle, on peut, dans une perspective kantienne, nier à la fois les deux arguments et accepter, en même temps, le « réquisit internaliste » selon lequel pour qu'une raison soit une « raison de l'action », elle doit pouvoir nous motiver [3] : cette condition est satisfaite par les énoncés, pourtant *inconditionnés*, de la raison pure pratique [4].

1. C. Korsgaard, « Skepticism about Practical Reason », *The Journal of Philosophy*, 83 (1986), n°1, p. 6.
2. *Ibid.*, p. 7-8.
3. *Ibid.*, p. 11.
4. *Ibid.*, p. 21-22.

Une fois précisée la teneur générale de l'article de Korsgaard, nous nous concentrerons ici sur deux points : la critique qu'elle adresse au « scepticisme de contenu » développé par Hume d'une part et, d'autre part, la critique de l'idée, partagée par Hume et par Williams, selon laquelle les raisons pratiques d'un agent lui sont nécessairement *relatives*.

Selon Korsgaard, le « scepticisme de contenu » de Hume a malencontreusement conduit ce dernier à nier l'existence de ce qu'elle appelle « irrationalité véritable » de l'agent, à savoir, une irrationalité qui consiste à ne pas choisir les bons moyens en vue d'une fin, tout en possédant des croyances vraies les concernant. Ainsi, d'après elle, Hume n'admettrait que l'irrationalité de l'action basée sur de faux raisonnements de causalité et exclurait, corrélativement, l'irrationalité pratique consistant à raisonner correctement sur les causes et les effets *tout en n'étant pas motivé par ce raisonnement* [1] ; il ne rendrait pas compte des « différentes formes de faiblesse de la volonté » [2]. Ce jugement me semble partiellement faux : j'ai en effet montré dans le chapitre précédent que Hume rend très précisément compte de la faiblesse de la volonté par la proximité temporelle du moindre bien et la négligence corrélative d'un bien plus grand, mais plus éloigné dans le temps. Néanmoins Korsgaard a raison de dire que Hume ne pose pas comme « déraisonnable » une telle conduite, dans la mesure où il ne juge pas non plus « contraire à la raison » une telle préférence. Il me paraîtrait donc plus exact de dire que Hume juge ce cas possible, et même, qu'il l'explique, *mais qu'il n'en fait pas à strictement parler un cas d'irrationalité pratique*. Et pour cause. Hume ayant montré la fausseté de l'idée d'un combat entre la raison et la passion pour la direction de la volonté, et l'ayant remplacée par l'idée d'une lutte entre passions calmes et passions violentes, il a logiquement fait du cas en question *une illustration de la prévalence de la passion violente sur la passion calme*. Il reste que, selon Korsgaard, exclure cette forme d'irrationalité (je dirais plutôt pour ma part « ne pas voir dans ce cas une forme d'irrationalité ») est d'autant plus dommageable que *même l'idée de rationalité instrumentale (celle de Hume) devrait l'admettre* [3]. Et surtout, poursuit-elle, cette exclusion issue du « scepticisme de contenu » de Hume entraîne ce dernier dans une mauvaise compréhension du « réquisit internaliste » selon lequel « l'énoncé d'une raison d'agir doit nécessairement motiver une personne rationnelle » [4]. Selon Korsgaard en effet, ce réquisit ne signifie nullement que chacun est

1. C. Korsgaard, « Skepticism about Practical Reason », art. cit., p. 12-13.
2. *Ibid.*, n. 10, p. 14.
3. *Ibid.*, p. 15.
4. *Ibid.*, p. 11.

nécessairement motivé par des considérations rationnelles. Il suppose seulement que *lorsque* ces considérations nous motivent, elle le font « avec la force de la nécessité » [1]. Selon Korsgaard, on remplit donc mieux le « réquisit internaliste » en développant une conception de la raison pure pratique, selon laquelle toutes les personnes raisonnables peuvent être amenées à suivre des principes rationnellement justifiés, même si, de fait, de multiples causes peuvent les en empêcher. Or, estime-t-elle, ni Hume ni, plus tard, Williams, ne montrent qu'une telle conception est impossible.

C'est là la deuxième critique que je souhaiterais présenter. D'après Korsgaard, la conviction, partagée par Hume et par Williams, selon laquelle les raisons de l'action sont nécessairement « relatives » à chaque agent, et ne sauraient être, de ce fait, « inconditionnées », n'est, précisément qu'une conviction, entièrement due à leur « scepticisme de contenu ». Ainsi, écrit-elle, Williams se contente de suivre « l'argument de Hume selon lequel toute motivation trouve son origine dans une passion », ce qu'il traduit en disant que les raisons d'un agent sont toujours « relatives à "l'ensemble subjectif de ses motivations" » [2]. Mais, ajoute-t-elle, Williams (comme Hume) « ne montre pas que, s'il existait des principes inconditionnés de la raison applicables à l'action, nous ne pourrions pas être motivés à les suivre. *Il se contente de penser qu'il n'y en a pas* » [3]. Korsgaard en conclut que ce n'est pas le réquisit internaliste qui permet à ces deux auteurs de limiter la portée de la raison pratique, mais que seul leur « scepticisme de contenu » les y pousse, à savoir, « leur doute quant à l'existence de principes d'action dont le contenu serait ultimement justifié ». Ainsi, selon Korsgaard, le « réquisit internaliste » n'est en aucun cas un argument pour rejeter « l'existence de raisons pratiques inconditionnées » tandis que, par ailleurs, l'affirmation selon laquelle de telles raisons ne pourraient pas faire partie de l'ensemble des motivations d'un agent n'est qu'un « présupposé ».

Michael Smith, qui cite d'ailleurs l'article de Christine Korsgaard, rejoint cette dernière lorsqu'il montre que Williams, à la suite de Hume, se montre sceptique quant à la portée d'un changement rationnel de nos désirs. En outre, dans la lignée de Korsgaard, Smith conteste l'idée qu'un agent ne pourrait pas parvenir, par un processus de délibération rationnelle, à la découverte de raisons qui ne lui seraient pas « relatives », c'est-à-dire, à la découverte de raisons « que nous partageons tous ». Ce faisant, c'est à une conception « kantienne » des raisons normatives que se range Michael

1. C. Korsgaard, « Skepticism about Practical Reason », art. cit., p. 14.
2. *Ibid.*, p. 19.
3. *Ibid.*, p. 23.

Smith, une conception dans laquelle « sous des conditions de parfaite rationalité nous raisonnerions tous en vue de conclusions semblables quant à ce qui doit être fait » [1]. Dans cette mesure, Smith fait un pas de plus que Korsgaard, dont l'objectif, comme elle l'indique elle-même, n'était pas de « montrer qu'existe quelque chose comme une raison pure pratique » [2]. Pour montrer que la justification rationnelle n'est pas, comme le pense Williams, « relative », Michael Smith avance en particulier l'argument suivant : si tel était le cas, alors « le simple fait de réfléchir au fait que les raisons normatives sont relatives détruirait leur force normative » ; l'« arbitraire » (ici l'arbitraire du « point de départ » du processus de justification, à savoir mes désirs actuels) constitue en effet une considération qui, selon Smith, supprime toute signification normative [3]. Réciproquement, le *concept même de raison normative* présuppose « une convergence des désirs que nous aurions sous des conditions de pleine rationalité » [4], puisque « [c'est] la raison elle-même [qui] détermine le contenu de nos désirs pleinement rationnels, et non pas le fait arbitraire que nous avons *de facto* les désirs que nous avons » [5]. Or, dans l'esprit de Michael Smith, cette conception « non-relative » des raisons normatives s'oppose aussi à celle de Hume : elle correspond en effet à l'un des traits « *anti-humiens* » de l'analyse des raisons normatives qu'il développe [6]. De sorte que, chez Michael Smith, le « relativisme » des valeurs prêté à Hume se trouve implicitement critiqué à travers celui de Williams, de même que, par ailleurs, la conception « humienne » de la rationalité comme « maximisation » de la satisfaction des désirs se trouve critiquée à travers celle que développe David Gauthier dans *Morals by Agreement* [7]. C'est de la même façon, également, que Michael Smith vise Hume à travers sa réfutation de trois versions contemporaines de la *réduction de la valorisation au désir* (*valuing as desiring*) – celle de Davidson, celle de Gauthier et celle de Lewis [8] – auxquelles Smith oppose l'idée selon laquelle les raisons normatives (les valeurs) sont, au contraire, *l'objet de nos croyances*. Et, finalement, c'est encore Hume que Michael Smith contredit, en montrant que les croyances qui, de ce fait, jouent, un rôle causal dans la production de l'action ne sauraient être simplement définies comme « des représentations inertes de

1. M. Smith, *The Moral Problem*, *op. cit.*, p. 165-166.
2. C. Korsgaard, « Skepticism about Practical Reason », art. cit., p. 25.
3. M. Smith, *The Moral Problem*, *op. cit.*, p. 172.
4. *Ibid.*, p. 166.
5. *Ibid.*, p. 173.
6. Cf. *ibid.*, p. 181.
7. *Ibid.*, p. 130.
8. Voir, respectivement, les sections 5 à 7 du chapitre v de *The Moral Problem*.

ce que sont les choses »[1]. Ainsi donc, selon Smith, Hume a eu raison de poser que « toutes les actions sont en fait produites par des désirs »[2] ; on peut même lui prêter l'idée (juste) selon laquelle les croyances d'un agent peuvent engendrer des motifs[3]. En revanche, et toujours selon Smith, Hume a eu tort de penser que les croyances qu'un agent a de ses raisons sont *relatives* à cet agent. Sous ce dernier reproche, c'est en fait son anti-kantisme (si on m'autorise cette expression anachronique) que Michael Smith reproche à Hume car, comme il l'écrit lui-même, « le caractère non-relatif des raisons normatives implique que les énoncés de raisons normatives sont des impératifs catégoriques »[4].

Une défense de la position humienne sur les raisons normatives me paraîtrait ici assez hors de propos, d'autant que, pour reprendre le titre d'un ouvrage de Michel Malherbe, la discussion consisterait en fait à choisir *Kant ou Hume*. Je me contenterai donc, pour conclure cette partie consacrée à l'internalisme de Hume et de Bernard Williams, de préciser que l'idée de raison normative n'est étrangère ni à l'un ni à l'autre et que leur « internalisme » cherche à en en rendre compte.

J'ai déjà montré, en effet, à propos de Hume, que sa théorie de la motivation s'accommode du fait que les opinions morales influencent l'action[5]. Or l'« internalisme » de Bernard Williams s'accommode lui aussi du fait que certaines « considérations morales » font, de fait, partie de l'ensemble motivationnel de certains agents[6]. En outre, Williams retrouve Hume à un détour de son argumentation sur le statut de ces considérations morales. Ainsi, concédant à son adversaire que l'on puisse montrer que les contraintes de la moralité font partie de la notion d'« agent raisonnable » ou de celle de « délibération raisonnable », Williams réplique qu'il demeurerait néanmoins que « si nous avons une telle notion, c'est certainement parce que *nous supposons que, chez la plupart des personnes que nous rencontrons, certaines espèces de raisons morales constituent des raisons internes* »[7]. Or, à ce dernier argument, correspond un antécédent chez Hume, déjà mentionné dans le précédent chapitre à propos de la compréhension humienne du « sens du devoir » attaché aux « vertus naturelles ». Selon Hume, rappelons-le, ce sens du devoir présuppose toujours l'existence

1. M. Smith, *The Moral Problem*, *op. cit.*, p. 137.
2. *Ibid.*, p. 179.
3. *Ibid.*, n. 3, p. 213.
4. *Ibid.*, p. 175.
5. Cf. *supra*, chap. III, p. 157-159.
6. B. Williams, « Internal reasons and the obscurity of blame », *op. cit.*, p. 37.
7. *Ibid.*, je souligne.

d'un « motif courant » dans la nature humaine, un motif qui, en général, incline à l'action. De sorte que, pour reprendre les formules de Williams qui me semblent ici applicables à la pensée de Hume, un agent naturellement dépourvu de motivations morales peut néanmoins se conformer aux contraintes de la moralité parce qu'il suppose que *la plupart des hommes possèdent ces motifs*, ce qui me semble éloigner Hume et Williams d'un « relativisme des valeurs ». Et surtout, la raison d'agir de cet agent n'en demeurerait pas moins une raison « interne »; la considération de la moralité de l'action constituant justement ce motif interne. Toutefois, Williams, tout comme Hume, tend pour sa part à nier que les considérations de prudence et de morale fassent partie de la « rationalité » de l'agent, identifiant plutôt cette rationalité aux réquisits d'une « information » et d'un « raisonnement » corrects et aux possibilités plus étendues de délibération et d'inventivité imaginative [1]. Ces deux auteurs s'accordent donc finalement sur trois points essentiels : les considérations de morale et de prudence sont étrangères à l'idée de ce qu'est un agent ou une action « raisonnable ». Il n'y a que des « raisons internes » de l'action. Et les raisons normatives (justifiantes) sont elles-mêmes des raisons internes (motivantes).

1. B. Williams, « Internal reasons and the obscurity of blame », *op. cit.*, p. 38.

CHAPITRE V

HUME, DAVIDSON, « LES CAUSES ET LES RAISONS »

Puisque c'est seulement par le moyen de la pensée
qu'une chose, quelle qu'elle soit, agit sur
nos passions, et puisque [la ressemblance, la
contiguïté et la causalité] sont les seuls liens
de nos pensées, ils sont vraiment
pour nous *le ciment de l'univers* (…).
Hume, *Abrégé du Traité de la nature humaine*[1]

La cause est le ciment de l'univers ;
le concept de cause est ce qui sous-tend
notre image du monde, et sans lui cette
image
volerait en éclats dans un diptyque
du mental et du physique.
Davidson, *Actions et événements*,
Introduction [2]

Il n'y a que des raisons internes de l'action, ai-je conclu dans le précédent chapitre. Expliquons maintenant pourquoi, d'après Hume comme d'après Donald Davidson, ces raisons sont aussi des causes. Il s'agira ainsi dans le présent chapitre de réexaminer la théorie humienne de la motivation sous un nouvel angle, en présentant les liens qui l'unissent aux considérations sur « la liberté et la nécessité » qui, dans le *Traité de la nature humaine*, précèdent son exposition. Or ces considérations ont amené Hume à présenter les motifs et les actions qui en résultent comme autant de causes et d'effets, reliant ainsi finalement sa théorie de la motivation à sa conception de la causalité et de l'inférence causale. C'est ce même lien que l'on retrouve, comme nous allons le voir, chez Davidson, tout comme se retrouve chez lui la théorie humienne de la motivation, rebaptisée « modèle *DC* » (désirs/croyances). Corrélativement Hume se trouve mêlé au débat contemporain sur « les causes et les raisons » dont l'enjeu est de déterminer si les raisons de l'action peuvent être ou non considérées comme des causes.

1. *Abstract*, § 35, p. 87..
2. D. Davidson, *Actions et événements*, trad. fr. P. Engel, Paris, P.U.F., 1993, Intr., p. 5.

Ce débat contemporain concernant « les causes et les raisons » (de l'action) est bien connu : c'est celui qui oppose Davidson aux Wittgensteiniens [1]. Certes, Wittgenstein lui-même n'avait vraisemblablement pas (en tout cas, pas explicitement) Hume en vue lorsque, dans le *Cahier bleu*, il montrait les différences logiques séparant l'usage du mot « cause » et l'usage du mot « raison » lorsqu'il est question de l'action. En revanche, son disciple Melden a, lui, explicitement pris Hume comme adversaire lorsque, prolongeant les analyses de Wittgenstein, il a cherché à montrer que la relation entre l'action et ses « raisons » consistait en une « relation logique » essentiellement différente de la relation extrinsèque empirique unissant une cause à un effet. Par la suite, c'est en s'opposant précisément à ce célèbre « argument de la connexion logique » unissant l'action à ses « raisons » que Donald Davidson fit retour à Hume : aux raisons de l'action correspondent en effet, selon Davidson, autant d'« événements mentaux » permettant d'identifier ces dernières à des causes, c'est-à-dire, en un sens humien, à des événements précédant l'action et dont la relation avec cette dernière implique l'existence d'une loi de couverture. De sorte que Davidson convoque en fait Hume sur deux points essentiels. D'une part, lorsqu'il s'agit de montrer, contre les Wittgensteiniens, que la connaissance des raisons d'une action peut être causale sans impliquer, pour autant, une connaissance inductive de la loi de couverture que cette relation exemplifie. D'autre part – et cette fois plus positivement – lorsqu'il s'agit de spécifier la nature des causes de l'action : Davidson répartit en effet ces dernières dans deux grandes classes, les « pro-attitudes » et les « croyances », qui correspondent en fait aux « désirs » et aux « jugements accompagnateurs » dont nous avons vu que Hume les considérait respectivement comme les causes « directes » et « indirectes » de l'action. Ce sera alors l'occasion de retrouver, vue sous un nouvel angle, la théorie humienne des motifs de l'action précédemment étudiée en rapport avec la question de la nature de la motivation. Mais l'étude du rapport unissant Hume et Davidson présente d'autres enjeux : leurs conceptions de l'explication causale et leurs conceptions de la liberté comme un pouvoir d'agir *causalement conditionné* gagnent à être rapprochées. Et si leurs conceptions de l'événement les distinguent incontestablement, un geste commun les unit : avoir fait de la causalité « le ciment de l'univers ». Dès lors, c'est la conception humienne de la causalité qui se trouvera à nouveau présente dans ce chapitre, sous

1. Sur ce débat, voir la présentation de P. Engel à *Actions et événements*, et R. Ogien, *Les causes et les raisons : philosophie analytique et sciences humaines*, Nîmes, Jacqueline Chambon, 1995, chap. 1.

un autre aspect que celui du « problème de l'induction » par lequel j'ai commencé ce livre.

L'ARTICLE DE 1963 : « ACTIONS, RAISONS ET CAUSES »

Comme je l'ai indiqué plus haut, l'origine de la discussion sur les causes et les raisons remonte à un passage du *Cahier Bleu* de Wittgenstein, où ce dernier, s'intéressant aux conventions grammaticales, relevait que les conventions qui régissent l'usage du mot « raison » ne sont pas celles qui régissent l'usage du mot « cause ». Selon Wittgenstein, cette distinction s'explique par le fait que deux différences logiques séparent l'usage normal du mot cause et celui du mot raison. Premièrement, alors que le concept de « cause » implique que l'on puisse toujours remonter à l'infini à une cause plus élevée, l'usage du mot « raison » ou « mobile » implique, au contraire, un enchaînement fini, de sorte que, à la question « pourquoi as-tu agi ainsi ? », il s'avère même possible de répondre : « sans raison ». Deuxièmement, lorsque l'on donne la cause d'une action, on le fait de manière hypothétique et inductive, tandis que lorsque l'on en donne la raison, c'est de manière certaine : on connaît la raison de l'action de façon « immédiate ».

Dans *Free Action*, Melden, disciple de Wittgenstein, a prolongé cette distinction logique entre cause et raison. Il repère pour sa part trois différences entre l'explication causale et l'explication par les raisons, à savoir, les deux différences repérées par Wittgenstein, auxquelles il ajoute un nouvel argument, dit « argument de la connexion logique ». Cet argument est le suivant : une explication causale relie des termes que l'on peut concevoir de manière indépendante alors qu'il existe une « connexion logique » entre raisons d'agir et actions. Melden illustre ce second argument par l'exemple d'un homme qui lève le bras pour indiquer qu'il va tourner [1]. On ne peut pas décrire sa raison d'agir (désirer indiquer qu'il va tourner en levant le bras) indépendamment de son action (lever le bras). Il y a donc entre la raison de l'action et l'action une relation interne, que Melden qualifie de « logique » par opposition à la relation extrinsèque empirique entre cause et effet. Autrement dit, selon Melden, lorsqu'on mentionne la raison d'une action, on ne décrit pas un événement qui serait indépendant

1. Rappelons ici que l'exemple du lever de bras est l'exemple privilégié par Wittgenstein (*Recherches philosophiques*, trad. fr. F. Dastur, M. Elie, J.-L. Gautero, D. Janicaud, E. Rigal, Paris, Gallimard, 2004, § 611 *sq*.).

de l'action, mais on redécrit l'action elle-même : dans l'exemple du conducteur, une intention (faire signe qu'il va tourner) explique l'action de lever le bras en la redécrivant comme l'action de faire signe qu'il va tourner.

Dans l'article de 1963 « Actions, raisons et causes » [1], Davidson, tout en accordant aux Wittgensteiniens l'idée essentielle selon laquelle donner une raison de l'action c'est la redécrire, autrement dit, l'interpréter [2], entreprend de réfuter les trois arguments précédents et défend fermement l'idée qu'une explication de l'action humaine par les raisons est une explication causale. Dans la mesure où Hume n'est pas partout impliqué dans ces réponses, je ne présenterai ici que trois des réponses adressées par Davidson aux Wittgensteiniens : a) la critique de l'idée selon laquelle seule l'induction nous apprendrait qu'une loi causale existe, b) la défense de l'idée selon laquelle certains événements mentaux (connus ou pas) précèdent et causent l'action, c) la réponse donnée à l'« argument de la connexion logique » principalement développé par Melden. La première réponse convoque Hume explicitement : j'essaierai d'étayer la pertinence de cette référence. La seconde et la troisième le convoquent implicitement : c'est en tout cas ce que je tenterai de montrer.

Explication causale, loi et induction

Pour réfuter l'idée que les « rationalisations » de l'action (*i.e.* leur explication par des raisons) ne seraient pas des explications causales ordinaires dans la mesure où, contrairement à ces dernières, elles n'impliquent pas de loi prédictive, Davidson montre qu'il est faux de dire que l'explication causale ordinaire consiste toujours à faire tomber la relation à expliquer sous une telle loi. Précisons en quoi la proposition ici réfutée implique Hume, avant de développer sa réfutation par Davidson.

En fait, c'est un énoncé précis de H. L. A. Hart et Tony Honoré que Davidson vise, et cite, pour illustrer l'idée selon laquelle l'explication d'une action par des raisons n'est pas une explication causale ordinaire. Selon Hart et Honoré, « l'énoncé qu'une personne a fait quelque chose parce que, par exemple, une autre personne l'a menacée, n'implique ni ne présuppose tacitement que si les circonstances se répétaient, la même action

1. Reproduit dans *Actions et événements* : essai 1.
2. Cf. *ibid.*, p. 24.

s'ensuivrait » [1]. Ces auteurs considèrent ici les « transactions interpersonnelles », c'est-à-dire, les cas où une action humaine est considérée comme le résultat d'une autre (persuasion, ordre, incitation, menace, etc.). Ces cas impliquent d'après eux le concept de « *raisons* de l'action » qu'ils s'attachent à distinguer de celui de « *causes* d'événements » en montrant notamment que, dans les transactions interpersonnelles, il est vrai que l'action de la première personne est la « condition *sine qua non* » de celle de la seconde, il est vrai aussi que les spectateurs « doivent comprendre comment cette [dernière] action a promu un objectif au moins analogue à ceux qui sont en général promus dans l'action humaine » [2], mais il n'est nullement requis que « dans des circonstances semblables, cette personne agirait de la même manière ou que, *dans des circonstances semblables, elle ou d'autres aient toujours agi ainsi* » [3]. On reconnaît ici, à travers la proposition soulignée, une mise en cause de la conception humienne de la causalité. De fait, dans un précédent chapitre, Hart et Honoré ont présenté cette conception de la manière suivante : la « généralisation » constitue chez Hume « l'essence même de la notion de causalité », de sorte que « même les énoncés causaux singuliers (...) sont en fait implicitement généraux ; leur caractère causal provenant de (et consistant *entièrement* dans le fait que) les événements particuliers sur lesquels ils portent exemplifient une généralisation qui affirme que des genres ou des classes d'événements sont invariablement reliés » [4]. Or ce type d'analyse, tout comme les deux explications humiennes du principe que « tout ce qui commence d'exister doit avoir une cause de son existence », et de la notion de « connexion nécessaire », semblent à Hart et Honoré sans rapport avec « les problèmes spécifiques que rencontre le juriste [l'historien et même l'homme ordinaire] en matière de connexion causale » et ont même, d'après eux, le désavantage de dissimuler ces problèmes, en restreignant la notion de « cause » à « l'occurrence » d'un « événement unique » [5].

Pour contrer cette position anti-humienne de Hart et Honoré, Davidson montre qu'il existe des explications causales valides qui ne supposent pas que l'on dispose de lois générales prédictives. Plus exactement, il existe des explications causales valides qui supposent qu'il existe une loi qui couvre le cas mais qui, au niveau de l'explication, s'en tiennent à l'affirmation

1. H. L. A. Hart, T. Honoré, *Causation in the Law*, 2 nd ed., Oxford, Clarendon Press, 1985, p. 55 ; cité dans *Actions et événements*, p. 31.

2. H. L. A. Hart, T. Honoré, *Causation in the Law*, *op. cit.*, p. 57.

3. *Ibid.*, p. 56, je souligne.

4. *Ibid.*, p. 10.

5. *Ibid.*, p. 15-17.

d'une connexion causale singulière : « pour savoir si un énoncé causal singulier est vrai, il n'est pas nécessaire de connaître la vérité d'une loi, il suffit de savoir qu'il existe une loi s'appliquant aux événements concernés »[1] ; « on peut défendre une affirmation causale singulière – si besoin est – sans défendre une loi quelconque »[2]. Voici un exemple de Davidson : « je suis certain que la vitre de la fenêtre s'est brisée parce qu'elle a été frappée par une pierre (...). Mais je ne dispose pas de lois sur la base desquelles je peux prédire quelles sortes de coups casseront quelles sortes de vitres », je dispose tout au plus d'une généralisation du type « les vitres sont fragiles, et les choses fragiles tendent à se casser quand on les frappe assez fort, toutes choses égales par ailleurs ». Or l'explication d'une action par ses raisons relève de ce type d'explication qu'est l'énoncé d'une cause singulière sans production de loi correspondante. Du même coup, l'argument selon lequel la relation entre raisons de l'action et action n'est pas causale parce que l'agent ignore la loi causale qui gouverne cette relation ne tient plus. En effet, la conviction qu'il existe une loi causale reliant raisons et action peut se faire sur un seul cas, et sans induction.

Or ce raisonnement de Davidson interpelle directement Hume. D'une part, Davidson attribue à ce dernier l'idée selon laquelle « un seul cas suffit souvent (...) pour nous convaincre qu'il existe une loi », de sorte que, pour Hume, comme pour Davidson, l'induction ne constituerait pas le seul moyen de savoir « qu'une loi causale satisfaisant certaines conditions existe »[3]. D'autre part, Davidson cite l'une des deux définitions humiennes de la cause, et l'interprète à son profit. Ainsi, écrit Davidson, citant Hume, « nous pouvons définir une cause comme un objet, suivi par un autre, tel que tous les objets semblables au premier soient suivis par des objets semblables au second »[4]. Selon une interprétation forte de cette définition, poursuit-il, « "*A* a causé *B*" implique une loi particulière mettant en jeu les prédicats utilisés dans les descriptions "*A*" et "*B*" »[5]. Mais, ajoute-t-il, il est possible de donner une interprétation moins exigeante de la définition humienne, qui signifierait alors plutôt : « "*A* a causé *B*" implique l'existence d'une loi causale exemplifiée par certaines descriptions vraies de *A* et de *B* ». C'est cette interprétation « plus faible » que Davidson retient car, d'une part, elle lui paraît être la seule « qui puisse s'accorder avec la plupart des explications causales » et, d'autre part, c'est la seule qui « s'accorde

1. *Actions et événements*, p. 35 (trad. mod.).
2. *Ibid.*, p. 32-33.
3. *Ibid.*, p. 35.
4. Cf. *Traité*, 1.3.14, § 31, p. 246-247, § 35, p. 249 ; *EEH*, 7.29, p. 190.
5. *Actions et événements*, p. 32 (trad. mod.).

aussi bien avec les rationalisations [de l'action] » [1]. Si l'on met ici de côté la question de la description des actions qui, à vrai dire, et comme le révèle lui-même Davidson, est une expression qui provient d'Anscombe plutôt que de Hume [2], retenons plutôt la conception que Davidson prête à ce dernier : Hume aurait voulu dire que, pour affirmer que A est cause de B, il suffirait de croire *qu'il existe* une loi causale qui couvre ce cas, sans connaître *quelle est* cette loi. A ce titre, Hume anticiperait l'analyse que développe Davidson à propos des « relations causales », selon laquelle un énoncé causal singulier de la forme « *a* a causé *b* » implique la croyance en l'existence d'une loi, mais pas la connaissance de cette loi [3]. Précisons que Davidson ne cherche pas à étayer son interprétation de Hume, en se référant à d'autres textes que celui où Hume donne cette première définition de la cause. Il prétend plutôt saisir l'esprit du texte de Hume et fournir, surtout, la seule interprétation qui lui semble compatible avec le fonctionnement de la plupart de nos explications causales. Ce faisant, Davidson contredit la lecture positiviste habituellement faite de Hume et qui consiste à prêter à ce dernier le modèle déductif nomologique développé par la suite par Hempel et provenant en fait de John Stuart Mill [4]. Comme l'interprétation de Davidson me semble juste sur ce point, je voudrais tenter de l'ancrer, plus que ne le fait Davidson, dans le texte humien. Montrons donc pourquoi il est juste de prêter à Hume l'idée selon laquelle « on peut défendre une affirmation causale singulière – si besoin est – sans défendre une loi quelconque ».

De fait, et *premièrement*, Hume était si loin de penser qu'une explication causale valide impliquait de connaître la loi précise couvrant le cas en question qu'il jugeait possible de faire des inférences causales « à partir d'un seul cas » et sur la seule base du principe très général selon lequel « *des objets semblables, placés dans des circonstances semblables, produiront toujours des effets semblables* » (un principe qui se fonde, lui, sur des « millions d'exemples » et qui est donc produit par l'habitude) [5]. C'est certainement ce texte que Davidson a en tête lorsqu'il écrit : « un seul cas suffit souvent, *comme le reconnaissait Hume*, pour nous convaincre qu'il

1. *Actions et événements*, p. 33.
2. Cf. *ibid.*, p. 261.
3. *Ibid.*, p. 214.
4. Je remercie Pascal Engel de m'avoir indiqué cette référence à Mill. De fait, Hempel cite Mill comme un précurseur de sa propre analyse de l'explication et de la prédiction en science (C. Hempel, P. Oppenheim, « Studies in the Logic of Explanation » (1948), in *Aspects of Scientific Explanation*, New York, Free Press, 1965, p. 251).
5. *Traité*, 1.3.8.14, p. 170.

existe une loi, ce qui revient à dire que nous sommes convaincus qu'il existe une relation causale, sans en avoir des preuves inductives directes »[1].

Deuxièmement, Hume voyait dans *l'analogie* une forme possible et autorisée de l'inférence causale, de sorte qu'il lui semblait possible de raisonner sur un cas seulement « ressemblant » (et non pas identique) aux objets dont la constante conjonction a été observée dans le passé[2]. Par conséquent, et toujours selon Hume, on peut tout aussi bien raisonner sur les actions humaines et leurs motifs au moyen de la subsomption exacte du cas considéré sous la loi qui le gouverne, qu'en s'appuyant sur des généralisations. Hume écrit ainsi :

> L'histoire d'un Tibère ou d'un Néron nous fait craindre semblable tyrannie si nos monarques venaient à s'affranchir du frein des lois et des sénats ; mais tout acte de fraude ou de cruauté que nous observons dans la vie privée suffit, si nous y pensons un peu, à nous communiquer la même crainte : ce sera un exemple de plus de la corruption générale de la nature humaine, où nous voyons le danger que nous ne manquons pas de courir à placer toute notre confiance dans les hommes[3].

Comment Hume aurait-il pu admettre cette possibilité s'il avait considéré, par ailleurs, que toute inférence causale suppose la connaissance *exacte* de la loi *particulière* sous laquelle tombe le cas en question ?

Troisièmement, Hume me semble se rapprocher par moments de l'idée exprimée par Davidson selon laquelle les raisonnements de causalité qui concernent les actions des hommes impliquent des « généralisations » *ceteris paribus* qui diffèrent des « lois prédictives » ou lois strictes. En effet, selon Hume, autant il est vrai que certaines actions humaines peuvent être parfaitement prédites au même titre que certains phénomènes naturels dans la mesure où leur évidence correspond à celle d'une « preuve », ou plus haute probabilité – un condamné à mort peut ainsi prédire sa mort certaine en considérant l'opération de la hache ou bien l'inflexibilité des gardiens qu'il n'a pas les moyens de soudoyer[4] – autant les causes d'une action peuvent présenter un degré de complexité tel que leur prédictibilité complète n'est pas possible. Hume reconnaît ainsi que « l'artisan qui travaille sur la matière morte peut voir ses attentes déçues, aussi bien que l'homme politique qui dirige la conduite d'agents doués de sentiment et

1. *Actions et événements*, p. 35.
2. Cf. *Traité*, 1.3.12.25, p. 214-215.
3. *EEH*, 5.5, n. 8, p. 139.
4. Cf. *EEH*, 8.19, p. 239.

d'intelligence »[1]. Dans le même sens, il observe que « [les principes gouvernant] les vents, la pluie, les nuages et les autres changements du temps ne se [découvrent] pas aisément à la sagacité et à la recherche humaine », que « les symptômes ordinaires de la santé ou de la maladie » peuvent, étant donné « l'extraordinaire complexité » du corps humain, « tromper notre attente » et que, de même, les résolutions et les actions humaines peuvent s'avérer « inattendues » et présenter une *apparente* irrégularité[2]. Ainsi, même si Hume n'a sans doute pas, comme Davidson, et comme Mill avant lui[3], explicité la différence entre lois strictes et lois *ceteris paribus*, il s'approche néanmoins de l'idée selon laquelle les lois de la médecine, de la météorologie ou du comportement humain ne valent que « toutes choses égales d'ailleurs », c'est-à-dire, pour utiliser son vocabulaire, tant que n'interviennent pas des « causes secrètes » qui en préviennent l'opération en les contrariant. Et c'est certainement l'attention de Hume aux degrés de la probabilité qui l'a conduit à une telle intuition.

Ces trois considérations montrent que selon Hume, comme plus tard chez Davidson, l'explication causale singulière pouvait se passer de la *connaissance de la loi* qui couvre le cas, tout en *supposant l'existence* de cette même loi. Il s'avère ainsi possible de prêter à Hume lui-même certains aménagements (sinon un affaiblissement) du « *modèle de subsomption* » (*covering-law model*) dont on lui prête généralement (Ricœur notamment[4]) la paternité.

Evénements mentaux et causes de l'action : réponse au « défi » de Melden

Davidson, je l'ai dit, accorde aux Wittgensteiniens, et en particulier à Melden, que la relation unissant l'action à ses raisons peut se concevoir comme une relation entre deux descriptions. Néanmoins, et dans le même temps, Davidson affirme que ces deux descriptions sont celles de deux *événements*, qui se trouvent quant à eux dans une relation causale empirique. Cette thèse constitue la réponse de Davidson à ce que l'on pourrait appeler le « défi » de Melden, et que Davidson présente de la manière suivante :

1. *EEH*, 8.12, p. 231
2. *EEH*, 8.14-15, p. 233-235.
3. Voir J. S. Mill, *Système de logique*, livre VI, chap. 3, § 1-2, et chap. 9, § 2, et P. Engel, « Mill et le problème des lois en sciences morales » (texte en ligne).
4. P. Ricœur, *Temps et Récit*, t. 1, Paris, Seuil, 1991, p. 203.

> Quand il analyse le cas du conducteur qui fait signe qu'il va tourner en levant le bras, Melden met au défi ceux qui veulent expliquer les actions en termes causaux d'identifier "un événement qui soit commun et particulier à tous les cas de ce genre" (p. 87), qu'il s'agisse d'un motif ou d'une intention, ou en tout cas, "d'un certain sentiment ou d'une certaine expérience éprouvée" (p. 95) [1].

Davidson identifie précisément ce sentiment dans un « événement mental », à savoir, la prise de conscience (*awareness*) par le conducteur, à un certain moment, qu'il va devoir tourner (qu'il est temps pour lui de tourner) [2]. Un événement (décrit comme) mental est donc identique à la raison de l'action, et Davidson pense que c'est toujours le cas. Il considère en effet que les « pro-attitudes » et « croyances » qui constituent d'après lui les deux types de raisons de l'action, sont toujours identiques à des événements mentaux singuliers, que l'on peut dater : « un désir de vous blesser peut surgir en moi au moment où vous vous mettez en colère contre moi (...) et les croyances peuvent se former au moment où nous remarquons, percevons, apprenons ou nous rappelons quelque chose ». En outre, ajoute Davidson, il en est de même si l'on prend une activité continue comme conduire : à tout moment, des objectifs ponctuels associés à des entrées d'information (croyances) causent l'action. C'est alors une « suite d'événements » qui en est la cause.

Davidson ne cite pas Hume dans cette réponse à Melden consistant à montrer que les raisons de l'action – pro-attitudes et croyances – sont bien identiques à des événements précédant l'action. Néanmoins, certaines de ses formulations me paraissent particulièrement humiennes, et rien n'exclut qu'elles l'aient été également dans l'esprit de Davidson.

La proximité avec Hume tient selon moi dans deux propositions essentielles à la démonstration de Davidson : 1) mentionner la cause d'une action, c'est mentionner « un événement qui la précède » ; 2) l'ignorance éventuelle de l'événement en question n'empêche pas que *l'existence* d'un tel événement soit supposée, ce qui constitue d'ailleurs un point commun entre l'explication des actions humaines et celle des événements naturels. La première proposition rappelle irrésistiblement la thèse de Hume selon laquelle « la relation *d'antériorité* temporelle de la cause par rapport à l'effet » est essentielle à la relation causale [3]. Quant à la seconde proposition,

1. *Actions et événements*, p. 27. Les paginations renvoient à A. I. Melden, *Free action*, London, Routledge & Kegan Paul, 1961.

2. *Actions et événements*, p. 27-28. Sauf indication contraire, cette référence vaut pour toute cette section.

3. *Traité*, 1.3.2.7, p. 135.

elle me semble avoir été anticipée par Hume lorsque ce dernier affirmait qu'un homme réfléchi peut parfaitement ignorer quel ensemble de causes secrètes et complètes (éventuellement contradictoires) président à tels effets connus, *tout en tenant pour certain que de telles causes existent*[1]. Or Hume, comme le fera Davidson, appliquait ce genre d'observation aussi bien aux événements naturels qu'aux actions.

Hume remarquait, en effet, dans le livre I du *Traité de la nature humaine*, qu'un artisan ou un philosophe sait bien que lorsqu'une montre cesse de marcher, c'est qu'une cause cachée dans le mécanisme contrevient à son opération habituelle. Or c'est justement l'exemple du défaut structurel d'un objet artificiel (un pont) que Davidson retient lorsqu'il veut montrer que notre éventuelle ignorance des raisons premières de notre action n'exclut pas que nous en supposions l'existence et le caractère causal : « dans de tels cas, l'explication en termes de raisons premières peut être mise en parallèle avec l'explication de l'effondrement d'un pont dû à un défaut de construction : nous ignorons quel est l'événement ou la suite d'événements qui ont produit (ont causé) l'effondrement, mais nous sommes sûrs qu'il y avait un tel événement ou une telle suite d'événements ». Il y a plus. Dans l'*Enquête sur l'entendement humain*, Hume reprenait l'exemple de l'arrêt de la montre sous l'effet d'une cause cachée[2] et, selon un geste comparable à celui de Davidson, *il lui découvrait un équivalent en matière d'action* :

> Souvent les résolutions les plus inattendues et les plus irrégulières des hommes se laissent expliquer par ceux qui connaissent chaque circonstance particulière de leur caractère et de leur situation. Celui qui est d'un naturel avenant répond avec irritation ; mais il a mal aux dents ou n'a pas dîné. [...] Et même, la chose arrive, quand une action ne peut recevoir ni de son auteur ni d'autrui une explication particulière, nous savons, d'une manière générale, que les caractères humains font preuve jusqu'à un certain point d'inconstance et d'irrégularité[3].

Dans le *Traité* déjà, Hume remarquait qu'un spectateur qui serait incapable d'inférer nos actions à partir de nos motifs « conclut en général qu'il le pourrait s'il connaissait parfaitement toutes les circonstances de notre situation et de notre caractère, ainsi que les ressorts les plus secrets de notre complexion et de notre disposition »[4]. A cela, le passage de

1. Cf. *Traité*, 1.3.12.5, p. 203.
2. *EEH*, 8.13, p. 231-233.
3. *EEH*, 8.15, p. 233-235, je souligne.
4. *Traité*, 2.3.2.2, p. 264.

l'*Enquête* cité ci-dessus (voir l'expression que j'ai soulignée) ajoutait que cette même conclusion ne vaut pas seulement pour le spectateur, mais aussi *pour l'agent lui-même*. Or c'est justement à propos de ce dernier que Davidson remarquait qu'il existe « des cas d'action intentionnelle où [il ne peut] pas expliquer pourquoi [il a] agi comme [il] l'a fait ». De sorte que, non seulement Hume avait, avant Davidson, proposé une comparaison entre l'ignorance des causes cachées en matière d'événements naturels et d'actions humaines, concluant, comme ce dernier, qu'une telle ignorance peut s'accompagner de la présupposition de l'existence de telles causes, mais Hume avait également, comme le fera Davidson, considéré que l'auteur d'une action peut lui-même ignorer la cause de son action tout en supposant qu'une telle cause existe.

RÉFUTATION DE L'ARGUMENT DE LA « CONNEXION LOGIQUE » ENTRE L'ACTION ET SES RAISONS

Hume n'est pas explicitement convoqué dans la réfutation, par Davidson, de « l'argument de la connexion logique » développé en particulier par Melden. Mais Hume m'y semble néanmoins impliqué non seulement dans la mesure où Davidson y convoque parfois son propre modèle des désirs-croyances comme causes de l'action (un modèle qui, comme je le montrerai dans le point suivant, emprunte à Hume), mais aussi, plus directement, dans le contenu même des contre-arguments que Davidson oppose aux Wittgensteiniens.

Rappelons d'abord, en suivant Davidson, en quoi consiste cet « argument de la connexion logique ». Davidson le résume ainsi : une cause doit être logiquement distincte de son effet supposé ; or une raison d'agir n'est pas logiquement distincte de l'action puisqu'elle n'est qu'une redescription de l'action ; donc la relation entre une raison et une action n'est pas causale. Je distinguerai deux étapes dans la réfutation de Davidson.

Premièrement, Davidson remarque que l'idée de causalité elle-même peut être compatible avec celle de vérité nécessaire (analytique). Davidson montre ainsi dans l'essai 1 que, de même qu'une description de cause telle que « c'est soluble dans l'eau et cela a été mis dans l'eau » *implique* une description d'effet telle que « cela s'est dissous », de même, une raison d'agir telle que « je voulais allumer la lumière » « *implique en partie* » que « j'ai tourné l'interrupteur » [1]. On y reviendra, Davidson abandonnera

1. *Actions et événements*, p. 29-30.

ensuite (à partir de l'essai 2) cette idée d'implication, de déduction, ou de « détachement ». Mais il reste qu'il accorde toujours à ses adversaires qu'il existe entre la « description appropriée » des raisons d'une action et la « description appropriée » de cette dernière une certaine « relation logique » – de ce point de vue, il ne s'agit pas d'une relation « simplement empirique ». Or Davidson montre, dans le même temps, que la relation causale présente précisément cette double nature. Ainsi, d'un côté, si l'on recourt à l'expérience pour savoir quel événement *A* a causé *B* (fixant ainsi, « de façon appropriée » leurs descriptions), alors l'énoncé causal « *A* a causé *B* » est un énoncé empirique. Mais, d'un autre côté, et comme l'écrit Davidson, « supposez que "*A* a causé *B*" soit vrai, alors la cause de B=A ; et donc, en substituant les identiques, nous obtenons "la cause de *B* a causé *B*" qui est un énoncé analytique ». Donc, de ce second point de vue, « les descriptions appropriées ne sont pas logiquement indépendantes ». Or il semble que, malgré le caractère apparemment anti-humien de l'idée qu'un énoncé causal pourrait être *nécessaire* et pas « *simplement empirique* », Davidson ait à cœur de montrer qu'une telle conception n'est pas incompatible avec l'analyse humienne de la causalité. Expliquons ce point.

L'interprétation classique de la conception humienne de la causalité est, de fait, celle de la contingence des énoncés causaux *et de la relation causale elle-même*. C'est ainsi que Kant a compris Hume [1], et la plupart des commentateurs à sa suite. Ainsi, Kant reprochait à Hume d'avoir conclu « faussement à partir de la contingence de notre activité de détermination *d'après la loi* à la contingence *de la loi elle-même* », manquant par là-même la possibilité de « connaître entièrement *a priori* » (*i.e.*, à partir de la nécessité du principe de l'expérience possible) « la loi de la liaison entre des choses diverses » [2]. Rappelons pour mémoire quelques-uns des célèbres énoncés de Hume qui appuient cette lecture :

> Puisque ce n'est pas de la connaissance ni d'aucun raisonnement scientifique que nous tirons l'opinion qu'une cause est nécessaire pour toute production nouvelle, cette opinion doit nécessairement provenir de l'observation et de l'expérience [3].

1. Voir M. Malherbe, *Qu'est-ce que la causalité ? Hume et Kant*, Paris, Vrin, 1994 et *Kant ou Hume : la raison et le sensible*, Paris, Vrin, 1980, en particulier p. 18-27.

2. Kant, *Critique de la raison pure*, AK, III, 500 : trad. fr. A. Renaut, Paris, Aubier, 1997, p. 635.

3. *Traité*, 1.3.3.9, p. 143.

> Il n'y a pas d'objet qui implique l'existence d'un autre, si nous considérons ces objets en eux-mêmes et ne regardons pas au-delà des idées que nous en formons [1].

Or, loin d'entériner l'interprétation classique de la conception humienne de la relation causale comme « relation contingente », Davidson tente parfois de la contredire ou, du moins, d'affirmer que le texte de Hume reste, sur cette question, ouvert. Ainsi, dans l'introduction générale à *Actions et événements*, Davidson précise que dans l'essai 15 consacré à la théorie humienne de l'orgueil, tout comme dans l'essai 1 et dans les essais suivants, il « soutien[t] que cela peut être une vérité nécessaire qu'un événement ou un état, décrit d'une certaine manière, ait une certaine cause » [2]. Et il ajoute aussitôt que savoir si une telle affirmation est ou non « compatible avec l'analyse humienne de la causalité (…) *reste, à [son] sens, une question ouverte* ». Davidson insiste effectivement dans l'essai 15 sur cette ouverture du texte humien : « certaines des remarques de Hume suggèrent » qu'il pensait, comme Davidson « qu'il est nécessaire que le fait que quelqu'un soit fier que *p* soit causé (entre autres choses) par une croyance que *p* » ; « certaines autres remarques ne suggèrent rien de tel » [3]. Or indépendamment de la question historique dont Davidson juge à la fois (et un peu paradoxalement) qu'elle est « ouverte » et qu'elle « dépasse son propos », il reste que toute sa démarche dans cet essai consiste à montrer qu'il est possible de prêter à Hume l'idée d'une relation causale *et logique* entre les jugements qui impliquent l'orgueil et ce dernier (lui-même assimilé à un jugement) [4]. Tout se passe donc comme si Davidson tenait à inclure Hume dans sa propre conception de la compatibilité entre, d'une part, la relation causale (contingente) unissant deux événements et, d'autre part, la relation logique (nécessaire) unissant leurs descriptions appropriées : du moins cherche-t-il toujours à le disculper de toute contradiction à ce propos.

A l'argument de la connexion logique, Davidson oppose, *deuxièmement*, une réponse plus frontale. Cette réponse consiste à dire que l'explication par redescription, non seulement, « n'exclut [pas] qu'on fournisse par là une explication causale », mais aussi, et plus fondamentalement, qu'« *une rationalisation est (...) une espèce d'explication causale* » [5].

Pour le montrer, Davidson fait valoir que la relation unissant une action à sa raison contient une idée essentielle *que ne permet pas de saisir la*

1. *Traité*, 1.3.6.1, p. 149.
2. *Actions et événements*, Introduction, p. 11.
3. *Ibid.*, p. 381.
4. Cf. *ibid.*, p. 375.
5. *Ibid.*, p. 29 et p. 23, je souligne.

simple idée d'une justification ou d'une interprétation par les raisons : « c'est l'idée que l'agent a accompli l'action *parce qu'*il avait une certaine raison ». En effet, explique Davidson, « une personne peut avoir une raison de faire une action, et accomplir cette action bien que cette raison ne soit pas la raison pour laquelle elle a accompli l'action ». Par conséquent, dire qu'un agent a agi pour une raison, ce n'est pas seulement dire que cette raison éclaire l'action, la justifie, c'est dire également que *c'est à cause de cette raison, et pas pour une autre, qu'il a agi*. D'où la nécessité de la condition posée par Davidson et selon laquelle « une raison primaire d'une action est sa cause ».

Afin d'illustrer son propos, Davidson expose à nouveaux frais l'exemple du lever de bras du conducteur décrit par Melden : si l'on se contente, comme le suppose Melden, d'expliquer l'action de tourner en redécrivant son action ainsi : « il a fait signe qu'il allait tourner », on n'explique en rien pourquoi il a tourné. En effet, écrit Davidson, « si la description "faire signe qu'il va tourner" explique son action [*i.e.* lever le bras] en donnant sa raison, alors l'acte de faire signe qu'il va tourner doit être intentionnel ; mais selon l'analyse qui vient d'être donnée [à savoir l'analyse simplement redescriptive de Melden], *il peut ne pas l'être* »[1]. Rien ne garantit, autrement dit, que la raison assignée à l'action de l'agent – à savoir, la description « faire signe » – « était la raison pour laquelle il l'a faite ». Mentionner, en revanche, une pro-attitude de l'agent satisferait cette condition : « au moins dans un grand nombre de cas typiques, on doit supposer qu'une pro-attitude quelconque est présente si l'on veut comprendre l'énoncé des raisons qu'un agent peut avoir d'agir ».

C'est donc en fait au « modèle d'Aristote » (éventuellement amendé) qu'il faut, déclare Davidson, en revenir : « seul un modèle comme celui d'Aristote promet de donner une explication de la relation mystérieuse unissant raisons et actions ». En fait, Davidson considère ici que le modèle qu'il a lui même développé dans la première section d'« Actions, raisons et causes », peut se concevoir comme une simple amélioration de la « théorie d'Aristote ». Il convient néanmoins de se demander à présent, à la suite de Michael Smith et de Francis Snare[2], si le modèle que les commentateurs contemporains dénomment habituellement « le modèle *DC* » (désirs-croyances) n'est pas, *aussi bien*, ou même *plus exactement*, une version améliorée de celui de Hume.

1. *Actions et événements*, p. 25-26.

2. *Cf.* M. Smith, *The Moral Problem*, *op. cit.*, p. 92 et F. Snare, *Morals, Motivation and Convention*, *op. cit.*, p. 65-66.

LE MODÈLE « DÉSIRS-CROYANCES » : LE MODÈLE D'ARISTOTE ?

Lorsque, dans l'essai « Actions, raisons et causes », Davidson présente la thèse selon laquelle « la raison primaire d'une action [*R*] consiste en une croyance et une attitude », il cherche à définir la condition sous laquelle *R* rationalise cette action. Plus précisément encore, la raison primaire d'une action est celle qui rationalise cette action sous une certaine description *d*. De sorte que la première condition nécessaire à une raison primaire est la suivante :

> C1 : R n'est une raison primaire pour laquelle un agent a accompli l'action *A* sous la description *d* que si R consiste en une pro-attitude de l'agent à l'égard d'actions qui ont une certaine propriété et en la croyance de l'agent que *A*, sous la description *d*, a cette propriété [1].

La proximité de cette explication de la raison primaire d'une action et du modèle d'Aristote est revendiquée par Davidson, et expliquée comme suit : « la croyance et l'attitude qui constituent la raison primaire d'une action peuvent toujours être mises en correspondance avec les prémisses d'un syllogisme que nous pouvons toujours construire, pour autant que nous fassions preuve d'un peu d'ingéniosité » [2]. La référence à Aristote permet ainsi à Davidson d'expliquer en quel sens les raisons de l'action « justifient » cette dernière : « du point de vue de l'agent [dont on peut reconstituer le raisonnement pratique], il y avait, quand il a agi, quelque chose qui parlait en faveur de son action ».

Une première remarque s'impose pour le propos qui est le nôtre : Aristote n'est pas le seul philosophe que Davidson associe au modèle du raisonnement pratique déductif : dans l'essai 5, il l'attribue plus largement, et « par exemple », à Aristote *et à Hume* [3]. Sur quoi se fonde cette dernière attribution ?

Dans *Actions et événements*, la *présentation* que donne Davidson de ce modèle s'avère, de fait, très proche du syllogisme pratique d'Aristote. C'est la suivante : d'une part (prémisse majeure), les pro-attitudes d'un agent peuvent s'exprimer sous la forme d'un jugement ou du moins d'une proposition (ainsi, « quelqu'un qui veut manger quelque chose de sucré (…) *soutient* que manger quelque chose de sucré a une certaine caractéristique positive », avec cette précision qu'une telle « expression propositionnelle » du désir a la forme d'une loi : « toute action consistant à manger quelque

1. *Actions et événements*, p. 18.
2. *Ibid.*, p. 22-23.
3. *Ibid.* p. 139.

chose de sucré est désirable »), s'y ajoute d'autre part (prémisse mineure) une croyance de l'agent dont l'expression est elle aussi propositionnelle et selon laquelle une certaine action promouvra l'état de choses valorisé (« je crois que ce bonbon est sucré, et que par conséquent le fait que je mange ce bonbon sera un cas où je mangerai quelque chose de sucré »), s'en déduirait, enfin, une conclusion qui est l'action (je mange ce bonbon)[1]. Remarquons que, sur ce tout dernier point, Davidson se déclare en désaccord avec Anscombe, qui « nie que le syllogisme pratique soit déductif »[2].

Un tel schéma se repère-t-il chez Hume ? Même si j'ai pour ma part défendu au chapitre III l'idée que certains désirs sont d'après Hume génériques et dispositionnels[3], l'expression propositionnelle du désir *telle que l'envisage Davidson* n'est pas incompatible avec la pensée de Hume. Davidson fait d'ailleurs une remarque de cet ordre à propos de « l'*orgueil propositionnel*, c'est-à-dire l'orgueil décrit par des phrases comme “Elle était fière d'avoir été élue présidente” » : « Hume, écrit Davidson, parle plus souvent du fait d'être fier de quelque chose – d'un fils, d'une maison, d'une aptitude, d'une réalisation –, mais on voit clairement dans son analyse que des cas où l'on est fier de quelque chose (...) se réduisent à, ou sont fondés, sur l'orgueil propositionnel »[4]. Dans l'esprit de Davidson, il en est certainement de même des « passions directes » humiennes (des désirs). En revanche, selon moi, Hume ne dit jamais que les propositions exprimant les désirs auraient « la forme de lois » : l'idée de subsomption du cas sous une règle ne fait pas partie de la manière dont il décrit les désirs. Aussi ne trouve-t-on rien comme la « prémisse majeure » du raisonnement pratique d'Aristote dans l'analyse humienne des motifs de l'action : Hume envisage tout au plus qu'un homme qui préfère les pêches se contente de melons faute de pêches, ce qui me semble plutôt correspondre à une conception dispositionnelle de certains goûts (ici, celui de l'agent pour les fruits). Enfin, et plus fondamentalement, Hume concevait-il l'action comme le résultat d'une déduction ? En un sens oui : au sens où, comme il l'écrivait, « le vouloir se fonde sur la supposition d'une causalité entre mes actes et l'effet recherché »[5]. C'est en ce sens précis que l'on peut attribuer à Hume l'idée de raisonnement pratique : au sens où la satisfaction du désir implique le

1. *Actions et événements*, p. 50-51 et 137-139.

2. *Ibid.*, p. 22 ; *cf.* Anscombe, *L'intention*, § 42, p. 138-139. La controverse se retrouve chez les commentateurs d'Aristote : *cf.* M. Crubellier, « Le “syllogisme pratique” », *in* A. Laks, M. Rashed (éd.), *Aristote et le mouvement des animaux*, Villeneuve d'Ascq, Presses Universitaires du Septentrion, 2004.

3. Cf. *supra*, chap. III, p. 152.

4. *Actions et événements*, p. 366.

5. *Traité*, 2.3.3.7, p. 273.

choix « des moyens [appropriés] à la fin visée ». De ce point de vue, la version humienne du raisonnement pratique s'avère être, tout simplement, celle de *raison instrumentale* : « le raisonnement intervient pour découvrir cette relation [de cause à effet]; et en fonction de notre raisonnement, nos actions varient subséquemment » [1]. Mais une telle conception paraît fort peu adéquate pour saisir le concept de « raison d'agir ».

La pertinence de la référence à Aristote pourrait ainsi s'expliquer par deux raisons. Premièrement, le syllogisme pratique d'Aristote fait effectivement partie selon Davidson « de l'analyse du concept de raison pour laquelle quelqu'un agit » [2]. Deuxièmement, il importe pour des raisons stratégiques d'extraire Aristote du camp wittgensteinien, en montrant que le schème de la justification (de la rationalisation) est compatible avec l'explication causale.

C'est donc plutôt vers la détermination même du contenu des causes de l'action qu'il faut se tourner pour mieux saisir la portée de la référence à Hume chez Davidson. Rappelons en effet que la théorie humienne de la motivation, que j'ai présentée dans un précédent chapitre, détermine deux types de causes de l'action : d'un côté les passions, causes immédiatement motivantes de l'action; de l'autre les « opinions » ou « jugements » accompagnateurs portant sur « l'existence » des objets des passions ou sur les connexions causales où s'inscrivent ces objets. Davidson est au fait de cette théorie de la motivation, bien qu'il ne l'affiche pas dans l'essai « Actions, raisons et causes ». C'est en tout cas ce qui apparaît nettement dans un essai plus tardif de 1976, intitulé « La théorie cognitive de l'orgueil de Hume », où Davidson rappelle avec précision cette théorie et où il résume bien en quel sens une passion comme l'orgueil (mais Hume en dirait autant de l'action elle-même) peut être dite « critiquable » (c'est-à-dire, en termes plus humiens, « contraire à la raison ») : « la critique doit porter sur la constellation tout entière composée de la croyance et de l'attitude qui en[=de l'orgueil] est la source directe, car quels que soient les penchants à l'irrationalité en présence, ceux-ci doivent intervenir pour créer la constellation tout entière » [3]. Cette « constellation » – « croyance » et « attitude » – équivaut très exactement au couple constitutif de la « raison primaire » de l'action que repère Davidson.

1. *Traité*, 2.3.3.3, p. 270.
2. *Actions et événements*, n. 1, p. 22.
3. *Ibid.*, p. 378.

Dans un essai plus récent, « Paradoxes de l'irrationalité », publié pour la première fois en 1982 [1], Davidson accorde d'ailleurs que « de nombreux philosophes », *parmi lesquels Hume*, « ont relevé la structure des explications par les raisons ». Il cite alors la version concise qu'a donnée Hume de ce schème dans l'*Enquête sur les principes de la morale*, où Hume écrivait :

> Demandez à un homme *pourquoi il fait de l'exercice* ; il vous répondra *qu'il désire rester en bonne santé*. Si vous lui demandez *pourquoi il désire la santé*, il vous répondra sur le champ : *parce que la maladie est un état douloureux*. Si vous poussez plus loin vos questions et que vous désiriez savoir la raison pour laquelle il hait la douleur, il lui est impossible de vous répondre. C'est là la fin dernière, qui jamais n'est rapportée à un autre objet [2].

Selon Davidson, la structure repérée par Hume est en fait la suivante : « ce qu'il faut expliquer est l'action, par exemple : faire de l'exercice. Au minimum, l'explication fait appel à deux facteurs : une valeur, un but, une volonté ou une attitude de l'agent, et une croyance qu'en agissant de la manière qu'il faut expliquer il peut promouvoir la valeur ou le but pertinent, ou qu'il agira en accord avec cette attitude ». Le couple croyance-attitude s'avère ainsi, *d'après Davidson lui-même*, au cœur de l'explication de l'action par ses raisons. Corrélativement, le modèle humien s'avère en fait très proche de la présentation que Davidson donne du raisonnement pratique dans l'essai « Comment la faiblesse de la volonté est-elle possible ? », une présentation qui accorde une place essentielle au caractère *causal* des prémisses de l'action :

> Quand une personne agit avec une certaine intention, il semble que l'on puisse décrire approximativement et incomplètement ce qui se passe de la façon suivante : elle accorde une valeur positive à un état de choses (une fin ou l'accomplissement par soi-même d'une action satisfaisant certaines conditions) ; elle croit (ou sait, ou perçoit) qu'une action, appartenant à la catégorie de celles qui sont à sa portée, promouvra ou produira ou réalisera l'état de choses valorisé ; et il s'ensuit qu'elle agit (c'est-à-dire elle agit *parce qu*'elle a une certaine valeur ou désir et une croyance) [3].

Revenons à l'usage que fait Davidson du « modèle d'Aristote » (puisque c'est ainsi que, dans la plupart de ses essais, il le présente). Remarquons

1. Cet article fut par la suite inséré dans *Problems of Rationality*, Oxford, Clarendon Press, 2004 (essai 11). Pascal Engel a traduit l'article de 1982 dans *Paradoxes de l'irrationalité*, Combas, Éditions de l'éclat, 1991, dans ce paragraphe, je cite sa traduction, p. 26.

2. *EPM*, app. 1, § 19, p. 147.

3. *Actions et événements*, p. 50-51 : c'est Davidson qui souligne.

d'abord que dans l'essai « Actions, raisons et causes », le modèle d'Aristote permet surtout d'éclairer une notion de « justification » qui fait la différence spécifique des raisons de l'action par rapport aux autres causes. Ce modèle est, en revanche, moins utilisé par Davidson lorsqu'il s'agit pour ce dernier de défendre l'idée selon laquelle ladite « justification » *est une « espèce d'explication causale »* [1]. Certes, si l'on s'en tient seulement à l'essai 1, le modèle d'Aristote se trouve également convoqué pour étayer cette dernière idée : Aristote a rendu compte à sa manière « de la présence de "parce que" dans [les] explications [causales] ». Plus précisément, il l'a fait « en introduisant le concept de vouloir comme facteur causal », un concept dont Davidson considère dans l'essai 1 qu'il suffirait de l'étendre à d'autres pro-attitudes pour obtenir une analyse « prometteuse » de la connexion entre les raisons et les actions [2]. Cependant, dans l'essai 2 intitulé « Comment la faiblesse de la volonté est-elle possible ? », Davidson va être conduit à abandonner le modèle d'Aristote. A quoi tient cet abandon ?

Dans l'essai 2, Davidson le présente comme étant lié au fait que ce modèle ne permet pas de « donner une analyse satisfaisante de l'action incontinente » [3]. En effet, explique-t-il, si toute action intentionnelle doit être conçue sur le modèle suivant : l'agent valorise une certaine fin, il croit qu'une certaine action la promouvra et il s'ensuit qu'il agit sur le champ ; alors on ne comprend pas comment un désir fort peut s'accompagner d'un jugement fort (ou « le meilleur ») selon lequel telle action est désirable *sans que, néanmoins, l'agent l'accomplisse mais en accomplisse intentionnellement une autre*. En conséquence, Davidson propose une nouvelle explication logique de l'*incontinence*, permettant de rendre compte du fait qu'un agent agit contre son meilleur jugement, tout en agissant néanmoins pour une certaine raison, et cela, sans que ses croyances se contredisent.

Mais, au-delà de cette révision de la compréhension du raisonnement pratique de l'*akratès*, c'est une révision bien plus large qu'effectue Davidson. Ce qu'il se propose en effet, c'est, plus fondamentalement, « d'abandonner l'idée que nous puissions *détacher* des conclusions quant à ce qui est désirable (ou meilleur) ou obligatoire à partir des principes qui prêtent une couleur à ces conclusions » [4]. Davidson y insiste à nouveau dans l'essai 5, et dans l'introduction générale à *Actions et événements* : il déclare rejeter désormais « la thèse, défendue dans l'essai 1, selon laquelle les expressions

1. *Actions et événements*, p. 23, je souligne.
2. *Ibid.*, p. 25-26.
3. *Ibid.*, p. 52.
4. *Ibid.*, p. 58.

propositionnelles des raisons d'une action sont reliées *de manière déductive* à la proposition qui correspond à l'action telle qu'elle se trouve expliquée par ces raisons »[1]. Or ce qui est en jeu ici, c'est, me semble-t-il, l'éventuelle dissociation des raisons justificatrices et des causes de l'action. Sur ce point, c'est l'introduction à l'ouvrage qui nous fournit une clef : « je défends la conception causale dans l'essai 2 en soutenant qu'une raison qui est causalement la plus forte n'est pas nécessairement une raison qui fournit à l'acteur les justifications les plus fortes (ou les meilleures) qu'il a d'agir ». C'est précisément ce fait que, d'après Davidson, le modèle d'Aristote ne permet pas de saisir, tant ce modèle est lié à une conception de l'agent « dans son rôle d'Animal Rationnel »[2].

Or il me semble que ce mouvement par lequel Davidson en est venu à rejeter cette idée d'une déduction entre les raisons de l'action et cette dernière pourrait être rapproché du geste humien consistant à concentrer son analyse de l'action sur les motifs de l'action (en langage contemporain ses « raisons motivantes ») et à ne tenir compte de ce que Hutcheson appelait les « raisons justifiantes » de l'action (les raisons « les meilleures ») que *dans la mesure où elles influençaient causalement l'action*, ce qui, remarquait Hume, est loin d'être toujours le cas.

NÉCESSITÉ OU LIBERTÉ DE L'ACTION ? LA QUESTION DU « POUVOIR CAUSAL » DE L'AGENT

Jusqu'ici, j'ai mis de côté dans ce chapitre un point de désaccord apparemment flagrant entre Hume et Davidson : il s'agit de la question de la liberté de l'agent. Dans l'essai 4 d'*Actions et événements*, intitulé « Liberté d'action », Davidson tient en effet à montrer que la liberté d'agir *est un pouvoir causal* ce qui, dans son esprit, revient à prouver que sa théorie causale peut « rendre compte correctement de l'action libre, ou du fait que l'on est libre d'accomplir un acte »[3]. Cette conception est-elle contradictoire avec celle de Hume ?

Il semble qu'aux yeux de Davidson elle ne le soit pas, et ce d'un double point de vue. D'une part, parce que la thèse d'un « pouvoir causal » de l'agent est *à distinguer* selon lui du « déterminisme », c'est à dire, de la thèse selon laquelle « les actions sont déterminées causalement »[4]. De

1. *Actions et événements*, Introduction, p. 7, je souligne.
2. *Ibid.*, p. 22.
3. *Ibid.*, Introduction, p. 7, trad. mod.
4. *Ibid.*, p. 93.

sorte que la capacité de la « théorie causale de l'action » défendue par Davidson à rendre compte de la liberté de l'agent ne se situe pas, selon lui, sur le même plan que la problématique conciliation du déterminisme et de la liberté, où se situait Hume. D'autre part, Davidson considère que les objections adressées au déterminisme causal de Hume par les partisans de la liberté sont sans pertinence : « Hobbes, Locke, Hume, Moore, Schlick, Ayer, Stevenson et quantité d'autres auteurs ont fait tout ce qui était possible, ou tout ce qui a jamais pu être nécessaire, pour dissiper les confusions qui ont pu faire penser que le déterminisme frustrait la liberté ». De ce point de vue, il semble que Davidson considère que le « compatibilisme » affiché par Hume tant dans le *Traité* que dans l'*Enquête sur l'entendement humain* est un véritable compatibilisme (autrement dit, qu'il n'est pas inférieur à celui de Kant), en ce qu'il accorde à la liberté la place qui lui revient. Rappelons ici que Hume, en suivant Locke [1], définissait la liberté comme « *le pouvoir d'agir ou de ne pas agir selon les déterminations de la volonté* ; c'est-à-dire si nous choisissons de rester au repos, nous le pouvons ; si nous choisissons de nous mouvoir, nous le pouvons aussi » [2] et précisait, dans la lignée de Hobbes, que cette liberté « appartient à quiconque n'est pas en prison ou dans les chaînes » [3].

De la liberté comme « pouvoir d'agir ou de ne pas agir » de Hume (liberté de spontanéité) à la liberté comme « pouvoir causal » de Davidson, il n'y aurait donc pas, selon ce dernier, de désaccord de fond : simplement, leur enquête ne se situerait pas sur le même plan. Ce diagnostic est-il juste ?

Pour répondre à cette question, examinons plus précisément quelle est la thèse que soutient Davidson. C'est dans une note ajoutée en 1979 qu'il me semble l'énoncer le plus clairement : « en un sens fondamental nous sommes libres de φ-ier (pouvons φ-ier), pour autant que tout ce qui est requis pour que cette action ait lieu est la présence des attitudes et des croyances appropriées », ce à quoi Davidson ajoute : « la question de savoir si nous pouvons avoir ces attitudes et ces croyances n'est, en elle-même (sauf dans des circonstances spécifiques), pas pertinente » [4]. Examinons séparément les trois points contenus dans cette définition, à savoir, 1) l'idée que « ce qu'un homme est libre de faire, c'est ce qu'il *peut* faire si », 2) l'idée que les conditions causales de « peut faire *x* » sont « les désirs et les croyances qui rationalisent *x* » et 3) la mise hors jeu de la question de la liberté qu'a l'agent d'acquérir les désirs et les croyances en question. Et

1. *Cf.* J. Locke, *Essai*, 2.21.8.
2. *EEH*, 8.23, p. 249-251.
3. *Ibid.* *Cf.* T. Hobbes, *Léviathan*, chap. XXI, trad. fr. F. Tricaud, Paris, Sirey, 1971, p. 221.
4. *Actions et événements*, p. 106-107.

tentons de comparer chacun de ces trois points avec l'approche qu'adoptait Hume.

L'équivalence posée par Davidson entre « est libre de faire » et « *peut* faire *si* » était clairement impliquée dans la définition humienne de la liberté précédemment citée. Je reproduis cette définition en soulignant cette fois les expressions indiquant l'idée que la liberté est un *pouvoir* d'agir sous *conditions* :

> Nous ne pouvons donc entendre par liberté que *le pouvoir* d'agir ou de ne pas agir *selon* les déterminations de la volonté ; c'est-à-dire *si* nous choisissons de rester au repos, nous le *pouvons* ; *si* nous choisissons de nous mouvoir, nous le *pouvons* aussi [1].

On doit également remarquer que, dans son essai « Liberté d'action », Davidson est conduit (provisoirement) à défendre contre Austin dans « Ifs and Cans » [2], la thèse fondamentale de Moore [3], que Davidson résume ainsi : « "A peut φ-ier" veut dire "Si *A* choisit de φ-ier, alors il φ-ie" » [4]. Or cette équivalence est implicitement présente dans la définition de Hume citée ci-dessus et ce dernier, pourtant dépourvu de l'apparat logique contemporain, insistait d'ailleurs sur la *conditionnelle* présente dans sa propre définition de la liberté, en qualifiant cette dernière de « liberté *hypothétique* » [5].

Passons à la deuxième idée de Davidson, selon laquelle dire qu'un agent *peut* faire *x* intentionnellement, c'est dire que sont présentes les « conditions causales » (croyances et désirs) qui rationalisent cette action. Pour aboutir à cette définition, Davidson rejette un contenu vraisemblable de la condition causale de l'action, à savoir, le « vouloir » (*willing*) : le « vouloir » est en effet un acte mental dont on peut toujours se demander si l'agent était libre ou pas de (pouvait ou non) le faire ; il n'est donc pas un bon prétendant pour constituer la condition causale de l'action libre et intentionnelle. D'où le recours aux croyances et aux désirs comme à des « conditions causales » qui ne sont « pas [elles]-mêmes des actions [comme l'est "choisit" dans l'analyse de Moore] ou des événements au sujet desquels

1. *EEH*, 8.23, p. 249-251.

2. J.-L. Austin, « Ifs and Cans » (1956), *Philosophical Papers*, Oxford, Clarendon Press, 1961, p. 153-180.

3. G. E. Moore, *Ethics*, London, Williams & Norgate, 1912. Le chapitre VI de *Ethics*, intitulé « Free will », est traduit en appendice de G. E. Moore, *Principa Ethica*, trad. fr. M. Gouverneur revue par R. Ogien, Paris, P.U.F., 1998, p. 329-343.

4. *Actions et événements*, p. 97.

5. *EEH*, 8.23, p. 251, je souligne.

on peut se poser la question de savoir si l'agent peut les effectuer »[1]. Est-ce à dire que Hume se fourvoyait en renvoyant, dans la définition citée ci-dessus, le « pouvoir d'agir » aux « déterminations *de la volonté* »? Je ne le pense pas. En effet, on peut repérer au début de la section 3 du livre II du *Traité* un mouvement analogue à celui qu'opère Davidson : un mouvement par lequel Hume en était venu à référer l'action non pas à la volonté, mais aux conditions causales de cette dernière, à savoir aux désirs et aux croyances. Ainsi, après avoir défini la volonté comme une « *impression interne* » dont l'homme a conscience lorsqu'il « *suscit[e] sciemment un nouveau mouvement de [son] corps ou une nouvelle perception de [son esprit]* » (section 2.3. 1 du *Traité*), Hume établissait finalement que les actes de cette volonté (les « volitions ») sont en fait « *causés* » par des « désirs » (calmes ou violents) eux-mêmes accompagnés de certaines « suppositions » (section 2.3. 3 du *Traité*).

Hume me semble donc, d'un double point de vue, très proche de l'idée de Davidson selon laquelle *la liberté d'agir est un pouvoir causal* : d'une part, parce qu'il a défini la liberté comme un pouvoir d'agir sous conditions causales et, d'autre part, parce qu'il a finalement su rapporter les actions aux « motifs de la volonté », soit à ces conditions causales qui ne sont pas des actes, à savoir, les désirs et les croyances de l'agent.

Il y a un autre geste de Davidson qui n'est pas sans rappeler l'approche de Hume. C'est le troisième point de l'analyse de Davidson que je citais plus haut, et qui consiste à congédier comme « *en elle-même* » « non pertinente » la question de la liberté de l'agent *d'avoir ou pas* les désirs et les croyances qui causent son action intentionnelle. Par cet ajout de 1979, Davidson éclaire le propos qu'il tenait initialement lorsqu'il déclarait *ne pas vouloir* « suggérer que la nature des croyances et des désirs d'un agent, et la question de savoir comment il les a acquis, n'ont pas de pertinence pour la question de savoir jusqu'à quel point il est libre, lui ou ses actions »[2]. Ce n'est ni la liberté de l'agent ni celle de l'action que Davidson veut caractériser, mais bien celle d'agir (*freedom to act*) : or cette liberté s'identifie à la présence des conditions causales précédemment identifiées. D'où l'explicitation qu'il donne de la thèse de son essai, et que je cite ici à nouveau en soulignant cette fois le caractère nécessaire et suffisant de la présence des conditions causales appropriées : « en un sens fondamental nous sommes libres de φ-ier (pouvons φ-ier), pour autant que *tout ce qui est requis pour que cette action ait lieu est la présence des attitudes et des*

1. *Actions et événements*, p. 106.
2. *Ibid.*, p. 107.

croyances appropriées ». Par voie de conséquence, les attitudes et les croyances ne sont analysées par Davidson qu'en termes de « changements » qui « ont lieu » dans l'agent, et qui sont les causes du fait qu'il agisse de telle manière. C'est ainsi que, d'une part, Davidson laisse ouverte la question de *l'origine* de ces changements (la question de savoir « comment il les a acquis ») et, d'autre part, préserve (du moins à son sens) la liberté *de l'agent* : « une *action* peut être causée sans que *l'agent* soit causalement conduit à l'accomplir (*without the agent being caused to perform it*) » [1].

Il reste alors à préciser ce qui, dans le schéma explicatif de Davidson, revient au juste à l'agent et si, de ce côté, *une liberté déliée des conditions causales* prend sens. Je pense qu'il n'en est rien. En effet, Davidson considère que « ce qui dépend de l'agent est la réalisation intentionnelle d'un acte d'une certaine sorte », ce qui revient à dire que l'action « survient ou pas selon qu'il *la veut* » [2]. Or « *la vouloir* » ne renvoie en fait à rien d'autre qu'à *l'attitude* qui constitue l'une des conditions causales de son action ; de même que le fait d'agir avec une intention dépend de la présence des conditions causales appropriées. Partant, l'entrelacs de « la question de l'analyse de la notion de liberté d'agir » et de « la question de la définition de l'action intentionnelle » [3] est tel qu'une seule et même analyse leur convient : celle qui met au jour les conditions causales *à propos desquelles la question de savoir si l'agent est libre ou pas de les avoir ne se pose pas*.

Or chez Hume aussi, les motifs de la volonté constituent le *terminus ad quem* de l'analyse causale de l'action, et cette restriction commande le sens que l'on peut accorder selon lui à la liberté. Ainsi, dire que la volonté est libre est, selon Hume, dépourvu de toute signification [4]. La liberté ne s'applique en fait qu'aux « actions volontaires », et ce, au sens très précis d'actions *non soumises à la contrainte* et non pas au sens où elles seraient sans connexion causale avec « les motifs, les inclinations et les circonstances » de l'agent [5]. De sorte qu'on ne peut entendre par ce mot « liberté » que « *le pouvoir d'agir ou de ne pas agir, selon les déterminations de la volonté* ». Le compatibilisme de Hume s'accompagne ainsi d'une *identification de la liberté à la liberté d'agir sans contrainte, mais sous conditions causales*. Et c'est ce même geste qui caractérise selon moi l'analyse proposée par Davidson.

1. *Actions et événements*, p. 96, trad. mod.
2. *Ibid.*, p. 109-110, je souligne.
3. Cf. *ibid.*, p. 111.
4. Cf. *Traité*, 2.2.2, p. 263-264 ; *EEH*, 8.22, n. 18, p. 247-249.
5. *EEH*, 8.23, p. 249.

Néanmoins, ce dernier rapprochement rencontre une importante limite. Davidson en effet, contrairement à Hume, développe un autre pan du compatibilisme qui lui permet de repérer la liberté en un autre lieu que celui de l'analyse de la liberté d'agir, à savoir *du côté de l'impossibilité de lois psychologiques strictes*. Or il apparaît que sous cet aspect – qui s'inscrit dans la défense du « monisme anomal » effectuée par Davidson dans les essais 11 et 12 d'*Actions et événements* – la référence à Hume devient peu adéquate. On peut repérer cette inadéquation de deux manières.

Premièrement, la défense, par Davidson, de la compatibilité entre l'anomie du mental et la dépendance causale des événements mentaux à l'égard des événements physiques est présentée sur le modèle du compatibilisme de Kant, *du moins pour ce qui est de la description du problème*. Ainsi, Davidson se déclare « en accord avec Kant » [1] quand ce dernier déclarait, dans les *Fondements de la métaphysique des mœurs*, « qu'il faut tout au moins supprimer d'une façon convaincante [l']apparente contradiction » qui existe « entre la liberté et la nécessité des mêmes actions humaines » [2]. Ce lien avec Kant, précise Davidson, est en fait double. D'une part « il suffit de passer des actions humaines aux événements mentaux, de substituer l'anomie à la liberté, pour obtenir une description de [son] problème ». D'autre part, le lien avec Kant est « plus étroit encore, puisque Kant croyait que la liberté entraîne l'anomie » [3]. De sorte que, dans l'esprit de Davidson, la substitution du principe de l'anomie du mental à celui de la liberté s'autorise de Kant. L'anomie du mental apparaît ainsi à Davidson comme « une condition nécessaire de l'autonomie de l'action » [4].

Un deuxième élément permet de rendre compte du manque de pertinence de la référence à Hume quand il s'agit, pour Davidson, de concilier l'anomie du mental (condition nécessaire de l'autonomie) et la connexion causale du mental et du physique. Il s'agit de la défense, par Davidson, du « monisme anomal », une position qui, d'un côté, affirme l'identité des événements mentaux et des événements physiques (identité qui concerne « des événements particuliers, *quelle que soit la manière dont on les décrit* ») [5] et de l'autre, déclare qu'« il n'y a pas de lois psychophysiques strictes » [6], « pas de lois strictes sur la base desquelles nous puissions prédire et expliquer les

1. *Actions et événements*, p. 278.

2. Kant, *Fondements de la métaphysique des mœurs*, trad. fr. V. Delbos, Paris, Delagrave, 1971, p. 197.

3. *Actions et événements*, p. 278-279.

4. *Ibid.*, p. 302.

5. *Ibid.*, p. 288, je souligne.

6. *Ibid.*, p. 298.

phénomènes mentaux » (« en tant que *décrit[s] comme tel[s]* »)[1]. Davidson adopte ainsi une ontologie d'événements dont la *description* peut être mentale ou physique, défend l'idée que « tous les événements mentaux sont identiques à des événements physiques » et pose, enfin, une « indépendance nomologique » entre ces derniers. Davidson adopte, autrement dit, un monisme matérialiste « non-réductionniste »[2]. Or l'ontologie humienne, qui n'est pas explicitement repérée dans la « classification quadripartite des théories de la relation entre les événements mentaux et les événements physiques »[3], correspondrait en fait à une position doublement distincte de celle de Davidson. En s'inspirant de la classification que ce dernier propose, on pourrait en effet désigner la théorie de Hume comme *monisme psychologique (ou mentaliste) nomologique*, ce qui correspondrait à une variante, autre que le matérialisme classique, du « monisme nomologique » repéré par Davidson. Que le monisme humien soit *psychologique* vient selon moi du fait que, d'après Hume, « nous ne pouvons concevoir aucune sorte d'existence hormis les perceptions »[4]. De ce point de vue, Hume me semble également s'éloigner de la célèbre position de David Lewis, baptisée par lui « survenance humienne », et selon laquelle existent uniquement des « qualités locales » instanciées en certains « points de l'espace-temps » et c'est sur « l'arrangement de ces qualités » que « survient tout le reste »[5]. En effet, contrairement à Hume, Lewis tient à préciser au sein d'une parenthèse qui me semble en fait très significative : « (*Mais la thèse n'inclut pas que ces affaires locales soient mentales*) »[6] ; or c'est précisément ce que Hume, à mon avis, supposait. Que le « monisme psychologique » de Hume (si l'on m'autorise alors cette expression) soit par ailleurs *nomologique* apparaît avec le fait que, d'après lui, les lois d'association qui gouvernent les perceptions sont univoques, qu'elles relient des événements décrits comme physiques ou qu'elles relient des événements mentaux, ou qu'elles relient les uns et les autres. Ainsi selon Hume, c'est de la même manière – par l'expérience d'une « fréquente conjonction » – que nous apprenons que tel mouvement de nos membres suit le commandement de notre volonté, que l'existence d'une idée suit ce même commandement, ou qu'un événement dit naturel suit un autre événement dit naturel[7]. De

1. *Actions et événements*, p. 300-301.

2. Voir sur ce point la présentation de P. Engel à *Actions et événements*, p. XXIII-XXV.

3. *Ibid.*, p. 285-286.

4. *Traité*, 1.2.6.8, p. 124.

5. D. Lewis, *Philosophical Papers*, vol. 2, Oxford, Oxford University Press, 1986, Introduction, p. X ; « Humean Supervenience Debugged », *Mind*, 103 (1994), n° 412, p. 474.

6. D. Lewis, *Philosophical Papers*, vol. 2, Introduction, p. IX, je souligne.

7. Cf. *EEH*, 7.9-14, p. 181-187.

sorte que, d'après Hume, « la même union trouvée par expérience a le même effet sur l'esprit, que les objets unis soient motifs, volition et actions, ou figure et mouvement » :

> [Un] prisonnier, quand il est conduit à l'échafaud, a l'assurance de sa mort prochaine, qu'il se représente la vigiliance et la fidélité de ses gardiens ou l'œuvre de la hache et de la roue. Son esprit parcourt une certaine suite d'idées : le refus des soldats de le laisser s'échapper, l'action du bourreau, la séparation de la tête et du corps, le sang qui coule, les dernières convulsions et la mort. Il y a là un enchaînement de causes naturelles et d'actions volontaires entremêlées, mais l'esprit ne perçoit pas de différence lorsqu'il passe d'un maillon à l'autre [1].

Même si cette complète prédictibilité est liée, dans le cas d'espèce, au fait que l'inférence en question correspond au plus haut degré possible d'évidence morale et naturelle qui soit (tranchant de la hache, inflexibilité du bourreau) – de sorte que Hume envisage, comme je le soulignais plus haut, que d'autres cas pourraient tomber sous des généralisations plus approximatives, Hume n'en affirme pas moins très fortement dans ce passage le caractère nomologique de la relation causale unissant événements physiques d'une part, événements mentaux, de l'autre.

La compréhension de la liberté de l'agent de Davidson s'avère ainsi, au final, fortement distincte de celle de Hume : d'une part, en raison de la perspective kantienne dans laquelle elle s'inscrit et, d'autre part, en raison de l'option ontologique qui la sous-tend.

En partant d'un examen du statut causal des « raisons » de l'action, dont la défense revient à Davidson mais dont la conception originale revient à Hume, c'est non seulement le contenu humien des causes de l'action (désirs et croyances à leur service) mais plus fondamentalement la théorie humienne de la causalité que j'ai été amenée à réexaminer, à travers la discussion originale qu'en a proposée Davidson. En effet, attribuer à Hume l'idée selon laquelle une explication causale singulière implique la supposition de l'existence d'une loi sans connaissance de cette loi, permet d'envisager à nouveaux frais la définition de la cause, le statut des énoncés singuliers de causalité et les conditions d'une explication causale valide, tels que les concevait Hume. Ainsi, la conception que partagent Hume et Davidson du statut causal des raisons de l'action engage finalement de leur part une même conception de *l'explication causale*, où l'utilisation de certaines « généralisations » ou « régularités » n'implique pas l'établissement d'une

1. *EEH*, 8.19, p. 239-241.

loi de couverture du cas, comme c'est le cas dans le « modèle déductif nomologique » de Hempel et de Mill. En outre, cette conception non strictement nomologique de l'explication causale singulière concerne d'après Hume comme d'après Davidson aussi bien les événements naturels que les actions dont Hume, malgré son insistance sur leur connexion nécessaire avec des motifs, admettait en même temps, dans certains cas, le caractère imprévisible.

En ce qui concerne l'action, c'est également la définition de la liberté d'agir comme « pouvoir causal » proposée par Davidson qui m'a semblé pouvoir être rapprochée de la définition humienne de la liberté, dans la mesure où l'une comme l'autre font appel à la présence d'une pro-attitude et d'une croyance qui causent l'action, et non à une volonté qui serait déliée de toute cause : un libre-arbitre.

Cette dernière discussion m'a finalement conduit à développer en fin de chapitre certaines considérations ontologiques que l'on jugera peut-être éloignées du projet de Hume et du scepticisme qui le caractérise. Celles-ci m'ont néanmoins paru être naturellement appelées par le fait qu'une théorie de la causalité incluant, comme c'est le cas chez Hume et chez Davidson, l'idée d'événement, implique également de savoir ce qu'est un événement. C'est pourquoi j'ai tenu à rapprocher dans la pensée de Hume, la causalité – qui constitue « *pour nous*, le ciment de l'univers » – et les perceptions, ces événements mentaux qui constituent *pour nous* tout l'univers, à savoir « *l'univers de l'imagination* ».

Le présent chapitre nous a donc fait passer d'une question relevant de la philosophie de l'action – celle de la nature causale (ou pas) des raisons de l'action – à une question de nature épistémologique, puis finalement ontologique, celle de la nature de nos inférences causales et celle des événements reliés par la causalité. Ce mouvement n'a rien de surprenant. Il est en effet l'exacte réciproque de celui qui nous avait fait passer, au chapitre 1, d'une discussion épistémologique sur le (ou plus exactement les) problème(s) de l'induction, à une présentation liminaire de la théorie humienne de la motivation constituant le fondement pratique de nos inférences. C'est cette théorie de la motivation qui j'ai tenu à aborder plus complètement dans les trois précédents chapitres, par le biais des trois principales discussions dont elle fait actuellement l'objet : celle de l'influence motivationnelle des désirs et des croyances, celle du caractère interne ou externe de nos raisons d'agir et enfin celle de leur problématique nature causale. Centrée sur la théorie humienne de la motivation du livre II du *Traité*, les questions morales du livre III n'ont pourtant pas été exclues de notre enquête. En effet, d'une part, Hume avait lui-même justifié, au livre III du *Traité*, son sentimentalisme moral par l'« argument de la motivation » hérité du livre II. D'autre part, les auteurs contemporains qui adoptent ou discutent la théorie humienne de la motivation se prononcent également, en accord ou pas avec Hume, sur les questions normatives et méta-éthiques dont elle est censée rendre compte. Or un autre contenu essentiel de ce livre III fait l'objet d'une discussion fournie de la part des philosophes contemporains. C'est la théorie de la justice et celle de la convention qui, chez Hume, l'accompagne. Comme nous allons le voir, ces deux théories mobilisent elles aussi, à plusieurs points de vue, la théorie de la motivation qui nous a jusqu'ici servi de fil directeur.

CHAPITRE VI

LA CONVENTION DE DAVID HUME À DAVID LEWIS : DU « SENS GÉNÉRAL DE L'INTÉRÊT COMMUN » AU « SAVOIR COMMUN »

En 1969, David Lewis fait paraître une analyse de la convention qui constitue aujourd'hui une référence incontournable sur cette notion que ce soit dans le domaine linguistique, en théorie des jeux, en théorie de la décision, en économie, en sociologie et (quoique avec moins d'ampleur) en philosophie politique [1]. A la fin de l'introduction de son ouvrage, David Lewis cite la source qui a déterminé son étude, à savoir l'ouvrage de Thomas C. Schelling *The strategy of Conflict* (1960), en partie consacré aux jeux de coordination qui intéressent Lewis. Ce dernier tient néanmoins à préciser que son analyse de la convention peut finalement se formuler sans référence à la théorie des jeux [2]. Et c'est dans les termes de la définition *humienne* de la convention, intégralement citée à la fin de l'introduction de *Convention*, que Lewis choisit d'exprimer le résultat de sa propre analyse. De sorte que pour Lewis, comme pour Hume, la convention s'avère être :

> un sens général de l'intérêt commun, sens que les autres membres de la société s'expriment les uns aux autres, et qui les conduit à régler leur comportement selon certaines règles. J'observe qu'il sera de mon intérêt [par exemple] de laisser autrui en possession de ses biens, pourvu qu'il agisse de même avec moi. Il a conscience d'avoir un intérêt semblable à régler sa conduite. Quand ce sens commun de l'intérêt est mutuellement

1. Un auteur y fait particulièrement référence : David Gauthier, notamment dans l'article « David Hume, Contractarian », *The Philosophical Review*, 88 (1979), n° 1, p. 3-38.
2. D. Lewis, *Convention*, Oxford, Blackwell Publishers, 2002, p. 3.

> exprimé et qu'il est connu des deux, il produit une résolution et un comportement qui lui correspondent. Et cela, on peut l'appeler avec assez d'à propos une convention ou un accord entre nous, bien que fasse défaut la médiation d'une promesse, puisque les actions de chacun d'entre nous font référence à celles de l'autre et sont accomplies en supposant que de l'autre côté, on doit aussi accomplir quelque chose [1].

Cette définition humienne de la convention vaut donc, en somme, *traduction*, de l'une des définitions formelles qu'en propose Lewis au cours de l'ouvrage :

> Dans une population *P* où les agents se trouvent dans une situation récurrente *S*, une régularité *R* dans le comportement de ses membres est une *convention* si, et seulement si, il est vrai, et il est de savoir commun parmi P, qu'à chaque fois que les membres de *P* se trouvent dans *S* :
> 1) chacun se conforme à *R*
> 2) chacun s'attend à ce que tous les autres se conforment à *R*,
> 3) chacun préfère se conformer à *R* à la condition que les autres le fassent, car *S* est un problème de coordination et la conformation de tous à *R*, un équilibre dans *S* [2].

La référence de Lewis à Hume ne s'arrête pas à la reprise de la définition humienne de la convention. En effet, parmi les exemples de situations posant un « problème de coordination » et dont Lewis montre que la convention permet de les résoudre [3], figure en bonne place l'exemple humien de la convention de deux rameurs : « deux hommes qui tirent aux avirons d'une barque le font selon un accord ou une convention, bien qu'ils n'aient jamais échangé de promesses » [4]. En outre, le onzième et dernier exemple retenu par Lewis, celui du langage, est également présent chez Hume, bien que Lewis ne cite pas ce dernier sur ce point. Hume compare ainsi la manière dont s'installe la convention sur l'abstention des possessions d'autrui, à celle dont « les langues sont graduellement établies par des conventions humaines, sans aucune promesse » [5]. Or il faut ici préciser que l'analyse des conventions de langage est l'objet propre du livre de Lewis, dans la mesure où le « lieu commun » selon lequel le langage fait partie des conventions est ce dont Lewis ambitionne, contre Quine, de rendre

1. *Traité*, 3.2.2.20, p. 90, cité dans *Convention*, p. 3-4 ; c'est Lewis qui ajoute « par exemple ».
2. *Convention*, p. 58.
3. Ces onze exemples sont présentés à la fin du chapitre I (*Convention*, p. 42-51) et chacun est retravaillé par la suite.
4. *Traité*, 3.2.2.10, p. 90.
5. *Traité*, 3.2.2.10, p. 91.

compte [1]. Lewis adresse en particulier une fin de non-recevoir à l'usage fait par Quine de l'idée selon laquelle, par exclusion de la régression à l'infini, la première convention de langage n'a pas pu prendre la forme d'un accord lui-même exprimé dans un langage gouverné par une convention [2]. Aux yeux de Lewis cette idée ne prouve *ni* que toute convention ne pourrait pas commencer par un accord, *ni surtout* que le langage n'est pas gouverné par une convention. D'une part, en effet, il suffit d'élargir le sens du mot accord à l'accord tacite pour comprendre cette possible origine, de sorte que « certainement toutes les conventions pourraient, en principe, trouver leur origine dans un accord ». D'autre part, et surtout, « il est clair que les conventions n'ont pas besoin de commencer ainsi. Et il est également clair que très souvent ce n'est pas le cas ». De cette manière, Lewis répond d'une part à l'interrogation de Quine se demandant « en quoi consiste l'adoption de conventions antérieurement à leur formulation », et contredit d'autre part l'idée exprimée par ce dernier, selon laquelle « en éliminant le caractère d'être délibéré et celui d'être explicite de la notion de convention linguistique, nous prenons le risque de priver cette dernière de toute force explicative » [3].

Revenons à présent sur les deux citations de Hume, et de Lewis, qui constituent des définitions de la convention. La définition de Lewis que j'ai retenue implique, comme il le précise lui-même, quatre conditions : 1) une conformité générale à R ; 2) un « système d'attentes mutuelles », où chacun s'attend à ce que les autres se conforment à R ; 3) un « système de préférences », où chacun préfère se conformer à R si les autres le font aussi et 4) le « savoir commun » (*common knowledge*), dans la population, que les conditions (1) à (3) sont satisfaites [4]. La définition humienne quant à elle présente à l'évidence les trois premières conditions : la régularité comportementale, dont l'abstention des possessions d'autrui constitue un exemple, le système de préférences conditionnelles, par lequel chacun aime mieux suivre la régularité comportementale « *pourvu que* » les autres fassent de même, le système d'attentes mutuelles où chacun agit « *en supposant que* de l'autre côté, on doit aussi accomplir quelque chose ».

1. Cf. *Convention*, Introduction, p. 2-3, chap. V et conclusion ; ainsi que la préface de Quine à l'ouvrage de Lewis. Sur la réponse de Lewis à Quine, voir P. Batifoulier (éd.), *Théorie des conventions*, Paris, Economica, 2001, p. 68-71 et É. Le Jallé, « La convention : ce que Lewis doit (ou non) à Hume », *Klésis, Revue philosophique*, n° 24, 2012, p. 247-252.

2. *Convention*, p. 87-88.

3. Quine, « Truth by convention » (1935), « La vérité par convention », trad. fr. F. Rivenc, dans Quine, *Les voies du paradoxe et autres essais*, S. Bozon, S. Plaud (éd.), Paris, Vrin, 2011, p. 198-199.

4. *Convention*, p. 58.

Reste donc à savoir où se situe, dans la définition humienne, le « *common knowledge* » ou son équivalent fonctionnel.

Je tenterai de montrer que le « sens général de l'intérêt commun » constitue l'ancêtre pré-réflexif du « *common knowledge* » de Lewis. Mon intention n'est pas ici de suggérer que ce dernier aurait eu l'intuition du « *common knowledge* » grâce à la lecture de Hume. Car s'il est vrai que Hume, lorsqu'il définit la convention, remarque que le « sens de l'intérêt commun » doit être « *connu* » des agents qui se coordonnent, il ne fait pas de cette connaissance partagée la source d'un « système d'attentes concordantes » dont il revient à Lewis d'avoir montré le rôle dans la production et le renforcement itératif d'une coordination. De ce point de vue, le « *common knowledge* » de Lewis est un concept original et d'un degré plus élevé de complexité. J'entends donc plutôt montrer que, pour chaque auteur, deux notions distinctes – le « sens commun » de l'intérêt partagé chez Hume et le « savoir commun » chez Lewis – constituent deux réponses à un même problème, l'une fondée sur le mécanisme des passions et l'autre sur la rationalité logique. Ce problème me semble être le suivant : où se situe, au cœur d'un problème de coordination dont la convention est la solution, le fondement de la confiance que chaque personne peut avoir quant au comportement de l'autre et quant à sa régularité ?

Avant d'analyser cette filiation entre le « sens de l'intérêt commun » et le « savoir commun » dans la convention, je comparerai l'approche de la convention de Hume et celle de Lewis sur trois autres points. En premier lieu, je montrerai quelles fonctions possède, dans leurs pensées, l'exemple des rameurs, et quels autres exemples ils mobilisent en plus de celui-là. L'étude de ces exemples permet en effet à ces deux auteurs de faire apparaître les caractéristiques essentielles de la convention par une voie différente de celle de sa définition. Or parmi ces dernières, figure selon Lewis le caractère arbitraire de la convention. Aussi serai-je amenée dans un second temps à montrer pourquoi Hume l'a, pour sa part, écartée. Il s'avère en effet que ce dernier ne considérait pas les lois fondamentales de la justice, qui sont à ses yeux des conventions et à propos desquelles il introduit cette notion, comme arbitraires :

> Bien que les lois de la justice soient *artificielles*, elles ne sont pas *arbitraires*. Et elle n'est pas impropre, l'expression qui les appelle des *lois de nature*, si par naturel nous entendons ce qui est commun à une espèce, ou même si nous en limitons le sens à ce qui est inséparable de l'espèce [1].

1. *Traité*, 3.2.1.19, p. 83.

L'étude de cette divergence entre Hume et Lewis sur la question de l'arbitraire de la convention me conduira enfin à étudier la manière dont chacun envisage le « contrat social ». Pour Lewis en effet, l'une des différences séparant un contrat social d'une convention est que cette dernière doit présenter plusieurs alternatives alors que le premier n'en a qu'une, à savoir « l'état de nature ». L'absence de *plusieurs* alternatives aux conventions de justice humiennes, en dehors de la non-conformité à ces conventions, ferait-elle alors de celles-ci des contrats, au sens de Lewis, et non des conventions ?

LA CONVENTION : EXEMPLES ET DÉFINITIONS

On peut remarquer que, chez Lewis comme chez Hume, plusieurs exemples de conventions sont mobilisés, dont chacun est destiné à souligner une, ou plusieurs, des caractéristiques de la convention (et ce bien que chaque exemple comporte évidemment l'ensemble et l'articulation de ces caractéristiques). Ces caractéristiques sont par ailleurs rassemblées dans les deux définitions que j'ai citées ci-dessus, et sur lesquelles je reviendrai ensuite.

Commençons par présenter l'exemple des rameurs, commun aux deux auteurs.

Cet exemple permet à Hume d'insister, en premier lieu, sur le fait que la « médiation d'une promesse » n'est pas requise pour qu'une convention ait lieu. Cette distinction entre convention et promesse a elle-même une double fonction. D'une part, elle permet à Hume d'inclure la règle d'obligation des promesses parmi les conventions fondamentales de la justice, révélant au passage une forme de *circularité* dans les positions contractualistes de Hobbes et de Locke qui identifient « conventions » et « promesses »[1] : « le respect de la promesse est lui-même l'une des parties les plus importantes de la justice ; et assurément, nous ne sommes pas obligés de tenir notre parole parce que nous avons donné notre parole de la tenir »[2]. D'autre part, faire de la justice, et en particulier de l'obligation des promesses, l'objet d'une convention permet à Hume de confirmer l'artificialité de l'une comme de l'autre. Ainsi donc selon Hume, l'obligation des promesses est une convention, et une convention peut avoir lieu sans promesse, comme

1. *Cf.* T. Hobbes, *Eléments de la loi naturelle et politique*, trad. fr. D. Weber, Paris, Le Livre de Poche, 2003, p. 187 et J. Locke, *Le second traité du gouvernement,* § 14, 122, 196.

2. *EPM*, app. 3, § 7, p. 157.

l’indique l’exemple des rameurs qui n’en ont « jamais échangé » et agissent pourtant de concert.

Ce même exemple permet à Hume de montrer en second lieu, et plus positivement, qu’un comportement collectif coordonné, c’est-à-dire un comportement où « les actions de chacun d’entre nous font référence à celles de l’autre », peut reposer uniquement sur un « sens commun de l’intérêt », du moins – car il faut insister sur cette condition – s’il est « mutuellement exprimé » et « connu » des partenaires [1]. Le motif des actes de justice se trouve dès lors confirmé : ce motif est l’intérêt qu’il y a à s’abstenir de la propriété d’autrui comme à tenir ses promesses *dès lors que les autres adoptent ce même comportement*. Ce fait, clairement énoncé dans l’*Enquête sur les principes de la morale*, qu’une convention implique l’adoption d’un comportement qui n’« est avantageux à deux ou à plusieurs personnes [que] si toutes accomplissent leur part, mais qui cesse de l’être lorsqu’il n’y en a qu’une à l’accomplir » [2], apparaît particulièrement net dans l’exemple des rameurs. Chaque rameur n’a en effet aucun intérêt à ramer seul sans l’autre, et n’a avantage à ramer que si l’autre rame aussi avec lui.

Or cette dernière condition implique elle-même l’« attente » ou la « supposition » de la conformité d’autrui, laquelle exige, répétons-le, « l’expression mutuelle » (et par conséquent le savoir partagé) d’un commun sens de l’intérêt. Apparaît alors selon moi une troisième fonction (implicite) de l’exemple des rameurs : celle de montrer que *l’expression mutuelle du sens de l’intérêt commun peut s’avérer infra-verbale, c’est-à-dire purement comportementale*. Cette « expression », en effet, peut s’effectuer par l’action elle-même (ou bien, en ce qui concerne le respect de la propriété, par l’abstention d’invasion ou de vol), et d’une manière telle que chaque exemple de conformation à la convention indique aux autres que je partage leur sens de l’intérêt, ce qui renforce ainsi leur attente et les pousse, eux aussi, à s’y conformer. La conformation à la convention constituerait, de ce point de vue, non seulement, comme l’écrit Hume, le *résultat* de l’expression du sens de l’intérêt commun, qu’elle suit comme son effet immédiat, mais également – et c’est ce que j’aimerais montrer – *l’une des manières dont peut s’exprimer* ce même sens de l’intérêt. De sorte que Hume anticiperait à sa manière l’une des remarques de Lewis dans l’article « Languages and Language » selon laquelle « la croyance que les autres se conforment à *R* donne à chacun une bonne raison, et une raison décisive,

1. *Traité*, 3.2.2.10, p. 90, trad. mod.
2. *EPM*, app. 3, § 8, p. 157-158.

de se conformer », raison qui peut être, en particulier, « le fait que ceux auxquels il a affaire se conforment à *R*, ou bien le fait qu'il existe, a existé, ou existera une conformité à *R* générale ou largement répandue » [1].

Plusieurs éléments indiquent que « l'expression » du sens de l'intérêt commun peut, d'après Hume, n'être pas verbale mais plutôt tacite ou comportementale, et que Hume avait surtout en tête cette possibilité.

Premièrement, Hume écrit dans le *Traité* que « l'accord » concernant la propriété (« accord » étant ici un synonyme de « convention ») peut être aussi bien « exprès » (quoique distinct d'un échange de promesses) que « tacite », selon une double modalité qu'il emprunte à Grotius et à Pufendorf[2].

Deuxièmement, Hume écrit parfois qu'il suffit que chacun remarque chez les autres le sens de l'intérêt commun qu'il ressent lui-même pour se voir incité à se conformer à la convention [3]. Mieux, l'ultime définition humienne de la convention – celle de l'*Enquête sur les principes de la morale* – ne mentionne plus que cette « observation », chez les autres, du sens de l'intérêt que chacun ressent pour sa part, sans qu'il soit désormais fait mention de son « expression » (sans doute en raison de l'acception trop étroitement langagière de ce terme) :

> Si par convention l'on entend un sentiment de l'intérêt commun, un sentiment que chacun éprouve au-dedans de lui-même, qu'il découvre [*remarks*] dans ses semblables et qui le pousse, de conserve avec les autres, à entrer dans un plan ou un système général d'actions tendant à l'utilité publique, alors il faut convenir que la justice en ce sens naît des conventions humaines [4].

L'écart entre la convention et la promesse est ici maximal, puisque l'éventualité d'une expression verbale du sens de l'intérêt commun n'est même plus mentionnée.

Enfin, *troisièmement*, le *Traité* contient également une théorie du caractère (naturellement) signifiant des actions elles-mêmes. Hume y observe ainsi que les passions d'autrui ne sont jamais connues directement mais le sont toujours à travers leurs causes ou leurs effets, effets dont l'action fait partie [5]. Il remarque également que la volonté peut s'exprimer aussi bien par des signes non verbaux que par des mots [6], et affirme surtout,

1. « Languages and Language » (1973), *Philosophical Papers*, vol. I, p. 165.

2. Cf. *Traité*, 3.2.3.6, p. 108. Sur l'emprunt à Grotius et Pufendorf voir É. Le Jallé, *L'autorégulation chez Hume*, *op. cit.*, p. 208-209.

3. Cf. *Traité*, 3.2.5.11, p. 128.

4. *EPM*, app. 3, § 7, p. 157.

5. Cf. *Traité*, 3.3.1.7, p. 197.

6. Cf. *Traité*, 3.2.8.9, p. 160.

que « les actions sont de meilleurs indices d'un caractère que les mots, ou même que les désirs et les sentiments » [1].

Ajouté à ces trois éléments, l'exemple des rameurs devient ainsi le paradigme de la convention tacite, et cette dernière apparaît, *in fine*, comme le modèle même de la convention.

Une dernière fonction (la quatrième) me semble pouvoir être attribuée à cet exemple, bien que Hume choisisse plutôt, pour l'étayer, de convoquer deux autres exemples. C'est l'idée de *l'installation de la convention*, exprimée dans le passage qui suit la mention de l'exemple des rameurs :

> De même, la règle qui porte sur la stabilité de la possession ne découle pas moins de conventions humaines qu'elle se développe peu à peu, acquérant des forces en progressant lentement et par l'expérience répétée des inconvénients liés à sa transgression. Cette expérience nous procure, au contraire, encore plus l'assurance que le sens de l'intérêt est devenu commun à tous nos semblables et nous donne confiance quant à la régularité de leur conduite dans l'avenir ; et notre modération comme notre abstention ne se fondent que sur l'attente de cette régularité [2].

Deux nouveaux exemples viennent illustrer cette idée d'établissement graduel de la convention, elle-même liée à l'accroissement de l'assurance dans le caractère partagé du sens de l'intérêt commun (ce qui vient d'ailleurs confirmer que cette expression diffère d'un échange de paroles ponctuel et définitif). Il s'agit de l'exemple des langues « graduellement établies par des conventions humaines », et celui de l'acceptation progressive de l'or et de l'argent comme « mesures courantes de l'échange ». Ces deux exemples ont pour particularité de montrer que l'installation d'une règle conventionnelle se renforce à mesure que d'anciennes pratiques (la communication gestuelle, le troc) tombent en désuétude et ne correspondent plus aux nouveaux besoins (plus complexes, ou plus raffinés) des hommes. L'installation de ces conventions, s'étend, en outre, sur une longue période. Il n'en reste pas moins que l'exemple des rameurs lui-même, à travers le progressif (quoique rapide) ajustement des gestes qu'il implique, comporte lui aussi cette idée selon laquelle une règle n'est pas moins « conventionnelle » du fait qu'elle « s'établit graduellement ». En effet, comme le remarque Lewis, ramer ensemble signifie ramer en rythme, ce qui implique de *mettre en place* un rythme précis, avant de le maintenir [3]. En outre, le rôle de « l'expérience répétée des inconvénients de la transgression » dans cette

1. *Traité*, 3.3.1.5, p. 197.
2. *Traité*, 3.2.2.10, p. 90, trad. mod.
3. Cf. *Convention*, p. 44.

même installation de la convention n'est pas non plus absent de cet exemple. De même, en effet, que chaque rameur sent, à la moindre tentative de relâchement de son geste, que ce ralentissement tourne à son désavantage, de même, en ce qui concerne la justice, c'est en percevant que la moindre infraction à la règle de stabilité de la possession porte atteinte à l'inflexibilité de cette dernière, au maintien de la société, et donc à son propre intérêt, que chacun s'assure « encore plus » du caractère commun du « sens de l'intérêt ». L'exemple des langues ne fait donc finalement qu'*insister* sur le caractère graduel de l'introduction d'une convention, dans la mesure où il présente à la fois une plus longue temporalité et une forme de récurrence du problème de coordination absentes de l'exemple des rameurs. De même, l'exemple de la convention monétaire permet à Hume d'*insister* à la fois sur cette progressive installation, et sur l'accroissement de la « confiance » qui lui est liée, l'or et l'argent finissant par être acceptés « comme des paiements suffisants pour ce qui a cent fois leur valeur » [1]. Ce rôle de la confiance dans la mise en place de la convention ne me semble pas moins présent dans l'exemple des rameurs, qui comporte lui aussi cette « attente de [la] régularité [de l'autre] » au principe de toute convention. De sorte que la formule par laquelle Hume caractérise cette dernière trouve finalement sa plus parfaite expression dans l'exemple des rameurs : « les actions de chacun (…) font référence à celles de l'autre et sont accomplies *en supposant que de l'autre côté, on doit aussi accomplir quelque chose* » [2].

Résumons-nous. Hume a explicitement insisté sur deux caractéristiques de la convention des rameurs, également indissociables de toute convention : le fait qu'elle ne suppose aucun échange de promesses et le fait qu'elle ne repose que sur un « sens de l'intérêt commun », se révélant avantageuse lorsque les deux « accomplissent leur part », cessant de l'être si « un seul l'accomplit ». Plus implicitement, cet exemple me semble également comporter deux autres fonctions. Il montre d'une part, à travers son caractère purement corporel, que « l'expression » du sens de l'intérêt commun nécessaire à la mise en place de la convention, ne précède pas seulement, d'après Hume, la conformation de chacun mais s'effectue aussi *par* cette conformation même. De ce point de vue, l'exemple des rameurs est le paradigme de la *convention tacite*, un terme qui apparaît sous la plume de Lewis [3] et qui s'accompagne chez lui de la thèse – anti-quinienne – selon laquelle « l'accord explicite est l'une seulement des origines possibles des

1. *Traité*, 3.2.2.10, p. 91.
2. *Traité*, 3.2.2.10, p. 90, je souligne.
3. *Convention*, p. 106.

conventions »[1]. D'autre part, cet exemple montre que l'introduction d'une convention n'est jamais, selon Hume, instantanée, mais suppose toujours, comme dans le cas de l'habitude, une installation c'est-à-dire, dans ce cas, un ajustement des comportements analogue à la mise en place d'un rythme. De cet autre point de vue, l'exemple des rameurs permet de saisir au plus près ce qu'est une *convention de coordination*, ce que Hume appelait pour sa part un « concert d'actions » ou un « système de conduite »[2].

Malgré ces points de rapprochement, c'est un nouvel aspect de l'exemple des rameurs que semble mettre en lumière Lewis lorsqu'il observe qu'un « savoir de la convention » peut être présent chez chacun de ses membres, sans être pour autant verbalisé ou verbalisable[3]. La nouveauté de cette remarque tient au fait que, d'après Hume, c'est plutôt *l'expression réciproque* du sens de l'intérêt commun qui se passe (ou en tout cas peut se passer) de verbalisation alors que, d'après Lewis, c'est le « *savoir commun* » du fait que la régularité comportementale (*R*) observée *est une convention*, qui s'avère être un « savoir non-verbal ». Ainsi, explique Lewis, les rameurs peuvent « savoir » que ramer sur *ce* rythme est une convention entre eux, sans être pour autant capables de la *décrire* (de dire, par exemple, nous donnons un coup de rame toutes les 2,3 secondes). Sur la base de cette remarque inédite à propos de l'exemple des rameurs, Lewis formule néanmoins deux idées qu'il me semble possible de déceler également chez Hume : d'une part, l'idée que « la découverte de la convention forme la principale partie de son instauration » et, d'autre part, l'idée selon laquelle notre savoir de la convention peut-être « très pauvre » et « irrémédiablement non verbal », c'est-à-dire « tacite, ou fondé sur une évidence tacitement sue, ou bien les deux »[4].

Cette dernière remarque joue un rôle important dans l'ouvrage de Lewis. Elle lui permet en effet de montrer, par la suite, que chacun peut participer à une convention de langage sans savoir parfaitement la décrire. Ainsi, d'après lui, il est logiquement possible de se conformer à une convention de véracité dans un langage, sans posséder de concept général – ésotérique – de ce qu'est la véracité dans le langage[5]. Cet intérêt central pour le langage et les conventions de langage est propre à Lewis et Hume n'avait pas principalement ce problème en vue lorsqu'il mettait en place sa notion de convention. Il me semble néanmoins proche de Lewis sur les deux points

1. *Convention*, p. 86.
2. Cf. *Traité*, 3.2.5.11, p. 128 ; *EPM*, app. 3, § 8, p. 158.
3. *Convention*, p. 63.
4. *Ibid.*, p. 62 et 64.
5. Cf. *ibid.*, p. 183.

que je viens de relever. En effet, *premièrement*, il considère lui aussi que le fait de savoir qu'une convention fonctionne pousse à s'y conformer. « L'assurance que le sens de l'intérêt est devenu commun à tous nos semblables » crée ainsi d'après Hume « l'attente d'une régularité » sur laquelle, ajoute-t-il, est « *entièrement* » fondée notre propre conformation à la convention (c'est-à-dire, dans le cas de la convention sur la stabilité de la possession, « notre modération » et « notre abstention »)[1]. *Deuxièmement*, l'idée d'un savoir « tacite » et « non-verbal » *de la convention à laquelle on participe* est présente non seulement dans l'exemple humien des rameurs (dont il revient à Lewis de l'y avoir repérée), mais apparaît également ailleurs. Elle apparaît dans un texte où Hume montre qu'il suffit d'une « *notion implicite* » des raisons qu'il y a de suivre une convention (en l'occurrence la convention d'allégeance au gouvernement) pour s'y conformer, ou même pour cesser de le faire (en résistant au gouvernement) :

> Peu de personnes peuvent soutenir cette chaîne de raisonnements : « Le gouvernement est une pure invention humaine dans l'intérêt de la société. Quand la tyrannie de celui qui gouverne supprime cet intérêt, il supprime aussi l'obligation naturelle d'obéissance. L'obligation morale se fonde sur l'obligation naturelle, et par conséquent elle doit cesser quand cesse *cette dernière* (…) » *Mais bien que cette chaîne de raisonnement soit trop subtile pour le vulgaire, il est certain que tous les hommes en ont une notion implicite* (…)[2].

C'est ainsi que, selon Hume, le sens de l'intérêt commun qui est au principe de la convention d'allégeance au gouvernement, comme de l'abandon de cette convention, opère aussi « implicitement » qu'efficacement. Et il en était sans doute de même, dans son esprit, des conventions de justice précédant le gouvernement, comme, plus généralement, de toute convention.

Il est en revanche un point que Lewis tient à souligner à propos de l'exemple des rameurs, un point que Hume, pour sa part, ne met nullement en avant : c'est son caractère arbitraire, évident dans la seconde présentation que Lewis donne de cet exemple :

> Si les deux rameurs de Hume parviennent d'une manière ou d'une autre à tomber sur un rythme régulier et à le maintenir un certain temps, ils « le font par un accord ou une convention, bien qu'ils n'aient jamais échangé de promesses ». Une régularité dans leur comportement – à savoir le fait de ramer *sur ce rythme particulier* – se maintient parce qu'ils s'attendent

1. *Traité*, 3.2.2.10, p. 90-91.
2. *Traité*, 3.2.9.4, p. 166-167, je souligne.

> à ce qu'elle dure et parce qu'ils veulent faire s'accorder leurs cadences respectives [1].

Une nouvelle lecture de la première présentation, par Lewis, de l'exemple des rameurs, fait également apparaître une insistance sur l'insignifiance de la règle conventionnelle choisie pourvu que les autres adoptent la même – une insistance qui revient à affirmer son caractère arbitraire :

> Voici un exemple extrait du *Traité de la nature humaine* de Hume : supposons que nous ramions ensemble sur une barque. Si nous ramons en rythme, la barque avance de manière régulière ; sinon elle avance difficilement et par à-coups, nous gâchons nos forces et nous risquons de heurter des choses. Nous choisissons en permanence de ramer plus vite ou plus lentement ; *du moment que nous ramons en rythme, la cadence importe peu à chacun de nous*. Chacun ajuste donc sa cadence pour qu'elle corresponde à celle qu'il attend de la part de son partenaire [2].

La convention des rameurs s'avère ainsi, d'après Lewis, non pas de « faire aller les avirons d'un bateau », selon l'expression de Hume, bref de ramer, mais de ramer « *sur ce rythme particulier* » (ou bien sur cet autre), de même que, d'après lui, la convention monétaire consiste à s'accorder sur les paiements en or *ou bien* en dollars, de même que la convention linguistique ne désigne pas selon lui « une régularité de véracité [des locuteurs] et de confiance [des auditeurs] *simpliciter* » mais « une régularité de véracité et de confiance *dans un certain langage particulier L* » [3]. Or dans la mesure où Hume désire montrer que les conventions fondamentales de justice (la stabilité de la possession, son transfert par consentement, l'obligation des promesses) sont indispensables « au soutien de la société » et que cette dernière « est absolument nécessaire au bien-être des hommes », il lui importe d'insister sur le fait que « la convention qui établit l'observance de ces règles » est parfaitement « évidente » [4]. Cela revient à dire que ces lois – « les trois lois de nature fondamentales » – ne sont pas arbitraires et qu'elles ne peuvent pas l'être, sauf à postuler un autre monde possible avec une autre nature humaine (dont les passions seraient, par exemple, toujours « aveugles » et incapables d'être dirigés par l'entendement) ou bien la même nature humaine dans un autre contexte

1. *Convention*, p. 6, je souligne.
2. *Ibid.*, je souligne.
3. « Languages and Language », p. 184, je souligne.
4. *Traité*, 3.2.6.1, p. 133.

(l'abondance extrême, par exemple [1]). Cherchons-donc à examiner plus avant cette divergence entre Hume et Lewis concernant l'arbitraire de la convention.

L'ARBITRAIRE DE LA CONVENTION

Alors que la première définition de la convention proposée par Lewis, celle que j'ai citée dans l'introduction de ce chapitre pour la rapprocher de celle de Hume, ne mentionne pas l'existence d'une alternative à la convention, la définition finale qu'il retient dans *Convention*, tout comme l'ultime définition qu'il propose dans « Languages and Language », y font référence. C'est ainsi qu'aux conditions déjà énumérées plus haut vient s'ajouter la caractéristique suivante :

> Chacun ou presque préférerait que chacun se conforme à *R'* à condition que chacun ou presque se conforme à *R'*,
> *R'* désignant ici une possible régularité comportementale des membres de *P* dans la situation *S*, telle qu'il est presque impossible à quiconque, en chaque occurrence de *S*, de se conformer à la fois à *R'* et à *R* [2].

Au contraire, chez Hume, ni la définition générale de la convention, ni les exemples des rameurs, des langues, ou de l'or et de l'argent, ne font référence à l'existence d'une possible alternative. Ce point peut s'expliquer par le fait qu'ils sont tous censés éclairer la signification des lois fondamentales de la justice, qui « bien qu'elles soient *artificielles* (...) ne sont pas *arbitraires* », tant elles sont « inséparables de [l'espèce humaine] », c'est-à-dire, tant cette espèce est douée d'inventivité, et tant leur invention « est évidente et absolument nécessaire » [3]. De fait, on remarquera que Hume, en prenant l'exemple de l'or et de l'argent comme « mesures courantes de l'échange » s'intéresse, contrairement à Lewis, à l'origine de la convention monétaire ou, plus exactement, à la manière dont la monnaie – et non plus le paiement en nature – devient progressivement « mesure courante ». Il n'a donc pas uniquement en vue, comme ce dernier, la manière dont l'échange se trouve gouverné par une convention. De même, l'établissement graduel des langues (*languages*) renvoie certainement dans l'esprit de Hume à leur origine, c'est-à-dire à leur progressive introduction, et non

1. Sur ces variations imaginaires concernant les « circonstances » qui font naître la justice, voir *Traité*, 3.2.2.14-17, p. 94-96 et *EPM*, 3.1.
2. *Convention*, p. 78.
3. *Traité*, 3.2.1.19, p. 83.

pas uniquement à la manière dont le langage est gouverné par une convention. De sorte que là où Lewis déclare ne pas s'intéresser à « l'origine du langage » mais uniquement à « la manière dont le langage est gouverné par une convention » [1], c'est au contraire à « l'origine de la justice » que Hume s'intéresse lorsqu'il met en place la notion de convention.

Réciproquement, l'insistance de Lewis sur le caractère arbitraire de la convention s'explique à mon avis par deux raisons.

Premièrement, Lewis veut surtout rendre compte du caractère conventionnel du langage. Or le problème de coordination qui lui correspond s'identifie d'après lui à la question de savoir la régularité qui, *dans une certaine langue*, faisant elle-même partie de celles qui sont « humainement possibles », doit être adoptée *par une certaine population* :

> Supposez qu'à force de pratique nous puissions adopter n'importe quelle langue dans un vaste ensemble. Le choix de la langue qu'il adopte importe relativement peu à chacun (du moins à long terme), du moment que lui et les personnes qui l'entourent adoptent la même (…). Chacun doit choisir quelle langue adopter en fonction de ses attentes concernant la langue de ses voisins : ce sera donc l'anglais parmi les anglophones, le gallois parmi ceux qui parlent gallois, (…) etc. [2].

Lewis tient à préciser plus exactement encore ce qu'il entend affirmer en disant que c'est par convention qu'une population utilise un certain langage. Il ne veut pas dire par là que « c'est une convention que *les Gallois [Welshmen] utilisent le Gallois [Welsh]* », car la proposition ici soulignée s'avère vraie en raison de la définition même du « Gallois » [*Welsh*] [3]. De même, précise-t-il, ce n'est pas une convention « d'accepter nos moyens d'échange contre des biens et des services » car cela « est vrai, par définition [c'est-à-dire par définition du terme « moyen d'échange »], de n'importe quelle population ». Lewis veut donc dire plutôt « *du* gallois » que « c'est une convention parmi les Gallois qu'*ils l'*utilisent », de même qu'il veut dire « *de* nos moyens d'échange que c'est une convention que nous *les* acceptions en échange de biens et de services ». Cette subtile distinction renvoie, comme le signale Lewis, à la distinction entre « opacité » et « transparence » de la référentialité thématisée par Quine, auquel Lewis emprunte également un exemple à propos de « 9 » et du « nombre des

1. « Languages and Language », p. 181.
2. *Convention*, p. 8.
3. *Ibid.*, p. 49-50.

planètes »[1]. Ainsi, précise Lewis, quelqu'un peut savoir « *du* nombre des planètes (c'est-à-dire neuf) qu'*il* est supérieur à sept » sans savoir « que le nombre des planètes est plus grand que sept » (à supposer qu'il ignore qu'il y a neuf planètes)[2]. De sorte que si on lit la question « Hegel savait-il que le nombre de planètes est plus grand que sept ? » de manière transparente (c'est-à-dire comme portant directement sur 9) on répondra « oui », mais on répondra « non » si on l'interprète de manière référentiellement opaque. De même, en considérant « moyen d'échange » comme référentiellement transparent (en tant qu'il porte, par exemple, sur le dollar), il est juste de dire que c'est par convention que *les Américains acceptent leur moyen d'échange contre des biens et des services*, alors que si on considère « moyen d'échange » comme référentiellement opaque, la phrase soulignée est vraie par définition et ce n'est donc pas une convention. Or ce faisant, Lewis me semble également vouloir souligner que d'autres « équilibres de coordination », différents du choix du dollar étaient possibles pour cette population.

En effet, *deuxièmement*, la nécessaire existence d'au moins une alternative à la convention est fortement liée, dans l'ouvrage de Lewis, à l'analyse des problèmes de coordination dans les jeux du même nom, une analyse formulée par Thomas Schelling et dont l'apport est pour lui essentiel. Tous les exemples de conventions donnés par Lewis, parmi lesquels celui des rameurs, correspondent ainsi selon lui à des problèmes de coordination intervenant dans des « jeux mixtes » (expression qu'il emprunte à Schelling), c'est-à-dire à des jeux comportant à la fois une opposition et une coïncidence d'intérêts. Ces exemples correspondent, plus précisément encore, à des cas de jeux mixtes proches de l'extrémité appelée « jeux de pure coordination », situation dans laquelle « les intérêts des agents coïncident parfaitement ». Bref, ils correspondent tous à des situations dans lesquelles « la coïncidence d'intérêts prédomine » sans être nécessairement « parfaite »[3]. L'auteur remarque, en outre, que tous les exemples de conventions qu'il a donnés (rameurs y compris) correspondent à des problèmes de coordination présentant « au moins deux points d'équilibres différents », une condition qui lui semble essentielle dans la mesure où les problèmes de coordination qui n'en présenteraient qu'un s'avèrent « triviaux ». Lewis en tire alors la conséquence suivante : « toute convention est arbitraire car il existe une

1. *Cf.* Quine, *Du point de vue logique*, *op. cit.*, p. 50. L'exemple de « 9 en tant qu'unique nombre entier entre 8 et 10 » et de ses deux noms « 9 » et « le nombre des planètes » se trouve p. 51, 202-203, 211-212, etc.

2. *Convention*, p. 49.

3. *Ibid.*, p. 14.

régularité alternative qui aurait pu la remplacer. Une convention qui n'est pas arbitraire, si l'on peut dire, est une régularité par laquelle on atteint des points de coordination uniques. Or si cette régularité n'est pas arbitraire, elle n'a pas non plus besoin d'être conventionnelle. Nous nous y conformerions simplement *parce qu'il s'agit là de la meilleure chose à faire* » [1].

Or voilà très exactement où réside le point de divergence de Lewis avec Hume. Ainsi, le fait qu'il n'y ait pas d'autre alternative au fait de ramer, de rendre la possession stable, ou encore de respecter ses promesses (en dehors, bien évidemment, de la non-conformité à la convention mais cette non-conformité est instable), autrement dit, le fait qu'il s'agisse là de la meilleure chose à faire, n'empêche nullement Hume de les caractériser comme des « conventions ». Au contraire, une « convention non-arbitraire » apparaît presque à Lewis comme une contradiction *in adjecto* (parler d'une « convention arbitraire » lui semble en tout cas redondant). Selon Hume, l'absence d'alternative stable à ces différentes règles (ou points d'équilibre) que sont, pour toute société, les « lois fondamentales de nature » ou, pour les rameurs, le fait de ramer ensemble, implique certes, pour reprendre l'expression de Lewis, « qu'il s'agit là de la meilleure chose à faire », mais n'implique nullement que chacun s'y conformerait de toute façon, c'est-à-dire *indépendamment de ce que font les autres ou de ce qu'ils croient qu'ils vont faire*. Or telle me semble être finalement, pour Hume comme pour Lewis, l'essence même d'une régularité conventionnelle, à savoir le fait de reposer sur des « préférences conditionnelles », autrement dit, de « persister parce que chacun a des raisons de se conformer *si* les autres se conforment » [2].

A ce stade, il est possible, en suivant Lewis, de concevoir de deux manières différentes le second terme de la préférence conditionnelle de chacun pour la conformité. Et c'est sur ce même point que Lewis fonde sa distinction entre « convention » et « contrat social » :

> Une convention implique que chaque agent préfère la conformité générale à la conformité de tous les agents sauf lui-même, compte non tenu de ses préférences concernant les situations de non-conformité générale. Un contrat social implique que chaque agent préfère la conformité générale à un certain état de non-conformité générale [appelé « état de nature »], compte non tenu de ses préférences concernant la conformité de tous les autres excepté lui [3].

1. *Convention*, p. 70, je souligne.
2. « Languages and Language », p. 185.
3. *Convention*, p. 90.

Cette distinction est ensuite reformulée par Lewis en termes d'existence (ou pas) d'une alternative stable à la régularité comportementale adoptée sur la base des préférences conditionnelles. Ainsi selon lui, alors qu'une convention existe « parmi plusieurs conventions alternatives », « un contrat social ne requiert aucune alternative en dehors de l'état de nature », lequel n'est pas nécessairement stable (par exemple, l'état de nature de Hobbes ne constitue évidemment pas un équilibre de coordination) [1]. Lewis en conclut, pour finir, qu'un « contrat social » « *peut ne pas être une convention* ». Or la réserve contenue dans cette formule est essentielle car elle indique que Lewis considère également comme possible qu'un « contrat social » soit *aussi* une convention.

Examinons donc ce cas de figure. Il se manifeste selon lui lorsque chacun préfère a) que tous se conforment à la régularité plutôt que b) tous désobéissent *et* plutôt que c) tous sauf lui se conforment à la régularité (b) pouvant lui-même être préféré à c) ou l'inverse) [2]. Une pure convention, au contraire, comporte selon Lewis une troisième possibilité exclue du premier cas de figure : celle de préférer (b) à (a), c'est-à-dire la non-conformité générale à la conformité générale. Enfin, dans un pur contrat social, il est possible que certains préfèrent (c) à (a), c'est-à-dire l'exception pour eux seuls plutôt que la conformité de tous, avec cette précision qu'une obligation morale issue du contrat les pousse néanmoins à se conformer malgré leur préférence [3].

Or c'est la première caractérisation – celle du contrat social considéré comme une convention – qui me semble le mieux correspondre à la manière dont Hume envisageait la préférence de chacun pour le respect de la stabilité de la possession (première loi de nature). En effet, selon lui, premièrement, chacun préfère toujours la conformité générale à l'absence de conformité générale (ce qui en fait un « contrat social » au sens de Lewis) et, deuxièmement, chacun préfère toujours la conformité de tous à la conformité de tous excepté lui (ce qui en fait *aussi* une convention et non pas un pur « contrat social »). Ces deux types de préférences se trouvent en effet contenues dans le texte suivant, à l'intérieur duquel j'introduis sous forme d'incises mon propre commentaire, afin de mieux faire comprendre mon interprétation :

1. *Convention*, p. 95.

2. *Ibid.*, p. 91-92. On obtient donc deux hiérarchies préférentielles possibles : (a) est préféré à (b) et (b) à (c) *ou bien* (a) est préféré à (c) et (c) à (b).

3. *Ibid.*, p. 93-94.

> L'on peut aisément concevoir de quelle manière un homme peut s'appauvrir lui-même par un cas isolé d'intégrité et a des raisons de souhaiter [*mais non pas de préférer*] que pour ce seul acte, les lois de justice soient, dans tout l'univers, un instant suspendues. Mais, quoique les actes isolés de justice soient contraires à l'intérêt public ou privé, il est certain que le plan entier ou le schéma d'ensemble contribuent hautement, voire sont absolument nécessaires, en vérité, au soutien de la société comme au bien-être de chaque individu. [*ce qui implique que chacun préfère toujours (au sens étroit, c'est-à-dire intéressé, du terme préférence) la conformité générale à la conformité de tous excepté lui*]. (…) Chaque individu doit se trouver gagnant quand on fait le bilan car, sans justice, la société doit aussitôt se dissoudre et chacun doit tomber dans cette condition sauvage et solitaire qui est infiniment pire que la pire situation que l'on puisse supposer en société [*ce qui implique que chacun préfère la conformité générale à l'absence générale de conformité*] [1].

Corrélativement, « l'obligation morale » qui pousse les hommes à respecter cette première loi de nature, et plus généralement la justice, n'est jamais selon lui qu'un motif supplémentaire de s'y conformer : « ainsi, à s'imposer et à observer ces règles, aussi bien en général qu'en particulier, [les hommes] ne sont d'abord conduits que par l'intérêt, et ce motif est suffisamment fort et contraignant pour la première formation de la société » [2]. De ce point de vue donc, les conventions humiennes de justice se distinguent des purs contrats (des contrats qui ne sont pas des conventions) tels que les définit Lewis.

Il demeure néanmoins que les conventions fondamentales de justice n'ont pas, d'après Hume, d'alternative (raison pour laquelle elles sont aussi des contrats au sens de Lewis). Sur ce point, le désaccord avec Lewis ne peut être levé, et je ne vois pas comment le dissoudre. J'indiquerai seulement, mais avec prudence étant donné la profondeur et la technicité du texte de Lewis, que ce dernier ne me semble pas véritablement démontrer l'existence nécessaire d'une alternative à la convention. Assez souvent, Lewis me semble même faire comme si la notion même de convention appelait celle d'arbitraire, un peu comme lorsque Quine ne voit pas comment on pourrait évacuer d'une convention de langage son caractère explicite. En tout cas, Lewis ne me semble pas démontrer qu'il faut une alternative à la convention pour que cette dernière puisse véritablement remplir les premières conditions qui, d'après lui comme d'après Hume, la définissent, à savoir : 1) la conformité de chacun à la convention, 2) la croyance que les autres s'y

1. *Traité*, 3.2.2.21, p. 98-99, trad. mod.
2. *Traité*, 3.2.2.24, p. 100.

conforment (croyance qui est une raison décisive de s'y conformer), 3) la préférence de chacun pour la conformité générale plutôt que pour la conformité de tous excepté lui, et enfin, 4) le « savoir commun » de ces trois conditions. C'est à ce « savoir commun » et à son ancêtre humien que je voudrais à présent m'intéresser.

LA CONDITION DU « SAVOIR COMMUN » DANS LA CONVENTION : UNE SOLUTION RATIONNELLE AU PROBLÈME DE LA CONFIANCE

Dans l'économie du livre de Lewis, l'introduction de la notion de « common knowledge » a pour but de montrer comment apparaît, se renforce et s'approfondit, le « système d'attentes mutuelles concordantes » permettant à des agents de résoudre un problème de coordination. Plus précisément, dans le chapitre 2 de *Convention*, Lewis se demande comment apparaissent des attentes mutuelles d'ordre 1 (par exemple, je m'attends à ce que l'autre se conforme à R, ou encore, je m'attends à ce qu'il préfère s'y conformer) et au-delà (par exemple, d'ordre 2 : je m'attends à ce que l'autre s'attende à ce que je me conforme à R), attentes dont il a montré au chapitre 1 qu'elles permettent aux agents de « répliquer » le raisonnement des autres et d'agir en conséquence. Ce fait que la réplication des raisons de l'autre fasse partie de mes raisons de penser et d'agir correspond, dans le domaine lingustique, au « mécanisme de Grice » invoqué explicitement par Lewis, et selon lequel la proposition « un locuteur a signifié de manière non naturelle [meant$_{NN}$] quelque chose en disant x » équivaut à la suivante : « il a prononcé x dans l'intention d'induire chez l'auditeur une croyance, au moyen de la reconnaissance de cette intention », de sorte que cette reconnaissance constitue pour l'auditeur une « raison de croire » et, partant, un motif pour agir[1]. S'agissant de la convention, la raison d'une telle apparition d'attentes, et d'attentes quant aux attentes, se trouve selon Lewis dans la *situation* même du problème de coordination (*state of affairs*, noté *A*). Cette situation en effet, non seulement « indique » à chaque participant un certain état de fait pertinent concernant ce que les autres feront ou tendront à faire (notons le X), mais leur indique également que chacun « a des raisons de croire » que X est le cas, et encore que chacun a des raisons de croire que l'autre a des raisons de croire que X est le cas, *etc.*[2]. Cette proposition peut être

1. *Cf.* H. P. Grice, « Meaning », *Philosophical Review*, 66 (1957), n° 3, p. 384, discuté dans *Convention*, p. 152-159.
2. *Convention*, p. 52-53.

simplifiée dès lors que l'on suppose, avec Lewis, les agents *suffisamment* rationnels *sans, pour autant, les doter d'une rationalité illimitée*[1]. *A* indique alors à chacun : a) que X, b) que l'autre croit que X, c) que l'autre croit qu'il croit que X, d) que l'autre croit qu'il croit que l'autre croit que X. C'est cette indication partagée en provenance de la situation, générant une série potentiellement infinie, mais actuellement finie, de croyances, que Lewis appelle « common knowledge »[2].

Reprenons, pour illustrer cette idée, l'exemple simple de situation de coordination sur lequel Lewis construit son raisonnement : deux personnes se rencontrent et discutent, l'une des deux doit partir avant la fin de la discussion, elle dit à l'autre qu'elle reviendra au même endroit le lendemain[3]. Supposons que je sois l'une de ces deux personnes. Notre accord est ici la base d'un « savoir commun » parmi nous (*c'est-à-dire d'une croyance mutuelle*) que tu reviendras (attente d'ordre 1), mais aussi, que toi et moi nous attendons à ce que tu reviennes (ordre 2), que chacun s'attend à ce que toi ou moi nous attendons à ce que tu reviennes (ordre 3) et, éventuellement, un ordre de plus. Notre accord peut, en outre, constituer la base d'un « savoir commun » du fait que chacun préfère revenir si l'autre revient, et du fait que chacun est suffisamment rationnel, à supposer que ces préférences conditionnelles et cette rationalité élémentaire aient été manifestées dans l'accord. De sorte que des attentes (d'ordre 1 et au-delà) portant à la fois sur l'action, sur les préférences et sur la rationalité des agents contribuent à former chez chacun d'eux une attente d'ordre 1 (et au delà) concernant l'action de l'autre, attente qui constitue « ce dont chacun a besoin pour savoir comment il doit agir »[4]. Dans notre exemple, c'est un accord qui, à partir de ce faisceau d'indications, constitue « la base d'un savoir commun du fait que chacun accomplira sa part »[5]. Mais il en est de même pour d'autres situations de coordination analysées par Lewis, comme le « précédent » (l'existence d'une conformité passée) ou la « saillance »

1. Cf. *Convention*, p. 55-56.

2. P. Vanderschraaf et G. Sillari suggèrent en conséquence de remplacer le terme de Lewis « common knowledge » par celui, plus approprié de « common reason to believe » ou de « common belief » (« Common knowledge », *in* E. Zalta (ed.), *The Stanford Encyclopaedia of Philosophy*).

3. *Convention*, p. 52 (cf. *ibid.*, p. 34).

4. *Ibid.*, p. 31 et 33.

5. *Ibid.*, p. 57.

(l'existence d'un point d'équilibre à certains égards unique) [1]. Prenons le cas d'une coordination par « précédent » : le fait qu'aux Etats-Unis les conducteurs aient jusqu'ici roulé à droite indique à chacun que les conducteurs auront tendance à rouler à droite dans le futur, qu'ils préfèrent agir ainsi à condition que les autres le fassent, mais également, que chacun croit à cette conformité future, que chacun croit que les autres croient à cette conformité future, etc. De sorte que l'existence d'une conformité passée est la « base » d'un « savoir commun », parmi la population américaine, qu'à chaque fois qu'un conducteur prend le volant il roule à droite, il s'attend à ce que chacun roule à droite, et il préfère rouler à droite à condition que les autres le fassent aussi. Aux trois premières conditions de la convention que sont la conformité générale à un comportement, l'attente mutuelle d'une telle conformité, et la préférence conditionnelle pour cette conformité, s'ajoute ainsi la condition d'un « savoir commun » de ces mêmes conditions.

Revenons à présent à l'intention de Lewis lorsqu'il introduit la notion de « common knowledge ». Redisons-le : il s'agit pour lui de comprendre ce qui génère, dans un groupe ou une population, « un système d'attentes mutuelles concordantes ». Mais demandons-nous à quoi sert un tel système? C'est ce que Lewis explique au chapitre 1 de *Convention* : ce système donne à chaque agent « *suffisamment confiance* dans son attente du fait que les autres accompliront leur part »; ce qui lui fournit, en retour, « une raison décisive d'accomplir sa propre part » [2]. L'idée de Lewis me semble donc être que le *common knowledge*, ce producteur d'attentes mutuelles, « justifie » et « renforce » par emboîtement d'implications successives la décision de chaque agent, de manière à créer la « confiance mutuelle » nécessaire à la coordination. C'est ce qui apparaît plus clairement dans la dernière version de l'analyse de la convention proposée par Lewis, celle de l'article « Languages and Language ». D'une part, ce dernier ajoute aux conditions déjà relevées dans l'ouvrage *Convention* une nouvelle condition, indiquant en quel sens l'attente concernant le comportement d'autrui est une décisive incitation à la conformation : « la croyance que les autres se conforment à R *donne à chacun une bonne et décisive raison de se conformer*

1. Sur la saillance, Lewis se réfère à Schelling, qui voyait dans les « points focaux » la solution aux jeux de coordination où les agents ne peuvent communiquer entre eux (T. Schelling, *Stratégie du conflit*, trad. fr. R. Manicacci, Paris, P.U.F., 1986, chap. III-IV). En outre, Lewis lui emprunte l'idée qu'une coordination repose sur une « convergence des attentes » (*Convention*, p. 121).

2. *Convention*, p. 25, je souligne.

lui-même à R »[1]. En outre, Lewis accorde désormais explicitement au *common knowledge* – qu'il appelle également *mutual knowledge* – une fonction de *stabilisateur* et même de *renforceur* de la convention, qui va de pair, me semble-t-il, avec l'idée d'une installation de la *confiance*. Il écrit ainsi : « Tout le monde doit potentiellement savoir que les conditions (1) à (5) sont remplies, potentiellement savoir que les autres le savent potentiellement, et ainsi de suite. *Cette condition assure la stabilité. Si quelqu'un essaie de reproduire le raisonnement d'un autre, en intégrant éventuellement la reproduction que l'autre fait de son propre raisonnement, ..., le résultat se traduira par un renforcement plutôt que par un bouleversement de ses attentes de conformité à R* ». Un dernier fait me semble significatif. Lewis en est venu à décrire la convention de langage qui est au cœur de ses préoccupations, non plus seulement comme une « convention de véracité » de la part du locuteur – ce à quoi il s'en tenait dans le chapitre final de *Convention*[2] – mais également comme une « *convention de confiance* » de l'auditeur envers le locuteur[3]. Ces précisions me semblent toutes aller dans le même sens : le *common knowledge* apparaît chez Lewis comme la « source » d'un système d'attentes mutuelles concordantes, lui-même *producteur de confiance*, ce pourquoi il « assure la stabilité » de la convention.

Pour achever de caractériser ce « savoir commun », il convient d'en préciser la nature : il s'agit à l'évidence d'un *opérateur rationnel*. En effet, même si Lewis a tenu ensuite à préciser que l'expression « *common knowledge* » est en un sens malheureuse, puisque trop reliée à une simple cognition, et même si j'ai relevé plus haut son insistance sur le caractère limité, dans la pratique, du nombre de réplications effectuées à propos du raisonnement des autres partenaires, il n'en reste pas moins que son explication du *common knowledge* repose toujours sur la présupposition, chez les agents, d'un fond commun de rationalité. Lewis considère en effet que « l'attribution mutuelle des mêmes critères d'induction et de la même information » constitue une « prémisse »[4] du processus même de formation d'attentes sur les attentes. Or cette présupposition de la rationalité des agents n'est justement pas requise dans la définition humienne de la convention, même si, comme on va le voir, cette dernière accorde une place à un certain « savoir commun ».

1. « Languages and Language », p. 165, je souligne.
2. Cf. *Convention*, p. 177-195.
3. « Languages and Language », p. 167.
4. *Convention*, p. 53, 56-57.

LE « SENS GÉNÉRAL DE L'INTÉRÊT COMMUN » ET SES CONDITIONS : UNE SOLUTION PROPREMENT HUMIENNE AU PROBLÈME DE LA CONFIANCE

Reprenons à nouveau la définition que Hume propose de la convention pour tenter d'y repérer un équivalent du « common knowledge » de Lewis.

Il est souvent admis que Hume a posé, avant Lewis, la condition d'un « savoir commun » dans la convention. On lit ainsi dans l'article « Common Knowledge » de la Stanford Encyclopedia of Philosophy que « David Hume a sans doute été le premier à se référer explicitement au rôle du savoir commun dans la coordination (...) Hume a affirmé que l'une des conditions nécessaires à la coordination est que les agents sachent quel comportement attendre de la part des autres. Sans un nécessaire savoir commun, affirmait-il, les conventions sociales mutuellement avantageuses disparaîtraient » [1]. Sur quoi repose au juste cette assertion ? Elle repose en fait sur la simple présence de l'adjectif « *known* » à l'intérieur de la définition humienne de la convention, que je cite à nouveau, en soulignant cette fois l'expression en question :

> J'observe qu'il sera de mon intérêt de laisser autrui en possession de ses biens, pourvu qu'il agisse de même avec moi. Il a conscience d'avoir un intérêt semblable à régler sa conduite. Quand ce sens commun de l'intérêt est mutuellement exprimé *et qu'il est connu des deux*, il produit une résolution et un comportement qui lui correspondent [2].

A mon sens, cette citation ne fait qu'indiquer que, selon Hume, le « sens commun de l'intérêt » (également appelé par lui « sens de l'intérêt commun » [3]) doit *lui-même* faire l'objet d'un « savoir commun ». C'est seulement de ce point de vue que le « savoir commun » s'avère indispensable à l'établissement de la convention. Il me paraît donc exagéré de dire que le « savoir commun » constituerait, chez Hume, comme c'est le cas chez Lewis, le fondement même de la réussite de la coordination, et le stabilisateur de la convention. Selon moi, c'est plutôt le « *sens général de l'intérêt commun* » qui assure, chez Hume, cette fonction : c'est lui qui, *une fois connu*, c'est-à-dire, *une fois « supposé commun à tous »* [4], permet à chacun

1. P. Vanderschraaf, G. Sillari, « Common knowledge », art. cit.

2. *Traité*, 3.2.2.10, p. 90, je souligne.

3. *EPM*, app. 3, § 7, p. 157. L'expression de Hume est fluctuante mais sa signification ne l'est pas : « *a general sense of common interest* » (*Traité*, 3.2.2.10), « *common sense of interest* » (*ibid.*), « *sense of interest (...) common to all* » (*Traité*, 3.2.2.22), « *sense of common interest* » (*EPM*, app. 3, § 7).

4. *Traité*, 3.2.2.22, p. 99.

de prévoir que les autres se conformeront à la convention, et « produit », en conséquence, sa propre conformité. Autrement dit, c'est uniquement dans la mesure où chacun doit *s'assurer* du caractère partagé du sentiment qu'il éprouve pour sa part, qu'apparaît la condition nécessaire d'un « savoir commun » de ce sentiment. En outre, et comme l'indique la précédente citation, ce savoir doit, selon Hume, être précédé d'une *expression mutuelle du sens de l'intérêt commun*, « expression » dont j'ai précédemment analysé le sens : il y a donc une condition à la condition. Enfin, le « savoir commun » ne constitue, d'après Hume, que l'une des deux voies (en fait, la première) par lesquelles chacun peut s'assurer du caractère partagé du sens de l'intérêt commun qu'il éprouve. Il en est en effet, une autre, à savoir « l'expérience répétée des inconvénients liés à [la] transgression [de la convention] », une expérience qui, d'après Hume, « nous procure (...) *encore plus* l'assurance que le sens de l'intérêt est devenu commun à tous nos semblables et nous donne confiance quant à la régularité de leur conduite dans l'avenir » [1].

Il apparaît ainsi que c'est sur le *sentiment* de l'intérêt commun – dont l'expression mutuelle, le savoir mutuel, et l'expérience de la transgression, sont les trois conditions de vérification – que Hume met principalement l'accent lorsqu'il analyse la convention. C'est bien ce sentiment qui, d'après Hume, *induit* les agents à se conformer à une même régularité comportementale, au point que Hume définit la convention non pas par cette régularité elle-même, mais par le « sens général de l'intérêt commun » qui est à son origine. Ce faisant, Hume se montre ici parfaitement fidèle à sa théorie de la motivation, selon laquelle une passion est toujours le motif *direct* d'une action, tandis qu'une croyance (ici, la croyance que les autres partagent mon sentiment) constitue tout au plus un « jugement accompagnateur » qui, « d'une manière oblique », *et lorsqu'il s'accorde avec la passion*, contribue à la production de l'action [2]. Or si, du point de vue de la théorie de la motivation, Lewis se déclare humien, ayant par la suite consacré deux articles à une réfutation de la thèse « anti-humienne » contemporaine du « désir-comme-croyance » [3], cette théorie humienne de la motivation n'est pas directement mobilisée (en tout cas pas ouvertement) lorsqu'il s'agit pour lui de penser le phénomène de la convention.

Il n'en reste pas moins que le « savoir commun » *du sens* de l'intérêt commun est bien, comme je viens de l'indiquer, ce qui résout, chez Hume,

1. *Traité*, 3.2.2.10, p. 90-91, je souligne.

2. Cf. *Traité*, 2.3.3.3-6, p. 270-272 et 3.1.1.12, p. 53-54.

3. *Cf.* « Desire as Belief » (1988) et « Desire as Belief II » (1996), reproduits dans D. Lewis, *Papers in Ethics and Social Philosophy*, Cambridge, Cambridge University Press, 2000, p. 42-67.

le problème de la confiance, un problème dont j'ai montré que le « savoir commun » théorisé par Lewis en constituait, chez ce dernier, la solution. Hume écrit ainsi clairement que c'est en « percevant », chez les autres, un sentiment semblable à celui qu'il éprouve, que chaque individu « accomplit immédiatement sa part de n'importe quel contrat, *étant assuré qu'ils ne manqueront pas d'accomplir la leur* » [1]. Le *savoir commun* humien est ainsi tout entier contenu dans le redoublement réflexif du *sens de l'intérêt commun*.

Mais de quelle nature est ce « savoir » producteur de confiance, et quels présupposés recouvre-t-il? Rappelons d'abord que la découverte du sens de l'intérêt que *l'autre* éprouve, ne saurait être directe, puisque, selon Hume, « nulle passion éprouvée par un autre ne se découvre immédiatement à l'esprit », de sorte que « nous ne sommes conscients que de ses causes et de ses effets » [2]. *Aussi le sens de l'intérêt commun ressenti par autrui ne peut-il être observé par moi que sous la forme d'une idée elle-même déduite de son expression extérieure* ou bien, éventuellement, de la situation qui généralement appelle ce sentiment. Ce processus d'inférence qui va du signifiant (l'expression par autrui du sentiment qu'il éprouve) au signifié (ce sentiment lui-même) est le même que celui qui explique, chez Hume, le fait qu'un observateur puisse *inférer*, à partir des actions d'un autre, « le motif qui les a engendrées » [3]. Et c'est précisément cette nécessaire présence d'effets à partir desquels inférer les sentiments des autres qui explique pourquoi Hume fait précéder le *savoir commun du sens de l'intérêt commun* d'une condition d'« *expression mutuelle* » de ce même intérêt.

Le « savoir mutuel » du « sens de l'intérêt commun » constitue donc, chez Hume, une simple condition cognitive, elle-même précédée d'une condition expressive beaucoup plus profonde et capable de permettre à chacun de s'assurer de la généralité du sentiment qu'il éprouve. En outre, un tel savoir ne présuppose pas le fond commun de rationalité et le partage des critères inductifs inséparables du fonctionnement du *common knowledge* de Lewis. Hume, en effet, ne suppose pas, comme ce dernier, que le savoir commun engendrerait une réplication rationnelle du raisonnement pratique de l'autre. Il considère plutôt que le simple fait de « remarquer », chez autrui, le sentiment que pour ma part j'éprouve, me pousse immédiatement à agir. De sorte que le « savoir commun » du sens de l'intérêt commun

1. *Traité*, 3.2.5.11, p. 128 (je souligne). Précisons que la présence du mot « contrat » dans la citation est simplement liée au fait que Hume est en train d'analyser la convention portant sur l'observation des *promesses* (ici assimilées à des contrats).

2. *Traité*, 3.3.1.7, p. 197-198 (trad. mod.).

3. *Traité*, 3.2.1.4, p. 76.

équivaut, en somme, à la simple *reconnaissance* d'une *inventivité partagée*, une inventivité qui ne mobilise elle-même, comme le précise Hume, que très peu de réflexion [1].

Résumons-nous. Chez Hume, comme chez Lewis, le « savoir commun » est le fondement d'une « assurance » quant à la conformation des autres agents à la convention, une assurance qui donne à chacun, pour reprendre le vocabulaire de Lewis, une « bonne et décisive raison de s'y conformer ». Néanmoins, c'est plutôt le « sens de l'intérêt commun » qui, dans l'esprit de Hume, se trouve au fondement de l'engagement dans la convention, et de sa stabilité. De sorte que le « savoir commun » de ce sentiment n'apparaît en réalité que comme l'une de ses (trois) conditions *d'activation*.

Il reste alors à se demander si le « sens de l'intérêt commun » a disparu de l'analyse de la convention offerte par Lewis, au profit d'un *common knowledge* qui aurait hérité de ses fonctions. Remarquons d'abord que l'idée d'intérêt commun demeure, quant à elle, fortement présente dans l'analyse de Lewis. En effet, l'analyse de la convention qu'il présente dans « Languages and Language » insiste particulièrement – et plus clairement selon moi que ne le faisait *Convention* – sur le fait que les conventions servent – et ont pour fondement – un tel intérêt. « Les conventions, écrit Lewis, sont des régularités dans l'action, ou dans l'action et les croyances, qui sont arbitraires, *mais qui se perpétuent parce qu'elles servent un intérêt commun* » [2]. Néanmoins, le sens partagé de cet intérêt commun a clairement disparu de l'analyse de Lewis, et pour cause : le *common knowledge* (composante rationnelle et intérêt commun compris) soutient désormais la rencontre des esprits qui était supportée, chez Hume, par un *sentiment*, dont le « savoir » (ou « l'observation ») mutuel(le) servait uniquement à en vérifier la *généralité*. De ce point de vue, la grande force de Hume réside dans la puissance paradoxale de l'idée de « rationalité limitée », une idée qui apparaît toujours, sous une forme ou sous une autre, dans la plupart des analyses contemporaines de la convention.

Tout en substituant au « sentiment commun » ou au « sens commun » humien une condition plus cognitive, le *common knowledge*, Lewis n'a donc pas manqué de remarquer après Hume que « l'intérêt commun » qu'il y a à suivre une convention se trouve au fondement même de son adoption. Bien que Lewis n'ait pas, à ma connaissance, insisté sur cette connexion, c'est en ce point à mon avis que la théorie humienne de la motivation, par

1. Cf. *Traité*, 3.2.2.13, p. 93 et 3.2. 5.11, p. 128.

2. « Languages and Language », p. 164, je souligne. Cf. *ibid.*, p. 165-166, 168 et *Convention*, p. 14.

ailleurs adoptée par lui, rejoint sa définition également humienne de la convention. De ce point de vue, le réseau argumentatif humien a en quelque sorte rattrapé Lewis, commençant par une analyse humienne de la convention pour défendre plus tardivement, et à deux reprises, la théorie humienne de la motivation. Or un autre auteur a été particulièrement sensible non seulement à la définition humienne de la convention, mais aussi à la stabilité des conventions fondamentales de la justice au sein des petits groupes : c'est Rawls. Dans le même temps, ce dernier a adopté un « contractualisme » qui l'éloigne de Hume, et explicitement rejeté la théorie humienne de la motivation au profit d'une conception kantienne des désirs et du raisonnement pratique. C'est ce que je vais montrer dans le prochain chapitre en confrontant la théorie de la justice de Rawls et celle de Hume, confrontation qui me permettra en outre d'envisager cette dernière dans toutes ses autres dimensions et d'explorer ainsi le réseau argumentatif qui la concerne.

CHAPITRE VII

THÉORIES DE LA JUSTICE : HUME ET RAWLS

Dans ses *Leçons sur l'histoire de la philosophie morale*, Rawls consacre à Hume cinq leçons dont l'une porte sur la théorie humienne de la justice. Rawls y salue en termes très élogieux la « subtilité et la perspicacité » que Hume déploie à l'occasion de son analyse de la convention de justice [1]. Rawls y souligne notamment la perspicacité de Hume lorsqu'il remarque que « dans une société de petite taille », les conventions de justice sont stables dans la mesure où le problème de la confiance y est automatiquement résolu, tandis que « dans une société de plus vastes proportions », « le concours du sens de la justice et du sentiment moral » sont requis [2].

Cette valorisation de la théorie humienne de la justice peut surprendre le lecteur de la *Théorie de la justice*, dans la mesure où seule la détermination, par Hume, des « circonstances de la justice » y est véritablement saluée. Mais à la surprise peut succéder une tentation : l'éloge de la théorie humienne de la justice que l'on trouve dans les *Leçons* peut en effet inciter le commentateur à rechercher si les points d'accord ou de rapprochement possible entre Rawls et Hume ne vont pas au-delà du seul repérage des « circonstances de la justice ». Cette incitation semble d'autant plus justifiée que l'absence d'une référence fournie à Hume dans *Théorie de la justice* peut aisément s'expliquer du point de vue stratégique que Rawls engage dans cet ouvrage. Plus précisément, quatre raisons pourraient selon moi rendre compte de cette relative absence, quatre raisons que je voudrais

1. J. Rawls, *Leçons sur l'histoire de la philosophie morale,* trad. fr. M. Saint-Upéry, B. Guillarme, Paris, La Découverte, 2002 (désormais *LHM*), p. 69.

2. *LHM*, p. 71.

énumérer tout en montrant que la critique de Hume qu'elles impliquent est, en réalité, *circonscrite*.

Premièrement, si l'on s'en tient simplement au contenu des règles ou des principes de la justice respectivement déterminés par Hume et par Rawls, leur recoupement est faible. En voici l'énoncé :

> Les trois lois de nature fondamentales [sont] *la loi de la stabilité de la possession, celle de son transfert par consentement* et *celle de l'accomplissement des promesses*. C'est de la stricte observation de ces trois lois que dépendent entièrement la paix et la sécurité de la société humaine et il n'est pas possible d'instaurer de bons rapports entre les hommes quand on néglige ces lois [1].
> [Voici] une formulation révisée des deux principes de justice énoncés dans *Théorie de la justice* (§ 11-14) ; Ils doivent être désormais formulés ainsi :
> a) Chaque personne a une même prétention indéfectible à un système pleinement adéquat de libertés de base égales, qui soit compatible avec le même système de libertés pour tous ; et
> b) Les inégalités économiques et sociales doivent remplir deux conditions : elles doivent d'abord être attachées à des fonctions et des positions ouvertes à tous dans des conditions d'égalité équitable des chances ; ensuite, elles doivent procurer le plus grand bénéfice aux membres les plus défavorisés de la société (le principe de différence) [2].

Le seul recoupement entre ces deux ensembles de règles ou de principes est le suivant : parmi les « libertés de base » mentionnées dans le premier principe de Rawls se trouve le « droit de détenir une propriété individuelle et d'en avoir un usage exclusif » [3]. Or contrairement à la manière dont Hume rend compte de ce droit comme du principal remède aux conflits d'intérêts de nature passionnelle qui séparent les hommes, Rawls y voit un « droit général que les individus ont en vertu de leurs *intérêts fondamentaux* » [4]. Ces « intérêts fondamentaux » se définissent en référence aux deux « facultés morales » qui caractérisent selon lui les citoyens, à savoir, la « capacité d'un sens de la justice » et la « capacité d'une conception du bien ». De sorte que, finalement, le droit de propriété individuelle se trouve légitimé chez Rawls par « les besoins et les nécessités » des citoyens *conçus comme des personnes « libres et égales » et dotées des deux facultés morales*. De tels « intérêts fondamentaux » diffèrent ainsi, comme il le

1. *Traité*, 3.2.2.6.1, p. 133.
2. J. Rawls, *La justice comme équité* (désormais *JE*), § 13.1, trad. fr. B. Guillarme, Paris, La Découverte, 2008, p. 69.
3. *JE*, § 32.6, p. 160.
4. *Ibid.*, je souligne.

remarque lui-même, des « préférences et [des] intérêts réels des gens » qui sont selon lui au cœur de la conception utilitariste à laquelle, comme nous allons le voir, il rattache *parfois* Hume [1]. De surcroît, Rawls remarque dans ses *Leçons sur l'histoire de la philosophie politique*, que les règles de justice de Hume dessinent les contours d'une régulation « *économique* » de la compétition des intérêts, dans la mesure où elles portent exclusivement sur le « droit de propriété », et le spécifient [2]. *A contrario*, la justice comme équité de Rawls relève à ses yeux d'une philosophie proprement *politique*, et le « problème de l'ordre » sur lequel porte notamment cette dernière concerne « [le] conflit politique et [les] divisions qu'il engendre ». Ce conflit oppose, plus précisément, les « revendications concurrentes de liberté et d'égalité » des membres de la société et provient également de « la différence des doctrines morales et philosophiques dont l'objet est de comprendre comment [ces revendications] doivent être comprises (...), [et] ordonnées » [3]. Le contraste entre cette présentation, par Rawls, d'une conception humienne de la justice étroitement économique, et le rattachement de sa propre théorie de la justice à une philosophie politique portant sur des conflits du même ordre est frappant. Et pourtant, dans ces mêmes *Leçons*, Rawls recommande à ses étudiants de s'intéresser à la manière dont Hume fait reposer la justice sur des conventions entendues comme un « sens général de l'intérêt commun », ce qui implique, à ses yeux, quatre points : a) l'existence d'un système de règles « artificielles », au sens où elles proviennent d'un artifice de la raison, b) la « reconnaissance publique » de ce système, c) une conformation inflexible à ces règles, et d) une « disposition à être juste » intimement liée à l'intention manifeste, de la part des autres, de se conformer à ces règles [4]. Une fois encore, la richesse et la pertinence du concept de convention développé par Hume au cœur de sa théorie de la justice, semble avoir fortement retenu l'attention de Rawls.

Deuxièmement, ce que Rawls salue chez Hume dans ses leçons est sa théorie de la justice comme convention de coordination alors que Rawls revendique pour sa part dans la *Théorie de la justice* un « contractualisme ». Corrélativement, Rawls considère dans cet ouvrage que la critique humienne du contractualisme, à savoir celle qui s'adresse à Locke, s'applique efficacement « au devoir politique des citoyens » mais n'atteint pas – et

1. *JE*, § 31.3, p. 152.

2. J. Rawls, *Lectures on the History of Political Philosophy*, S. Freedman (ed.), Cambridge, Harvard University Press, 2007 (désormais *LHP*), p. 178-179.

3. *JE*, § 1.1, p. 18-19.

4. *LHP*, p. 181-182.

c'est là un point sur lequel il s'étend plus longuement dans ses *Leçons sur l'histoire de la philosophie politique* – l'explication lockienne de la « légitimité du pouvoir » [1]. Or cette explication a elle-même un lien de parenté avec le contractualisme de Rawls, un lien que revendique ce dernier. En effet, la théorie lockienne du contrat telle que la comprend Rawls définit l'accord sur les formes de régimes possibles à partir de deux conditions également présentes dans l'accord concernant les principes de la justice qui caractérise le contractualisme rawlsien. Ces deux conditions sont celles du « rationnel » et du « raisonnable ». Ainsi selon Rawls, toute « coopération sociale » inclut la notion d'« avantage rationnel des participants » (ce qu'il désigne comme « le rationnel ») et l'idée de « termes équitables de coopération » que des « personnes raisonnables » doivent accepter (les principes définissant ces termes constituant, dans sa terminologie, « le raisonnable ») [2]. Néanmoins, et malgré les apparences, cette affinité du contractualisme de Rawls avec le contractualisme lockien n'implique pas de la part de ce dernier une incompatibilité avec la pensée de Hume. Rawls considère en effet que la critique humienne du contractualisme de Locke ne « discute pas vraiment », et donc « n'affronte pas », « la possibilité d'utiliser le contrat social comme un test des formes [légitimes] de régime » [3]. De sorte que cette critique humienne « ne nie jamais » selon lui la « thèse fondamentale » qui est à la base du contractualisme lockien et rawlsien, à savoir l'idée que sont justes (ou légitimes) les principes (ou les institutions) que choisiraient des hommes rationnels et raisonnables placés dans un état d'égalité [4]. Cette forte atténuation de l'anti-contractualisme de Hume (ou de sa portée) n'implique certes pas, de la part de Rawls, l'attribution à ce dernier d'une forme de contractualisme. Elle signifie néanmoins qu'à ses yeux, l'anti-contractualisme humien ne présente « à première vue, aucun conflit *avec la priorité de la justice* ni aucune incompatibilité avec la doctrine du contrat de Locke » [5]. L'expression soulignée implique également à première vue sa compatibilité avec la théorie de la justice de Rawls. En effet, un « trait central » de « la justice comme équité » est l'affirmation d'une « priorité du juste (*the right*) sur le bien (*the good*) » dans la mesure où les « systèmes de fins » des différents individus doivent être limités par

1. *LHP*, p. 15.

2. *Cf.* J. Rawls, *Libéralisme politique*, trad. fr. C. Audard, Paris, P.U.F., 2001 (désormais *LP*), p. 79-83, *LHP*, p. 56-57, *JE*, § 2.2, p. 24, § 23.3, p. 119-120, etc.

3. *LHP*, p. 172 et 175.

4. J. Rawls, *Théorie de la justice*, trad. fr. C. Audard, Paris, Seuil, 1997 (désormais *TJ*), § 6, p. 59.

5. *Ibid.*, p. 58, je souligne.

la justice et ne peuvent jamais exiger sa violation. Quant à la réserve que Rawls exprime à travers la formule « à première vue », elle signifie comme on va le voir que *si (et seulement si) l'on ajoute à la théorie humienne de la justice certaines prémisses*, un conflit avec le contractualisme de Locke ou de Rawls peut alors apparaître. Ce conflit est lié au « principe classique d'utilité » qu'une certaine compréhension de Hume pourrait permettre de justifier.

En effet, *troisièmement*, l'adversaire principal de Rawls dans *Théorie de la justice* est l'utilitarisme, une théorie dont il remarque qu'elle est, en tout cas pour l'utilitarisme « classique », « étroitement lié[e] au concept du spectateur impartial et doué de sympathie » qui, irrésistiblement, « évoque Hume et Adam Smith » [1]. C'est ainsi que, d'après Rawls, « certains philosophes ont adopté le principe utilitariste parce qu'ils croyaient que l'idée d'un spectateur impartial et doué de sympathie était l'interprétation correcte de la notion d'impartialité » [2]. *Or il convient de préciser que, dans l'esprit de Rawls, Hume n'est pas un utilitariste classique.* Car bien qu'il arrive à Rawls d'évoquer, dans des formules ramassées, les « utilitaristes, de Hume à Sidgwick » [3], il précise ailleurs que Hume n'est pas « *à proprement parler* » utilitariste :

> La forme d'utilitarisme qu'adopte Hume ne servirait pas mon propos ; d'ailleurs elle n'est pas à proprement parler de l'utilitarisme. (…) tout ce que Hume semble vouloir désigner par le terme utilité, ce sont les nécessités et les intérêts généraux d'une société. (…) Aucune mention n'est faite de la possibilité que les gains de certains compensent les désavantages des autres. Pour Hume, en somme, l'utilité semble identique à quelque forme du bien commun ; les institutions satisfont à ses exigences quand elles fonctionnent dans l'intérêt de chacun, du moins à long terme [4].

Cette inscription de Hume hors de l'utilitarisme classique est également signalée par Rawls dans les leçons sur l'histoire de la philosophie politique qu'il consacre à cet auteur. Rawls y affirme ainsi que la seule notion d'utilité que l'on puisse explicitement trouver sous sa plume est celle, assez « vague », du « bonheur et des nécessités de la société » *et non pas le « principe classique d'utilité » présent chez Bentham, Edgeworth et Sidgwick* (lignée intitulée par Rawls « la ligne *BES* »), à savoir la « notion plus pointue » qu'est la *maximisation* de l'utilité comme somme totale de bonheur [5].

1. *TJ*, § 30, p. 215.
2. *TJ*, § 30, p. 219.
3. *TJ*, § 69, p. 499. Cf. *LP*, p. 2, *LHP*, p. 393, etc.
4. *TJ*, § 6, p. 58.
5. *LHP*, p. 376.

Néanmoins, Rawls précise dans ces mêmes leçons qu'une « transition naturelle » et « latente » existe entre l'explication humienne du « point de vue du spectateur judicieux » et le « principe classique » d'utilité. De même, il affirme dans *Théorie de la justice* que « le concept du spectateur impartial et doué de sympathie » constitue la « base intuitive de la doctrine traditionnelle », à savoir celle de l'utilitarisme classique. C'est donc très précisément l'existence de ce lien intuitif entre la conception humienne du spectateur impartial et l'adoption du principe classique d'utilité comme critère de justice qui est soulignée par Rawls. Corrélativement, ni la théorie humienne du « spectateur judicieux », ni même l'idée, également humienne, d'un tel spectateur doué de sympathie ne sont *en elles-mêmes* mises en cause par lui. Seuls le sont, d'une part, le fait d'adopter « comme critères de justice » « les approbations du spectateur impartial et doué de sympathie » et, d'autre part, le fait de se représenter ce spectateur comme « fusionnant tous les désirs dans un seul système »[1]. Or, une fois de plus, Rawls attribue cette dernière conception – celle d'une la fusion des désirs en un seul système (*the conflation view*) – à plusieurs auteurs (Edgeworth, Sidgwick et, parmi les contemporains, Richard Hare et surtout C. I. Lewis) *mais pas à Hume*[2]. Il me restera alors à montrer et à affirmer, d'une manière beaucoup plus ferme que ne le fait Rawls (du moins dans *Théorie de la justice*), que les approbations du spectateur impartial doué de sympathie n'ont pas non plus constitué, dans l'esprit de Hume, un critère de justice ou, pour prendre une autre expression de Rawls, une « base déductive » pour en déterminer les principes.

Une *quatrième raison* peut expliquer la minorisation de la référence à Hume dans *Théorie de la justice*. Il s'agit du fait qu'elle est fortement liée, et semble-t-il proportionnelle, à la valorisation de Kant. Comme l'on sait, en outre, que la référence à Kant s'est accentuée chez Rawls avec le temps, à mesure que ce dernier mettait l'accent sur le « raisonnable », et rapprochait son « constructivisme politique » du « constructivisme moral » kantien, on comprend aisément pourquoi la référence explicite à Hume s'est quasiment effacée de *Libéralisme politique* puis de *La justice comme équité*. Pour autant, il apparaît qu'un élément essentiel à l'idée de « raisonnable » se trouve, d'après Rawls, inclus dans le texte humien. Ce dernier considère en effet comme un « aspect fondamental » du raisonnable « la disposition à proposer des termes équitables de coopération et à y obéir à condition

1. *TJ*, § 30, p. 218-219.
2. *TJ*, § 30, n. 37, p. 227-228.

que les autres y obéissent également »[1]. Or non seulement l'idée de *réciprocité* fait partie, comme le remarque Rawls dans ses *Leçons*, de la définition humienne de la convention mais Rawls repère aussi dans ce même « concept de convention » l'idée d'un devoir de « *fair play* », c'est-à-dire l'idée d'une « obligation *prima facie* » de remplir sa part dans la convention à partir du moment où l'on y est engagé et où l'on en accepte les bénéfices[2]. C'est donc non seulement H. L. Hart, seul auteur cité à ce propos dans *Théorie de la justice*, mais également Hume, qui possédait selon Rawls l'idée d'un « principe d'équité » (autre nom du devoir de *fair play*) selon lequel « nous n'avons pas à tirer profit de la coopération des autres sans contrepartie équitable »[3].

Malgré cette concession faite par Rawls à la richesse de la conception humienne de la *convention*, il convient de préciser que la théorie humienne de la *motivation* ne permet pas selon lui de construire la « *psychologie morale raisonnable* » qu'il associe pour sa part au principe d'équité. En effet, selon Rawls, la disposition des personnes à « proposer » et à « obéir » à des « termes équitables de coopération » relève d'un « désir dépendant de principe » (noté par Rawls « désir-DP ») dont il précise avec insistance que Hume en avait ignoré l'existence, et que seul Kant en avait admis la réalité à travers l'idée d'impératif catégorique[4]. Néanmoins, Rawls ne s'en tient pas à cette déclaration anti-humienne concernant la théorie de la motivation. Il considère en effet que, grâce à la « culture politique publique », les désirs-DP, et les désirs dépendant de conceptions (désirs-DC) qui leur sont liés, peuvent faire partie de « l'ensemble motivationnel d'une personne » tel que l'a défini le Humien Bernard Williams. C'est le cas en particulier d'un désir-DC essentiel selon lui, à savoir celui d'être, et d'être reconnu comme, « un citoyen libre et égal ». Or cette dernière remarque permet à Rawls d'affirmer que « la frontière entre [la] conception apparemment humienne de la motivation [de Bernard Williams] et la conception kantienne ou proche d'elle commence à s'effacer » : il suffit en effet « de dire qu'une personne ayant une volonté bonne est quelqu'un qui est *effectivement mû* par le désir-DC d'agir comme l'exige l'impératif catégorique »[5]. *Rawls adopte ainsi à sa manière l'internalisme humien, ou plutôt néo-humien*, c'est-à-dire l'idée que « ce qui vaut comme raisons pour un individu donné

1. *LP*, p. 83. Cf. *JE*, § 2.2, p. 23-24.
2. J. Rawls, « Justice as reciprocity » (1971), *Collected Papers*, S. Freeman (ed.), Cambridge, Harvard University Press, 1999 (désormais *CP*), p. 210 et n. 14.
3. *TJ*, § 18, p. 142.
4. Cf. *LP*, p. 115-118 et n. 1, p. 118 ; *LHM*, p. 55-58.
5. *LP*, p. 118 n., je souligne.

doit être lié à des motivations actuellement existantes de *cet* individu »[1]. Apparaît donc finalement un rapport complexe unissant Rawls à Hume, à Kant et à la théorie néo-humienne de la motivation, un rapport sur lequel j'aurai l'occasion de revenir.

Sans vouloir minorer l'importance fondamentale pour Rawls de la pensée (et du « constructivisme ») de Kant, ni exagérer au contraire celle de Hume, l'ensemble des remarques précédentes tend à montrer que les démarcations de Rawls d'avec la pensée de Hume demeurent limitées, et s'accompagnent en fait d'importants points d'accord. Je viens déjà d'en repérer deux : l'un concerne le type de réciprocité commun à la convention humienne et au contractualisme rawlsien, à savoir un « devoir de fair play » engageant une disposition à se conformer à la justice pourvu que les autres en manifestent eux aussi l'intention ; et l'autre concerne l'acceptation commune à Hume et à Rawls de l'internalisme de la motivation. A ces deux points d'accord, s'en ajoutent encore d'autres.

En premier lieu, l'idée selon laquelle la coopération sociale déterminée par la justice doit être en vue de *l'avantage mutuel* des personnes, une idée déjà mise en avant par Brian Barry[2], me semble être essentielle aux deux auteurs. Hume, on l'a dit, se trouve attaché à la théorie utilitariste de l'impartialité que Rawls rejette. Mais un lecteur attentif aura dans le même temps remarqué que, lorsque Rawls précise en quoi Hume *n'est pas*, au sens strict, *utilitariste*, il le dédouane précisément d'une autre erreur de l'utilitarisme à ses yeux majeure, *à savoir, l'idée qu'un individu pourrait accepter d'être désavantagé au profit du tout*, c'est-à-dire être l'objet d'un « *sacrifice* ». Ainsi, de même que Rawls considère que *chaque* homme doit trouver un intérêt à la justice, puisque tel est le principe même d'un choix rationnel, de même, Hume soutient que *chaque* homme « trouve profit » (du moins à long terme) à la justice, *ce que Rawls n'a pas manqué de relever*[3].

En second lieu, Rawls a un autre adversaire que l'utilitarisme dans *Théorie de la justice*, un adversaire d'ailleurs toujours présent dans *Libéralisme politique* puisque Rawls lui oppose fortement le « constructivisme politique » qu'il adopte : il s'agit de « l'intuitionnisme rationnel » représenté au XVIIIe siècle par Samuel Clarke et Richard Price, et au XXe siècle par Moore et Sidgwick notamment. Comme l'explique Rawls, cet intuitionnisme

1. *LHM*, p. 43.

2. B. Barry, *Theories of Justice*, London, Harvester-Wheatsheaf, 1989.

3. J. Rawls, « Justice as Fairness », *CP*, n. 5, p. 51 ; « Justice as reciprocity », *CP*, n. 4, p. 196 ; *TJ*, § 7, p. 58. Cf. *Traité*, 3.2.2.22, p. 98.

pose un « *ordre indépendant de valeurs morales* » dont les principes premiers « sont connus par la raison théorique » alors que les principes de justice politique sont, au contraire, d'après Rawls, le résultat d'une procédure de construction essentiellement fondée sur la « raison pratique »[1]. Or c'est un reproche analogue que Hume adresse aux auteurs qui conçoivent la justice comme une « vertu naturelle ». Hume leur reproche, en effet, de supposer « qu'il existe des réalités telles que le droit et la propriété, *indépendantes de la justice et antérieures à elle*, et qu'elles auraient subsisté même si les hommes n'avaient jamais imaginé de pratiquer cette vertu »[2]. Ainsi, parler de « droit », de « propriété » ou d'« obligation » comme d'idées comprises *antérieurement* à la justice, et compréhensibles *indépendamment* d'elle, revient très exactement dans l'esprit de Hume, et en reprenant la formule rawlsienne citée ci-dessus, à poser comme relevant d'un ordre indépendant *ce qui est en réalité le résultat d'une construction*. Le conventionnalisme humien partage donc avec le constructivisme politique de Rawls cette affirmation essentielle : les principes de la justice ne reflètent pas un ordre de valeurs indépendant et découvert par la raison théorique mais *sont le produit des constructions humaines*.

Or (et c'est là un *troisième point d'accord* revendiqué par Rawls) un tel constructivisme implique aussi la détermination des « circonstances » dans lesquelles la « coopération sociale » et la justice s'avèrent nécessaires.

En quatrième lieu, le lien unissant chez Hume la psychologie morale, la théorie morale entendue comme l'explication de nos jugements moraux et enfin la théorie de la justice, se retrouve chez Rawls. Or, même si ce dernier adopte sur chacun de ces trois points une position kantienne, ou en propose du moins une « interprétation kantienne » – définissant par exemple le « sens de la justice » comme « la capacité de comprendre, d'appliquer, et d'agir *selon* (et non pas seulement en conformité *avec*) les principes de la justice »[3] – il n'en considère pas moins, dans le sillage de Hume, qu'*un lien important unit les sentiments moraux et la question de la stabilité de la justice*.

Enfin, les théories humienne et rawlsienne de la justice me semblent pouvoir être rapprochées du point de vue des critiques qu'elles ont subies. Hume comme Rawls se sont vu en effet reprocher, sous des modalités différentes, la défense d'une idéologie libérale. On a reproché à Hume d'avoir réduit la justice à son institution sous forme de règles de propriété ;

1. *LP*, p. 125, je souligne.
2. *Traité*, 3.2.6.2, p. 134, je souligne.
3. *JE*, § 7.1, p. 39. Cf. *TJ*, § 72, p. 515 et 517.

on a reproché à Rawls d'avoir exclu de sa théorie de la justice une conception de la vie bonne – ce qui constitue une critique communautarienne de son œuvre. Je crois que, dans les deux cas, ce que l'on reproche à ces auteurs, c'est en fait l'absence d'un critère *indépendant* de la justice ou, plus précisément, l'absence d'un critère *extérieur au fonctionnement procédural* de la justice, critère dont je viens justement d'indiquer leur commun rejet.

LES CIRCONSTANCES DE LA JUSTICE

Dans *Théorie de la justice*, Rawls se réfère favorablement à Hume lorsqu'il en vient à présenter quelles sont les « circonstances de la justice » (Rawls emprunte à Hume le terme « circonstances »), c'est-à-dire, en termes plus rawlsiens, « l'ensemble des conditions normales qui rendent à la fois possible et nécessaire la coopération humaine »[1]. Ce faisant, Rawls envisage après Hume la société comme une « entreprise de coopération en vue d'un avantage mutuel »[2], un point sur lequel je reviendrai dans la section suivante. En outre, c'est bien à la suite de Hume que Rawls identifie les conditions d'apparition de la société et celles de la justice. Enfin, sur ce thème, il déclare emprunter à Hume l'essentiel des circonstances « objectives » et « subjectives » de la justice que ce dernier analyse selon lui avec « perspicacité » et de manière « bien plus complète ».

Les « circonstances objectives » : la rareté modérée et la non-domination

En ce qui concerne les « circonstances objectives », Rawls met l'accent sur la « rareté modérée des ressources »[3]. Il emprunte cette circonstance à Hume, qui précisait lui aussi qu'une parfaite abondance rendrait la coopération superflue, tandis qu'une rareté extrême la rendrait impossible. Hume considérait en effet que la rareté caractérisant le contexte d'apparition de la justice est *un milieu entre deux extrêmes* qui rendraient inutiles la coopération sociale et la justice qui est à son fondement : soit une parfaite abondance de toutes les ressources, rendant cette coopération « superflue » (selon l'expression de Rawls), soit une rareté extrême la rendant, comme l'écrit Rawls, « impossible », tant seraient pressants les besoins des hommes. En revanche, Rawls laisse de côté une circonstance objective qui, chez

1. *TJ*, § 22, p. 161.
2. *TJ*, § 22, p. 159, trad. mod.
3. *TJ*, § 22, p. 160, trad. mod : « *moderate scarcity* » possède une connotation humienne.

Hume, avait une importance capitale, à savoir la « mobilité » (*instability, easy change*) des biens extérieurs, associée dans le texte humien (dans le *Traité* du moins) à leur rareté. Cette omission de Rawls (du moins dans *Théorie de la justice*) est significative car, chez Hume, ce sont ces deux circonstances réunies qui, jointes au tempérament humain, font apparaître comme un « remède » évident la règle de *stabilité* des possessions, cette première règle fondamentale de la justice. Cette *stabilisation* des biens extérieurs apparaît même chez Hume comme l'exact répondant de leur *mobilité* naturelle. Etant donné que Rawls n'entend pas, pour sa part, mettre la propriété au centre de la justice (même si le droit de propriété individuelle fait selon lui partie du système des « droits et libertés de base » qui, d'après le premier principe de la justice, doit être égal pour tous), on comprend facilement pourquoi sa reprise des « circonstances objectives » humiennes s'en tient, pour l'essentiel, à la « rareté modérée » des ressources. Parmi les « circonstances objectives », Rawls y ajoute néanmoins d'autres conditions : certaines sont absentes du texte humien (la coexistence de nombreux individus sur un même territoire) ; d'autres s'y trouvent. En particulier, le fait que les membres de la coopération doivent posséder des capacités physiques et mentales à peu près égales, excluant ainsi la *domination*, constitue une circonstance que Hume a déterminée dans l'*Enquête sur les principes de la morale*.

Cette condition de relative égalité des capacités naturelles implique, pour Hume comme pour Rawls, que la vertu de justice ne puisse s'appliquer envers les animaux, avec une différence toutefois. Tandis que Hume explique ce fait par l'incapacité des animaux à exercer une « résistance » à nos éventuels empiètements de manière à nous en faire ressentir « l'inconvénient » (d'où « l'inutilité » des « contraintes de la justice et de la propriété (...) dans une association aussi inégale »[1]), Rawls, lui, explique l'absence d'un « droit » des animaux « à une justice égale » par le fait qu'ils sont dépourvus de la « capacité à être un sujet moral », dépourvus notamment d'un « sens de la justice, c'est-à-dire [d']un désir dans l'ensemble efficace d'appliquer les principes de la justice et d'agir selon eux »[2]. Malgré cette différence, les deux auteurs se rejoignent dans l'idée que les devoirs de « compassion » et d'« humanité » sont dus aux animaux, dans la mesure où ces derniers sont capables de ressentir plaisir, peine et par suite « une certaine forme de bonheur »[3]. Comme l'écrit Rawls, « la vertu de justice politique a

1. *EPM*, 3.18, p. 63.
2. *TJ*, § 77, p. 544.
3. J. Rawls, « The Sense of Justice », *CP*, p. 114.

toujours besoin d'être complétée par d'autres vertus »[1]. Or l'explication de ce type de « devoirs » ou de « vertus » ne relève pas d'une théorie de la justice au sens strict, mais d'une théorie morale plus large que Rawls a exclue de son projet mais que Hume avait pour sa part poursuivie à travers l'étude des « vertus naturelles » de bienveillance et d'humanité.

Les « circonstances subjectives » : le désintérêt mutuel

En ce qui concerne les « circonstances subjectives » de la justice, Rawls met l'accent, comme Hume, sur le « conflit d'intérêts » (Hume parle d'une « divergence des passions ») entendu en un sens non strictement égoïste. Dans ses *Leçons* en effet, Rawls tient à saluer, chez Hume, la précision « réaliste » selon laquelle les individus ne poursuivent pas nécessairement et uniquement leurs intérêts égoïstes, mais peuvent vouloir favoriser les intérêts de leurs proches, faisant ainsi preuve de « générosité limitée »[2]. Et Rawls s'accorde également avec Hume pour remarquer qu'un tel « égocentrisme collectif » (selon l'expression de Rawls) n'est pas moins conflictuel qu'un égoïsme étroit. Par conséquent, Rawls peut préciser dans *Théorie de la justice* que le « désintérêt mutuel » qu'il prête aux partenaires de la position originelle a pour but de « refléter (...) les relations interindividuelles » définies par les circonstances subjectives de la justice[3]. Mais est-ce là le seul argument qu'emploie Rawls pour justifier l'attribution aux partenaires de la position originelle d'un « désintérêt mutuel » ? Il s'avère en fait que trois justifications différentes de cette présupposition apparaissent dans *Théorie de la justice*, ce que Rawls indique d'ailleurs lui-même au moment où il présente l'une d'entre elles :

> Il y a donc plusieurs raisons différentes pour poser comme motivation [des partenaires de la position originelle] le désintérêt mutuel. Cette prémisse n'est pas seulement un *élément réaliste* à propos des circonstances de la justice ou un *moyen pour rendre la théorie applicable*. Elle est reliée aussi à *l'idée kantienne d'autonomie*[4].

Présentons donc ces trois justifications et montrons que seule l'une d'entre elles, que j'examinerai en dernier lieu, fait appel aux « circonstances subjectives de la justice » déterminées par Hume. Il conviendra ensuite de se demander si ces justifications s'additionnent sans difficulté, comme semble le présupposer Rawls dans la citation ci-dessus.

1. *LP*, p. 46.
2. *LHM*, p. 67.
3. *TJ*, § 22, p. 163.
4. *TJ*, § 40, p. 291, trad. mod., je souligne.

Première justification du désintérêt mutuel

La première justification de l'hypothèse d'un « désintérêt mutuel » des partenaires de la position originelle est une simple application de la manière dont Rawls rend compte, plus généralement, de l'ensemble des suppositions caractérisant selon lui cette position, à savoir une certaine « naturalité » et une « plausibilité » de chacune d'elles, jointes au fait d'être « largement acceptées mais faibles »[1]. Telles sont les qualités des éléments constitutifs de la position originelle qui permettent, selon Rawls, de « rendre la théorie applicable », c'est-à-dire, de « fournir une conception claire pour guider le raisonnement des partenaires »[2]. Rappelons en effet que la *position originelle* désigne chez Rawls une « situation purement hypothétique » analogue « à l'état de nature dans la théorie traditionnelle du contrat social » où des personnes rationnelles soumises à un « voile d'ignorance », c'est-à-dire ignorant leur place dans la société, leurs capacités naturelles, leurs conceptions du bien et leurs tendances psychologiques particulières, s'accordent sur les principes de la justice[3]. Or en supposant des prémisses « généralement partagées » et « de préférence, faibles », il devient possible selon lui de *simplifier* le raisonnement de ces partenaires afin de parvenir à déterminer un résultat. Ainsi, supposer que les partenaires « n'acceptent pas de voir leurs intérêts sacrifiés à ceux des autres » est une condition à la fois « largement acceptée » et « faible ». Inversement, explique Rawls, s'il convient de ne pas les doter « d'instincts altruistes, solides et durables », c'est que la supposition de « sentiments naturels étendus » entre eux, c'est-à-dire, la supposition d'une « affection » par laquelle ils chercheraient « à s'accorder mutuellement des avantages » constituerait une « supposition forte ». Or, qu'il s'agisse des motivations des partenaires comme des autres caractéristiques de la position originelle, « *il vaut mieux faire le moins de présuppositions possibles* »[4].

La prise en compte d'une bienveillance mutuelle des partenaires s'avérerait, en outre, beaucoup trop complexe. Elle exigerait en effet de déterminer « quelle est la force relative des désirs bienveillants »[5]. Or se poserait alors un problème insoluble de dérivation des principes de la justice sur la base d'une telle hypothèse, un problème que Rawls explicite au détour d'une critique de l'utilitarisme. Ce problème est le suivant : « l'altruiste

1. *TJ*, § 4, p. 44-45.
2. *TJ*, § 40, p. 290, trad. mod.
3. *TJ*, § 3, p. 37-38
4. *TJ*, § 22, p. 162, je souligne.
5. *TJ*, § 25, p. 180, trad. mod.

est désorienté tant que ses nombreuses affections sont en opposition dans les personnes qu'il aime »[1]. Or, puisque la bienveillance « ne comporte pas de principes du juste » pour faire ce type d'arbitrages, elle devrait recourir aux principes de la justice (c'est-à-dire aux principes « auxquels les individus eux-mêmes consentiraient » dans la position originelle) « pour déterminer ses buts lorsque les objets qu'elle chérit entrent en conflit », *ce qui constituerait une pétition de principe*. Pour cette dernière raison, « il n'y a rien à gagner à stipuler que les partenaires, dans la position originelle, doivent être altruistes ».

Ainsi donc, considérer ces partenaires comme mutuellement désintéressés constitue selon Rawls une hypothèse à la fois « faible », « largement acceptée », *et efficace* pour résoudre le problème qui se pose à eux, à savoir « *un problème de décision rationnelle* »[2]. Cette efficacité se trouve également soulignée lorsque Rawls remarque que cette supposition du désintérêt mutuel, jointe à celle du « voile d'ignorance », permet de déterminer *au moyen d'une utile simplification* les résultats de l'accord auquel parviennent les partenaires.

Deuxième justification du désintérêt mutuel

A cette première justification du « désintérêt mutuel » des partenaires choisissant les principes de la justice s'en ajoute une deuxième, de type kantien, et dont Rawls remarque qu'elle se distingue à la fois de la précédente justification et de celle qui a trait à la caractérisation des « circonstances de la justice », et que j'envisagerai pour ma part ensuite. Cette justification kantienne consiste à relier l'hypothèse du désintérêt mutuel des partenaires « à l'idée kantienne d'*autonomie* »[3]. En effet, d'après Rawls, accorder aux personnes de la position originelle un désintérêt mutuel permet de les concevoir comme libres « de choisir un système de fins ultimes », tout comme cette hypothèse permet de ne pas imposer « de limitations préalables » à ce que peuvent désirer les personnes auxquelles s'appliquent les principes de la justice. Au contraire, doter les partenaires d'une bienveillance mutuelle, d'une part, limiterait le contenu de leurs fins en rendant leurs choix dépendants de leur « altruisme » et, d'autre part, ferait que les principes choisis par eux ne pourraient s'appliquer qu'à des personnes elles-mêmes altruistes. A ce titre, le fait qu'un individu puisse vouloir sacrifier son intérêt au profit de celui des autres semble faire partie selon Rawls de ces

1. *TJ*, § 30, p. 220-221.
2. *TJ*, § 4, p. 44.
3. *TJ*, § 40, p. 290, je souligne.

« contingences naturelles » dont l'homme en tant qu'« être rationnel libre et égal » – cet analogue rawlsien du « moi nouménal » de Kant – doit se montrer « indépendant »[1]. De sorte que l'hypothèse du désintérêt mutuel des partenaires de la position originelle se trouve ici justifiée de la même manière que l'est le « voile d'ignorance » auquel ils sont soumis. Ainsi, de même que l'on exclut grâce à ce voile « la connaissance de ces contingences qui sème la discorde entre les hommes et les conduit à êtres soumis à leurs préjugés »[2], les privant ainsi « de l'information qui leur permettrait de choisir des principes hétéronomes »[3], de même, concevoir les partenaires comme mutuellement désintéressés permet de s'assurer qu'ils n'adopteront pas de principes liés aux désirs ou aux « aspirations » particulières qui les motivent. Cette justification kantienne du désintérêt mutuel me semble donc venir *renforcer* le lien posé par Rawls entre, d'un côté, les idées kantiennes d'autonomie et d'impératif catégorique et, de l'autre, la position originelle et son voile d'ignorance.

Troisième justification du désintérêt mutuel

Enfin, les deux précédentes justifications de la supposition d'un « désintérêt mutuel » des partenaires de la position originelle s'accompagnent d'une troisième justification, de type humien cette fois. Rawls tient à marquer sa différence avec la justification kantienne que je viens de décrire puisqu'il parle à son sujet d'une exigence de « *réalisme* à propos des circonstances de la justice »[4]. Cette justification humienne ou réaliste est celle que j'indiquais en abordant ce point sur le « désintérêt mutuel », et selon laquelle accorder un « désintérêt mutuel » aux partenaires de la position originelle permet « de donner une description des conduites et des motivations humaines dans des cas où se posent des questions de justice » (c'est-à-dire dans des cas où sont réunies les « circonstances de la justice »)[5]. C'est la raison pour laquelle le « désintérêt mutuel » des partenaires se trouve parfois identifié par Rawls à un « altruisme limité »[6]. Cette dernière expression rawlsienne fait clairement écho à la « générosité limitée » qui caractérise selon Hume la nature humaine. De même, « l'altruisme parfait » que Rawls écarte des motivations des partenaires de la position originelle semble correspondre à « l'amour de l'humanité » (c'est-à-dire la

1. *TJ*, § 40, p. 292.
2. *TJ*, § 4, p. 45.
3. *TJ*, § 40, p. 288.
4. *TJ*, § 40, p. 291, trad. mod, je souligne.
5. *TJ*, § 22, p. 162.
6. Cf. *TJ*, § 25, p. 178 ; « The justification of Civil Disobedience » (1969), *CP*, p. 178.

« bienveillance générale », ou encore le « souci des intérêts de l'espèce humaine ») dont Hume avait, dans le *Traité*, fermement nié l'existence [1], avant d'insister sur une plus réaliste « générosité limitée ». Sans rejeter la possibilité de cette affection universelle, Rawls n'en considère pas moins que la morale fondée sur l'amour de l'humanité est « surérogatoire » et qu'elle « ne convient pas à des êtres ordinaires » [2]. De ce point de vue, la description des motivations des partenaires doit « refléter » non pas la totalité des affections dont les hommes réels sont capables, mais seulement « les relations interindividuelles qui constituent l'arrière-plan des questions de justice » [3]. La bienveillance mutuelle se trouve alors écartée des motivations des partenaires non plus (comme dans la première justification) parce que sa prise en compte viendrait complexifier le problème de choix rationnel qui se pose à eux, mais dans la mesure où un altruisme étendu ne correspond pas aux motivations qui, dans les communautés réelles, constituent une « *occasion* pour la vertu de justice » [4]. Sur ce dernier point, la reprise de Hume est très nette. D'une part, l'expression même que je viens de souligner est empruntée à Hume :

> Si chaque homme avait (…) de tendres égards pour autrui ou si la nature satisfaisait largement nos besoins et nos désirs, le sens jaloux de l'intérêt personnel, que la justice présuppose, n'aurait jamais pu apparaître et (….) il n'y aurait pas eu d'*occasion* pour ces distinctions et ces frontières de la propriété qui sont en usage à présent parmi les hommes [5].

D'autre part, l'exemple rawlsien de la « communauté de saints » (c'est-à-dire d'« altruistes parfaits ») dont il remarque que, « si elle pouvait exister », elle exclurait tout conflit d'intérêt et donc toute occasion de justice, fait clairement écho à l'expérience de pensée de la « famille » du genre humain que l'on trouve dans l'*Enquête sur les principes de la morale*. Hume lui-même avait d'ailleurs appuyé cette dernière expérience de pensée sur l'exemple d'une communauté de religieux (qu'il qualifiait, conformément à sa constante critique de la superstition, de dangereux « fanatiques »), à qui un altruisme débordant et une communauté d'intérêts, avait suggéré, dans un accès d'« enthousiasme » une absence totale de propriété et de justice [6]. Sans reprendre pour sa part l'idée d'une « communauté des biens »

1. Cf. *Traité*, 3.2.1.12, p. 79-80.
2. *TJ*, § 72, p. 518-519.
3. *TJ*, § 22, p. 163.
4. *TJ*, § 22, p. 161, je souligne.
5. *Traité*, 3.2.2.16, p. 95, je souligne.
6. Cf. *EPM*, 3.6-7, p. 58-59.

(car il n'identifie pas, comme Hume, la justice à la propriété), Rawls fait écho à cette idéale communauté d'altruistes sans conflits d'intérêts et, par conséquent, sans besoin de justice :

> Dans une communauté de saints unis par un idéal commun, si cela pouvait exister, il ne pourrait y avoir de conflit au sujet de la justice. Chacun travaillerait, sans penser à lui-même, pour le but déterminé par la religion commune et chaque question de droit se réglerait en référence à ce but (à supposer qu'il soit clairement défini) [1].

Enfin, lorsque Rawls précise que la supposition du désintérêt mutuel des partenaires n'exclut pas qu'ils « puissent se soucier de tierces personnes » et lorsqu'il choisit, « par exemple », de « supposer qu'ils sont chefs de famille et désirent pour cela améliorer le bien-être de leurs descendants, du moins les plus proches », c'est encore une motivation humienne (celle du souci des parents pour leurs proches descendants) qu'il intègre au nombre des « conditions raisonnables » de la position originelle. Cette motivation est destinée, chez Rawls, à permettre de « déduire les devoirs à l'égard des autres générations », en particulier un juste principe d'épargne, à partir des « conditions raisonnables » propres à la position originelle. Mais Rawls n'en considère pas moins ce souci des descendants proches comme une motivation « réaliste » [2]. Cela ne l'empêchera pas, par la suite, de supprimer des motivations des partenaires ce « souci de leurs descendants ». Rawls s'en tient ainsi, finalement, à un strict désintérêt mutuel de partenaires appartenant à la même génération, et néanmoins capables, grâce à une simple contrainte pesant sur leur choix, de devoirs à l'égard des générations futures [3].

Ainsi donc, pour Hume comme pour Rawls, nulle occasion (et donc nul problème) de justice, en l'absence « d'intérêts distincts qui peuvent entrer en conflit » [4]. Ce constat humien, que Rawls qualifie de « réaliste », constitue pour lui une raison de « refléter » sur les motivations des partenaires les conflits d'intérêts qui font se poser des « questions de justice ». Telle est la troisième raison pour laquelle il prête aux partenaires de la position originelle un désintérêt mutuel.

1. *TJ*, § 22, p. 162.
2. *Cf.* J. Rawls, « Justice as fairness », *CP*, p. 52.
3. Cf. *JE*, § 49.3 et n. 39, p. 219.
4. *TJ*, § 30, p. 219.

Compatibilité des justifications du désintérêt mutuel

Posons-nous maintenant la question de savoir si les précédentes justifications du désintérêt mutuel s'additionnent sans difficulté, comme semble le présupposer Rawls. S'agissant de la justification kantienne et de la justification humienne, Michael Sandel a fortement mis en doute leur compatibilité et a fait valoir, au contraire, un hiatus entre la justification « déontologique » (kantienne) et la justification « empirique » (humienne) de la position originelle en général, et du désintérêt mutuel des partenaires en particulier. Pour le montrer, Sandel a repéré dans le postulat du désintérêt mutuel une conception implicite « d'un moi en tant que sujet de la possession », c'est-à-dire, selon une expression de Rawls citée par Sandel, d'un moi « premier par rapport aux fins qu'il défend » [1]. De ce point de vue, explique Sandel, le postulat du désintérêt mutuel « porte sur le sujet des intérêts et des finalités » et non pas « sur le contenu de ces intérêts et de ces finalités » ; autrement dit encore, « ce n'est pas un postulat sur ce qui motive les gens, mais un postulat sur la nature du sujet qui possède des motivations » [2]. Plus précisément, le postulat rawlsien du désintérêt mutuel comporterait, selon Sandel, une conception « volontariste » d'un sujet qui « choisit » ses fins [3]. Cette conception du « sujet déontologique » (comme l'appelle Sandel) s'inspire clairement de Kant. C'est d'ailleurs à Kant que se réfère Rawls en ce qui concerne l'antériorité du juste sur le bien, présente dans le concept d'*autonomie* [4]. Sandel en conclut que « c'est cette conception [kantienne] du sujet, et non pas une analyse particulière des motivations humaines [d'inspiration empiriste et humienne], qui est véhiculée par le postulat de l'indifférence mutuelle » [5]. Il me semble néanmoins que Rawls peut être défendu contre cette objection de Sandel. En effet, d'après la justification humienne du désintérêt mutuel invoquée par Rawls et que l'on vient d'examiner, ce postulat d'indifférence reflète non pas le contenu des motivations réelles des hommes (qui peuvent être, remarque Rawls, très diverses, égoïstes ou bienveillantes) mais plutôt, comme on l'a vu, les « relations interindividuelles » qui commandent l'apparition des questions de justice, à savoir un « conflit d'intérêts ». Or la justification kantienne du désintérêt mutuel, fondée sur l'idée d'autonomie, aboutit à cette même

1. *TJ*, § 84, p. 601. M. Sandel, *Le libéralisme et les limites de la justice*, trad. fr. J.-F. Spitz, Paris, Seuil, 1999, p. 92.

2. M. Sandel, *Le libéralisme et les limites de la justice*, *op. cit.*, p. 93.

3. *Ibid.*, p. 100.

4. Cf. *TJ*, § 6, p. 57 et n. 16, p. 81.

5. M. Sandel, *Le libéralisme et les limites de la justice*, *op. cit*, p. 100-101. J.-F. Spitz choisit de traduire « *mutual disinterest* » par « indifférence mutuelle ».

mise à l'écart des fins et des motivations réelles (variables et contingentes) des personnes. De ce point de vue, ces deux types de justification convergent, et convergent d'autant mieux que, contrairement à ce qu'écrit Sandel, l'étude empirique du contexte d'apparition et d'application de la justice aboutit bien chez Hume à une priorité de la justice sur d'autres vertus (comme la bienveillance), ce qui constitue un autre aspect déontologique essentiel de la pensée de Rawls. Me semblent également convergentes la première et la troisième justification du désintérêt mutuel que j'ai examinées, dans la mesure où la « faiblesse » du postulat du désintérêt mutuel en termes de *simplification du problème de décision rationnelle* posé aux partenaires de la justice, converge avec la « faiblesse » de ce même postulat en termes de *structure motivationnelle (réaliste)* de ces mêmes partenaires. De ce point de vue, une prémisse motivationnelle *faible* est en même temps une prémisse *normale*, et c'est la science humienne de l'homme qui nous renseigne sur cette normalité affective.

Les nouvelles circonstances de la justice

Poursuivons notre étude des circonstances de la justice. Si le postulat du désintérêt mutuel se réclame en partie de Hume, Rawls se détache de ce dernier lorsqu'il précise que « des revendications conflictuelles surgissent *non seulement* parce que les gens veulent les mêmes sortes de choses pour satisfaire des désirs semblables » (point que Hume met, pour sa part, en avant) « *mais aussi* parce que leurs conceptions du bien diffèrent » [1]. Bien que Rawls ne le précise pas, Hume n'insiste pas pour sa part sur ce « fait du pluralisme » et sur ses conséquences. Au contraire, conformément à sa théorie de la motivation et à son affirmation du caractère seulement instrumental des croyances, Hume rapporte directement la « divergence des actions » à la « divergence des passions ». Et lorsqu'il envisage la diversité des jugements, il cite seulement celle des jugements de moralité ordinaires, dont il remarque que leur partialité s'accorde en fait à la partialité des affections, et tend à renforcer ses effets conflictuels [2].

Hume n'anticipe pas non plus – du moins dans le *Traité* et l'*Enquête sur les principes de la morale* – le « fait du pluralisme raisonnable » que Rawls envisage d'ailleurs comme propre aux démocraties modernes et qui prend toute son importance dans *Libéralisme politique*. Tandis que le « pluralisme en tant que tel » désigne « le fait que des institutions libres tendent à développer une variété de doctrines et de points de vue conforme

1. *TJ*, § 28, p. 203-204, je souligne.
2. Cf. *Traité*, 3.2.2.8, p. 88-89.

à ce que l'on peut attendre de la variété des intérêts des individus, et de leur tendance à se focaliser sur des perspectives étroites », le « fait du pluralisme *raisonnable* » correspond au fait que, « parmi les conceptions qui se développent, on trouve une diversité de doctrines compréhensives *raisonnables* » [1]. Une doctrine englobante est « raisonnable » dès lors qu'elle reconnaît « les difficultés du jugement » en matière de preuves, de hiérarchie, d'interprétation, de sélection et de pondération des valeurs politiques et morales [2]. Une doctrine « raisonnable » admet donc, et pour cette raison, que « tous ont une égale liberté de conscience » [3]. Avec ce « pluralisme raisonnable », Rawls détermine ainsi une « condition de l'existence humaine » non mentionnée par Hume, et pour cause car elle correspond selon Rawls à « l'œuvre de la *raison pratique libre* dans le cadre d'*institutions libres* » [4]. Cette « condition » ne lui semble pas moins un « *trait permanent* d'une culture démocratique libre » où, à l'impossibilité permanente « d'éliminer ces difficultés [du jugement] », se joint l'impossibilité politique, en démocratie, d'user tyranniquement du pouvoir de l'Etat pour « éradiquer la diversité » [5].

A travers cette dernière remarque, c'est encore une nouvelle « condition historique » des sociétés démocratiques modernes qui se trouve repérée par Rawls, à savoir le « fait général », largement étayé par « l'expérience historique », selon lequel seul un « usage oppressif du pouvoir étatique » pourrait supprimer le pluralisme et maintenir la communauté « unie dans l'affirmation d'une même doctrine englobante » [6]. Or une société démocratique contient des communautés mais *n'est pas elle-même* une « communauté », c'est-à-dire une association dont les membres « sont unis dans la réalisation de certaines valeurs et fins (non économiques) partagées » ; « *et elle ne peut pas l'être compte tenu du fait du pluralisme raisonnable.* Pour y parvenir, il faudrait recourir à l'exercice oppressif du pouvoir de l'Etat qui est incompatible avec les libertés démocratiques de base » [7].

Avec ces deux nouveaux faits que sont le « le fait du pluralisme raisonnable » et le « fait de l'oppression » le tableau humien des « circonstances de la justice » se trouve complété par Rawls, de sorte que ces dernières recouvrent l'ensemble des « conditions historiques et sociales de la

1. *LP*, p. 63, trad. mod., je souligne.
2. *JE*, § 11.4, p. 60-61.
3. *JE*, § 57.4, p. 260.
4. *LP*, p. 63, je souligne.
5. *JE*, § 11.5, p. 62, je souligne.
6. *JE*, § 11.3, p. 58-59 ; § 59.1, p. 266.
7. *JE*, § 7.3, p. 41-42, je souligne.

démocratie »[1]. Néanmoins, vu ce caractère « *historique* », une autre référence à Hume devient utile. En effet, tout en se concentrant sur la « culture politique démocratique (...) caractérisée par un pluralisme raisonnable », Rawls lie son apparition à celle d'« une nouvelle possibilité sociale », à savoir une « société pluraliste relativement stable et harmonieuse »[2]. Or l'origine historique de cette « nouvelle possibilité sociale » et du « libéralisme politique » lui-même, lui semble être la Réforme protestante et les controverses sur la tolérance religieuse qui en sont issues. C'est alors une nouvelle référence à Hume – une référence à l'essai « La liberté de la presse » – qui permet à Rawls de *décrire cette nouvelle possibilité sociale*, à savoir l'apparition d'une société « pluraliste » *et néanmoins* « relativement stable et harmonieuse ». Rawls a plus précisément en tête le passage suivant :

> Avant que les Provinces-Unies n'aient montré l'exemple, la tolérance était jugée incompatible avec un bon gouvernement ; et l'on croyait impossible qu'un grand nombre de sectes religieuses pussent vivre ensemble dans la paix et l'harmonie, porter chacune une égale affection à leur commune patrie et s'aimer les unes les autres. L'Angleterre a donné un pareil exemple de liberté civile (...) et on peut espérer que les hommes, chaque jour plus accoutumés à la libre discussion des affaires publiques, apprendront à en juger avec plus de solidité[3].

A la suite de Hume, Rawls remarque qu'« avant la pratique paisible et efficace de la tolérance dans des sociétés pourvues d'institutions libérales », il était impossible d'imaginer une paix sociale sans intolérance, c'est-à-dire sans « un accord de la société sur une doctrine générale et compréhensive, qu'elle soit religieuse, philosophique ou morale ». La paix sociale était ainsi jugée incompatible avec la tolérance, autrement dit avec « l'existence d'une *pluralité* de doctrines compréhensives »[4]. Rawls peut alors combiner cette observation humienne avec une remarque de Hegel sur « l'heureux événement » qu'a constitué la Réforme en termes d'avènement (non recherché par les Réformateurs) de la liberté religieuse et donc (selon Rawls) de la « liberté moderne », pour en tirer la leçon suivante : nous savons désormais que le « pluralisme raisonnable » n'est pas un désastre ![5]

1. *JE*, § 59.1, p. 266.
2. *LP*, p. 13.
3. Hume, « La liberté de la presse », *Essais* I, p. 80.
4. *LP*, p. 13-14, je souligne.
5. *Ibid. Cf.* Hegel, *Principes de la philosophie du droit*, § 270, fin de la remarque.

Concluons notre étude des « circonstances de la justice » en remarquant que la *fonction* (sinon toujours le contenu) de ces circonstances dans le cadre de la « justice comme équité » ne varie pas d'une œuvre à l'autre. Que ces « circonstances » fassent ou non exactement écho à celles que Hume avait repérées, elles sont en fait toujours introduites pour rendre *plus réalistes* les conceptions développées par Rawls, qu'il s'agisse de l'idée de la « position originelle » des partenaires faisant le choix des principes de la justice, ou de celle de la « société bien ordonnée » sur laquelle porte sa théorie de la justice comme équité et qui, comme il l'admet lui-même, « constitue clairement », par certains traits, « une idéalisation tout à fait considérable » [1]. Qu'il soit ou non strictement « humien », le « visage » de la théorie de la justice comme équité dessiné par les « circonstances de la justice » se présente ainsi, d'une œuvre à l'autre, comme un ensemble de traits *empiriques* (ou *historiques*) destinés à compenser l'*idéalisme* de certaines conceptions de Rawls, un idéalisme fortement lié à son kantisme [2]. Comme l'écrit Rawls, « c'est de cette manière que la justice comme équité est *utopique de façon réaliste* » [3].

L'IDÉE DE COOPÉRATION, LES MOYENS ET LES FINS

Un autre point de rapprochement entre Hume et Rawls est celui qu'a repéré Brian Barry dans le premier volume de son ouvrage *Theories of Justice* : on trouve chez Hume et chez Rawls une conception de la justice *comme avantage mutuel*. Si l'on y ajoute le thème commun – explicite celui-là – des « circonstances de la justice », il me semble que Barry a raison d'attribuer à Hume et à Rawls « l'idée que la justice représente les termes d'une coopération rationnelle en vue de l'avantage mutuel dans les circonstances de la justice » [4]. Et pour justifier davantage le fait que, de ce point de vue, Rawls se rapproche plutôt de Hume que des contractualistes classiques, précisons que l'objet premier d'une telle coopération n'est pas, comme le veulent ces auteurs, l'institution d'un gouvernement ou d'une société politique, mais bien *d'abord* celle de règles (ou de principes) de justice.

1. *JE*, § 3.2, p. 27.
2. Voir la formule frappante de M. Sandel : « la déontologie à visage humien », *Le libéralisme et les limites de la justice*, *op. cit.*, p. 38.
3. *JE*, § 5.1, p. 32, je souligne.
4. B. Barry, *Theories of Justice*, *op. cit.*, p. 148.

A l'idée de justice comme avantage mutuel, correspond d'abord une *définition de la société* commune à Hume et à Rawls, déjà relevée plus haut et sur laquelle il faut revenir. Pour Rawls, la société est en fait « une entreprise de coopération en vue d'un avantage mutuel, [se caractérisant] à la fois par un conflit d'intérêts et par une identité d'intérêts »[1]. Hume en est d'accord : comme Rawls, il considère qu'il y a *identité d'intérêts* dans la mesure où tous préfèrent la coopération à l'isolement, les déficiences de l'individu solitaire étant compensées par l'union sociale; comme Rawls, il considère qu'il y a *conflit d'intérêts* dans la mesure où tout préfèrent une part plus grande à une plus petite. Hume écrit ainsi qu'« en maintenant la société, nous favorisons beaucoup plus l'acquisition de biens [*pour nous-mêmes et pour nos proches*] que si l'on se précipite dans la condition de solitude et d'abandon qui suit inévitablement la violence et une licence universelles »[2]. Dans le même sens, Rawls remarque que si la coopération sociale est nécessaire, c'est que, en contexte de « rareté modérée », chacun cherche à « obtenir un niveau de vie satisfaisant »[3] en vue de réaliser au mieux son système de fins. Bien entendu, il nous faudra revenir sur le contenu (en fait non humien) de ce « système de fins ». Mais remarquons avant cela que la nécessité de compenser la rareté par la coopération était particulièrement accentuée par Hume lorsqu'il remarquait que seuls les biens extérieurs « ne sont pas en quantité suffisante pour satisfaire les désirs et les besoins de chacun »[4], ce que ni Hobbes ni Locke n'avaient si nettement souligné. Poursuivons par conséquent notre examen de l'idée de coopération sociale, commune à Hume et à Rawls.

L'idée de coopération

Dans *Libéralisme politique*, Rawls donne sur cette idée d'autres précisions, qui se trouvent également présentes chez Hume. Selon Rawls, *premièrement*, « la coopération (...) est guidée par des règles et des procédures publiquement reconnues que tous ceux qui coopèrent acceptent »[5]. Or, sans aller jusqu'à développer une analyse comparable à celle que fait Rawls de la « publicité complète »[6], l'analyse humienne de la convention incorpore en tout cas, et comme on l'a vu au chapitre 6, l'idée d'un « savoir commun » de l'existence d'un commun intérêt et de la règle conventionnelle

1. *TJ*, § 22, p. 159, trad. mod.
2. *Traité*, 3.2.2.13, p. 93, trad. mod.
3. *JE*, § 24.1, p. 122.
4. *Traité*, 3.2.2.7, p. 88.
5. *LP*, p. 40-41.
6. *LP*, p. 96-102.

pertinente. Dans ses *Leçons*, Rawls se montre sensible à cet aspect de la convention humienne, qu'il présente de la manière suivante :

> Pour qu'une convention existe, trois conditions sont nécessaires (du moins d'après ma version de la thèse de Hume) : premièrement, ce sentiment partagé d'un intérêt commun est exprimé réciproquement (*et publiquement*), et l'existence de cet intérêt commun est donc *connue de tous* ; deuxièmement, la règle pertinente est également *connue et accessible à tous* (…) [1].
> [Selon Hume] le système des règles [de justice] est publiquement reconnu par les membres de la société comme favorisant le bien public, l'intérêt, et les nécessités générales de la société (…). Par « reconnaissance publique », je veux dire que chacun reconnaît que ce système de règles sert l'intérêt général de la société, que chacun reconnaît que l'autre reconnaît cela, etc [2].

Selon Rawls, *deuxièmement*, « la coopération implique l'idée de termes équitables, c'est-à-dire acceptables pour chaque participant *à condition que* tous les autres les acceptent également » : c'est l'idée de réciprocité [3]. Or cette idée est également présente dans la conception humienne de la convention de justice : « j'observe qu'il sera de mon intérêt de laisser autrui en possession de ses biens, *pourvu* qu'il agisse de même avec moi. Il a conscience d'avoir un intérêt semblable à régler sa conduite » [4]. Dans la présentation de la convention humienne qu'il fait dans ses *Leçons*, c'est bien cette idée de réciprocité qui est identifiée par Rawls : « nous ne suivons la règle [de la convention] que de façon conditionnelle. *Une convention exprime donc une règle de réciprocité* » [5]. De sorte que c'est non seulement l'idée de coopération *mutuellement avantageuse* que Rawls découvre chez Hume, mais également l'idée de réciprocité. Ce point peut être confirmé par le repérage, de la part de Rawls, d'un « devoir de *fair-play* » dans la convention humienne, un repérage que j'ai déjà signalé en introduction. C'est à Hart que Rawls emprunte l'idée selon laquelle, lorsque des personnes s'engagent dans une pratique impliquant certaines restrictions de liberté mais dont tous bénéficient, ceux qui se soumettent les premiers à ces restrictions détiennent un « droit particulier » « *prima facie* » à voir les autres s'y soumettre eux aussi, ces derniers ayant, réciproquement, un « devoir particulier » (une « obligation morale ») « *prima facie* » de le

1. *LHM*, p. 68, je souligne.
2. *LHP*, p. 181.
3. *LP*, p. 41.
4. *Traité*, 3.2.2.10, p. 90.
5. *LHM*, p. 68, je souligne.

faire [1]. Cependant, Rawls fait remarquer dans un article de 1971 intitulé « La justice comme réciprocité » que cette idée trouvée chez Hart « présente certaines affinités avec le concept humien de convention », bien que Hume « l'exprime différemment » [2]. De fait, on peut remarquer que c'est en recourant à l'idée même de convention, et à la réciprocité qu'elle implique, que Hume explique pourquoi – et comment – l'intérêt *oblige* les hommes à se conformer aux règles de justice. Ainsi selon Hume, une fois exprimé par chacun le « sens de l'intérêt » qu'il a à se conformer à une règle de justice « à la condition que les autres fassent de même », « rien d'autre n'est requis pour conduire n'importe lequel d'entre eux à accomplir un acte de justice dès qu'il en a l'occasion » après quoi, en retour, « cet acte devient un exemple pour les autres » [3]. De sorte que la conception humienne de l'avantage mutuel des parties est, comme chez Rawls, indissociable des idées de réciprocité et d'obligation.

Et pourtant, le principe de réciprocité inclus dans la convention humienne n'équivaut pas au « principe d'équité » (*principle of fairness*) élaboré par Rawls dans *Théorie de la justice* à partir du texte de Hart [4]. On peut relever en effet deux différences importantes entre les conceptions de Hume et de Rawls sur la réciprocité et l'obligation en jeu dans les « contreparties » d'un système de coopération. Ces deux différences expliquent sans doute l'absence de référence à Hume dans les analyses rawlsiennes officiellement affichées de l'idée de réciprocité, par différence avec ses leçons ou ses articles.

Première différence. Rawls complète toujours le principe de Hart énoncé ci-dessus par une condition essentielle, non mentionnée par ce dernier : ce n'est que *si un système de coopération est juste* qu'une personne est tenue de rendre aux autres une contrepartie équitable à partir du moment où elle s'engage dans ce système. Les conventions de justice humiennes ne présentent pas cette condition qui entraînerait d'ailleurs Hume dans une circularité vicieuse. Etant donné, en effet, que la justice *naît* selon lui des conventions, il ne saurait stipuler qu'une convention n'est obligatoire que si elle est juste. C'est la raison pour laquelle à son avis « ceux qui font usage des mots de *propriété*, de *droit* ou d'*obligation* avant d'avoir expliqué

1. J. Rawls, « Justice as fairness », *CP*, p. 60 ; *TJ*, § 18 : n. 26, p. 150 ; § 52 : n. 8, p. 432. *Cf.* H.L.A. Hart, « Are There Any Natural Rights ? », *Philosophical Review*, 64 (1955), n° 2, p. 185-186.

2. *CP*, n. 14, p. 210.

3. *Traité*, 3.2.2.22, p. 99.

4. Ce « principe d'équité » était intitulé avant *Théorie de la justice* « devoir de *fair-play* ». Cf. *CP*, p. 60, p. 99 n, p. 122, p. 210-212.

l'origine de la justice, ou même qui en font usage pour cette explication, sont coupables d'une erreur très grossière »[1]. De son côté, Rawls échappe lui aussi à toute circularité, mais pour une autre raison. Les principes de la justice font chez lui l'objet d'un « contrat », de sorte que son « principe d'équité » ne concerne pas la procédure de sélection de ces principes, mais concerne seulement les « institutions de la structure de base »[2]. Dès lors, ce sont ces « institutions » que les deux principes de la justice permettent de définir comme « justes » (ou pas), après quoi s'applique (ou non) le principe d'équité, créant ainsi (ou non) des « obligations » chez les individus qui coopèrent au maintien de ces institutions. On peut relever une conséquence de cette première différence sur laquelle nous reviendrons plus loin : alors que les citoyens sont tenus d'après Hume d'obéir aux gouvernements absolus, ou fondés sur la force (sauf s'il devient évident que « la cause cesse », à savoir l'intérêt d'y obéir)[3], il ne peut selon Rawls « y avoir d'obligation vis-à-vis de formes autocratiques ou arbitraires » car « des relations d'obligation *présupposent* des institutions justes, ou du moins assez justes, eu égard aux circonstances »[4].

Deuxième différence. Alors que l'obligation impliquée dans l'idée humienne de convention (donc dans celle de schéma coopératif) est entièrement *intéressée*, l'obligation exprimée par le « principe d'équité » de Rawls est une « exigence *morale* » (un « devoir *prima facie* »[5]), ce qui était d'ailleurs déjà le cas dans le principe de Hart. On peut relier cette différence à la manière dont Rawls a été finalement conduit à distinguer plus nettement l'idée de réciprocité de celle d'avantage mutuel. En effet, dans *Libéralisme politique*, puis dans *La justice comme équité*, Rawls rattache la « réciprocité » (entendue comme « une tendance à payer de retour, à répondre au fait que les autres sont équitables envers nous en étant équitables envers eux »[6]) au « raisonnable », lequel se définit comme une disposition à proposer ou accepter des termes équitables de coopération, et à leur obéir, dans la mesure où l'on peut s'attendre à ce qu'ils soient acceptés et respectés par les autres[7]. La réciprocité se situe ainsi au-delà de « l'avantage mutuel » puisque des « personnes raisonnables » ayant l'assurance que les autres respectent les termes équitables de leur coopération

1. *Traité*, 3.2.2.11, p. 91.
2. *TJ*, § 18, p. 142.
3. Cf. *Traité*, 3.2.9.2, p. 164.
4. *TJ*, § 18, p. 142, je souligne.
5. *CP*, p. 60.
6. *JE*, § 59.1, p. 266.
7. *LP*, p. 77-78.

doivent les respecter également « même au prix de leurs propres intérêts lorsque les circonstances l'exigent » [1]. La réciprocité engage ainsi, tout comme le « raisonnable » auquel elle est liée la « sensibilité morale » des personnes, *et non pas la conception rationnelle de leur avantage*. Autrement dit, précisons-le encore, la réciprocité ne désigne pas chez Rawls, comme c'est le cas chez Hume, une tendance à payer de retour parce qu'on y a avantage, mais une *tendance morale* fondée sur une « psychologie morale raisonnable », à répondre à une conduite équitable par une conduite équitable. Toutefois, Hume ne manque pas de lier la tendance à la réciprocité aux « attentes » et à la « confiance » que nous pouvons avoir quant à la conformité des autres, ce qui le rapproche de Rawls : j'examinerai ce problème de la confiance dans une autre section.

D'après les deux différences que je viens de relever, il apparaît que chez Hume l'idée de réciprocité ne se distingue pas fondamentalement de celle d'avantage mutuel, alors que Rawls tient à marquer une différence entre elles. De ce point de vue, Hume ne construit pas l'idée rawlsienne d'un système de coopération *à la fois mutuellement avantageux et équitable*. Le point commun entre Hume et Rawls se situe donc plutôt dans le *troisième élément de l'idée de coopération sociale* repéré par Rawls, après a) la publicité de ses règles, b) l'équité de ses termes et la réciprocité, à savoir que « c) l'idée de coopération sociale exige l'idée de l'avantage ou du bien rationnel de chaque participant » [2].

Or il convient à présent de s'interroger sur le contenu de ce « bien » (ou de cet « avantage rationnel ») de chaque participant que la coopération sociale doit, d'après Hume comme d'après Rawls, satisfaire. J'ai remarqué plus haut, à propos du « conflit d'intérêts », que la préférence par chaque membre de la société « d'une part plus grande des [fruits de leur collaboration] à une plus petite », essentielle dans la pensée de Hume, se retrouve chez Rawls, tout comme se retrouve le « droit de propriété individuelle » qui en est le moyen le plus évident. Cependant, l'acquisition d'une « base matérielle suffisante » protégée par un droit de propriété se trouve subordonnée chez Rawls à l'exercice de deux « facultés morales », à savoir la capacité d'un sens de la justice (un désir d'appliquer les principes de la justice) et la capacité d'une conception du bien (la possession d'un « projet rationnel de vie ») [3]. Ces deux capacités, dont Rawls tient à signaler qu'elles étaient déjà présentes dans *Théorie de la justice* où elles définissaient la « personnalité

1. *JE*, § 2.2, p. 24.
2. *LP*, p. 41.
3. *JE*, § 7.1, p. 39.

morale »[1], s'avèrent ainsi selon lui nécessaires non seulement « pour s'engager dans une coopération sociale mutuellement avantageuse » mais aussi pour en respecter les termes.

Cette insistance sur les deux facultés morales et sur leur lien avec l'idée de « coopération sociale mutuellement avantageuse » permet alors à Rawls de se démarquer profondément de Hume, à la fois en ce qui concerne sa conception des « biens » et des « besoins » que les hommes cherchent prioritairement à satisfaire, et en ce qui concerne sa théorie de la motivation, elle-même liée à sa conception du rôle de la raison.

Les « moyens polyvalents » des désirs

En effet, *premièrement*, les acteurs de la coopération sociale ne sauraient se contenter d'après Rawls, et comme le pensait Hume, d'une part maximale de biens matériels, apte à satisfaire selon ce dernier l'ensemble de leurs aspirations. Là où Hume considère simplement que « plus étendues sont nos possessions, plus grande est notre capacité de satisfaire tous nos appétits »[2], Rawls définit les « biens » dont un individu porteur d'un projet rationnel de vie préfère avoir « plus que moins », constituant ainsi une liste de « biens primaires » (*primary goods*)[3] qui va bien au-delà des possessions. Ces derniers comprennent en effet d'après lui, outre « les revenus et la richesse », « les droits, les libertés et les possibilités offertes [*opportunities*] » et également « le respect de soi-même »[4]. Hume et Rawls sont donc d'accord pour dire que les projets rationnels de vie des individus sont très divers, mais ils déterminent différemment les types de biens nécessaires pour les réaliser. En outre, la manière dont Rawls a présenté les critères de leur spécification s'est progressivement éloignée de celle de Hume. En effet, alors qu'il déclarait se fonder, dans *Théorie de la justice* et dans *Libéralisme politique*, sur « divers faits psychologiques du sens commun concernant les besoins humains, leurs phases de développement et ainsi de suite »[5], il abandonne explicitement cette présentation dans *La justice comme équité* : « les biens primaires ne doivent plus apparaître comme spécifiés uniquement sur la base de la psychologie et des besoins humains »[6]. Or on trouvait dans *Théorie de la justice* une formule assez proche d'une perspective humienne puisque les biens primaires y étaient définis comme « ce qu'il

1. Voir par exemple *TJ*, § 4, p. 46, § 77, p. 544.
2. *Traité*, 3.2.2.13, p. 92-93.
3. J'adopte ici, et dans les paragraphes suivants, le choix de traduction de B. Guillarme.
4. *TJ*, § 15, p. 123 et § 66, p. 473.
5. *LP*, p. 223 n.
6. *JE*, Préface, p. 13.

est rationnel de vouloir, quels que soient les autres désirs que l'on ait » ; de sorte que « la nature humaine étant ce qu'elle est, vouloir ces biens fait partie du fait d'être rationnel »[1]. Néanmoins, dès cet ouvrage, les « conditions sociales » et les « moyens polyvalents » que Rawls détermine comme étant nécessaires aux individus pour réaliser leur projet de vie vont bien au-delà du *moyen à tout faire* identifié par Hume, à savoir l'augmentation des possessions. Le « respect de soi-même » lui semble ainsi appartenir à la conception du bien comme rationalité car il implique d'une part, la conviction profonde de tout individu que son projet de vie vaut la peine d'être réalisé et, d'autre part, la confiance en sa propre capacité à le réaliser. En outre, dans la reformulation de *Théorie de la justice*, ce n'est plus eu égard aux personnes « en tant qu'être humains conçus indépendamment de toute conception normative » qu'il conçoit la nécessité, pour elles, de ces biens primaires. Et ce n'est pas non plus, pourrions-nous ajouter, *seulement* en rapport à des individus dotés d'une psychologie générale et confrontés au fait de la rareté que Rawls envisage leurs désirs et leurs besoins, comme c'est le cas chez Hume. Au contraire, et comme Rawls tient à le préciser, c'est *également* en fonction « d'une conception politique de la personne, considérée comme libre et égale, dotée des deux facultés morales, et capable d'être un membre pleinement coopérant de la société » que doit être conçue « la liste appropriée des biens primaires »[2]. On comprend alors d'autant mieux pourquoi Rawls l'a définie d'une manière plus étendue que ne l'a fait Hume, au point de distinguer finalement « cinq sortes de biens primaires », à savoir « les droits et libertés de base », « la liberté de mouvement et le libre choix d'une occupation », « les pouvoirs et les prérogatives attachés aux fonctions et aux positions d'autorité et de responsabilité », « le revenu et la richesses, considérés comme des moyens polyvalents (dotés d'une valeur d'échange) », et enfin, « les bases sociales du respect de soi-même ».

Malgré d'évidentes différences dans leur manière d'envisager la spécification des « moyens polyvalents » de satisfaction des désirs, remarquons que Hume, pas plus que Rawls, ne fait appel au principe de « maximisation de la somme algébrique des espérances d'utilité » qui caractérise, selon ce dernier, l'utilitarisme dont il se démarque, à savoir essentiellement celui de Bentham, Edgeworth et Sidgwick. De sorte que ni pour Hume ni pour Rawls ce n'est « le bonheur total (ou moyen) qui

1. *TJ*, § 40, p. 290, trad. mod.
2. *JE*, § 17.1-2, p. 89-90.

doit être maximisé en premier lieu »[1]. Comme je le soulignais en introduction, la théorie humienne de la justice présente ainsi la caractéristique notable, et appréciée par Rawls, de ne jamais mentionner « la possibilité que les gains de certains compensent les désavantages des autres » mais d'insister, au contraire, sur le fait que les institutions doivent « fonctionn[er] dans l'intérêt de chacun, du moins à long terme »[2]. Et l'on peut même ajouter à cela que Hume prévoit à sa manière, et contrairement aux utilitaristes classiques cités par Rawls, certaines « contraintes sur la manière dont le bien » – en l'occurrence, selon lui, la satisfaction des désirs de chacun à travers l'augmentation de ses possessions – « peut être distribué »[3]. A la différence de Rawls, ces contraintes ne relèvent pas du « droit » (*right*) – elles relèvent à la fois de « l'imagination » et de « l'intérêt public », intervenant conjointement pour fixer les droits[4] – mais elles n'en incluent pas moins un principe de distribution, c'est-à-dire d'assignation des biens. Cette distribution tient compte de surcroît – et c'est un nouveau point commun avec Rawls – des *attentes* des personnes. Hume rapporte ces attentes à leur imagination, et les règles qui déterminent la propriété ne sont finalement que la traduction institutionnelle de telles attentes (combinées avec le critère de l'utilité publique). De son côté, Rawls identifie ces « attentes » avec les « revendications légitimes » que les individus ont acquises « grâce aux efforts qu'ils ont déployés au sein du système équitable de coopération d'où proviennent ces distributions »[5]. De sorte que ce sont les « règles publiques du système de coopération sociale » qui fondent, selon Rawls, les « attentes » et les « titres »[6], alors que les règles d'attribution des possessions sont partiellement déterminées, selon Hume, par les attentes issues d'une commune imagination. Quoiqu'il en soit, *une fois les règles instituées*, ce sont sur elles que se fondent les « attentes légitimes » et « *la distribution qui en résulte est juste, quelle qu'elle soit* », selon une expression de Rawls que l'on pourrait également prêter à Hume. C'est ce que je montrerai dans la troisième partie de ce chapitre.

Deux théories de la motivation ?

Intéressons-nous maintenant à une *deuxième différence* qui concerne la considération, par ces deux auteurs, des membres de la coopération

1. *TJ*, § 15, p. 122.
2. *TJ*, § 6, p. 58.
3. *LHP*, p. 177.
4. Cf. *Traité*, 3.2.3.4, n. 71, p. 106.
5. *JE*, § 14.2, p. 79.
6. *JE*, § 20.1, p. 107.

sociale et de leurs motifs. Comme je l'ai indiqué dans l'introduction du présent chapitre, Rawls se démarque en effet nettement, et explicitement, de la conception humienne de la motivation. Plus précisément, il déplore à la fois l'absence chez Hume « de toute conception du raisonnement pratique », et le fait que ce dernier n'inclut pas dans l'ensemble des intérêts ou des désirs qui motivent une personne des désirs-DP (dépendant de principes) et des désirs-DC (dépendant de conceptions). Cette dernière critique est exprimée par Rawls dans ses œuvres (*Libéralisme politique* et *La justice comme équité*), tandis que la première, qui lui est complémentaire, se trouve dans ses leçons :

> Il faut noter ici le caractère clairement non humien de cette analyse de la motivation et à quel point elle va contre les tentatives faites pour limiter le genre de motifs que les gens peuvent avoir. Une fois que nous accordons – ce qui semble tout simplement vrai – qu'il existe des désirs-DP et DC ainsi que des désirs cherchant à réaliser divers idéaux politiques et moraux, la classe des motifs possibles s'élargit. (…) Nous pouvons nous trouver attirés vers les conceptions et les idéaux qu'expriment tant le juste que le bien [1].
>
> Si nous concevons le raisonnement pratique comme une délibération régie par des jugements (apparemment) corrects ou valides et mus par des désirs dépendant de principes associés à des principes rationnels, alors Hume ne dispose pas d'une conception du raisonnement pratique, ou du moins pas d'une conception qui réponde à cette définition [2].

Partons de cette dernière critique, développée par Rawls dans ses leçons. Ce dernier reconnaît que la « détermination des meilleurs moyens d'atteindre une fin donnée » n'est pas la seule modalité de la « délibération rationnelle » que Hume admet dans le *Traité* car la conception humienne de la délibération est en réalité, écrit-il, « fort complexe ». Néanmoins, elle ne mobilise pas l'ensemble des « principes rationnels » dont relève d'après Rawls la « délibération rationnelle » des agents. Hume rejette en particulier le principe rationnel consistant à préférer systématiquement un bien supérieur à un bien inférieur [3]. Par ailleurs, la critique humienne de « l'intuitionnisme rationnel » de Clarke et de Wollaston semble à Rawls assez faible dans la mesure où elle n'affronte pas selon lui la possibilité que la « connaissance de la moralité » pourrait nous motiver, non pas, certes, à elle seule, mais en engendrant en nous « un désir orienté par un principe d'agir conformément

1. *LP*, p. 118.
2. *LHM*, p. 58, trad. mod.
3. *LP*, p. 116 et *LHM*, p. 58. Cf. *Traité*, 2.3.3.6, p. 272.

à cette connaissance »[1]. C'est ici, une fois de plus, une absence d'attention aux désirs-DP que Rawls reproche à Hume. Et surtout, Hume se contente d'après lui, de décrire le rôle des principes rationnels d'une manière « purement psychologique », à savoir comme une « question de caractère », de sorte que les désirs guidés par ces principes ne sont pas véritablement soumis à « l'autorité de la raison », ce qui est selon lui la marque de la raison pratique.

L'absence d'une telle conception de la raison pratique est liée à la théorie humienne de la motivation qui fait également l'objet de la critique de Rawls. En effet, seule une conception kantienne de la raison pratique permet, selon ce dernier, d'analyser les désirs qui dépendent de principes. Ainsi, dans *Libéralisme politique*, Rawls fait remarquer que « la force [d'un désir-DP] est entièrement donnée par le principe auquel le désir est attaché et *non par la force psychologique du désir lui-même* », de sorte « qu'une personne ayant une volonté bonne pour reprendre l'expression de Kant, est quelqu'un dont les désirs dépendant de principes ont une force en accord complet avec la force ou la priorité des principes auxquels ils sont attachés »[2]. Dans le même sens, Rawls remarque, dans ses leçons sur Kant, que celui-ci admet, à la différence de Hume, l'existence d'un « intérêt pratique » pris à « la loi morale elle-même ». Cet intérêt est, en outre, doté d'une « priorité régulatrice systématique » sur les « inclinations » (c'est-à-dire sur les « désirs d'objets ») qui sont les seuls intérêts admis par Hume[3]. En effet, selon l'analyse qu'en fait Rawls, l'impératif catégorique kantien et la procédure qu'il enveloppe « *subordonne* » la « maxime sincère et rationnelle » de l'agent (par laquelle ce dernier agit en fonction de sa situation, de ses possibilités de choix, de ses désirs – tels qu'il les décrirait « en toute honnêteté » – de ses aptitudes et de ses croyances[4]) aux « contraintes raisonnables contenues dans la procédure »[5]. Kant développe ainsi selon Rawls l'idée d'une priorité de la « raison pure pratique » sur la « raison pratique empirique » parallèle à la priorité du « raisonnable » sur le « rationnel » dans la justice comme équité.

Par contraste, la « force » des désirs répertoriés par Hume – qu'il s'agisse des « passions violentes » ou des « passions calmes » – n'est pas liée à leur

1. *LHM*, p. 86.
2. *LP*, p. 116 n.
3. *LHM*, p. 178.
4. *LHM*, p. 168.
5. *JE*, 23.3, p. 119. Rawls déclare suivre à propos de cette procédure de l'impératif catégorique l'analyse de Onora O'Neill, *Acting on Principle*, New York, Columbia University Press, 1975.

dépendance à l'égard de principes, qu'ils soient « rationnels » ou « raisonnables ». En effet, la force des désirs dépend selon Hume de leur « prédominance » dans l'âme – c'est-à-dire, de leur capacité à diriger l'action –, d'ailleurs indépendante de « l'agitation sensible » que ces désirs produisent ou non dans l'esprit [1]. Cette force n'est donc aucunement liée à l'autorité de la raison pratique à travers ses principes. Et c'est bien là ce qui choque Rawls : seuls « la stricte raison et les passions calmes (…) conjointement avec l'habitude, la coutume et l'imagination, peuvent [selon Hume] transformer notre caractère » [2]. Or, ajoute Rawls, cette compréhension humienne de la modification des désirs implique également que la conception d'un « idéal » (c'est-à-dire, « d'une certaine façon de concevoir notre existence ») n'est pas selon Hume capable de susciter en nous un désir nouveau : elle ne peut le faire qu'en modifiant certaines passions préexistantes. Ceci revient à dire que les « *désirs dépendant de conceptions* » sont également *absents* de l'analyse humienne de la motivation [3]. On retrouve ici, sous un autre nom, le rejet humien des « croyances motivantes » que j'ai examiné au chapitre 3.

Or malgré le caractère « non-humien » de l'analyse des motivations de Rawls, ce dernier tient à marquer un important point d'accord entre Hume et Kant en ce qui concerne la motivation : pour ces auteurs, seuls des désirs (ou des intérêts) peuvent constituer des motifs d'action ; leur différence concerne donc uniquement la *nature des intérêts* qu'ils admettent parmi ceux qui « poussent à agir » ainsi que « la structure qui [chez Kant] assigne une priorité régulatrice aux intérêts pratiques » [4]. Aussi suffit-il, d'après Rawls, de dire « qu'une personne ayant une volonté bonne est quelqu'un qui est *effectivement mû* par le désir-DC d'agir comme l'exige l'impératif catégorique » pour rapprocher la conception kantienne de celle de Hume, ou plus exactement de celles qui se réclament de ce dernier (Rawls pense ici à Bernard Williams) [5]. En clair, pour voir en quoi Kant et Hume sont proches, il suffit de concevoir Kant comme un « internaliste » concevant que « ce qui vaut comme raisons pour un individu donné doit être lié avec les motivations actuellement existantes de *cet* individu » [6] ! Plus précisément encore, Rawls reprend ici à son compte la ligne d'argumentation de Christine Korsgaard, qui fut son élève, argumentation que j'ai présentée au chapitre 4

1. Cf. *Traité*, 2.3.4.1, p. 275.
2. *LHM*, p. 51.
3. Cf. *LHM*, n. 3, p. 56.
4. *LHM*, p. 178.
5. *LP*, p. 118 n., je souligne.
6. *LHM*, p. 43 et n.

et selon laquelle on peut *à la fois admettre le « réquisit internaliste »* affirmant que toute « raison de l'action » doit nécessairement nous motiver en prenant la forme d'un désir, *et l'idée kantienne* selon laquelle la raison pratique peut dicter inconditionnellement des fins [1]. Par cette voie, Rawls rejette donc la limitation humienne du « genre de motifs que les gens peuvent avoir », mais il accepte l'équivalence humienne (internaliste) des « motifs possibles d'action » et des « désirs », puisqu'il considère que c'est en étant « attirés » vers certaines conceptions du juste ou du bien que les hommes « agissent en conséquence ». Ici comme ailleurs, Rawls tient donc, semble-t-il, à indiquer une certaine compatibilité des positions de Hume et de Kant.

Le rejet d'un critère indépendant de la justice et l'idée de justice procédurale

Comme je l'ai indiqué en introduction, et comme Brian Barry le remarque à juste titre, la conception de la justice comme avantage mutuel engage un autre point commun entre Hume et Rawls : « le rejet d'un critère extérieur à la justice et indépendant d'elle » [2]. Ainsi, selon Hume, ce sont les règles de justice et de propriété qui définissent ce qui est un dû, et il est donc absurde de définir la justice comme une « volonté constante et perpétuelle de rendre à chacun son dû » : le droit, le propre, la propriété ne sont rien « indépendamment » et « antérieurement » aux règles instituées de la justice [3]. Sur ce même thème, on peut remarquer que Rawls, après avoir cité l'une des définitions de « l'homme injuste » dans l'*Ethique à Nicomaque* (c'est « celui qui prend au-delà de son dû » [4]), explique que la définition correspondante de la justice, à savoir « le refus de toute *pleonexia* », suppose « une analyse de ce qui appartient en propre à une personne et de ce qui lui est dû ». Il précise à cette occasion que, selon lui, un tel dû, de tels droits, sont en fait « très souvent dérivés des institutions sociales ainsi que des attentes légitimes auxquelles elles donnent lieu » [5]. On retrouve ici l'idée de Hume. Ailleurs, Rawls est encore plus clair sur son refus d'un critère antérieur et indépendant du juste et du droit : « un système juste

1. Cf. *supra*, chap. IV, p. 174-176. Rawls déclare qu'il est « redevable » sur ce point à l'article de C. Korsgaard « Skepticism about Practical Reason » (*LP*, n. 1, p. 119).
2. B. Barry, *Theories of Justice*, *op. cit.*, p. 149.
3. *Traité*, 3.2.6.2, p. 134 et 3.2. 2.11, p. 91.
4. Aristote, *Ethique à Nicomaque*, 1129b.
5. *TJ*, § 3, p. 36-37.

donne à chaque personne son dû, c'est-à-dire, attribue à chacun ce à quoi il a droit *d'après les indications du système lui-même.* C'est ce que les principes de la justice pour les institutions comme pour les individus *établissent comme étant juste* » [1]. Certes, Hume rejette la définition traditionnelle, tandis que Rawls la reprend en l'interprétant, mais *tous les deux sont d'accord sur l'essentiel* : c'est le *système institué* qui définit le juste.

Pour ces deux auteurs, et bien que la formule appartienne au second, c'est donc *l'idée de « justice procédurale pure »* qui vient remplacer le « critère indépendant » que certains jugent indispensable à la justice : « la justice procédurale pure s'exerce lorsqu'il n'y a pas de critère indépendant pour déterminer le résultat correct ; au lieu de cela, *c'est une procédure correcte ou équitable qui détermine si un résultat est également correct ou équitable*, quel qu'en soit le contenu, pourvu que la procédure ait été correctement appliquée » [2]. Or Hume partage à sa manière cette conception procédurale de la justice, même s'il n'a pas cherché à définir l'équité de la procédure en question. Selon Hume, en effet, dès lors qu'une attribution est faite conformément aux règles générales instituées, alors, le résultat est correct et équitable, de sorte que, selon lui, aucun critère « indépendant » ne vient déterminer, en dehors de la règle elle-même, si le résultat est juste.

Ce même point d'accord peut être repéré sur la base d'un autre rejet, commun à Hume et à Rawls. Tous deux rejettent l'idée selon laquelle l'attribution de la richesse en fonction du mérite moral serait la meilleure forme de justice distributive. Hume considère le mérite comme une chose si « incertaine à la fois par son obscurité naturelle et par la vanité personnelle de chacun » qu'attribuer la propriété aux hommes méritants serait *impraticable* [3]. Rawls justifie parfois sa position par des arguments propres, notamment celui-ci : tout effort consciencieux est en réalité influencé par des talents naturels et des dotations initiales parfaitement arbitraires d'un point de vue moral. Mais il relève aussi, comme Hume, et en lui empruntant l'expression, que « l'idée de récompenser le mérite n'est pas *réalisable* (*impracticable*) » et que « ce à quoi [les hommes] ont droit n'est pas proportionnel – ni dépendant de – leur valeur intrinsèque » [4]. En effet, précise Rawls, ce à quoi les hommes ont droit est de voir remplies « les attentes légitimes, fondées sur les institutions sociales ». Or, comme l'a

1. *TJ*, § 48, p. 351, je souligne.
2. *TJ*, § 14, p. 118, je souligne.
3. *EPM*, 3.23, p. 65, je souligne.
4. *TJ*, § 48, p. 349-350, je souligne.

expliqué Hume, un avare pernicieux est fondé à recevoir d'un homme bienveillant et méritant, le prêt qui vient à échéance [1].

Hume considérait donc, comme Rawls, que la justice (et la propriété) ne sauraient être violées, y compris au nom de « la moralité la plus stricte » [2], dans la mesure où les « titres » ne sont pas fonction de la valeur morale des personnes, mais des attentes qu'elles peuvent fonder sur la base du système (par nature « inflexible ») des règles de justice.

Le problème de la confiance

Au § 42 de *Théorie de la justice*, Rawls consacre certaines remarques à la question des biens publics et, par ce biais, au problème du *free-rider*, défini comme celui qui tente d'éviter sa contribution aux biens publics tout en en profitant. A cette occasion, Rawls note que l'intervention de l'Etat trouve ici une légitimité, dans la mesure où, sans coercition, chacun n'est pas sûr de ne pas être dupe des autres en apportant, pour sa part, sa contribution. Rawls précise alors que « *dans une communauté nombreuse*, on ne doit pas s'attendre à ce que la confiance mutuelle dans l'intégrité des uns et des autres ait un degré tel qu'elle rende inutile la coercition » [3]. En fait, Rawls retrouve ici une remarque de Hume, d'ailleurs saluée dans les *Leçons*, et qui repose sur *l'argument de la taille du groupe*. Cet argument est mobilisé deux fois dans le livre III du *Traité*. Hume l'utilise une première fois pour expliquer que dans une société « étroite » et « resserrée » (c'est-à-dire, « à la première formation de la société »), l'intérêt pousse automatiquement les individus à respecter les conventions de justice, alors que, lorsque « la société est devenue nombreuse et a atteint les dimensions d'une tribu ou d'une nation », l'inconvénient de la transgression est moins perceptible, de sorte que « l'obligation morale » de la justice doit concourir avec l'intérêt pour nous faire respecter cette dernière [4]. C'est ce point que Rawls salue dans ses *Leçons* [5]. Hume utilise une seconde fois l'argument de la taille du groupe pour montrer, comme le fera Rawls, comment on passe d'un ordre social fondé sur le seul respect de la justice (ce qui est le cas, d'après Hume, dans une « petite société inculte ») à un ordre social requérant l'institution d'un gouvernement (ce qui advient d'après Hume

1. *Traité*, 3.2.2.22, p. 98.
2. *Traité*, 3.2.6.9, p. 140.
3. *TJ*, § 42, p. 309, je souligne.
4. *Traité*, 3.2.2.24, p. 100.
5. Cf. *LHM*, p. 71.

dans une « société importante et raffinée »)[1]. Or, bien que Rawls ne cite pas Hume à ce propos, le lien entre Hume et Rawls peut en fait être reconstitué de la manière suivante.

Au § 42 de *Théorie de la justice*, Rawls explique que le sens de la justice doit être relayé par la coercition lorsque la communauté est nombreuse, il cite alors l'ouvrage de Mancur Olson – *Logique de l'action collective* – où ce dernier remarquait le même phénomène à propos de l'action collective dans les petits ou les grands groupes. Or dans ce dernier ouvrage, Mancur Olson consacre à Hume une note, où il en fait un anticipateur de sa propre analyse *et où il précise que c'est à l'occasion d'une discussion avec Rawls qu'il a découvert cette référence*[2]. Et il indique dans cette même note que l'argument qui a conduit Hume « à la conclusion que les petits groupes étaient à même de parvenir à leurs fins et les grands ne l'étaient pas (…) est toutefois fort différent du [sien] ». Qu'est-ce à dire ? Rappelons d'abord que l'objet d'étude d'Olson est la réussite d'un groupe dans l'obtention d'un bien collectif. Selon lui, la réussite des petits groupes s'explique par le fait que certains de ses membres, pour obtenir un bien collectif, « sont prêts, plutôt que de s'en passer, à supporter seuls le coût entier de l'opération. Dans de telles circonstances, il y a de fortes présomptions que l'on obtiendra le bien collectif ». Olson précise aussi que, dans « le plus petit type de groupe », là où même « l'action unilatérale et individuelle » est acceptée, aucune organisation formelle, ni même aucun accord « tacite » et « informel », ne sont requis. En ce qui concerne le petit groupe, il est patent que l'analyse de Hume diffère fortement de celle d'Olson. Elle lui est même contraire à certains égards, comme l'atteste l'exemple suivant :

> Deux voisins peuvent s'entendre pour drainer une prairie qu'ils possèdent en commun, parce qu'il leur est facile de connaître réciproquement leurs pensées, et chacun doit percevoir que la conséquence directe de son manquement serait l'abandon du projet dans sa totalité[3].

Dans cet exemple, non seulement la réussite de l'action collective des deux voisins porte déjà sur un bien collectif (la prairie est possédée « en commun »), mais surtout, leur succès tient selon Hume au fait qu'une défection de la part de l'un des deux fait immédiatement échouer le projet d'ensemble. Loin donc de penser que chacun accepterait d'agir seul, Hume considère, au contraire, que chacun accepte d'agir si et seulement si l'autre

1. Cf. *Traité*, 3.2.8, § 3, p. 152, § 5, p. 155.

2. M. Olson, *Logique de l'action collective*, trad. fr. M. Levi, Paris, P.U.F., 1978, n. 53, p. 57.

3. *Traité*, 3.2.7.8, p. 148.

fait de même : l'exemple des deux voisins fait ainsi directement écho à l'accord tacite des rameurs. Aussi vaudrait-il mieux convoquer ici la catégorie olsonienne du « groupe intermédiaire » pour que vaille le rapprochement avec Hume : « dans le groupe intermédiaire, écrit Olson, ou de dimension oligopoliste, *où deux où plusieurs membres doivent agir de concert pour que le groupe réussisse à se procurer le bien collectif*, il faut qu'il y ait une coordination ou une organisation *au moins tacite* » [1].

Sur les grands groupes en revanche, et sur la différence entre petits et grands groupes, les propos de Hume et d'Olson me semblent proches. Voici en effet ce à quoi Hume oppose la réussite automatique du projet commun des deux voisins :

> Mais il est très difficile et, en vérité, impossible, que mille personnes s'entendent à propos d'une action de ce genre, car il leur est difficile de se concerter sur un projet aussi complexe et encore plus de l'exécuter, alors que chacun cherche un prétexte pour se libérer de la peine et de la dépense et qu'il laisserait volontiers tout le fardeau aux autres [2].

L'argument de Hume concernant la différence des groupes consiste ainsi à remarquer que la défection de l'un des participants dans une action collective en comptant mille, a un impact moins direct sur la réussite du projet que dans un petit groupe, de sorte que, dans un grand groupe, chacun tend, comme il l'écrit, à « laisser tout le fardeau aux autres ». Or tel est également l'argument d'Olson :

> Dans un grand groupe où la contribution d'un simple individu ne fait pas de différence perceptible en regard de l'ensemble du groupe, ou de la charge et bénéfice de chaque membre pris en particulier, il est certain qu'on *n'obtiendra pas* le bien collectif sans coercition ou autres incitations extérieures propres à pousser les membres d'un grand groupe à agir dans leur intérêt commun [3].

En outre, Hume pense, comme ce dernier, que seule la *coercition* permet d'inciter les membres d'un grand groupe à contribuer à un projet commun pour leur avantage mutuel. Les deux précédentes analyses concernant l'action réussie des deux voisins et l'échec du projet collectif des mille personnes interviennent en effet dans le *Traité* à la fin de la section consacrée à « *l'origine du gouvernement* ». C'est ainsi que Hume reprend cette explication sous un angle nouveau, après avoir montré que l'institution

1. M. Olson, *Logique de l'action collective*, *op. cit*, p. 69, je souligne.
2. *Traité*, 3.2.7.8, p. 148.
3. M. Olson, *Logique de l'action collective*, *op. cit.*, p. 67.

gouvernementale est due au fait que les hommes tendent naturellement à préférer l'avantage (présent) d'une infraction aux conventions de justice aux désavantages (lointains) des manquements à l'équité. Le gouvernement exerce en fait d'après Hume son influence de deux manières. Non seulement il « protège les hommes dans les conventions qu'ils ont constituées pour leur intérêt mutuel » en veillant à faire respecter les trois conventions fondamentales de la justice grâce à « *l'exécution* de la justice » et à la « *décision* judiciaire ». Mais encore « il les oblige souvent à faire de telles conventions et les force à rechercher leur avantage propre en se rejoignant au sein d'un projet ou pour un but communs » [1].

Ce sont donc finalement deux arguments communs que développent Hume et Olson à propos du grand groupe : le premier explique la tentation de la non-participation à l'action collective, le second fait valoir la nécessité d'une coercition pour y remédier. Ainsi, pour ces deux auteurs, c'est le caractère *peu perceptible* de la participation individuelle à l'action ou à la convention collective d'un grand groupe (« l'impact de l'action d'un individu sur le groupe » [2] comme l'écrit Olson) qui incite certains individus à ne pas y participer, et c'est ce même caractère qui rend également nécessaire une incitation ou une contrainte externes pour les y amener.

Ces deux points se retrouvent dans la présentation, par Rawls, du « problème du *free rider* » en lien avec la production et le financement des « biens publics » ; je les souligne dans son texte :

> Quand le public est composé de nombreuses personnes, chacun peut être tenté d'essayer d'éviter d'apporter sa contribution. Cela vient de ce que, quoi que fasse un individu, *son action n'affectera pas de manière significative la quantité produite*. (…). Si le bien public est déjà produit, sa jouissance ne sera pas diminuée s'il n'apporte pas sa contribution. Si le bien n'est pas produit, son action de toute façon n'aurait rien changé à la situation. (…). Il s'ensuit que l'Etat doit s'occuper d'organiser et de financer les biens publics *et qu'il faut promulguer une règle contraignante exigeant les paiements* [3].

On peut également trouver dans l'explication humienne de l'origine du gouvernement la résolution d'un problème qui a également retenu l'attention de Rawls, et que ce dernier appelle « le problème de la confiance » (*the assurance problem*) [4]. Hume décrit ainsi dans le *Traité* une forme de

1. *Traité*, 3.2.7.8, p. 147-148.
2. M. Olson, *Logique de l'action collective*, *op. cit.*, n. 67, p. 68.
3. *TJ*, § 42, p. 308.
4. *TJ*, § 42, p. 310.

présomption de la malhonnêteté des autres dont Rawls montre qu'elle constitue, à côté de l'égoïsme qui peut pousser les hommes à éviter de remplir leurs devoirs, un *second genre d'instabilité* auquel l'Etat doit remédier. On peut ici rapprocher deux textes :

> Vous avez la même tendance que moi à préférer ce qui est contigu à ce qui est lointain. Vous êtes, donc, naturellement porté à commettre des actes d'injustice, comme je le suis. Votre exemple me pousse à aller plus loin dans cette voie, par mimétisme, et en même temps, il me donne une raison nouvelle de manquer à l'équité en me montrant que je serai la dupe de mon intégrité, si j'étais seul à m'imposer une contrainte sévère, alors qu'alentour, les autres ont des mœurs licencieuses [1].
>
> Puisque, même accompagnée d'un sens de la justice, l'obéissance des hommes dans une entreprise collective doit reposer sur la croyance que les autres apporteront leur contribution, des citoyens peuvent être tentés d'éviter de faire leur devoir quand ils croient ou suspectent que les autres ne font pas le leur [2].

On remarquera également que c'est ce même problème de la confiance qui explique selon Hume, et également selon Rawls, l'avantage de l'institution des promesses en l'absence de système coercitif. La proximité de leurs analyses est sur ce point particulièrement frappante. Il n'y a d'ailleurs pas à s'en étonner puisque Rawls déclare suivre dans son analyse du rôle de la promesse un article de H. A. Prichard dont le point de départ est l'analyse qu'en avait donnée Hume (même si Prichard discute la « solution » de ce dernier, à savoir le fait que c'est la convention qui crée l'obligation des promesses [3]). Par ailleurs, Rawls précisait dans un article très antérieur à *Théorie de la justice* que sa propre compréhension de la « pratique de la promesse » « lui semble coïncider avec l'importante discussion de Hume en *Traité* 3.2. 5 ["De l'obligation des promesses"] » [4]. Dans cet article et au moment où il indique cette référence, Rawls vient de montrer que la promesse est une pratique utile en elle-même mais qui ne laisse pas aux agents qui la suivent la liberté de décider ou pas de respecter leurs promesses en calculant l'avantage de leur conformation particulière comparé à celui de leur infraction. « Celui qui promet est lié parce qu'il a promis : il ne lui est pas permis d'évaluer les mérites du cas en question », conclut Rawls. Ce dernier insiste, ce faisant, sur le « caractère strict » de l'obligation de

1. *Traité*, 3.2.7.3, p. 144-145, trad. mod.
2. *TJ*, § 51, p. 378.
3. *Cf.* H. A. Prichard, « The Obligation to Keep a Promise » (c. 1940) *in* W. D. Ross (ed.), *Moral Obligation : Essays and Lectures*, Oxford, Clarendon Press, 1949.
4. J. Rawls, « Two Concepts of Rules » (1955), *CP*, n. 19, p. 31-32.

tenir ses promesses, inséparable de leur institution, un point déjà mis en avant par Hume :

> [L'expérience nous enseigne] que les affaires humaines seraient conduites beaucoup plus avantageusement pour tous, si l'on instituait certains *symboles* ou certains *signes*, grâce auxquels nous pourrions garantir l'un à l'autre notre conduite quelle que soit la particularité de la situation. Une fois que ces signes sont institués, quiconque en fait usage est aussitôt lié par son intérêt à exécuter ses engagements et ne doit jamais espérer que l'on ait encore confiance en lui s'il refuse d'accomplir ce qu'il a promis [1].

Dans *Théorie de la justice*, le lien que j'ai indiqué entre Rawls, Prichard et finalement Hume, se traduit par une autre reprise. Rawls fait en effet écho (sans la citer) à l'explication humienne de la promesse comme une garantie donnée aux autres afin, comme l'écrit Rawls en parfaite continuité avec le texte de Hume, de « créer et maintenir des systèmes de coopération à petite échelle » [2]. Le problème de la confiance est au cœur de cette analyse :

> Votre blé est mûr aujourd'hui, le mien le sera demain. Il nous est profitable à tous deux que je travaille avec vous aujourd'hui et que vous m'aidiez demain. Je n'ai pas de bonté pour vous, et je sais que vous en avez aussi peu pour moi. (…). Dès lors je vous laisse travailler seul et vous me traitez de la même manière. Le temps change, et tous deux nous perdons nos récoltes par manque de confiance et de garantie mutuelles [3].
>
> C'est en tenant mutuellement leur parole que les hommes, en l'absence de système coercitif, établissent et stabilisent leurs entreprises privées. Il est souvent difficile de mettre en œuvre et de continuer de telles entreprises. Ceci est particulièrement évident dans le cas des obligations contractuelles, c'est-à-dire quand quelqu'un doit exécuter quelque chose avant que l'autre ne le fasse. Car cette personne peut croire que l'autre ne respectera pas son engagement et donc le système ne peut jamais commencer [4].

L'obligation des promesses (ou « principe de fidélité ») apparaît à Hume comme à Rawls comme une évidente solution à ce problème.

Néanmoins, ils n'expliquent pas cette obligation par le même principe. D'après Hume, « ce sont les conventions des hommes qui créent » l'obligation d'accomplir ce qu'ils promettent grâce à l'institution de « certains *symboles* ou certains *signes* » par lesquels ils se garantissent réciproquement leur conduite pour l'avantage de tous. D'après Rawls, « la pratique de la

1. *Traité*, 3.2.5.10, p. 128.
2. *TJ*, § 52, p. 388.
3. *Traité*, 3.2.5.8, p. 126, trad. mod.
4. *TJ*, § 52, p. 388.

promesse » est créée pour l'avantage mutuel des parties mais « l'obligation de tenir une promesse » est un « principe moral » (Rawls le nomme « principe de fidélité ») qui est « une conséquence du principe d'équité » [1]. Rawls tient en outre à distinguer « la règle de la promesse » du « principe de fidélité ». Or autant la règle de la promesse lui semble être une « convention » analogue à la règle d'un jeu, comme c'est le cas pour Searle (qu'il cite) mais également pour Hume : d'après cette règle en effet, celui qui prononce les mots « je promets de faire X » dans des circonstances appropriées est tenu de le faire, sauf conditions particulières qui l'en excusent. Autant « l'obligation de tenir une promesse » relève d'après Rawls, non pas d'une convention – ou plus exactement, si l'on suit Hume, de l'usage d'une formule conventionnellement instituée – mais du « principe d'équité ». Ce principe, rappelons-le est celui qui crée pour nous une obligation de ne pas tirer profit de la participation des autres à une entreprise de coopération mutuellement avantageuse sans contrepartie de notre part, et cela à la condition que l'institution en question soit juste. Le « devoir de *fair play* » contenu dans la première partie de ce principe d'équité présente d'après Rawls lui-même, comme nous l'avons déjà vu, des affinités avec l'idée de réciprocité incluse dans l'analyse humienne de la convention. Par contre, le « principe d'équité » *complet* se sépare de cette dernière idée, pour deux raisons que j'ai précédemment indiquées. D'une part, c'est une obligation morale qu'il produit, et non pas, comme la convention humienne, une obligation purement intéressée. D'autre part, le principe d'équité contient une condition qu'on ne trouve pas chez Hume, celle qui prescrit qu'une institution doit être juste pour qu'il puisse s'y appliquer. Or Rawls tient à appliquer cette dernière condition à l'obligation des promesses : « on s'accorde généralement à dire que des promesses extorquées sont nulles *ab initio*. Mais une organisation sociale injuste est elle-même une forme d'extorsion, même de violence, et y consentir ne crée pas une obligation. La raison de cette condition est que, dans la position originelle, les partenaires insisteraient sur ce point » [2]. Selon Hume qui, bien entendu, n'est pas contractualiste, ce ne saurait être les partenaires d'une quelconque position originelle qui définiraient à quelles conditions la pratique de la promesse est juste. Mais les principes de la justice ne le peuvent pas non plus. En effet, la loi de l'accomplissement des promesses est selon Hume *l'une des trois règles fondamentales de la justice*, de sorte qu'aucun principe antérieur de justice ne permet de définir à quelles conditions cette institution est

1. *TJ*, § 52, p. 386-387.
2. *TJ*, § 52, p. 385.

juste. Ce sont donc d'après lui les intérêts de la société qui déterminent dans quelles circonstances l'expression d'une promesse lie celui qui la prononce, quitte à engendrer certaines « contradictions » (qui sont plutôt de subtils infléchissements) dont seul « l'intérêt public » permet de rendre compte [1].

Malgré cette dernière différence, Hume et Rawls décrivent finalement dans des termes proches les tentations constitutives du problème de la confiance, et ils partagent également deux solutions pour le résoudre : d'un côté, le principe de fidélité aux promesses permet d'établir et de stabiliser des systèmes de coopération mutuellement avantageux en créant une « confiance mutuelle » [2], de l'autre, « la simple existence d'un souverain efficace, ou même la croyance générale en son efficacité, joue un rôle crucial » pour maintenir cette même confiance [3]. Cette préoccupation commune pour le problème de la confiance dérive d'ailleurs vraisemblablement de leur conception de la justice comme avantage mutuel. En effet, une telle conception conduit naturellement à se demander à partir de quel point d'inflexion le sens commun de l'avantage mutuel se trouve contrebalancé par la présomption que l'autre ne le partage plus, de telle sorte que le système social devient *instable* [4]. Or, Hume et Rawls ont en commun d'ajouter à la solution *extérieure* qu'est l'institution étatique, une solution relevant des « *forces intérieures au système* », à savoir, les « sentiments moraux » et en particulier le « sens de la justice » [5].

Sens de la justice et stabilité de la justice

De même que, selon Hume, le « sens du bien et du mal » attaché à la justice et à l'injustice contribue à renforcer l'intérêt qu'ont les hommes à respecter la justice « quand la société (…) a atteint les dimensions d'une tribu ou d'une nation » en limitant la « transgression » de ses règles [6], de même, Rawls considère que le « sens de la justice » contribue à la stabilité

1. Cf. *Traité*, 3.2.5.13, p. 129-130. Voir É. Le Jallé, *L'autorégulation chez Hume*, *op. cit.*, p. 234-236.

2. *TJ*, § 52, p. 388.

3. *TJ*, § 42, p. 310.

4. Rawls déclare utiliser « de manière intuitive » la théorie des systèmes (*TJ*, § 69, p. 498-499). J'ai cherché à montrer dans *L'autorégulation chez Hume* qu'elle s'applique aussi à la pensée de Hume.

5. *TJ*, § 69, p. 499, je souligne.

6. *Traité*, 3.2.2.24, p. 100.

de cette dernière en affaiblissant les « tendances à agir injustement » [1]. Même si Rawls n'affiche pas cette proximité dans *Théorie de la justice*, elle est présente dans les *Leçons*. En effet, après avoir noté que Hume a, le premier, expliqué le fonctionnement automatique de la justice dans les sociétés de petite taille, Rawls remarque que Hume a également perçu que « dans une société de plus vastes proportions, ce caractère automatique et cette stabilité ont besoin du concours additionnel du sens de la justice et du sentiment moral » [2]. Rawls introduit ainsi au sein de son exposé de la position de Hume sa propre expression – « sens de la justice » –, et il considère surtout que Hume en a proposé une « explication » et indiqué « la raison de son émergence » [3].

Or le lien entre le sens de la justice et la stabilité de cette dernière est particulièrement marqué chez Rawls, et ce depuis l'article de 1963 « The Sense of Justice » [4]. « Un système est stable de manière inhérente lorsque chaque personne possède un sens de la justice et est reconnu par tous comme le possédant », écrit Rawls dans cet article. « Une conception de la justice est stable, quand (…) se développe dans le public un sens de la justice », écrit-il encore dans *Théorie de la justice* [5]. Aussi, le but du chapitre qu'il consacre au « sens de la justice » dans ce dernier ouvrage « est d'expliquer comment la théorie de la justice comme équité engendre son propre soutien » [6]. Rawls précise alors que la possession d'un sens de la justice « assez fort » permet de faire disparaître les deux types d'instabilité que j'ai évoqués plus haut, à savoir, d'une part, la tentation égoïste de profiter du « ticket gratuit » en évitant de faire son devoir et, d'autre part, la tentation de ne pas le faire dans la mesure où l'on « croit ou suspecte à juste titre que les autres ne font pas le leur » [7]. De sorte que, comme c'est le cas chez Hume, le sens de la justice apparaît à Rawls comme un facteur de « stabilité intrinsèque », l'institution du gouvernement n'étant en fait requise que lorsque le sens de la justice lui-même devient insuffisant. Enfin, Rawls rend compte de l'installation du sens public de la justice en expliquant que ce sentiment est issu d'un « apprentissage moral » lui-même accordé à certains « principes de psychologie morale ». Or dans ses *Leçons*, Rawls précise que Hume a également fait œuvre d'« éthique psychologisée » en

1. *TJ*, § 69, p. 496.
2. *LHM*, p. 71.
3. *LHM*, p. 74.
4. Cet article a été traduit et présenté par V. Nurock, dont je cite la traduction (Le sens de la justice, J. Rawls, trad. fr. *Les Cahiers Philosophiques* 2007, n° 110, p. 72-92).
5. *TJ*, § 29, p. 207.
6. *TJ*, § 69, p. 498.
7. *TJ*, § 76, p. 536-537.

fournissant une « explication des principes psychologiques par le biais desquels s'expriment nos jugements moraux » [1].

Certes, Rawls distingue sa propre compréhension de l'apprentissage moral de celle de la « doctrine empiriste » à laquelle il rattache explicitement Hume. Selon cette dernière, la société fournit, par l'intermédiaire des parents ou des responsables politiques, les « motivations manquantes » pour agir justement [2] alors que Rawls considère pour sa part que l'individu est capable d'atteindre un stade de moralité supérieur, celui d'une « morale des principes », le portant à désirer être une personne juste. C'est à ce stade qu'apparaît selon lui le « sens de la justice » entendu comme une appréciation de « l'idéal d'une juste coopération entre les hommes ». A ce niveau, l'explication humienne de l'apprentissage moral a certainement l'inconvénient à ses yeux d'en rester aux stades de la « morale de l'autorité » (qui vaut en famille) et de la « morale du groupe » (fondée sur la « confiance mutuelle » de ses membres) [3]. Ce reproche fait à Hume reste implicite dans *Théorie de la justice*, mais il est clairement exprimé dans un passage de *Libéralisme politique* que j'ai déjà cité, dans lequel Rawls revendique une conception « non humienne » de la motivation et reproche à Hume d'avoir exclu l'existence de désirs « dépendant de conceptions » (et des désirs dépendant de principes qui leur sont liés), en particulier celui « d'agir comme un citoyen libre et égal » [4]. En conséquence, Rawls se détache de Hume lorsqu'il explique la manière dont le sens de la justice *fait agir*. Rawls va même plus loin dans cette critique en expliquant dans ses leçons que Hume s'en est tenu à un éclairage épistémologique de l'approbation morale de la justice par la sympathie sans développer de thèse sur « notre motivation morale », autrement dit sans « explication du fait que nos connaissances ou nos croyances morales puissent influencer nos actions » et sans « identification des désirs qui nous amènent à agir justement » [5]. Hume ne mettrait au jour, selon Rawls, que « trois types de motivations ou d'incitations morales », à savoir l'artifice des hommes politiques, les motivations liées à notre éducation sociale et familiale et enfin « le souci de notre réputation, notre désir d'être estimé et honoré d'autrui ».

1. *LHM*, p. 91 (trad. mod.) et p. 102.
2. *TJ*, § 69, p. 499-500.
3. Sur ces trois stades, voir *TJ*, § 70-72. Rawls précise que sa doctrine du développement moral utilise plusieurs sources, notamment Rousseau, Piaget et Kohlberg. Sur ces emprunts, et sur le lien entre psychologie morale et sens de la justice chez Rawls, *cf.* V. Nurock, *Rawls : pour une démocratie juste*, Paris, Éditions Michalon, 2008, p. 65-76.
4. *LP*, p. 118 et n. 1, p. 118-119.
5. *LHM*, p. 75.

Je voudrais contester ce point en rappelant une précédente analyse du chapitre 3 [1]. Hume ne s'en tient pas à une explication épistémologique de « l'opinion que *la justice ou l'injustice sont suivies d'un mérite ou d'un démérite* » [2]. Corrélativement, son explication de notre motivation à agir conformément au sens du juste ne se limite pas selon moi aux trois types d'incitations signalées par Rawls et effectivement présentes dans le texte de Hume, mais plutôt au titre de causes renforçant une approbation morale de la justice *proprement incitative*. En effet, dans le passage du *Traité* qui concerne l'approbation morale de la justice, une « *obligation morale* » est assimilée par Hume au « sentiment du bien et du mal » qui lui est attaché [3], ce qui montre bien que le sens du devoir de justice peut, selon lui, nous faire agir à travers son influence sur la volonté.

Néanmoins, et même si l'on insiste comme je viens de le faire sur une compréhension humienne du fait que le sens de la justice, en tant que sentiment, nous pousse à agir, cette explication diffère de la manière dont Rawls rend compte pour sa part du « sens de la justice ». Elle en diffère à la fois en ce qui concerne le fonctionnement du sens de la justice et en ce qui concerne son acquisition, en lien avec l'apprentissage moral dont ce sens est issu.

S'agissant de son fonctionnement, c'est d'une manière kantienne que Rawls en rend compte dans *Théorie de la justice*. Comme je l'ai indiqué, le sens de la justice appartient selon lui à la troisième étape de l'apprentissage moral qu'il décrit, à savoir le stade de la « morale des principes ». Or le « sentiment moral » n'y est plus lié, contrairement à son opération au stade précédent, à des « liens d'amitié et de confiance entre des individus ou des groupes particuliers », même si ces derniers peuvent le renforcer [4]. Au contraire, selon Rawls, le sens de la justice est un sentiment moral qui dépend de principes moraux, les principes de la justice, de sorte qu'il choisit de le décrire en référence à la raison pratique de Kant : « en agissant d'après [les principes de justice] les hommes expriment leur nature d'être libres, égaux et rationnels » [5], « les principes de la justice sont analogues à des impératifs catégoriques au sens kantien » [6]. En outre, dans *La justice comme équité*, Rawls rattache l'« exercice » du sens de la justice, dont il admet pourtant qu'il est une « forme de la sensibilité morale », « aux capacités

1. Voir *supra*, chap. III, p. 158-159.
2. *Traité*, 3.2.2.27, p. 102.
3. *Traité*, 3.2.2.24, p. 100.
4. *TJ*, § 72, p. 515.
5. *TJ*, § 72, p. 517.
6. *TJ*, § 40, p. 289.

de la raison, de l'imagination et du jugement »[1]. En effet d'après lui, la formation de « jugements de justice » sur les institutions, les actions, ou les personnes, mobilise à la fois le sens de la justice et une « capacité de raison (à la fois théorique et pratique) ». Ainsi, pour former des jugements, le sens de la justice « nécessite une faculté intellectuelle ». Au contraire, selon Hume, la formation de tels jugements sur la justice des caractères ou des actions n'implique en aucun cas la raison. Seules la sympathie, à travers les sentiments qu'elle fournit, et l'imagination, à travers les « vues *générales* des choses » auxquelles elle s'attache[2] règlent selon lui nos « jugements », « opinions » et « notions abstraites » de moralité, y compris nos jugements sur la justice des personnes et des actions.

En ce qui concerne « l'acquisition » du sens du juste, Rawls l'explique à la fois par des principes psychologiques – au premier rang desquels il place la « capacité à s'attacher aux autres » [*capacity for fellow-feeling*] qui diffère selon lui de la « sympathie » consistant à s'identifier à eux et à leur bien – et par l'existence d'un « point de vue moral » lui-même « défini par les principes de la justice »[3]. Plus précisément, Rawls explique que le sens de la justice d'une personne s'acquiert « à partir de ses liens d'amitié et d'attachement pour les autres » et grâce à la compréhension (*recognition*) du fait que « nous, et ceux auxquels nous sommes liés, sommes les bénéficiaires d'une institution juste établie et durable ». Apparaît alors un « désir d'appliquer les principes de justice et d'agir en fonction d'eux »[4]. Or Rawls tient à distinguer cette formation d'un nouveau désir – ou d'une nouvelle « finalité » – « grâce aux liens affectifs qui se créent », « de ce qui se passe quand nous formons des désirs dérivés à la suite d'informations nouvelles ou de possibilités supplémentaires, ou quand nous donnons une forme précise à nos désirs existants »[5]. On reconnaîtra là une critique implicite de la théorie humienne de la motivation.

Malgré ces deux différences, un passage des *Leçons sur l'histoire de la philosophie politique* indique entre Hume et Rawls un point de rapprochement important concernant l'apparition d'une disposition à être juste. Ce rapprochement met en jeu, une fois de plus, l'idée de réciprocité qui est impliquée dans la notion humienne de convention, et fortement mise en valeur par Rawls dans ses *Leçons*. Or ce dernier attribue également à Hume, à juste titre à mon avis, l'idée que la reconnaissance du fondement

1. *JE*, § 10.1, p. 53.
2. *Traité*, 3.3.1.23, p. 209.
3. *TJ*, § 75, p. 530, trad. mod.
4. *TJ*, § 72, p. 514.
5. *TJ*, § 75, p. 533.

des règles de justice, à savoir leur utilité pour la société et pour nous-mêmes, engendre une disposition à être juste, à la condition que les autres manifestent l'intention de s'y conformer :

> [Selon Hume] la disposition à être juste est une qualité consistant à adhérer [aux règles de la justice] avec un degré convenable d'inflexibilité, *à la condition que les autres* membres de la société aient l'intention manifeste de s'y conformer. Et Hume considère qu'une fois compris le fondement de ces règles, et étant donné les lois de la psychologie humaine, il apparaît normalement chez les gens une telle *disposition à être juste* [1].

Or cette présentation est proche, à une différence près indiquée plus haut (l'absence de mention de la justice des règles), de la manière dont Rawls place, au cœur de son énoncé des « trois lois psychologiques », l'« intention évidente » de la part des autres de participer au schéma coopératif, et celle d'une « réciprocité de disposition » à le faire. C'est dans *La justice comme équité* que Rawls attire l'attention sur ces deux idées de « réciprocité de disposition » et d'« intention évidente » au cœur des trois lois de la psychologie morale dont il décrit le développement dans *Théorie de la justice* (§ 70-72) :

> Lorsque les autres fournissent leur part de contribution aux institutions justes ou équitables avec une intention évidente, les citoyens tendent à investir leur confiance en eux. Cette tendance à payer de retour, à répondre au fait que les autres sont équitables envers nous en étant équitables envers eux, est un élément de la psychologie du raisonnable. Dans *Théorie de la justice*, lors de la présentation des trois étapes du développement de la morale fondée sur des principes (ainsi que je la nomme dans cet ouvrage), les lois psychologiques de chaque étape présentent cette réciprocité de disposition [2].

Bien que Rawls précise que c'est à l'*Émile* de Rousseau (livre IV) qu'il emprunte « l'idée d'intention évidente » [3], cette idée s'y trouve uniquement associée à l'amour des enfants pour leurs parents, c'est-à-dire à la première loi psychologique énoncée par Rawls, loi qu'il formule en suivant ce passage de l'*Émile*. En revanche, c'est une disposition à être juste envers l'ensemble des membres du corps social que Rawls repère dans l'idée humienne de convention, et ce sont les deux idées d'*intention évidente* et de *réciprocité de disposition* qui s'y trouvent d'après lui. Citons à nouveau

1. *LHP*, p. 182.
2. *JE*, § 59.1, p. 265-266.
3. *TJ*, § 70, n. 9, p. 533 et *JE*, § 59, n. 16, p. 266.

le passage des *Leçons*, en y soulignant cette fois la présence de ces deux idées :

> La disposition à être juste est une qualité consistant à adhérer [aux règles de la justice] avec un degré convenable d'inflexibilité, *à la condition que les autres* membres de la société aient *l'intention manifeste* de s'y conformer. Et Hume considère qu'une fois compris le fondement de ces règles, et étant donné les lois de la psychologie humaine, il apparaît normalement chez les gens une telle *disposition à être juste* [1].

Il apparaît ainsi, d'après ce passage des *Leçons*, que la « disposition à être juste » que Rawls considère comme une manifestation du « sens de la justice », ne se trouve pas, d'après lui, dans les considérations humiennes sur l'approbation de la justice et le sens de son obligation morale, mais se trouve plutôt au cœur de son concept de convention.

Pour conclure ce point, la mise en relation de la stabilité de la justice avec l'installation d'un sens de la justice lui-même rapporté à certaines « lois psychologiques » est un trait commun à Hume et à Rawls. Mais alors que le premier voyait dans la sympathie avec l'intérêt public un principe d'approbation de la justice renforçant le motif intéressé qui pousse les hommes à s'y conformer, le second lui attribue l'idée que seuls des motifs supplétifs nous poussent à être justes, à savoir l'instruction privée et publique, et l'amour de la renommée. Rawls fait ainsi de Hume un représentant de la tradition empirico-utilitariste de l'apprentissage moral qu'il décrit dans *Théorie de la justice*, à savoir une tradition qui insiste d'après lui sur la nécessité de « l'acquisition de nouvelles motivations » [2]. En outre, Rawls rattache le sens de la justice à une morale des principes qui mêle la raison aux sentiments moraux, et qui décrit l'attachement aux principes de la justice sur un modèle kantien et clairement non humien. En même temps, Rawls repère dans l'idée de convention humienne les deux idées d'*intention manifeste* et de *réciprocité de disposition* qu'il place au cœur des trois lois psychologiques de l'apprentissage moral qu'il détermine, jusque et y compris au sein de la troisième loi qui décrit l'apparition du « sens de la justice », au sens où il l'entend.

1. *LHP*, p. 182.
2. *TJ*, § 75, p. 534.

Le spectateur impartial et l'utilitarisme

Je voudrais revenir à présent sur un paradoxe que j'ai déjà présenté en introduction : la théorie humienne de la justice n'apparaît pas à Rawls comme strictement utilitariste bien qu'elle contienne, avec l'idée de spectateur impartial liée à celle d'approbation morale de la justice, une « base intuitive » pour fonder l'utilitarisme. D'un côté en effet, Rawls considère que « pour l'essentiel, il faut attendre la ligne *BES* [Bentham, Edgeworth, Sidgwick] pour trouver la conception pointue [de l'utilité] » [1] entendue comme la plus grande somme totale de plaisir. C'est la raison pour laquelle Rawls affirme dans *Théorie de la justice* que la conception humienne de l'utilité au sens des « nécessités et [des] intérêts généraux d'une société » « ne servirait pas [son] propos ». D'un autre côté, la théorie humienne du spectateur impartial lui semble contenir « une manière intuitive de parvenir à la conception plus pointue (ou plus exacte) [de l'utilité] ». C'est ce dernier jugement que je souhaite discuter ici.

Voici comment Rawls rend compte de cette « transition naturelle » entre l'idée humienne du spectateur judicieux et le « principe d'utilité », une transition qu'il mentionne à la fois dans ses leçons et dans *Théorie de la justice* [2] :

> a) Partons de l'idée de Hume selon laquelle les approbations et les désapprobations morales sont liées aux émotions naturelles des hommes (…) à savoir l'amour et la haine. Ou bien qu'elles sont liées au principe d'humanité ou de bienveillance, comme Hume l'écrit dans l'*Enquête*.
> b) Ces approbations et ces désapprobations se fondent sur le principe d'humanité qui naît à partir du point de vue du spectateur judicieux. (…)
> c) Si l'on combine ces présupposés pour rendre compte des jugements *comparatifs* de moralité, il est assez naturel de dire que, du point de vue du spectateur judicieux, on approuve plus fortement, ou à un degré plus élevé, une institution (ou un ensemble de qualités) qu'une (ou qu'un) autre si la première (le premier) produit, ou semble destiné(e) à produire, plus de bonheur [3].

C'est ainsi que l'on passerait « naturellement », selon Rawls, de l'approbation morale du « spectateur judicieux » définie par Hume en référence à la sympathie, à l'approbation morale du *solde net de satisfactions produit dans la société*, ce qui correspond au principe classique utilitariste.

1. *LHP*, p. 376-377.
2. *TJ*, § 30, p. 216.
3. *LHP*, p. 376-377.

Remarquons pour commencer que ce n'est pas le fait de définir ce qui est « moralement droit » comme l'objet de l'approbation d'un « spectateur impartial » (ou « idéal ») porteur d'un « point de vue général » qui se trouve ici mis en cause par Rawls. En effet, il considère même que cette définition peut être compatible avec sa propre théorie contractualiste de la justice. C'est plutôt le fait de supposer, comme le fait Hume, « l'observateur idéal » comme un être doué de « sympathie » (ou d'« humanité », d'après l'*Enquête*), qui enclenche selon Rawls la « déduction naturelle du principe classique d'utilité »[1]. Ce premier lien entre l'approbation du « spectateur judicieux », le « point de vue général » auquel il correspond, et la « sympathie étendue » exigée des hommes pour juger impartialement du caractère ou de la conduite d'autrui, est incontestablement présent dans le texte de Hume. On doit également accorder à Rawls que les approbations du spectateur impartial dépendent selon Hume – et ce point est bien retranscrit dans les *Leçons* – des effets d'un caractère, d'une action ou d'une institution *sur les personnes qu'ils affectent* : c'est même très exactement le point de vue de ces personnes concernées qui définit celui du « spectateur judicieux ». Or, poursuit Rawls, étant donné que ce sont les « plaisirs » et les « intérêts » de ces personnes qui se trouvent, d'après Hume, éprouvés par sympathie, et moralement approuvés par le spectateur, cela reviendrait à dire aussi que *plus un caractère, une action ou une institution produit de satisfactions dans la société, plus on l'approuve moralement*. On comprendrait alors pourquoi « Hume est naturellement parvenu au critère du bien (*right*) et du mal (*wrong*) qui est le sien, à savoir, le principe d'utilité »[2] ; ce qui revient à dire que le « droit moral » (*right*) se définirait selon Hume comme le plus grand bonheur total ou encore, comme l'écrit Rawls dans *Théorie de la justice*, comme « la somme nette des satisfactions auxquelles [le spectateur] a réagi avec sympathie »[3]. C'est cette dernière affirmation qui me semble discutable, et j'avancerai contre elle plusieurs arguments.

Premièrement, ce n'est pas uniquement l'utilité qui se trouve, d'après Hume, moralement approuvée du point de vue du spectateur judicieux, mais également l'agrément. Or, bien que Sidgwick identifie les deux grâce à l'idée d'un solde net de *satisfaction* (ou de plaisir), ces deux critères ne s'identifient pas chez Hume, qui tient au contraire à les différencier. Certes, Hume reconnaît que ce sont « nos réflexions sur les tendances des actions » – c'est-à-dire l'appréciation de leur utilité – qui, comparées à la perception

1. *TJ*, § 30, p. 216.
2. *LHP*, p. 186.
3. *TJ*, § 30, p. 217, trad. mod.

immédiate de leur agrément, « ont, de loin, la plus grande influence » pour déterminer nos sentiments de moralité et nos devoirs [1]. Il n'en reste pas moins selon lui que les sentiments de moralité « peuvent résulter *soit* de la pure apparence ou du simple aspect des caractères et des passions » c'est-à-dire de leur *agrément* ou de leur désagrément, « *soit* de réflexions sur leur tendance à produire le bonheur de l'humanité et celui des personnes particulières », c'est-à-dire de leur *utilité* [2]. Hume en conclut « qu'il y a tout un ensemble de qualités qui, sans avoir d'utilité propre ni de rapport à un plus grand bien pour la société ou ceux qui les possèdent, réjouissent quiconque en a le spectacle et se concilient estime et amitié » [3]. Il tient ainsi à marquer une « *division* de l'utile ou de l'agréable, *utile aut dulce* » [4], alors que le principe classique d'utilité les fait se télescoper. Qui plus est, Hume tient à rapprocher des vertus agréables tout un ensemble d'aptitudes naturelles qui, comme les premières, « font plaisir » et s'attirent de l'estime [5], et dont la présence aux côtés des vertus utiles à la société est nécessaire à un caractère accompli.

Deuxièmement, l'utilité d'une qualité ou d'une action qui la rend moralement appréciable est selon Hume double : il peut s'agir de l'utilité *particulière* de celui qui la possède ou bien de son utilité pour les autres, autrement dit de son utilité *sociale*, et ces deux perspectives entrent dans nos jugements de moralité. On approuve ainsi selon Hume, par exemple, l'estime de soi d'une personne parce qu'elle *lui* est utile, et aussi sa générosité ou sa justice, parce qu'elles sont utiles *aux autres*. Or c'est le bonheur d'une personne et non pas la somme de satisfaction reçue par la société, qui constitue dans le premier cas le critère de l'approbation morale. Quant à l'utilité sociale elle-même, elle s'apprécie différemment selon qu'elle est produite par les vertus naturelles d'humanité et de bienveillance, ou par les vertus artificielles de justice et de fidélité. Ainsi, précise Hume, on approuve le comportement socialement utile d'une personne bienfaisante ou généreuse bien qu'elle n'ait en vue « qu'un seul objet individuel » et sans prendre en compte la valeur d'exemple que son acte peut avoir pour les autres membres de la société : l'homme bienfaisant est même *d'autant plus approuvé* que son exemple est plus rare et isolé [6]. De deux actions bienfaisantes, l'action appréciée comme la meilleure n'est donc pas, selon

1. *Traité*, 3.3.1.27, p. 213, trad. mod.
2. *Traité*, 3.3.1.27, p. 212, je souligne.
3. *EPM*, 7.2, p. 111.
4. *EPM*, 9.1, p. 127, je souligne.
5. *Traité*, 3.3.4.1, p. 234.
6. *EPM*, app. 3, § 2, p. 155.

Hume, celle qui produit le plus grand bonheur (une action généreuse *imitée par d'autres* en produirait plus). Chaque action bienfaisante est en outre appréciée « sans qu'on songe pour cela aux conséquences ultérieures » qu'elle peut avoir sur la société. *C'est donc l'utilité sociale de l'acte isolé qu'on approuve moralement. A contrario*, un acte de justice peut s'avérer en lui-même nuisible, bien que le système d'actions dans lequel il s'insère soit « avantageux au dernier degré » et même indispensable à la société [1]. L'appréciation morale de l'utilité d'un tel acte s'avère alors subordonnée à la prise en compte de ses conséquences lointaines sur la société et à son inscription dans un « système général » d'actes du même type. *C'est donc l'utilité sociale de la règle dont relève l'acte qui se trouve ici moralement appréciée*. Or loin de penser que ces deux types d'appréciation de l'utilité sociale se rejoignent sans difficulté en un même principe, Hume pense, au contraire qu'il peut y avoir « conflit » entre les deux : « un sentiment personnel d'humanité en faveur du possesseur (...) entre souvent en conflit avec [la vertu de justice] » [2]. Il est vrai qu'en cas de conflit, Hume accorde à la justice une priorité sur la bienveillance. Mais il n'est pas évident que Hume suive pour cela un principe comparatif d'utilité proche du principe utilitariste du solde net de bonheur. L'utilité sociale de l'acte conforme à la justice mais contraire à la bienveillance ou à l'intérêt de la personne se mesure, certes, par le fait que « dans l'ensemble, le plateau du bien l'emporte nettement sur celui du mal » [3]. Mais je ne crois pas qu'il s'agisse ici, comme le pense Rawls, de l'un des rares signes d'une présence chez Hume de la « notion pointue » de l'utilité des utilitaristes classiques [4]. Pour déterminer la priorité morale de l'acte conforme à la justice sur l'acte bienveillant qui commanderait la suspension de la justice, il suffit en fait à Hume de relever le caractère de la justice « absolument nécessaire au bien être des hommes » [5]. De sorte que ce que Rawls appelle la notion « vague » d'utilité – celle des intérêts et nécessités générales d'une société – suffit finalement à Hume pour étayer son propos, sans qu'il ait besoin de lui substituer, ou de tendre vers, l'idée de plus grand bonheur total.

Troisièmement, et ce point est essentiel pour mettre en cause la « transition naturelle » dont parle Rawls, le point de vue du spectateur judicieux ne se définit pas uniquement, selon Hume, par la « sympathie étendue » qui nous fait apprécier les conséquences bénéfiques d'un caractère ou d'une action

1. *EPM*, app. 3, § 3, p. 156.
2. *EPM*, app. 3, § 10, n. 65, p. 160.
3. *EPM*, app. 3, § 6, p. 157.
4. *LHP*, p. 377.
5. *EPM*, app. 3, § 3, p. 156.

pour lui-même ou pour ceux qu'il touche. L'estime morale implique également, selon Hume, une « deuxième particularité remarquable » et d'ailleurs relevée par Rawls dans ses *Leçons sur l'histoire de la philosophie morale* [1], à savoir la négligence des « conséquences réelles » des motifs d'une personne au profit de ses seules *dispositions*. Hume reconnaît ainsi, après Horace, que « la vertu en haillons est encore la vertu » [2], autrement dit qu'une disposition vertueuse que l'infortune rend impuissante ou fait échouer, n'en est pas moins bonne. Et il l'explique ainsi : « nous savons qu'un changement de fortune peut rendre complètement impuissante la disposition bienveillante et, par conséquent, nous séparons autant que possible la fortune de la disposition » [3]. Un spectateur judicieux ne se contente donc pas, selon Hume, de *sympathiser* avec des effets bénéfiques éloignés pour pouvoir apprécier la vertu de celui qui les cause ; il doit encore, au besoin, *imaginer* l'influence que devraient avoir les caractères pour se prononcer « en général au sujet des degrés de vice et de vertu ». Dans le deuxième cas, il sympathise donc avec des qualités privées d'influence réelle mais ne les estime pas moins que si elles avaient été suivies d'effet. Les « *conséquences réelles* » des caractères des personnes se trouvent ainsi éventuellement *négligées* au profit de leurs « *tendances apparentes* », ce qui rend finalement assez peu naturelle – et même presque contraire au texte humien – la transition indiquée par Rawls entre le point de vue du spectateur judicieux et le principe classique d'utilité, sauf à inclure sous ce dernier principe les conséquences imaginaires ou virtuelles des actions ! Mais il faudrait alors parler d'un solde *possible* (ou *virtuel*) net de satisfaction, ce qui sonnerait, il faut le dire, assez étrangement, et ne se trouve à ma connaissance jamais formulé par aucun utilitariste classique.

Ainsi, et pour ces trois raisons, Hume n'adopte jamais, comme le faisait Hutcheson, la proposition *générale* citée par Rawls et selon laquelle « l'action la meilleure est celle qui procure *le plus grand bonheur au plus grand nombre* » [4]. Tournons-nous alors vers l'utilitarisme classique pour tenter d'y trouver l'énonciation, ou bien l'effectuation, de la « transition naturelle » que Rawls croit entrevoir chez Hume.

On remarquera que c'est au tout début d'une leçon *sur Sidgwick* que Rawls formule « la suggestion » selon laquelle il existe « une manière

1. *LHM*, p. 97-98.

2. *Traité*, 3.3.1.19, p. 206. D. F. Norton indique dans son édition du *Traité* l'allusion à Horace, traduit par Dryden (Horace, *Odes*, 3.29.53-6).

3. *Traité*, 3.3.1.21, p. 208.

4. Cf. *LHP*, p. 408-409.

naturelle ou intuitive » de passer du point de vue du spectateur judicieux de Hume au principe classique d'utilité comme solde net de satisfactions susceptible d'être mathématiquement calculé. Or c'est justement Sidgwick qui, dans *The Methods of Ethics*, a le premier posé ladite « *transition naturelle* » entre l'explication humienne du fondement de l'approbation morale et le principe classique d'utilité. *L'expression même de « transition naturelle » vient donc de cet auteur* [1]. Ainsi, après avoir relevé la « coïncidence » établie par Hume entre la rectitude morale et l'utilité, Sidgwick affirme que « la morale du sens commun peut être caractérisée à bon droit comme utilitariste, du moins inconsciemment » [2]. Il s'agit là, d'après lui d'une conviction à laquelle tout lecteur de l'*Enquête sur les principes de la morale* de Hume devrait aboutir dans la mesure où cet ouvrage montre que « si l'on devait établir une liste des qualités du caractère ou de la conduite qui produisent directement ou indirectement un plaisir pour nous-mêmes ou pour les autres, cette liste inclurait tout ce qui est généralement compté comme vertu ». Dans le même sens, Sidgwick affirme que « Hume a présenté l'utilitarisme comme une manière d'expliquer la moralité courante » [3]. Cette affirmation, par Sidgwick, d'une morale du sens commun implicitement utilitariste, est connue de Rawls, puisqu'il la relève plusieurs fois dans son cours sur l'histoire de la philosophie politique [4]. L'attribution corrélative *à Hume* d'une « transition naturelle » entre la morale du sens commun et l'utilitarisme est donc elle aussi connue de lui, qui l'emprunte donc, à mon avis, à Sidgwick.

Néanmoins, à la différence de Sidgwick, Rawls tient à souligner un lien plus précis entre l'explication humienne de l'approbation morale et le principe classique d'utilité : ce lien unit, rappelons-le l'idée de spectateur impartial et doué de sympathie au principe classique d'utilité. Par conséquent, là où Sidgwick repère plutôt chez Hume l'idée que l'utilité fait généralement l'objet d'une approbation morale où que « l'utilité plaît » (pour reprendre le titre d'une section de l'*Enquête*), produisant ainsi une coïncidence de la morale du sens commun et de la doctrine utilitariste, c'est sur cette conception humienne du spectateur et sur l'idée que seules ses approbations peuvent permettre aux hommes de s'accorder moralement que Rawls fait, lui, porter l'accent. Or il faut remarquer que si chez Hume ce ne sont pas les approbations morales du spectateur – mais des conventions fondamentales – qui permettent de définir les règles ou les contenus de la justice, c'est en revanche le cas

1. *Cf.* H. Sidgwick, *The Methods of Ethics*, *op. cit.*, IV, 3, § 1, p. 425.
2. *Ibid.*, p. 424.
3. H. Sidgwick, *The Methods of Ethics*, *op. cit.*, I, 6, § 3, p. 86.
4. Cf. *LHP*, p. 257 et p. 383.

chez Adam Smith, sur lequel Rawls passe vite et auquel il ne consacre pas de cours, bien qu'il le cite aux côtés de Hume lorsqu'il fait référence au spectateur impartial et doué de sympathie [1]. C'est ainsi que, dans les *Leçons sur la jurisprudence*, Smith rend compte de certains droits, et en particulier du droit de propriété, à partir de la sympathie du spectateur impartial. C'est donc chez Smith, mais certainement pas chez Hume, que le spectateur impartial et doué de sympathie s'avère capable, en s'identifiant aux désirs des autres (ou plutôt à leurs attentes si l'on suit son texte) de « distribuer des droits et des devoirs », se transmuant ainsi, comme l'écrit Rawls, en « législateur idéal » [2].

Enfin, Rawls disculpe explicitement Hume d'une autre conception qu'il attribue à l'utilitarisme classique, à savoir la « fusion de tous les désirs en un seul système de désir » [3]. Cette conception, que Rawls nomme « *the conflation view* », ne se trouve d'après lui, « parmi les auteurs classiques », que chez Edgeworth et Sidgwick [4]. Un autre indice montre que Rawls ne prête pas à Hume l'idée d'une telle « fusion ». Alors que cette fusion équivaut d'après lui à une forme d'« impersonnalité », dans *Libéralisme politique*, il épargne le « spectateur judicieux » de Hume de ce reproche d'impersonnalité. Rawls écrit ainsi que, contrairement au « point de vue impersonnel » défini par Thomas Nagel dans *The View from Nowhere* (1986), sa propre théorie de la justice comme équité exprime « le point de vue de personnes, *individuelles* ou morales, correctement caractérisées comme étant raisonnables et rationnelles », et il précise en note que « *le spectateur judicieux de Hume, dans le Traité, III, 3,1, est un exemple d'un tel individu* » [5]. Seule donc la conception utilitariste *classique* présente finalement « le défaut de (…) confondre l'impartialité avec l'impersonnalité » [6].

L'ACCUSATION D'IDÉOLOGIE

Il me paraît possible, pour terminer ce chapitre, de rapprocher Hume et Rawls du point de vue des critiques qui leur sont adressées. Une critique communément faite à Hume consiste à dire que sa théorie de la justice est

1. Cf. *TJ*, § 30, p. 215.
2. *TJ*, § 5, p. 52.
3. *TJ*, § 30, p. 218, trad. mod.
4. *TJ*, § 30, n. 37, p. 228.
5. *LP*, p. 152 et n. 2, trad. mod., je souligne. L'appel de note porte sur l'adjectif « *individual* », d'où la modification de traduction que je propose.
6. *TJ*, § 30, p. 219.

tributaire d'une idéologie conservatrice, celle de la propriété. L'une des critiques suscitées par la « théorie de la justice comme équité » est la critique communautarienne ou assimilée à elle. Cette critique voit en Rawls un représentant de l'idéologie libérale dont la conception de la justice ignore soit les valeurs partagées par la communauté, soit toute conception substantielle du bien humain.

La critique faite à Hume est notamment perceptible dans le livre de Jonathan Harrison, *Hume's Theory of justice*. Harrison y juge la théorie humienne de la justice défectueuse, dans la mesure où Hume réduit le domaine du juste à celui des règles de propriété. Selon Harrison, des manques flagrants s'ensuivent : « quasiment rien n'est dit sur les violences autres que celles qui proviennent des conflits sur les possessions, le besoin d'un traitement égal et impartial est à peine mentionné ; quant au besoin de justice en matière de distribution ou en matière de punition et de traitement adéquat des personnes, il n'est pas du tout discuté » [1]. Or ce reproche de *réduction du domaine du juste* – justifié à mes yeux et également formulé par Rawls – dissimule en fait, de la part de Harrison, un autre reproche : celui de n'avoir pas admis de critère extérieur à l'institution de la justice (hormis celui de l'utilité). Harrison écrit ainsi qu'« il doit nécessairement exister certaines normes ou certains critères qui ne sont pas établis artificiellement par des conventions, et à l'égard desquels on puisse établir les règles issues des conventions artificielles » [2]. Or, ajoute Harrison, si l'un de ces critères est, comme le veut Hume, l'utilité, il en est un autre que Hume ignore : celui qui consiste à se demander si les règles de justice « sont elles-mêmes des règles justes et justement appliquées ». Reprocher à Hume cette ignorance me semble, à vrai dire, peu légitime : car ce que Harrison lui reproche, en somme, *c'est de n'être pas Rawls !* Or s'il est bien vrai que rien ne garantit, chez Hume, la justice des trois règles fondamentales que sont la stabilité de la possession, la règle du transfert de propriété par consentement et la règle de l'obligation des promesses, c'est parce que Hume ne prétend nullement déterminer quels sont les principes de justice les plus « justes », mais plutôt quels sont les principes de justice inséparables de la nature humaine et des « circonstances extérieures » où elle est placée. Rawls lui-même le signale dans ses *Leçons sur l'histoire de la philosophie morale*, lorsqu'il explique, d'une part, que « ce que Hume considère comme juste est le système d'ensemble des conventions de justice » et, d'autre part, que Hume a seulement voulu

1. J. Harrison, *Hume's Theory of justice,* Oxford, Clarendon Press, 1981, p. 42.
2. *Ibid.*, p. 30.

montrer quel est système de conventions « le meilleur qui soit dans la pratique »[1]. Quant à l'objection qui consiste à dire que Hume ne s'interroge pas sur la justice des distributions de propriété dès lors que ces dernières se font conformément aux règles de la justice, elle peut recevoir le même type de réponse. Rawls l'exprime d'ailleurs lui-même de cette manière dans ses leçons :

> [Hume] ne semble pas admettre la possibilité que le fondement de la propriété privée et la spécification et l'arrangement particulier qu'il en propose ne servent pas les avantages généraux de la société. Or il se pourrait au contraire que ce soient d'autres intérêts qui fondent la propriété : peut-être les intérêts des plus puissants ou encore ceux des personnes qui détiennent le plus de propriété. (...) Néanmoins je ne crois pas que l'on puisse dire que [Hume] n'était pas conscient d'une telle possibilité (...). Mon interprétation est donc qu'*il proposait une sorte d'explication idéale de la manière dont sont apparues l'institution de la propriété et les vertus de justice, d'intégrité, etc., et qu'il rendait compte des caractéristiques et des facteurs généraux qui permettent d'expliquer les racines naturelles, la base psychologique, de notre comportement moral*[2].

Ce diagnostic me semble juste, et il a l'avantage de montrer que des objections de type marxiste adressées à la théorie de Hume manqueraient de pertinence vu le projet qui était le sien : Hume ne pose jamais le fait que l'institution de la propriété selon les modalités qu'il détermine *est juste*, il montre plutôt que l'établissement de la justice est indispensable à toute société et commence avec celui de la propriété individuelle, étant donné le tempérament moyen de la nature humaine et les conditions normales du milieu. Dans cette mesure, et comme le remarque Rawls lui-même à propos de sa propre théorie qui suppose elle aussi ces « circonstances de la justice », « une société pleinement communiste », c'est-à-dire une société « entièrement égalitaire et sans coercition »[3], « semble constituer une société au-delà de la justice, au sens où les circonstances qui donnent naissance au problème de la justice distributive sont dépassées et où les citoyens ne sont pas confrontés à lui, et n'ont pas besoin de l'être, dans leur vie quotidienne »[4].

Au contraire, Rawls doit, lui, affronter les objections de Marx ou qui s'en inspirent, étant donné son projet de garantir à la fois des libertés de base égales pour tous les citoyens et un juste principe de distribution : c'est ce qu'il tente de faire dans *La justice comme équité* :

1. *LHM*, p. 71-72.
2. *LHP*, p. 183, je souligne.
3. *LHP*, p. 371.
4. *JE*, § 52.1, p. 241.

> La philosophie politique est toujours en danger d'être détournée comme une défense d'un *statu quo* injuste et indéfendable, et donc d'être idéologique au sens de Marx. Nous devrons nous demander de temps à autre si la justice comme équité, ou toute autre vision, est idéologique de cette façon, et sinon, pourquoi. Les idées les plus fondamentales dont elle fait usage sont-elles idéologiques ? Comment montrer qu'elles ne le sont pas [1] ?

Il faut ainsi pouvoir affirmer « sans feinte ni artifice » que les citoyens d'une société dont la structure de base serait gouvernée par les deux principes de la justice « sont bien libres et égaux ». Ainsi et par exemple, à l'objection marxiste selon laquelle les libertés égales en question sont seulement formelles dans la mesure où la vie politique est contrôlée par les plus favorisés économiquement et socialement, Rawls répond que le premier principe de la justice qu'il détermine inclut une chance équitable d'accéder aux fonctions politiques, ce qui s'effectue pratiquement par des mesures comme le financement public des élections, la limitation du financement privé des campagnes électorales et, plus profondément, la mise en place d'une « démocratie délibérative » permettant une large participation à la vie politique [2]. Cette chance équitable d'exercer une influence politique constitue d'après Rawls « l'une des caractéristiques égalitaristes essentielles de la justice comme équité » [3]. En outre, à l'objection marxiste selon laquelle « aucun régime autorisant la propriété privée des moyens de production ne peut satisfaire les deux principes de justice », Rawls répond qu'il faudrait encore montrer qu'un « régime socialiste libéral ferait significativement mieux » pour réaliser la justice comme équité qu'une « démocratie de propriétaires », la possibilité d'une « société pleinement communiste » devant quant à elle être écartée dans la mesure où elle ne correspond pas à nos « conditions historiques particulières » (à savoir les circonstances de la justice et notamment le fait du pluralisme raisonnable) [4]. Dès lors, la justice comme équité n'est pas elle-même atteinte par l'objection puisque, d'une part, l'idée d'une société pleinement communiste se place dans des circonstances totalement différentes, celle d'une société « au-delà de la justice » postulant notamment une « abondance illimitée », et puisque, d'autre part, la justice comme équité « ne tranche pas » « entre une démocratie de propriétaires et un régime socialiste libéral » qui sont également aptes à réaliser les deux principes de justice. Le choix entre les deux régimes relève alors plutôt des « conditions historiques de la société, [de] ses

1. *JE*, § 1.3, n. 4, p. 21.
2. *JE*, § 45.2-3, p. 205-206, § 52.1, p. 240, § 43.5, p. 199.
3. *LHP*, p. 321.
4. *JE*, § 52.1-2, p. 241-242.

traditions de pensée et de pratique politique, et [de] beaucoup d'autres éléments »[1].

Si, comme je l'ai dit, la question de *l'équité des principes de justice* est étrangère à Hume, on ne saurait nier que Rawls, lui, la prenne en compte : « l'idée de la position originelle » remplit en effet, selon lui, cette fonction. Elle permet, écrit-il, « d'établir une procédure équitable de telle sorte que tous les principes sur lesquels un accord interviendrait soient justes »[2]. L'absence d'une conception de la justice *distributive*, ou plutôt *redistributive*, ne saurait évidemment pas, non plus, être reprochée à Rawls : cette conception s'incarne dans le « principe de différence » contre lequel les libertariens comme Nozick dirigent leurs foudres. C'est alors un autre reproche que l'on adresse à Rawls, celui qui vient du camp communautarien : on reproche à la « théorie de la justice comme équité » sa priorité du juste sur le bien, voire sa réduction du bien au juste.

Or un tel reproche me semble analogue à celui dont j'ai fait état à propos de Hume, même si, du fait même de la prise en compte, par Rawls, de l'équité des principes de justice, il le déplace d'un cran. Tandis que l'on reproche à Hume de penser que les règles de justice (et leur application) sont justes du fait même qu'elles sont instituées, on reproche à Rawls d'affirmer qu'« une société bien ordonnée réalise le bien de la communauté » du fait même que sont « justes » (et donc « bonnes en elles-mêmes ») « les institutions fondamentales de la société »[3]. Pour les communautariens, en effet, affirmer comme le fait Rawls que « l'activité collective juste est la forme la plus importante du bonheur humain », c'est proposer une définition insatisfaisante du « bien commun » ou de la « vie bonne ». Michael Sandel, parmi les premiers, s'est fermement opposé à l'idée rawlsienne de la priorité du juste par rapport au bien, même s'il ne se déclare pas « communautarien » mais plutôt défenseur d'une conception « téléologique » ou « perfectionniste » inspirée d'Aristote, d'après laquelle il faut d'abord définir « la bonté intrinsèque des finalités » avant de savoir quels droits (et comment) doivent les promouvoir[4]. Pour Sandel, il est impossible de définir nos droits sans une conception particulière de la vie bonne, sans une conception de la « valeur morale des finalités que ces droits servent à promouvoir ». Avec d'autres auteurs (Alasdair MacIntyre, Charles Taylor, Michael Walzer), Michael Sandel oppose ainsi à la conception kantienne de la personne

1. *JE*, § 42.2, p. 192, trad. mod.

2. *TJ*, § 24, p. 168.

3. *TJ*, § 79, p. 564 et p. 570.

4. M. Sandel, *Le libéralisme et les limites de la justice*, *op. cit.*, préface à la 2e édition, p. 14.

développée dans *Théorie de la justice*, à savoir celle d'un sujet qui choisit ses fins et « est premier par rapport à elles »[1], l'expérience que nous avons, au contraire, d'un moi lié par « des liens moraux [religieux, ou politiques] préexistants »[2]. En outre, Sandel renouvelle sa critique contre la nouvelle défense de la priorité du juste sur le bien présentée dans *Libéralisme politique*, et selon laquelle c'est finalement une conception politique (et non kantienne) de la personne qui justifie cette priorité, dans la mesure où notre identité en tant que citoyens serait « indépendante de toute conception particulière du bien, ainsi que du système de fins ultimes qu'elle comporte »[3]. Cette affirmation est liée chez Rawls à « la nature particulière de la culture démocratique » marquée par le pluralisme des conceptions morales et religieuses et nécessitant donc d'être mises de côté au profit des seules valeurs politiques, prioritaires. Or Sandel répond à cela (entre autres arguments) qu'une défense des droits politiques ne peut en pratique éviter de se prononcer sur de telles questions morales et religieuses controversées : un jugement moral de fond sur l'avortement, l'homosexualité ou l'esclavage sont ainsi requis, d'après Sandel, pour fonder aujourd'hui le droit au premier et les droits des homosexuels, et pour fonder en 1858 l'interdiction du dernier[4]. Il en ressort une « restriction » dommageable de la « raison publique libérale » lorsqu'elle cherche systématiquement à éviter les comparaisons entre les doctrines morales et religieuses ou à se prononcer sur leur vérité, une restriction qui s'accompagne de « coûts » moraux et politiques importants. Or « dans la mesure où nos désaccords moraux et religieux reflètent la pluralité ultime des biens humains », c'est finalement cette « diversité des biens » (et leur valeur) qui se trouve *perdue*[5].

Cette réduction de la justice et des droits aux seules « valeurs politiques », au détriment des valeurs morales et religieuses et des « conceptions particulières du bien » qu'elles expriment est comparable, au degré près, à la réduction humienne de la justice à la seule institution de la propriété, autrement dit aux valeurs économiques. Dans les deux cas également, ce que les critiques de Hume et de Rawls voient comme une réduction, est posé par ces auteurs comme une « congruence ». Dans les deux cas enfin, ladite réduction et le vide qu'elle crée (« vide moral » dans le cas de Rawls[6];

1. *TJ*, § 84, p. 601.
2. M. Sandel, *Le libéralisme et les limites de la justice*, *op. cit.*, p. 271, 273.
3. *LP*, p. 56.
4. M. Sandel, *Le libéralisme et les limites de la justice*, *op. cit.*, p. 282-310. Voir sur ce même sujet M. Sandel, *Public Philosophy : Essays on Morality in Politics*, Cambridge, Harvard University Press, 2005, chap. 21.
5. M. Sandel, *Le libéralisme et les limites de la justice*, *op. cit.*, p. 310.
6. *Ibid.*

vide politique pourrait-on dire dans le cas de Hume) est attribuée à un attachement idéologique : l'attachement conservateur de Hume envers les règles de propriété et ceux qu'elles favorisent, l'idéologie libérale exclusive d'une définition substantielle du bien ou de la vie bonne dans le cas de Rawls.

Faisons un pas de plus. Ce qui se trouve en fait reproché aux deux auteurs, c'est l'absence d'un critère *extérieur au « juste »*, étant toujours entendu que le juste désigne chez Hume ce qui *est* institué, du fait de son absolue nécessité « au maintien de la société » et « au bien-être des hommes » [1], tandis qu'il désigne chez Rawls ce qui *résulte* d'une *juste* structure institutionnelle. Pour le dire autrement, on reproche à la fois à Hume et à Rawls leur *conception procédurale de la justice*. De ce point de vue, le manque de la théorie humienne de la justice que je signalais plus haut en citant Harrison, à savoir l'absence d'une réflexion sur l'équité des règles de justice, pourrait finalement s'interpréter, contre l'avis de ce commentateur, comme le signe d'une puissante cohérence. Réciproquement, et comme l'a très bien vu Michael Sandel, il est tout à fait possible de trouver que « l'existence [chez Rawls] d'un critère d'équité indépendant du contrat lui-même », est peu compatible avec l'idée de justice procédurale, laquelle présuppose, au contraire, qu'« un résultat est défini comme équitable parce qu'il est le produit d'une procédure libre » [2].

> J'espère avoir écarté dans ce chapitre trois idées reçues : 1) Rawls n'aurait effectué qu'un seul emprunt remarquable à Hume, celui des circonstances de la justice ; 2) l'anti-utilitarisme de Rawls engloberait Hume, qui aurait le tort supplémentaire de fonder l'adoption du principe d'utilité sur une théorie du spectateur impartial, et de confondre ainsi impartialité et impersonnalité ; 3) Rawls étant kantien, il ne saurait en aucune façon (ou seulement très ponctuellement) être humien.

Au contraire, les points de convergence entre Hume et Rawls, et les emprunts du dernier au premier sont significatifs. Ils concernent non seulement les circonstances de la justice explicitement empruntées à Hume dans *Théorie de la justice* (rareté modérée, désintérêt mutuel et relative égalité) mais également, et d'une manière plus étonnante, l'une des « conditions historiques » propres aux démocraties modernes sur lesquelles Rawls s'est concentré dans *La justice comme équité*, à savoir le « pluralisme raisonnable ». Certes, Hume n'en a pas fait, comme Rawls, une « circonstance de la justice », mais il a fait valoir sa compatibilité avec la paix sociale et

1. *Traité*, 3.2.6.1, p. 133.
2. M. Sandel, *Le libéralisme et les limites de la justice*, *op. cit.*, p. 165-166.

daté l'avènement de cette nouvelle possibilité ; Rawls le cite sur ces deux points.

C'est également l'idée d'une « coopération en vue d'un avantage mutuel », et celle des « termes équitables » de cette coopération, autrement dit « l'idée de réciprocité », qui sont repérées par Rawls dans la définition humienne de la convention. De sorte que, non seulement, et comme le remarquait déjà Brian Barry, Hume et Rawls partagent l'idée que la coopération sociale fondée sur la justice doit être à « l'avantage mutuel » de ses membres. Mais le concept humien de convention présente également aux yeux de Rawls « certaines affinités » avec le « devoir de *fair-play* » que ce dernier avait emprunté plus directement à Hart, avant de le déterminer comme un « principe d'équité » *relié au « raisonnable »*. Etant donné ce lien, j'ai tenu néanmoins à marquer les différences qui séparent la réciprocité à l'œuvre dans la convention humienne du « principe d'équité » rawlsien.

Une insistance sur les « attentes légitimes » des personnes en matière de distribution des « moyens polyvalents » des désirs constitue un autre point d'accord entre Rawls et Hume, bien que la liste rawlsienne des « biens primaires » concernés par cette distribution déborde largement l'assignation des propriétés séparées sur laquelle insistait Hume.

L'idée essentielle chez Rawls de « justice procédurale », selon laquelle le système institué définit le juste, à l'exclusion de tout critère extérieur et indépendant, est elle aussi présente chez Hume ; ce que j'ai cherché à faire apparaître notamment à travers leur rejet commun d'une distribution au mérite et, plus indirectement, en relevant le parallélisme des critiques qui leur ont été respectivement adressées.

Rawls m'a également semblé suivre Hume dans sa manière de traiter le « problème de la confiance » en le reliant, comme ce dernier, à la taille du groupe et en faisant apparaître, comme lui, la coercition gouvernementale comme une solution externe à ce problème. En outre, Rawls emprunte également à Hume l'idée que le sens de la justice, et l'obligation morale qui lui correspond, limitent les tendances à l'injustice, et contribuent ainsi à la stabilité de la justice.

Cependant, le lien fait par Rawls entre ce « sens de la justice » et la « morale des principes » s'avère incontestablement un trait kantien qui l'éloigne de Hume, tout comme l'en éloigne sa théorie explicitement « non-humienne » de la motivation. Cet éloignement m'a cependant paru atténué par deux faits. D'une part, Rawls repère chez Hume une « disposition à être juste » dont le fonctionnement est le même que celui qu'il met au cœur des trois stades de « l'apprentissage moral » : il s'agit d'une « réciprocité de disposition » fondée sur une « intention évidente » manifestée par d'autres. D'autre part, malgré leurs théories divergentes de la motivation, Rawls considère qu'un « internalisme » de type humien peut permettre de caractériser le rôle motivationnel des « désirs dépendant de principes » et des « désirs dépendant de conceptions » qu'il introduit, en tant que Kantien, aux côtés des « désirs d'objets » de Hume. Rawls admet ainsi, en kantien, la possibilité d'agir selon les principes de justice et les conceptions à l'œuvre dans une société bien ordonnée, par exemple l'idéal de la citoyenneté. Mais c'est en internaliste néo-humien qu'il associe ces principes et ces conceptions à des désirs motivant effectivement l'agent qui les respecte.

Last but not least, Hume n'est pas, aux yeux de Rawls, « strictement utilitariste ». Il y a même plus : la forme d'utilitarisme adoptée par Hume « ne servirait pas » le propos anti-utilitariste de Rawls car Hume n'admet jamais qu'un individu pourrait avec justice voir ses intérêts sacrifiés au profit de la somme totale des avantages de tous. Dès lors, la « dérivation naturelle » repérée par Rawls, *à la suite de Sidgwick*, entre les « approbations morales » du « spectateur impartial » doué de « sympathie » et le « principe d'utilité » classique, *n'est pas effectuée par Hume*. Ce que j'ai tenu à renforcer par deux rappels. J'ai rappelé, d'une part, que, contrairement à Hutcheson, Hume n'a pas défini l'action la meilleure comme celle qui produit le plus grand bonheur du plus grand nombre. Et j'ai indiqué, d'autre part, la différence qui sépare le « spectateur judicieux » de Hume du « spectateur impartial » d'Adam Smith. Non seulement, *et comme le reconnaît Rawls*, les « points de vue » adoptés par sympathie par le spectateur humien ne sont pas « impersonnels » puisqu'ils correspondent en fait à ceux *d'individus* (celui du caractère jugé ou ceux des personnes qui sont en relation avec lui). Mais encore, la sympathie étendue du « spectateur judicieux » de Hume *n'assigne selon ce dernier aucun droit* : elle se contente d'approuver moralement – *et entre autres choses* – ce qui est utile au public. A l'inverse, le « spectateur impartial » et doué de sympathie d'Adam Smith détermine des droits et des devoirs. Il constitue donc la seule source éventuelle de la conception d'Edgeworth et de Sidgwick contre laquelle Rawls dirige en fait ses attaques : celle de la « fusion [impersonnelle] de tous les désirs en un seul système » *à même de déterminer des critères de justice*. Or puisque cette dernière conception constitue plus précisément la cible de l'anti-utilitarisme de Rawls, et puisque ce dernier accorde à Hume le refus du « sacrifice de soi-même au nom d'un bien plus élevé », alors on doit selon moi aller jusqu'à dire que non seulement Hume n'est pas un utilitariste classique, mais qu'il partage avec Rawls une forme d'anti-utilitarisme. Nous retrouvons ici un précédent résultat du chapitre 2, là où j'ai montré, contre Parfit, que la conception réductionniste du moi s'accommode chez Hume d'un souci affectif de soi : il n'y a donc pas lieu, pour cette raison même, de se sacrifier au nom du plus grand bonheur du plus grand nombre.

Outre la présence de ces points de convergence, nous avons vu Rawls indiquer à trois reprises la compatibilité des positions humiennes qu'il accepte d'un côté, et du contractualisme ou des traits kantiens qu'il adopte de l'autre : compatibilité d'une justification réaliste humienne du désintérêt mutuel et justification kantienne de cette même supposition ; fait que la conception de l'utilité de Hume ne saurait servir le propos anti-utilitariste de Rawls ; compatibilité entre une conception kantienne du genre de motifs que les hommes peuvent avoir et l'internalisme néo-humien de la motivation.

Pour finir, et pour rapporter le présent chapitre à l'économie générale de ce livre, il est utile de rappeler ce que j'annonçais juste avant de l'aborder, à savoir que la confrontation de Rawls à Hume concernant la justice, qu'elle s'effectue sur le mode de l'emprunt (je viens de les récapituler) ou de la distanciation (j'en ai aussi relevé plusieurs exemples néanmoins compatibles avec les premiers) s'avère de part en part une discussion serrée, dont le propre est de circuler au-delà de la partie du *Traité* qui, à proprement parler, la concerne. Rawls examine en effet plusieurs traits essentiels déterminés par Hume à propos de la justice : sa dépendance à l'égard de certaines « circonstances » réalistes tant objectives que subjectives, son adoption par convention, avec la disposition conditionnée à être juste qui la caractérise, les principes psychologiques qui expliquent son respect (ce qui implique un détour par la théorie humienne de la motivation), la question de sa stabilité liée à la taille du groupe qui s'y conforme, au rôle des sentiments moraux, et à la coercition, son lien avec la théorie du « spectateur judicieux », sa structure procédurale enfin. De ce point de vue, Rawls est un excellent explorateur du réseau argumentatif humien qui concerne la justice ; ce qui n'est après tout pas étonnant de la part d'un grand Professeur dont la précision des leçons se découvre également dans les livres.

CONCLUSION

Chacun des précédents chapitres ayant reçu une conclusion synthétique auxquelles le lecteur pourra se reporter, je ne récapitulerai pas ici l'ensemble de leurs acquis mais j'envisagerai plutôt les résultats qui les traversent et les connexions qui les relient.

Entrer en philosophie contemporaine par l'intermédiaire de Hume comme je l'ai fait dans ce livre me semble aboutir à plusieurs résultats.

Cette entrée révèle d'abord la présence d'un ensemble conséquent de philosophes contemporains qui s'inscrivent dans un paysage humien, un ensemble dont l'index de ce livre peut donner une idée, avec cette précision bien entendu que certains Anti-Humiens y figurent. Du reste, le fait que la philosophie de Hume puisse ainsi cliver aujourd'hui certains débats entre Humiens et Anti-Humiens constitue un autre signe de son importance structurelle pour la philosophie contemporaine. Cette importance va donc bien au-delà de ceux qui, en parlant d'eux-mêmes, disent « *we Humeans* »[1].

Au sein de ce paysage, et parmi les philosophes qui suivent Hume, on constate en outre tous les degrés possibles d'usage de sa philosophie. D'un auteur à l'autre, cette reprise s'avère ainsi plus ou moins étendue du point de vue du nombre de thèmes sur lesquels s'effectue cette convergence. Et pour chacun des thèmes concernés, cette reprise peut être également plus ou moins adaptée de l'original. David Lewis apparaît ainsi comme un héritier très complet (en extension) puisqu'il adopte une théorie humienne de la motivation, développe une théorie néo-humienne de la convention, et envisage sa métaphysique comme humienne. De même, Davidson ajoute à une théorie humienne des raisons de l'action vues comme des causes une défense de la compréhension humienne de l'explication causale mais aussi, comme je l'ai montré, une définition de la liberté d'agir comme un « pouvoir

1. On trouve cette expression chez David Lewis, Francis Snare, Robert Sugden, Annette Baier, et d'autres.

causal » qui le rapproche encore de Hume. D'autres auteurs suivent ce dernier dans un domaine et s'en écartent dans un autre. Bernard Williams, par exemple, adopte une conception « internaliste » des raisons normatives de l'action inspirée de Hume mais il défend aussi un critère physique de l'identité personnelle qui l'en éloigne. La reprise de la philosophie humienne peut même être encore plus sélective et s'effectuer au sein d'un même domaine : ainsi, en psychologie morale, Michael Smith adopte une théorie humienne des raisons motivantes de l'action mais rejette la conception humienne des raisons normatives. De sorte que l'on peut être et se déclarer aujourd'hui Humien sur tel plan et Anti-Humien sur tel autre.

Un troisième résultat me semble se dégager de cette reconstitution d'un paysage philosophique contemporain proprement humien. Il n'est pas sûr que tous les auteurs dont j'ai montré leur proximité avec Hume en aient parfaitement conscience, ou l'auraient revendiqué, Les points de rapprochement que j'ai suggérés entre Hume et Rawls en constituent, je l'espère, une convaincante illustration. Il m'est arrivé également de signaler que tel argument présenté par un philosophe contemporain comme une réponse nouvelle à un problème posé par Hume, ou comme une amélioration de sa théorie, *s'y trouvait déjà* à y regarder de plus près. J'ai pu également indiquer que telle objection qu'on lui adressait avait déjà été envisagée (et éventuellement écartée) par lui. Dans ces derniers cas, il m'est en fait apparu que la portée actuelle de la philosophie humienne était parfois plus importante que celle qu'on lui accorde communément. De sorte que cette portée a finalement débordé celle que j'avais seulement envisagée au départ, celle des usages de Hume effectivement revendiqués par les auteurs contemporains. Et je me suis alors autorisée à faire répondre Hume à leurs arguments.

Outre ces résultats, l'entrée humienne dans la philosophie contemporaine me semble avoir permis de dévoiler certaines connexions entre les différents domaines qui caractérisent cette dernière. Récapitulons pour le confirmer les liens inter-thématiques qui sont apparus au cours de ce livre et rapprochons-les des connexions également présentes dans les textes de Hume. Nous avons vu au chapitre I que Reichenbach a repéré dans la nécessité du succès prédictif *pour l'action* une solution au *problème logique* de la justification de l'induction que posait Hume; or chez Hume déjà le rôle de l'induction pour l'action, et (ai-je ajouté) sa possible instrumentalisation par les passions, se trouvaient mis en lumière. Au chapitre II, l'examen de la conception réductionniste de l'identité personnelle de Parfit, fortement inspirée de Hume, m'a conduite à questionner avec cet auteur la compatibilité d'une telle conception avec le souci particulier de nos états futurs, un souci que Parfit considère comme naturel quoique injustifiable. Or sur la base d'une conception également réductionniste, Hume avait déjà eu à cœur de *rendre compte* – par une voie proprement passionnelle en ce qui le concerne – de ce *fait naturel* qu'est le souci de soi. C'est la raison pour laquelle Hume n'a jamais posé le réquisit utilitariste de sacrifice de soi au nom du plus grand bonheur du plus grand nombre, ce que nous avons pu vérifier au chapitre VII. Aux chapitres III et IV sont apparus des liens entre, d'un côté, la théorie humienne (ou néo-humienne) des raisons de l'action et, de l'autre, la morale. Et cela, d'une part, à travers l'anti-cognitivisme moral que la théorie humienne de la motivation peut permettre de défendre. Et, d'autre part, à travers la compréhension humienne (ou néo-humienne) des raisons normatives de l'action (parmi lesquelles se trouvent des raisons morales) comme des raisons internes à l'agent. Or le premier de ces deux liens se trouvait déjà présent chez Hume à travers le célèbre « argument de l'influence » massivement repris et discuté en éthique contemporaine. Au chapitre V, la compréhension des raisons de l'action comme des causes nous a naturellement amenés à déterminer avec Davidson en quoi consiste une explication causale, redoublant par la même le nécessaire retour à Hume. Enfin, les chapitres VI et VII ont, à un moment, impliqué soit la théorie humienne de la motivation, soit encore sa compréhension de l'obligation proprement morale de la justice. Ainsi, l'analyse de la convention de Lewis fait référence aux préférences et aux croyances des agents dont l'articulation renvoie à une conception humienne de la motivation. Et la comparaison des théories de la justice de Hume et de Rawls a quant à elle révélé une opposition, de la part de ce dernier, à la théorie humienne de la motivation, mais aussi une proximité quant aux liens articulant le sens de la justice avec ses effets d'obligation, à la stabilité de cette dernière. Enfin, c'est en « internaliste » que Rawls admet que les conceptions et principes associés à la justice motivent *par l'intermédiaire des désirs de l'agent*.

Que révèle à son tour cet ensemble de connexions ? En ressort d'abord, me semble-t-il, le rôle central de la compréhension humienne de la motivation et de l'action pour comprendre et éclairer d'autres aspects de l'homme. C'est en effet cette théorie dont j'ai dû anticiper la présentation à la fin du premier chapitre pour saisir le fondement pragmatique de nos inférences causales et par suite la raison d'être de l'induction. Et c'est sur cette même théorie qu'il m'a fallu revenir dans la troisième partie du livre pour comprendre l'origine des conventions juridiques ou le respect dont la justice fait l'objet. Aussi simple et controversée soit-elle, la compréhension humienne de l'action et de ses motifs a ainsi assuré une transition sous-jacente entre l'analyse de la causalité et de l'inférence d'un côté et, de l'autre, l'étude de l'ordre social fondé sur la morale et les conventions de justice. Et si l'on précise en outre que les motifs directs de l'action sont, dans une perspective humienne, des désirs et des passions, l'analyse de l'identité personnelle a elle aussi appelé leur prise en compte. Or de la même façon, au sein du *Traité de la nature humaine*, le livre sur les passions, où se trouve contenue cette théorie humienne de l'action et de la motivation, permettait de relier l'entendement (et notamment la causalité et l'identité) à la morale (incluant l'éthique et la théorie de la justice).

Se pose alors la question de savoir d'où vient que se retrouve dans le présent livre consacré à la présence de Hume en philosophie contemporaine un véritable réseau inter-thématique (et pas seulement les thèmes communs ici répartis en chapitres), réseau qui caractérise la philosophie humienne. Deux hypothèses se présentent ici. Soit c'est l'entrée retenue pour examiner la philosophie contemporaine (Hume lui-même) qui a créé sous ma plume les connexions thématiques que je viens de rappeler. Soit il s'agit d'une empreinte humienne sur la philosophie contemporaine qui aurait alors pour effet (à mes yeux très positif) d'en décloisonner les domaines. Cette deuxième hypothèse me semble la bonne dans la mesure où les grands auteurs qui se réfèrent à Hume aujourd'hui sont finalement amenés à le faire sur plusieurs plans, et cela qu'ils le suivent ou pas sur tous ces plans. Qui cherche ainsi à penser avec Hume (ou contre lui) les problèmes de l'action sera naturellement conduit à penser la causalité, qui veut penser la morale (avec ou contre Hume) doit nécessairement s'intéresser à la motivation, qui cherche à penser l'identité doit également rendre compte du souci affectif de soi, qui veut penser après Hume la justice doit l'envisager à la fois comme institution et comme vertu. En même temps, et conformément à la première hypothèse, j'espère que l'entrée humienne dans la philosophie contemporaine que j'ai proposée dans ce livre aura contribué à suggérer certaines passerelles entre philosophie de l'esprit, philosophie de l'action, éthique et philosophie politique que les grands philosophes contemporains savent bien sûr pratiquer, mais que les auteurs ou commentateurs trop spécialisés négligent parfois d'entreprendre. De ce dernier point de vue, l'ambition humienne d'une science de la nature humaine devenue science de l'homme comprenant une étude de l'esprit, des passions, de l'action, de la morale et de la politique m'apparaît, au prisme d'un certain cloisonnement des domaines de la philosophie anglo-américaine contemporaine, toujours révolutionnaire. Au-delà de l'empirisme ou du naturalisme que cette dernière tient en partie de Hume, au-delà également des découvertes logiques, des thèmes, arguments, conceptions, théories ou principes particuliers qu'elle lui doit aujourd'hui, c'est aussi cet effort d'amplitude d'un savoir purement philosophique dégagé de toute prétention assimilatrice à l'égard des sciences mathématiques, physiques ou biologiques qu'elle pourrait lui emprunter. Un tel savoir devrait être encore capable d'assurer une *circulation* entre ses authentiques objets.

BIBLIOGRAPHIE[1]

Œuvres de Hume

A Treatise of Human Nature, D. F. Norton, M. J. Norton (eds), 2 vols, Oxford, ClarendonPress, 2007.

Traité de la nature humaine, livre I et appendice, trad. fr. P. Baranger et P. Saltel, Paris, GF-Flammarion, 1995 ; livre II, précédé de la *Dissertation sur les passions*, trad. fr. J.-P. Cléro, Paris, GF- Flammarion, 1991 ; livre III, trad. fr. P. Saltel, Paris, GF-Flammarion, 1993.

Abrégé du Traité de la nature humaine, trad. fr. D. Deleule, éd. bilingue, Paris, Aubier-Montaigne, 1971.

An Enquiry concerning Human Understanding, T. L. Beauchamp (ed.), Oxford, Clarendon Press, 2000.

Enquête sur l'entendement humain, trad. fr. M. Malherbe, éd. bilingue, Paris, Vrin, 2008.

An Enquiry concerning the Principles of Morals, T. L. Beauchamp (ed.), Oxford, Clarendon Press, 1998.

Enquête sur les principes de la morale (avec *L'Histoire naturelle de la religion*) trad. fr. M. Malherbe, édition de poche, 1980 ; Paris, Vrin, 2002.

Essais moraux, politiques et littéraires, trad. fr. M. Malherbe : 1re partie, Paris, Vrin, 1999.

Dialogues sur la religion naturelle, trad. fr. M. Malherbe, 2e éd., Paris, Vrin, 1997.

Causalité, induction, identité

DUCASSE C. J., « Critique of Hume's Conception of Causality », *Journal of Philosophy*, 63 (1966), n°6, p. 141-148.

ELSTER J. (ed.), *The Multiple Self*, Cambridge, Cambridge University Press, 1986.

EVANS G., « Can there be Vague Objects ? », *Analysis*, 38 (1978), n°4, p. 208.

1. Ne sont repris ici, outre les œuvres de Hume, que les principales références de philosophie contemporaine, et quelques commentaires sur Hume, répartis en trois rubriques thématiques (respectivement, chapitres I-II, III-V, VI-VII).

FEIGL H., « De principiis non disputandum ? On the meaning and the limits of justification » *in* M. Black (ed.), *Philosophical Analysis*, Ithaca, Cornell University Press, 1950.

– « Scientific method without metaphysical presuppositions », *Philosophical Studies*, 5 (1954), n°2, p. 17-29.

– « On the Vindication of Induction », *Philosophy of Science*, 28 (1961), n°2, p. 212-216.

GARRETT B., *Personal Identity and Self-Consciousness*, London, New York, Routledge, 1998.

GOODMAN N., *Faits, fictions et prédictions*, trad. fr. R. Houde et R. Larose revue par P. Jacob, Paris, Minuit, 1984.

GRICE H. P., « Personal identity » (1941), repr. *in* J. Perry (ed.), *Personal Identity.*

HART H. L. A. and HONORE T., *Causation in the Law*, 2 nd ed., Oxford, Clarendon Press, 1985.

HEMPEL C. G., « A Purely Syntactical Definition of Confirmation », *Journal of Symbolic Logic*, 8 (1943), p. 122-143.

– « Studies in the Logic of Confirmation (I.) », *Mind*, 54 (1945), n° 213, p. 1-26.

KNEALE W., *Probability and Induction*, New York, Oxford University Press, 1949.

KRIPKE S. A., *La logique des noms propres*, trad. fr. P. Jacob et F. Recanati, Paris, Minuit, 1982.

LEWIS D. K., « Survival and Identity », *Philosophical Papers*, vol. I, Oxford, Oxford University Press, 1983.

PARFIT D., « Lewis, Perry and what matters », *in* A. Rorty (ed.), *The Identities of Persons.*

– « Personal Identity and Rationality », *Synthese*, 53 (1982), n°2, p. 227-241.

– *Reasons and Persons*, Oxford, Clarendon Press, 1984, Rev. ed. Oxford University Press, 1987.

– « Les esprits divisés et la nature des personnes » (1987), dans E. Garcia, F. Nef (éd.), *Métaphysique contemporaine*, Paris, Vrin, 2007.

– « The Indeterminacy of Identity : a reply to Brueckner », *Philosophical Studies*, 70 (1993), n°1, p. 23-33.

PERRY J., *A Dialogue on Personal Identity and Immortality*, Indianapolis, Hackett Publishing Company, 1978.

– *Identity, Personal Identity and the Self*, Indianapolis, Hackett Publishing Company, 2002.

— (ed.), *Personal Identity*, Berkeley, University of California Press, 1975.

POPPER K., *Les deux problèmes fondamentaux de la théorie de la connaissance*, trad. fr. C. Bonnet, Paris, Hermann, 1999.

– *La logique de la découverte scientifique*, trad. fr. de l'édition anglaise de 1968, Paris, Payot, 1978.

– *Conjectures et réfutations : la croissance du savoir scientifique*, trad. fr. M.-I. et M. B. de Launay, Paris, Payot, 1985.

– *La connaissance objective*, trad. fr. J.-J. Rosat, Paris, Aubier, 1991.

QUINTON A., « The soul » (1962), repr. *in* J. Perry (ed.), *Personal Identity.*
REICHENBACH H., *The Theory of Probability*, translated by E. H. Hutten and M. Reichenbach, Berkeley, University of California Press, 1949.
– « Causalité et induction », *Bulletin de la société française de philosophie*, 37/4, Paris, A. Colin, 1937, p. 127-159.
– « Les fondements logiques du calcul des probabilités », *Annales de l'Institut Henri Poincaré*, vol. 7, Paris, 1937, p. 267-348.
– *Experience and Prediction*, Chicago, University of Chicago Press, 1938.
– « On the Justification of Induction », *The Journal of Philosophy*, 37 (1940), n° 4, p. 97-103.
– *L'avènement de la philosophie scientifique*, trad. fr. G. Weill, Paris, Flammarion, 1955.
RORTY A. (ed.), *The Identities of Persons*, Berkeley, University of California Press, 1976.
SALMON W. C., « Should We Attempt to Justify Induction ? », *Philosophical Studies*, 8, 1957, n° 3, p. 33-48.
SHOEMAKER S., « Personal Identity and Memory » (1959), repr. *in* J. Perry (ed.), *Personal Identity.*
– *Self-Knowledge and Self-Identity*, Ithaca, Cornell University Press, 1963.
STRAWSON P. F., « On justifying induction », *Philosophical Studies*, 9, 1958, n° 1-2, p. 20-21.
WILLIAMS B., *Problems of the Self : philosophical papers 1956-1972*, Cambridge, Cambridge University Press, 1973.
– « Persons, character and morality », *in* A. Rorty (ed.), *The Identities of Persons.*

Motivation, action, morale

ANSCOMBE E., *L'intention*, trad. fr. M. Maurice, C. Michon, préf. V. Descombes, Paris, Gallimard, 2002.
AUDI R., *Practical Reasoning*, London, Routledge, 1989.
CAPALDI N., *Hume's Place in Moral Philosophy*, New York, Peter Lang, 1989.
DANCY J., *Practical Reality*, Oxford, Clarendon Press, 2000.
DAVIDSON D., *Actions et événements*, trad. fr. P. Engel, Paris, P.U.F., 1993.
– « Paradoxes of irrationality » (1982), traduit dans D. Davidson, *Paradoxes de l'irrationalité*, trad. fr. P. Engel, Combas, Éditions de l'éclat, 1991.
ELSTER J., *Strong feelings : Emotions, Addiction and Human Behavior*, MIT Press, 2000.
FRANKENA W. K., « Obligation and Motivation in Recent Moral Philosophy », *in* A. I. Melden (ed.), *Essays in Moral Philosophy*, Seattle, University of Washington Press, 1958.
GARRETT D., *Cognition and Commitment in Hume's Philosophy*, Oxford, Oxford University Press, 1997.
HUMBERSTONE L., « Direction of Fit », *Mind*, 101 (1992), n° 401, p. 59-83.

KORSGAARD C. M., « Skepticism about Practical Reason », *The Journal of Philosophy*, 83 (1986), n°1, p. 5-25.

LEWIS D. K., « Desire as Belief », « Desire as Belief II », *Papers in Ethics and Social Philosophy*, Cambridge, Cambridge University Press, 2000, p. 42-67.

MCDOWELL J., « Are Moral Requirements Hypothetical Imperatives ? », *Proceedings of the Aristotelian Society*, Supplementary Volumes, 52 (1978), p. 13-29.

– « Might there be external reasons ? », *in* T. R. Harrison, J. E. J. Altham (eds), *World, Mind and Ethics : Essays on the Ethical Philosophy of Bernard Williams*, Cambridge, Cambridge University Press, 1995.

MELDEN A. I., *Free Action*, London, Routledge and Kegan Paul, 1961.

NAGEL T., *The Possibility of Altruism*, Princeton, Princeton University Press, 1970.

PARFIT D., « Reasons and motivation », *Proceedings of the Aristotelian Society*, Supplementary Volumes, 71 (1997), p. 99-130.

– *On What Matters*, Oxford, Oxford University Press, 2012.

PIGDEN C., « If Not Non-Cognitivism, Then What ? », *in* C. Pigden (ed.), *Hume on Motivation and Virtue*, Chippenham, Palgrave Macmillan, 2009.

PLATTS M., *Ways of Meaning*, London, Routledge and Kegan Paul, 1979.

– « Moral Reality and the End of desire » *in* M. Platts (ed.), *Reference, Truth and Reality : Essays on the Philosophy of Language*, London, Routledge and Kegan Paul, 1980, p. 69-82.

PRICE H., « Defending Desire-as-Belief », *Mind*, 98 (1989), n° 389, p. 119-127.

SEARLE J., *L'intentionnalité*, trad. fr. C. Pichevin, Paris, Minuit, 1985.

SMITH M., « On Humeans, Anti-Humeans, and Motivation : A Reply to Pettit », *Mind*, 97 (1988), n°388, p. 589-595.

– « Dispositional Theories of Value », *Proceedings of the Aristotelian Society*, Supplementary Volumes, 63 (1989), p. 89-111.

– *The Moral Problem*, Oxford, Cambridge, Blackwell, 1994.

SNARE F., « The Argument from Motivation », *Mind*, 84 (1975), n° 333, p. 1-9.

– *Morals, Motivation and Convention*, Cambridge, Cambridge University Press, 1991.

WILLIAMS B., « Internal and External Reasons » (1980) repr. in *Moral Luck*, Cambridge, Cambridge University Press, 1981.

– « Internal reasons and the obscurity of blame » (1989) repr. in *Making Sense of Humanity and other philosophical papers*, Cambridge, Cambridge University Press, 1995, p. 35-45.

WITTGENSTEIN, *Recherches philosophiques*, trad. fr. F. Dastur, M. Elie, J.-L. Gautero, D. Janicaud, E. Rigal, Paris, Gallimard, 2004.

Convention, justice

BARRY B., *Theories of Justice*, London, Harvester-Wheatsheaf, 1989.

GAUTHIER D., « David Hume, Contractarian », *The Philosophical Review*, 88 (1979), n° 1, p. 3-38.

HART H. L. A., « Are There Any Natural Rights ? », *Philosophical Review*, 64 (1955), n° 2, p. 175-191.
LEWIS D. K., *Convention : a Philosophical Study*, Oxford, Blackwell Publishers, 2002.
– « Languages and Language » (1973), *Philosophical Papers*, vol. I, p. 163-188.
OLSON M., *Logique de l'action collective*, trad. fr. R. Boudon, Paris, P.U.F., 1978.
PRICHARD H. A., « The Obligation to Keep a Promise », in *Moral Obligation : Essays and Lectures*, W. D. Ross (ed.), Oxford, Clarendon Press, 1949.
QUINE W. V. O., « Truth by convention », trad. fr. F. Rivenc dans S. Bozon, S. Plaud (éd.), *Les voies du paradoxe et autres essais*, Paris, Vrin, 2011.
RAWLS J., *A Theory of Justice*, Cambridge, Harvard University Press, 1971, Rev. ed. 1999.
Théorie de la justice, trad. fr. C. Audard, Paris, Seuil, 1997.
– *Libéralisme politique*, trad. fr. C. Audard, Paris, P.U.F., 2001.
– *Collected Papers*, S. Freeman (ed.), Cambridge, Harvard University Press, 1999.
– *Leçons sur l'histoire de la philosophie morale*, trad. fr. M. Saint-Upéry, B. Guillarme, Paris, La Découverte, 2002.
– *La justice comme équité*, trad. fr. B. Guillarme, Paris, La Découverte, 2008.
– *Lectures on the History of Political Philosophy*, S. Freedman (ed.), Cambridge, Harvard University Press, 2007.
SANDEL M., *Le libéralisme et les limites de la justice*, trad. fr. J-F. Spitz, Paris, Seuil, 1999.
– *Public Philosophy : Essays on Morality in Politics*, Cambridge, Harvard University Press, 2005.
SCHELLING T., *Stratégie du conflit*, trad. fr. R. Manicacci, Paris, P.U.F., 1986.

INDEX DES NOMS

TABLE DES MATIÈRES

Achevé d'imprimer par Corlet, Imprimeur, S.A. - 14110 Condé-sur-Noireau
N° d'Imprimeur : 167638 - Dépôt légal : septembre 2014 - *Imprimé en France*